A ARQUITETURA NO NOVO MILÊNIO

Leonardo Benevolo

A ARQUITETURA NO NOVO MILÊNIO

Tradução
Letícia Martins de Andrade

2ª edição

Título original: *L'architettura nel nuovo millennio*
© Copyright 2006, Gius. Laterza & Figli SpA, Roma/Bari
© Copyright 2007, Editora Estação Liberdade, para esta tradução

Preparação Isabella Marcatti
Revisão Estação Liberdade
Composição Johannes C. Bergmann
Editores Angel Bojadsen e Edilberto Fernando Verza

Nossos agradecimentos aos arquitetos Vasco Caldeira, Paulo del Negro e Henrique Reinach pelas sugestões à tradução.

CIP-BRASIL. CATALOGAÇÃO-NA-FONTE
SINDICATO NACIONAL DOS EDITORES DE LIVROS, RJ

B413a
    Benevolo, Leonardo, 1923-
    A arquitetura no novo milênio / Leonardo Benevolo ; tradução Letícia Martins de Andrade. - São Paulo : Estação Liberdade, 2007.
    496 p. : il.

    Tradução de: *L'architettura nel nuovo millennio*
    Inclui índice
    ISBN 978-85-7448-131-9

    1. Arquitetura - 1990-. I. Título.

07-4224.
                                                                     CDD: 720
                                                                      CDU: 72

Todos os direitos reservados à
Editora Estação Liberdade Ltda.
Rua Dona Elisa, 116 | 01155-030 | São Paulo-SP
Tel.: (11) 3661 2881 | Fax: (11) 3825 4239
www.estacaoliberdade.com.br

Sumário

9		Introdução
15	I	O campo da arquitetura no limiar do século XXI
31	II	A Europa. O quadro geral
33		*1. A conservação do patrimônio passado*
51		*2. A projetação do novo*
57	III	Os herdeiros da tradição moderna européia
58		*1. Gino Valle (1923-2003)*
63		*2. Vittorio Gregotti (1927-)*
81		*3. Giancarlo De Carlo (1919-2005)*
98		*4. Rafael Moneo (1937-)*
117		*5. Álvaro Siza (1933-) e a Escola do Porto*
137	IV	Os inovadores da arquitetura européia
138		*1. Norman Foster (1935-)*
154		*2. Richard Rogers (1933-)*
169		*3. Renzo Piano (1937-)*
188		*4. Jean Nouvel (1945-)*
203	V	Os pacientes e impacientes catadores de novidades e suas perspectivas
223		*1. O debate holandês*
247		*2. O grupo "Foreign Office"*
251		*3. A retomada da herança clássica francesa: Chaix e Morel*

259	VI	A arquitetura européia na convalidação do planejamento urbano e territorial
262		1. A Alemanha
265		a) Berlim
276		b) Hamburgo
278		c) Frankfurt
281		2. A Itália
292		3. As grandes cidades européias
301	VII	As pátrias européias fora da Europa
301		1. Os Estados Unidos
340		a) As cidades maiores e o território
347		b) As intervenções no território
353		2. Os Estados do Commonwealth
353		a) O Canadá
363		b) A Austrália
373	VIII	O Japão
407	IX	Os países em desenvolvimento
408		1. A América Latina
413		2. Os antigos países comunistas
414		3. Os países muçulmanos
426		4. O Extremo Oriente
426		a) A China
444		b) A Índia
455		5. Nos últimos degraus do desenvolvimento
457	X	Um olhar sobre as experiências emergentes no mundo
479		Índice onomástico
485		Índice toponímico

Introdução

A minha *História da arquitetura moderna*, escrita em 1960 e atualizada muitas vezes desde então, registrou em tempo real, como se diz, as sucessivas novidades na paisagem construída e no debate crítico, e continuará a fazê-lo, para completar a narrativa histórica da modernização da arquitetura do final do século XVIII em diante. Mas, no novo século, esse *work in progress* não basta para interpretar corretamente os acontecimentos que se desenrolam ao nosso redor.

Nos últimos dez anos do século XX, enquanto se desvalorizam as tendências contrapostas, reaparece com força a criação projetual aplicada a um lugar e a um artefato específico, distinta das invenções prenunciadas e replicáveis das décadas precedentes. Retorna assim, ao centro do debate recente, o ensino fundamental dos mestres dos anos 20, a busca da desvinculação entre necessidade e liberdade (o "racionalismo" dos CIAM[1] e o "multicolorido" de Gropius). Essa situação ajuda a considerar todo o decurso intermediário como um movimento unitário entre duas datas significativas também em campo histórico geral, 1919 e 1989, caracterizado por um equilíbrio especial entre ruptura polêmica com o passado e cálculo racional para o presente. No penúltimo capítulo daquele livro, "A saída da Modernidade", o subcapítulo "A reabilitação da criação projetual" arrola as experiências inovadoras que se multiplicam após 1989 e ainda se presta a ser ampliado em futuro próximo, registrando as inovações "pacientes" e as "impacientes", a contribuição ainda atual das experiências estilizadas e ecléticas surgidas nas décadas precedentes e assim por diante, sem modificar a visão histórica distanciada que caracteriza o restante do livro.

Mas o evento da retomada dos propósitos originais, que resistiram a todos os desvios do "século breve"[2], obriga ainda a considerar as enormes diferenças objetivas — que tornam o campo de trabalho atual completamente diverso daquele de partida — entre as duas guerras mundiais. A "pesquisa paciente" hoje se adentra em uma viagem nova, da qual é difícil dar uma descrição confiável e ainda mais prever

---

1. A sigla refere-se aos Congrès Internationaux d'Architecture Moderne. [N.T.]
2. O autor está citando o historiador inglês Eric Hobsbawm. [N.T.]

os desenvolvimentos. Para apanhar a novidade das experiências mais recentes é preciso, além de inseri-las em uma narrativa histórica longa, experimentar uma análise mais aproximada e provisória, separando-a do longo prelúdio narrado na *História da arquitetura moderna* e aceitando uma exposição fragmentária que corresponda a uma característica real sua.

Os cultores da arquitetura de hoje — que trabalham nesse campo, que se preparam para entrar nele ou que assistem como usuários e espectadores às modificações do ambiente circunstante — estão interessados sobretudo na atualidade. É um sinal dos tempos, que tem vantagens e desvantagens não mensuráveis; e é ainda prematuro comentar. Da divulgação das realizações contemporâneas cuidam principalmente as revistas, com comentários monográficos e ilustrações dotadas de um verdadeiro profissionalismo midiático, que estilizam e às vezes obscurecem os artefatos reais. Talvez, juntamente com as revistas, possa ser útil um balanço mais ponderado, que, também seguindo de perto a atualidade, exerça uma seleção crítica e não definitiva, e torne disponíveis os acontecimentos em uma perspectiva histórica em formação.

Este novo livro, que se alinha à *História da arquitetura moderna*, é intitulado *A arquitetura no novo milênio*. O título abandona o substantivo "história" e emprega um complemento que tem somente um significado cronológico. O livro poderia ser, também ele, atualizado periodicamente, e talvez com maior freqüência, se eu ou qualquer outro conseguirmos.

Para apresentar e comentar os fatos novos, preferi manter a mesma veste editorial escolhida há meio século. Hoje, ela parece modesta e fora de moda, mas tem a vantagem de contrapor-se ao aparato publicitário corrente, que arrisca equiparar os produtos da arquitetura às imagens virtuais em crescente difusão. A confusão atual entre os dois cenários é provavelmente um perigo passageiro; as imagens virtuais têm agora o atrativo da novidade, destinado a atenuar-se com o tempo. Mas a arquitetura de hoje não tem nada a ganhar com essa mistura. Uma de suas tarefas principais é justamente defender a realidade, conservar a distinção entre a paisagem real em que se desenvolve a vida cotidiana e a paisagem virtual das aparências que os meios de comunicação de massa fabricam em medida crescente para o lazer. A ilusão faz parte do repertório arquitetônico desde sempre, mas em uma reconhecida relação de subordinação à realidade. Essa relação deve ser confirmada ou modificada depois de ter sido bem avaliada, não deixada na imprecisão.

O instrumental ilustrativo tem a ambição de ser realista e, sobretudo, didático. O modelo ideal, que sempre acompanhou os meus estudos, é *La nouvelle architecture* de Alfred Roth (1940), considerado na sua época "o Rolls-Royce dos livros de arquitetura". Nele, a apresentação de cada edifício compreendia uma descrição tecnicamente precisa, gráficos redesenhados do conjunto e dos detalhes e um aparato de fotografias apropriadamente executadas. Hoje nenhum editor tem meios de confeccionar um Rolls-Royce, e nenhum autor estaria em condições de elaborar *ex novo* as documentações sobre novidades tão numerosas, heterogêneas e que não param de chegar. Os textos e as imagens pretendem conduzir o leitor o mais próximo possível das realidades físicas descritas, adequando-se à medida de um livro que, da multiplicidade dos objetos descritos, extraia uma narrativa convincente. As imagens são de qualidade variável, incompletas, heterogêneas, quase todas de segunda mão. Mas como hoje há uma superabundância de imagens de todo tipo — nas revistas, nos livros, em apropositadas coleções de imagens, como o recente *Phaidon Atlas of Contemporary World Architecture*, nos web sites organizados pelos próprios arquitetos, que oferecem a documentação de seus trabalhos —, aqui elas têm uma função subsidiária: oferecem ao leitor leigo uma identificação sumária das obras tratadas, sugerem uma consulta das fontes especializadas e, melhor ainda, uma visita ao local, para apreciar diretamente a forma e o funcionamento dos artefatos.

Os julgamentos são provisórios e estão sujeitos a correções com o tempo. Para experiências singulares tão próximas, tanto os elogios quanto as críticas tornar-se-iam inevitavelmente presunçosos. Preferi que a minha opinião resultasse da seleção pessoal dos projetistas e das obras incluídas ou excluídas. Os critérios da inclusão remetem a uma hipótese unitária, historicamente motivada, que, espero, seja convincente em seu conjunto, mais que nos particulares. Por outro lado, os motivos de exclusão são múltiplos, e convém simplesmente não mencioná-los (é também a decisão mais respeitosa: toda omissão pode ser considerada um esquecimento). Os fatos e as pessoas mencionados compõem um quadro que considero instrutivo. Outros fatos e outras pessoas também bastante conhecidos, ausentes neste livro, pertencem a outras perspectivas que hoje me parecem fracas e, sob tais circunstâncias, insignificantes. No futuro, e com maior distanciamento, se poderá fazer um balanço equilibrado, com base em motivos mais sólidos.

Para mim, foi um alento escrever este livro sem a obsessão pela completude que cabe aos estudiosos de história. Aproximando-se dos dias de hoje, a documentação torna-se sempre mais ampla e disponível, por meio da Internet, dos jornais, dos periódicos e dos outros instrumentos do mercado dos textos e das imagens. Durante este trabalho, as informações e as ilustrações literalmente chegaram por si; bastou-me — e bastará aos leitores — deixar abertos os canais de comunicação existentes. A sua superabundância, que dificulta uma avaliação de conjunto, permite-me avaliar e dosar livremente as indicações que devem ser transmitidas aos leitores. A amplidão dos capítulos e dos subcapítulos é um resultado não intencional, mas surgido *a posteriori* dos tempos da minha pesquisa. Em particular, o espaço preponderante dedicado à Europa, devido somente em parte ao meu conhecimento mais direto dos fatos, implica uma tese que desenvolvi ao longo do trabalho e que apresento aos leitores como uma conclusão pessoal: por uma série de razões, a busca da inovação adaptada aos lugares, que é a tendência basilar da nova fase mundial, é ainda hoje fundamentada principalmente nas tradições européias e tem seus pressupostos na arrancada ocorrida aqui na terceira década do século XX. Provavelmente esse primado está para acabar. Os mestres arrolados no terceiro e no quarto capítulo, ainda inigualáveis, são todos antigos, e seus sucessores pertencem a todo o mundo globalizado de hoje, como parecem sugerir os últimos capítulos.

Os leitores considerem este livro uma contribuição pessoal do autor para abrir um diálogo com eles. Cabe a eles a tarefa de refletir por conta própria sobre as arquiteturas contemporâneas, adentrando-se, por sua vez, pelo futuro desconhecido.

A arquitetura no novo milênio

Capítulo I

O campo da arquitetura no limiar do século XXI

Se o ciclo da "arquitetura moderna" pode ser de alguma forma confiado à história, a cultura arquitetônica pode deixar de refletir sobre si própria e refletir antes sobre o cenário físico mundial. O novo ponto de partida não deve ser um enésimo balanço das experiências passadas, mas um julgamento objetivo de seu resultado total: a paisagem concreta, resultante de todas as intervenções ocorridas, as propostas inovadoras de todo gênero e as resistências contrapostas. O quadro que disso resulta é bem diferente dos programas teóricos, mas doravante deve substituí-los, para todo efeito, e tornar-se a base para o trabalho a ser desenvolvido no presente.

No intervalo de tempo considerado na *História da arquitetura moderna* — do último terço do século XVIII ao final do século XX —, a paisagem construída ("o conjunto das modificações introduzidas pelo homem sobre a superfície terrestre"[1]) sofreu quatro transformações sucessivas, cujos efeitos se encontram combinados na paisagem de hoje:

1. O desmantelamento das estruturas de assentamento tradicionais, produzidas pelas sociedades antigas com as técnicas pré-industriais e as formalidades precedentes ao "novo regime" vigente no mundo industrial.

Nos países europeus em que o processo de industrialização começou, cultivou-se primeiramente a tentativa de "modernizar" cidades e zonas rurais suprimindo as normas tradicionais de controle, sem substituí-las por um quadro de normas novas. O fundo formado pelo ambiente natural parecia globalmente adquirido e inacessível aos novos recursos técnicos. O aparato dos artefatos antigos, excetuados alguns "monumentos" consagrados pela cultura, pelas instituições e pelos hábitos coletivos, foi considerado simplesmente um obstáculo a ser removido. Em vez disso, como sabemos há pouco tempo, as alterações do suporte natural comprometem as condições físicas restritas que tornam habitável a superfície terrestre; as destruições do cenário integrado formado pelo ambiente físico e pelos artefatos antigos ameaçam o equilíbrio entre memória individual e memória coletiva, colocando em risco a integridade do trabalho global de construção do ambiente humanizado, que dura desde a alvorada dos tempos.

---

1. W. Morris, "The Prospects of Architecture in Civilization", conferência de 1881, in: *On Art and Socialism*, Londres, Purnell and Sons, 1947.

Fig. 1. As luzes noturnas, fotografadas do espaço, indicam aproximadamente a distribuição das paisagens artificiais construídas pelo homem sobre a superfície terrestre. Elaboração das imagens dos satélites DMSP (Defense Meteorological Satellite Program).

I. O campo da arquitetura no limiar do século XXI

O esgotamento da *wilderness* — o ambiente natural já habitado pelo homem, mas inacessível ao homem "civilizado"[2] — acontece no decorrer do século XIX (fig. 2) e continua marginalmente ainda hoje, mas é, afinal, ultrapassado pelo reconhecimento dos efeitos planetários da industrialização, que modificam as características físicas de toda a superfície terrestre.

Esse evento, juntamente com a ruína total ou parcial do patrimônio edificado antigo, dará à urbanística moderna, que se forma a partir da metade do século XIX, o caráter de remédio *a posteriori*, parcial, à contracorrente, que permanece ainda hoje.

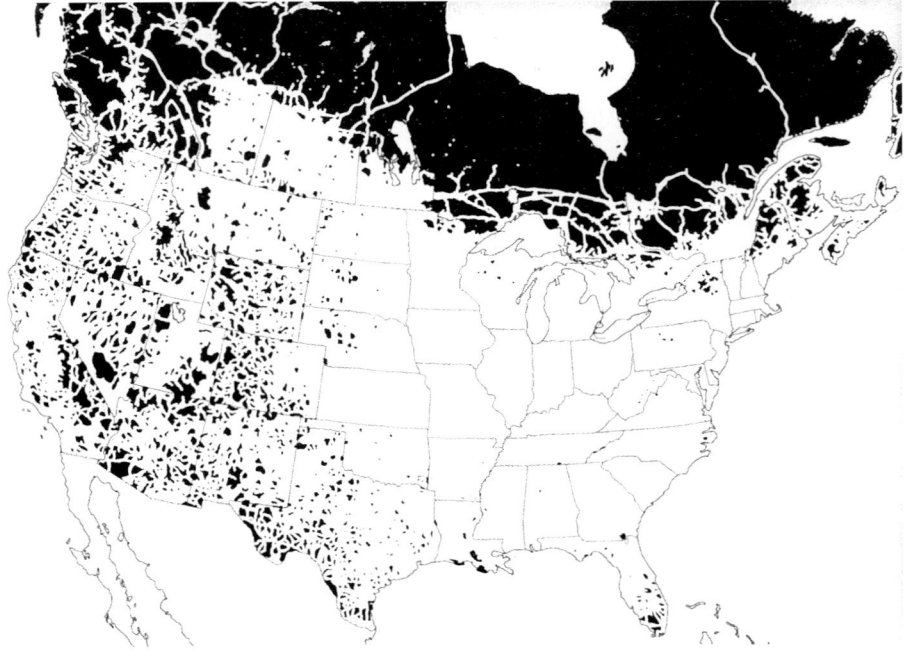

Fig. 2. A *wilderness* remanescente na América setentrional por volta da metade do século XX (por Tunnard & Pushkarev, *Man Made America*, 1963). Em preto, os lugares distantes mais de oito quilômetros das ferrovias, estradas de rodagem e águas navegáveis mais próximas.

A abordagem destrutiva do ambiente geográfico e histórico, ainda que gerada pela evolução cultural européia, coloca em perigo, antes de tudo, as características essenciais da mesma tradição européia: em particular, o equilíbrio entre iniciativas privadas e controles públicos, que é a base oscilante e durável dos esplêndidos organismos urbanos e paisagens tão admiradas ainda hoje (Veneza, Florença, Siena,

---

2. P. Johnson, "The End of Wilderness", in: *The Birth of the Modern: World Society 1815-1830*, Nova Iorque, Harper Collins, 1991, cap. 3.

Bruges, Amsterdã, com os territórios naturais e cultivados que as circundam). A atual exigência de recuperá-los como lugares habitados, e não somente como cenários monumentais para serem admirados, tem como objetivo, sobretudo, recuperar o segredo de um equilíbrio que, mais do que nunca, nos é necessário, mas cujos instrumentos mentais e institucionais perdemos.

Depois da Europa, a modernização industrial ataca também outros países do mundo e colide não apenas com os cenários construídos pelos colonizadores europeus, que normalmente são as cópias feias daqueles da pátria mãe, mas com suas diferentes heranças antigas. Os estudos históricos recentes, estendidos às tradições de assentamento de todos os outros países do mundo, iluminam a unidade profunda da tradição arquitetônica mundial e sua estrutura compósita, produzida pelos acontecimentos históricos dos últimos dez mil anos.[3] Mas esse nivelamento cultural custa a produzir um respeito efetivo aos patrimônios naturais e arquitetônicos em escala mundial. Sua destruição prossegue até hoje em larga escala.

A dispersão do passado começada há dois séculos ainda está em curso, e apenas recentemente se aprendeu a controlá-la e limitá-la. Um primeiro objetivo, em parte alcançado, é a salvaguarda dos resultados qualitativos emergentes, os "bens culturais", estudados por uma literatura adequada e tutelados pelas instituições nacionais e internacionais. Todavia, o objetivo principal, ainda distante, é o equilíbrio do processo de acumulação dos artefatos humanos sobre a terra, sem limitações de tempo e lugar.

2. Um primeiro modelo de urbanização "moderno", concebido por volta da metade do século XIX, mas ainda amplamente operante nos séculos XX e XXI, seja na Europa, seja no resto do mundo.

Suas características são:

— *uma partilha do solo urbano e territorial entre a administração pública e a propriedade fundiária privada*. A administração pública reserva para si uma parte menor — as pistas para as vias de comunicação, a infra-estrutura e os serviços — e fixa as normas legais para o uso de todo o resto, mas deixa que o ritmo, o planejamento e o retorno econômico das edificações caibam aos proprietários das áreas;

— *uma divisão do trabalho necessário para as intervenções em dois gêneros, o técnico e o artístico*, distintos na abordagem mental, na aprendizagem didática e nas formalidades administrativas. Seu pressuposto geral é a contraposição moderna entre as duas culturas, ressaltada e criticada de modo geral por Snow.[4] No nosso campo, ambos os operadores — os técnicos e os artistas — são isentados de uma responsabilidade

---

3. É a tese proposta em L. Benevolo e B. Albrecht, *Le origini dell'architettura*, Roma/Bari, Laterza, 2002.

4. C. P. Snow, *The Two Cultures*, Cambridge, Cambridge University Press, 1959. Edição italiana: *Le due culture*, Milão, Feltrinelli, 1964. [Ed. bras.: *As duas culturas e uma segunda leitura*, São Paulo, Edusp, 1995.]

plena na construção do ambiente e têm à disposição um campo de escolhas especiais, circunscrito com cuidado. Os técnicos definem a estrutura de um artefato já vinculado, nas características essenciais, ao compromisso entre regras públicas, produtividade econômica e propriedade fundiária. Os artistas decidem as variantes da forma final, para que sejam compatíveis com a estrutura já fixada;

— *uma definição do repertório formal do qual extrair essas variantes* que inclui todos os modelos oferecidos pelas muitas épocas do passado e por todos os países, mas restringe tacitamente suas aplicações aos campos já descritos. A "perspectiva" herdada da cultura renascentista, incorporada aos processos de divisão fundiária e aos de cálculo estrutural, adquire um valor organizativo durável, e todas as linguagens históricas passadas são relidas em conformidade com ela. Essa utilização rompe a continuidade das tradições vigentes na Europa e nos outros países do mundo, e é a causa principal que produz tanto a desintegração dos repertórios quanto a destruição material dos cenários construídos em conformidade a eles.

O modelo até aqui descrito não é um programa teórico traduzido em prática, mas o resultado histórico de tendências culturais e econômicas heterogêneas e interagentes. A divisão das tarefas entre a administração pública e a propriedade privada resolve uma discussão anterior entre as hipóteses completamente liberistas, sustentadas por Spencer e pelos opositores das reformas sanitárias descritas no capítulo II da *História da arquitetura moderna*, e as hipóteses completamente autoritárias dos utopistas arrolados no primeiro subcapítulo do capítulo VI. Essa divisão de tarefas desloca os limites sobre os quais se detém o impulso dirigista da nova direita ilustrada nas décadas de 1850 e 1860 (cap. III). Haussmann vence o embate com o empresário Laffitte sobre o abastecimento hídrico de Paris, e o fornecimento de água fica adquirido "entre as obras de urbanização primária" que dizem respeito à administração pública; perde o confronto com o presidente do Conselho de Estado, Baroche, sobre a aquisição pública das áreas edificáveis às margens das novas estradas, e a mais-valia do produto das obras de urbanização fica assegurada aos proprietários. Esse segundo resultado, fixado em 1858, tem uma importância fundamental, porque dá à renda fundiária urbana uma nova relevância, rompendo o equilíbrio das relações com as administrações coletivas, próprio da tradição européia da baixa Idade Média em diante. Ele deixa necessariamente em déficit a gestão pública do território, que permanece praticável quase somente nas épocas de conjuntura ascendente, como os dois períodos entre 1850-1870 e 1890-1910.

A separação das duas culturas projetuais, a técnica e a artística, nasce da bifurcação da cultura renascentista nos séculos XVII e XVIII, e já se realizou, com suas conseqüências práticas e didáticas, na primeira fase da revolução industrial. O compromisso político da metade do século XIX restringe as margens de liberdade em ambos os setores e torna mais rigorosa sua separação por mais de um século. O ecletismo, que resolve a polêmica entre os estilos totalizantes da primeira metade do século XIX, impõe-se quando surge o interesse em estabilizar essa ordem de escolhas, que tem um papel importante no compromisso da nova gestão urbana.

Esse modelo logo produz o resultado exemplar da transformação de Paris de 1853 a 1869, e torna-se dominante em todo o mundo europeizado (fig. 3). O desenho das frentes edificáveis, defrontando-se com os tecidos preexistentes, as destrói parcialmente na Europa e as faz desaparecer completamente noutros lugares. As contradições econômicas e funcionais requerem um empenho adicional da mão do Estado para zerar as contas e para completar a oferta habitacional a favor das classes mais fracas. Mas onde o empenho público é insuficiente — como acontece, sobretudo, nos países não-europeus —, o modelo funciona somente para uma parte menor e privilegiada da cidade. No restante, generaliza-se a ocupação ilegal do solo que caracteriza tantas cidades do Terceiro Mundo, de que se falará no ponto 4.

3. Um segundo modelo de urbanização, baseado na experiência dos reparos ao primeiro modelo já ocorrida entre os dois séculos e colhida pelo movimento moderno no primeiro pós-guerra como método alternativo de gestão de território.

Suas características, contrapostas àquelas do precedente, podem ser expostas como segue, em uma ordem diversa:

— *uma nova abordagem integral da projetação do ambiente construído*, que rejeita a distinção entre as duas abordagens tradicionais, a técnica e a artística. Essa diretriz foi freqüentemente proclamada em termos tradicionais como uma extensão do

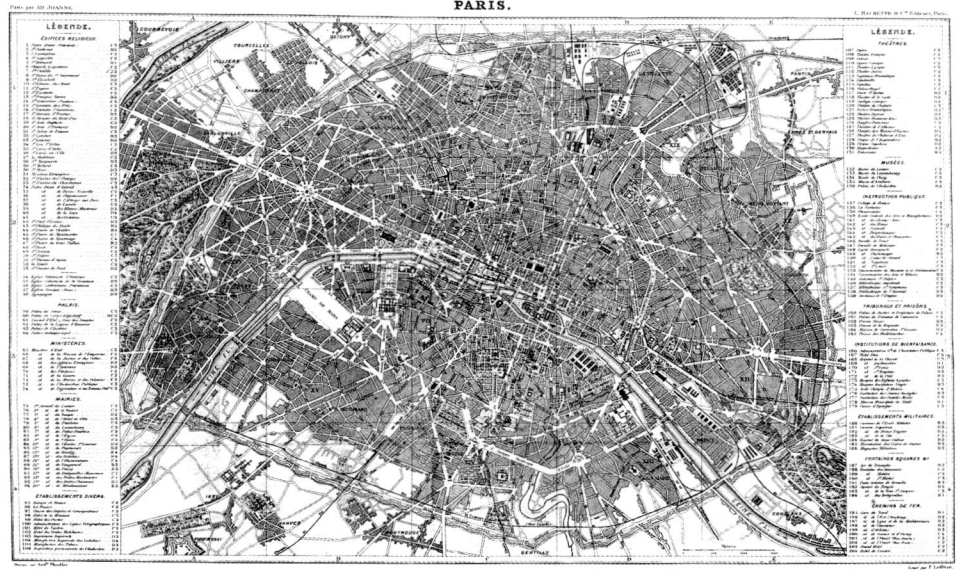

Fig. 3. Planta de Paris depois do ciclo dos trabalhos de Haussmann (1873).

método científico no campo da arquitetura ou como uma revisão artística de todo o repertório das formas correntes. Os mestres da arquitetura moderna recusaram-se a ser artistas ou técnicos no sentido tradicional, e evocaram um tipo diferente de profissional, que, pertencente à "terceira cultura" desejada por Snow, concilia a liberdade do artista com a objetividade e o tom prosaico do técnico;

— *um campo novo e mais vasto de escolhas formais*, não dependente dos modelos do passado e livre da sujeição às regras da perspectiva. Nele se reúnem as experiências das vanguardas pictóricas das duas primeiras décadas do século XX, que, encerrando o ciclo da pintura tradicional, tornam-se parte integrante da pesquisa arquitetônica como definida acima. Nos discursos ideológicos dos anos 20, o novo repertório foi considerado antitético àqueles do passado. Na aplicação concreta, tornou-se antes uma ampliação, que inclui os modelos do passado alterando suas motivações. Faz cair o ecletismo do final do século XIX, com seu caráter sistemático que pretende exaurir todo o repertório do passado e simplifica as escolhas nesse repertório, rebaixando-as à esfera individual. Mas torna possível uma recuperação mais verdadeira do patrimônio passado, em âmbito histórico e em âmbito projetual. A nova arquitetura encarrega-se do inteiro cenário construído; as sugestões formais de cada época tornam-se necessárias para alimentar a projetação moderna, e a intervenção nos contextos já caracterizados por repertórios passados exige — em nome do princípio de objetividade — que estes sejam levados em justa consideração;

— *uma nova divisão das tarefas, entre a administração pública e os outros operadores, articulada no tempo, mais que no espaço*. A área a ser transformada pode ser adquirida pela autoridade pública pela duração do processo de transformação, organizada e equipada com todas as obras necessárias, e, depois disso, as partes edificáveis são vendidas aos agentes públicos e privados a um preço que permite recuperar todas as despesas de aquisição e de infra-estrutura, tornando a operação auto-suficiente e respeitando o regime privado dos territórios antes e depois da intervenção. A completa disponibilidade do terreno por um período limitado abre a possibilidade de realizar um novo desenho urbano, cientificamente controlado e livremente imaginado.

Esse procedimento — que nasce no final do século XIX para a realização da construção civil pública e simplificada, corretivos parciais às dificuldades do modelo precedente — é entendido pelo movimento moderno como método alternativo geral de urbanização e aplicado em larga escala no primeiro e no segundo pós-guerra. Ele reapresenta uma experiência já realizada com sucesso na tradição medieval européia e continuada sobretudo na Holanda, onde os terrenos para a ampliação das cidades desde o século XVI devem ser previamente drenados e arrumados sob os cuidados das administrações locais. Chega assim a realizar, com instrumentos modernos, um equilíbrio de tarefas entre iniciativas privadas e controle público comparável àquele antigo. Reabre à nova arquitetura o campo da projetação em grande escala. Tem uma importante recidiva no campo administrativo, concedendo às administrações locais, além das prerrogativas e dos poderes públicos, algumas condutas próprias do empresariado privado. Essa série de métodos mostrou-se eficiente e até mesmo indispensável às tarefas cada vez mais complexas do momento presente.

A referência histórica é esclarecedora, e chega ao cerne da dificuldade própria à cultura arquitetônica no mundo moderno. O ponto de equilíbrio entre iniciativas privadas e controles públicos, no antigo regime, implicava uma relação hierárquica entre um *dominus* e um *dominus eminens* que se tornou inaceitável no novo regime do Código Civil: a aquisição pública provisória envolve uma dupla venda entre dois sujeitos iguais, que se encontram no mercado, e permite à administração agir, durante a posse temporária, com a desenvoltura que é típica do proprietário, mais que do funcionário público. Somente assim o complexo processo da urbanização se torna praticável e oportuno. O início do procedimento não comporta novas formalidades jurídicas, antes exige que as transações aconteçam sem privilégio para a entidade pública. As obrigações legais e processuais encontradas por Haussmann tinham assinalado os limites do primeiro modelo já descrito. No segundo modelo, o ator público emprega alternadamente as prerrogativas do funcionário e do empresário, confronta-se, em condições de igualdade, com os sucessivos interlocutores e abre espaço, em todas as fases, à projetação arquitetônica; esta, por sua vez, apropria-se inteiramente do novo campo, torna-se consciente das transformações passadas e aberta às futuras.

O movimento da "arquitetura moderna", cuja trajetória é narrada na minha *História*, é apenas o desenvolvimento organizado do segundo modelo agora descrito, e começa, de fato, a partir de uma polêmica bem conhecida com o precedente (a *liberté de l'espace* contra a *rue-corridor*). Enquanto o primeiro modelo é um resultado histórico fortuito, como se disse, e evolui segundo a dialética entre carências e providências corretivas, o segundo é um programa deliberadamente calculado, que introduz uma nova ligação entre os setores operativos considerados, anteriormente, independentes.

Um primeiro enunciado está na declaração de La Sarraz de 1928, por muito tempo considerada uma composição de teses heterogêneas sobre a liberdade artística, a correção científica, o controle político-administrativo, trazidas por diversas categorias de participantes ao primeiro CIAM (Congresso Internacional de Arquitetura Moderna). Hoje a distância de tempo permite colocar o documento em uma perspectiva histórica que torna aquela multiplicidade extremamente significativa. Como em outros momentos criativos da história cultural, a novidade está na descoberta de um nexo inesperado entre elementos considerados até agora heterogêneos, capaz de produzir resultados novos e de desbloquear as dificuldades precedentes. À diferença de tantas utopias do período anterior, esse programa funcionou corretamente em várias ocasiões distantes no tempo: nas intervenções municipais da construção civil do primeiro pós-guerra em Viena, Frankfurt, Berlim; no plano diretor de Amsterdã de 1928-1934, executado pontualmente antes e depois da Segunda Guerra Mundial (fig. 4 e 5); no planejamento territorial holandês, que se estende do primeiro pós-guerra até hoje; na reconstrução inglesa e escandinava entre os anos 40 e 60; no planejamento francês promovido pela Quinta República após os anos 60, e, em medida variável, nos outros países europeus ou não-europeus, onde a projetação urbanística gradualmente passa a predominar sobre a construção civil, revelando o objetivo principal dessa metodologia: o salto de escala da criação arquitetônica (as "novas cidades").

É instrutivo o caso da Itália, descrito mais adiante, onde a falência da urbanística planejada sem um controle efetivo dos solos faz surgir com atraso, entre os anos 60 e 70, um certo número de experiências locais felizes, apoiadas sobre uma frágil base política (o "compromisso histórico" entre as maiorias e as oposições de então), e inviabilizadas dos anos 80 em diante.

Na área comunista, a disponibilidade pública dos solos assegurada por meio político impediu um confronto produtivo entre os operadores e as corporações coletivas, e, de fato, as experiências desses países não contribuíram para modernizar os métodos de governo do território. A aquisição pública temporária do terreno não serve para expandir o campo da intervenção pública na cidade, mas para distinguir claramente a tarefa da autoridade administrativa (a manobra das áreas) e a dos outros operadores (a construção dos edifícios); torna antes possível, em perspectiva, a retirada dos caros programas de construção civil subvencionados e a concessão de todo o setor edilício à iniciativa privada.

No campo da construção civil, a contribuição decisiva é a industrialização efetiva do processo produtivo e econômico, que exige — como em qualquer outro campo — uma concorrência entre os produtores para oferecer aos usuários a melhor combinação de qualidade e preço. A remuneração econômica deve vir do lucro, não da renda. Somente assim se estabelece uma relação equilibrada entre quem encomenda os edifícios, quem os produz — entre os quais os arquitetos — e quem faz uso deles, ou seja, o restante dos cidadãos. Nesse embate, é preciso que os arquitetos, desde suas primeiras experiências como estudantes de arquitetura, avaliem corretamente o papel de seu ofício, inclusive o resultado geral que se costuma chamar por um antigo nome, a "beleza": deve ser um valor adicional que busca espaço no conflito entre interesses opostos ou o selo de uma composição correta de todas as partes em jogo?

No campo da gestão urbana e territorial, um tema central do século XX em diante é o confronto-conflito entre o primeiro e o segundo dos dois modelos descritos. A contribuição econômica é extremamente elevada: trata-se de dar livre curso à renda fundiária urbana, cuja amostra leva vantagem sobre a do lucro empresarial e enfraquece todo o setor das construções, ou de limitá-la de modo calculado.

Há uma evidente continuidade da trajetória medieval européia: os interesses econômicos cresceram há muito tempo, mas o que está em jogo é sempre a qualidade geral do ambiente urbano, que hoje diz respeito a todo o mundo modernizado ou em via de transformação. Assim a pesquisa atual recupera uma continuidade profunda e não convencional com a herança do passado e ajusta os métodos apropriados de conservação e de recuperação para os cenários construídos segundo os modelos precedentes.

Para os assentamentos pré-industriais, hoje são reconhecidos os processos originais de criação e realização, em parte reproduzíveis ou transformáveis com as tecnologias e para os usos modernos. Essa linha de pesquisa e projetação afasta-se dos pressupostos teóricos da tutela e da preservação das "obras de arte", incorporados ainda hoje nas instituições e na didática. Na tradição européia, a obra de arte é um objeto não reproduzível que é preciso conservar incansavelmente em sua consistência material, enquanto nas tradições orientais o bem a ser tutelado é o processo de fabricação, que é ritualizado e repetido no tempo.[5] Em alguns países europeus, a reconstituição exata de um edifício é absolutamente proibida pelas autoridades de tutela, e se discute sobre o "dolo" contido em tais operações.[6] A crítica contemporânea empenha-se pela distinção das várias escalas projetuais. Se o artefato original comporta uma repetição de elementos iguais, um ou mais elementos faltantes — a arcada de um claustro ou uma casa geminada — podem ser reproduzidos conforme o modelo comum. Um objeto único, no entanto, pode ser restaurado com base em uma documentação individual adequada, se tiver um valor relevante ou se sua presença tiver um papel significativo em um contexto de escala superior. A discussão sobre a relação entre o "original" e a "cópia" permanece aberta, e pode empregar a comparação com outra relação tradicionalmente reconhecida, entre "projeto" e "execução" (em música, entre a "partitura" e a "interpretação"). Em arquitetura, trata-se de refletir sobre o processo projetual, mesmo que à luz da tecnologia digital, que introduz uma nova relação, em parte mecanizada, entre projetação e execução. A "restauração" da construção civil baseia-se, em ampla medida, na reprodutibilidade do processo executivo.

Esse que foi chamado o "segundo modelo de urbanização" substituiu apenas parcialmente, no século passado, o modelo precedente. Em muitos casos, sua realização incompleta piorou as estruturas urbanas. A idéia de um espaço livre disponível para a projetação moderna foi aplicada como um expediente para derrubar os tombamentos — as relações dos tecidos modernos do primeiro tipo com os traçados viários e com as características dos espaços públicos — substituindo essas

---

5. Um confronto mais amplo dessas duas concepções encontra-se no capítulo VIII, dedicado ao Japão.
6. C. Brandi, *Teoria del restauro*, Turim, Einaudi, 1977. [Ed. bras.: *Teoria da restauração*, trad. Beatriz Mugayar Kühl, São Paulo, Ateliê Editorial, 2004.]

regras pelos índices construtivos (a relação quantitativa entre os metros quadrados e os metros cúbicos edificáveis). O recurso tradicional, o metro linear de frente edificável, é substituído pelo metro quadrado de lote, abrindo novas margens de aproveitamento econômico das áreas. Tudo isso, concretamente, acelerou a demolição dos cenários envelhecidos descrita no primeiro ponto, para posterior vantagem da renda fundiária. Os resultados desastrosos desse processo fizeram emergir os valores de urbanidade e de decoro de muitos tecidos do século XIX ou do início do XX, e foram identificados os métodos corretos para tutelá-los: a reconstituição legal das regulamentações originais, juntamente com o tombamento de uma parte dos artefatos de que se reconhece um valor artístico ou documental.

4. Há um último procedimento de urbanização que não é certo chamar de "modelo", porque seu caráter principal é a desvinculação em relação às formalidades legais.

Em muitos lugares ainda não alcançados pelo "desenvolvimento" internacional, esse procedimento é a simples continuação, em linha de ação, dos antigos processos de assentamento. Em toda parte, ele funciona como substituto dos dois modelos precedentes quando esses não conseguem satisfazer as necessidades dos cidadãos mais pobres que abandonam os antigos assentamentos por causa da explosão demográfica e da migração do campo para as cidades.

Esse desenvolvimento "clandestino" convive com aquele "regular", mas, por sua magnitude, não pode ser considerado uma simples transgressão. É um verdadeiro

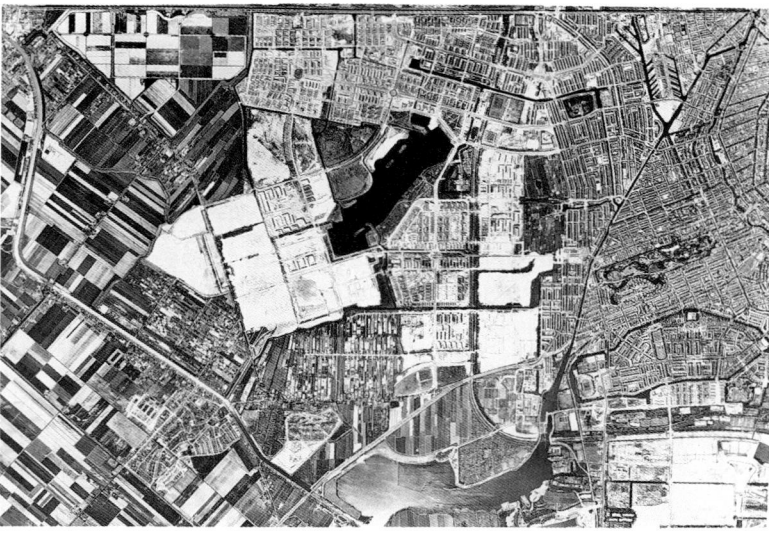

Fig. 4 e 5. Amsterdã, o plano diretor de 1934 e uma parte da expansão oeste em execução.

processo paralelo, que preenche as carências do processo legal e parece, em linhas gerais, igualmente estável. As tentativas de suprimi-lo, substituindo-o por outros assentamentos planejados, revelam-se quase sempre insuficientes, e a evolução mais comum é uma "melhoria" progressiva, introduzindo ali infra-estrutura e serviços de primeira necessidade, mas estabilizando a ocupação primitiva do solo. Tudo isso não evita quase nunca a formação de novas aglomerações espontâneas, que, por sua vez, devem ser corrigidas do mesmo modo.

A generalização da construção clandestina grassa em um grande número de lugares que pertencem ao "Terceiro Mundo", mas também aos países desenvolvidos, onde, por alguma razão, falta equilíbrio entre controle público e iniciativa privada (na Europa, o maior caso aconteceu em Roma, logo após a falência do plano diretor dos anos 60; ver fig. 523). Propaga-se em escala mundial desde a segunda metade do século XX. Os assentamentos clandestinos recebem vários nomes pitorescos — *borgate, squatters, bidonvilles, gourbvilles, barriadas, ranchos, ranchitos, pueblos jovenes,* favelas, *ishish* — e continuam a crescer em muitos lugares, segundo os levantamentos oficiais, com velocidade duas ou três vezes maior que a dos assentamentos "normais". Sua presença parece inata ao crescimento demográfico mundial, como aquela dos barracos urbanos na Europa durante o boom da primeira metade do século XIX (fig. 6).

Os tipos pré-industriais de construção, colocados de lado pelas novas regras de padrão europeu, são freqüentemente repetidos nas novas aglomerações clandestinas que se formam nos limites das grandes cidades, descritas no capítulo XXII da *História da arquitetura moderna*. Em muitos casos, essas aglomerações são vantajosas quando comparadas às importadas, na medida em que mantêm uma relação elementar com o território e continuam a empregar os tipos de construção tradicionais, que os próprios habitantes têm condição de executar. É o caso das células habitacionais muradas e abertas para um espaço interno, isoladas ou infinitamente agrupáveis, usadas por muitos séculos nos países muçulmanos, ou das roças com habitações anexas espalhadas nos países tropicais. Os novos assentamentos assim formados entram em crise numa dimensão maior, porque perdem os complementos infra-estruturais antigos ou recentes (uma rede racional de ruas, canais, infra-estruturas e serviços) e evoluem na direção de uma crise higiênica, como os bairros industriais europeus da primeira metade do século XIX.

Do nosso ponto de vista, esses assentamentos têm um significado dúplice: medem a adaptação dos modelos de construção tradicionais às novas condições econômicas e organizacionais e a degeneração dos modelos modernos na paisagem tanto nos países "desenvolvidos" quanto naqueles "em desenvolvimento".

Durante a alternância dos quatro processos mencionados, a referência primária à área urbana e o próprio conceito da distinção tradicional entre cidade e território, que existem há cinco mil anos, tornaram-se problemáticos. O crescimento e a diferenciação dos assentamentos — residências, edificações, serviços, infra-estruturas,

Fig. 6. Uma parte da periferia clandestina de Lima. Caminos, Turner e Steffian, *Urban Dwelling environments*, MIT Report n. 16, 1969.

vias de comunicação — criam rapidamente um mundo novo, que já se confronta em termos globais com o cenário natural do planeta.

Envolvida nessa mudança, a arquitetura enfrenta dificuldades e problemas novos. Em todo setor tecnológico nascem métodos de projetação e de execução especializados, que geram campos de trabalho restritos, ainda que expandidos em escala internacional. A arquitetura quase perde seu domínio tradicional — a construção civil e as obras comuns — e conserva a duras penas o domínio dos artefatos excepcionais, comemorativos, que disputa com as tecnologias virtuais, dotadas de mobilidade e ressonância superiores.

As experiências de ponta da cultura arquitetônica de hoje dizem respeito justamente a dois valores ameaçados pelo crescimento atual: a pertinência aos lugares e a longa duração. Cada projeto arquitetônico é feito para um lugar, incorpora suas características e as devolve, modificando o contexto. Cada artefato colocado em um lugar tem uma vida que ultrapassa as circunstâncias de seu emprego inicial, e deve ser equipado para sobreviver, tornando-se o cenário para transformações futuras.

A busca das qualidades correspondentes — a adequação, a estabilidade e a elasticidade — é indispensável ao mundo moderno, e basta para embasar a dignidade de nosso ofício, substituindo as tradicionais atribuições artísticas e científicas.

Existe um debate sobre esses valores em termos teóricos e gerais, mas não o continuaremos. É preferível, nesta circunstância — justamente para respeitar a natureza dos valores em jogo —, distinguir diferentes áreas do globo e, para cada uma delas, os contextos cronológicos que ainda agem no presente.

A cultura arquitetônica atual tem, há muito, a dimensão internacional apregoada entre as duas guerras. Os melhores arquitetos trabalham no mundo inteiro, e a indústria unifica em medida crescente as técnicas construtivas. Todavia, nas várias partes do mundo, os fatores geográficos e históricos impõem diversidades que vêm de longe. Fernand Braudel, que nos anos 60 tentou descrever *o mundo atual*, relendo, no presente, as diferenças herdadas do passado, escreve assim no capítulo introdutório:

> Mesmo supondo que todas as civilizações do mundo cheguem, em um período de tempo mais ou menos longo, a uniformizar suas técnicas habituais e, com as técnicas, também uniformizem certo modo de vida, não há dúvida de que, por muito tempo ainda, nos encontraremos defronte a uma série de civilizações muito diferentes umas das outras, e que a palavra civilização conservará um singular e um plural. Sobre esse ponto, o historiador não hesita em exprimir-se de modo categórico.[7]

Na nossa área, a tese da internacionalização — enunciada pelo livro de Gropius de 1925, *Internationale Architektur*, que abre a série dos *Bauhausbücher* — polemizava com a cultura tradicional, que atribuía à tradição européia um valor absoluto, e levou a valorizar novamente as tradições de todo o resto do mundo. Hoje o quadro da pesquisa arquitetônica está novamente articulado em escala mundial, segundo uma geografia determinada pelas heranças locais que o movimento moderno revalorizou, pelas trocas ocorridas e pelas suas anomalias. Também no mundo globalizado continua fácil reconhecer as diferenças entre os diversos lugares, que a facilidade das comunicações revela, mas não diminui. Convém fazê-lo também na nossa área. O hábito difuso de distinguir os projetistas tendo em vista sobretudo suas origens e de descrevê-los como competidores em um ambiente internacional genérico, desvinculado de valores específicos de tempo e de lugar, tornou-se inoportuno pela reavaliação desses mesmos valores.

O julgamento de Braudel, escrito há quarenta anos, permanece especialmente válido em nossa área. A dimensão internacional existe, e caracteriza a atividade dos melhores arquitetos de hoje; mas é um ponto de chegada, não de partida.

---

7. F. Braudel, *Le monde actuel*, Paris, Belin, 1963. Edição italiana: *Il mondo attuale*, Turim, Einaudi, 1966, vol. I, p. 25.

Fig. 7. Um desenho de Le Corbusier: dois destinos para a arquitetura e a sociedade moderna.

Capítulo II — A Europa. O quadro geral

Nos países europeus, o último período de emergência, a reconstrução depois das ruínas da Segunda Guerra Mundial, já vai longe. A estabilização demográfica, o processo de unificação política e a distância dos conflitos mundiais propõem, como objetivo principal, o acabamento do cenário construído existente. Pela primeira vez, depois da aceleração do desenvolvimento industrial, existem a esse propósito as condições adequadas: os recursos culturais e econômicos e a desaceleração dos tempos.

O reconhecimento e a tutela do patrimônio pré-industrial e da primeira fase industrializada — justamente até a Segunda Guerra Mundial — estão no centro desse processo. Ainda que a maior parte do patrimônio edilício seja de origem recente, o sistema policêntrico dos assentamentos é reproduzido da rede tardo-medieval, e os artefatos antigos — os tecidos edificados, os monumentos, as obras de arte — determinam majoritariamente a qualidade e a identificação das cidades e dos territórios. Em grande parte do território europeu, a retícula medieval é, por sua vez, uma segunda antropização sobreposta à da idade Clássica, com sua carga de memórias e valores repropostos pelo Renascimento e difundidos em todo o espaço colonizado pelos europeus. O patrimônio edilício da industrialização precoce, que distingue a Europa do resto do mundo, forma outra herança característica, e, visto do presente, encontra uma inserção estável na moldura mais antiga. Essa matriz complexa dá à paisagem um traço determinante e influencia em boa parte a qualidade da invenção arquitetônica atual, voltada para a gestão do existente ou para a criação do novo.

A conservação do cenário antigo é confiada predominantemente — e até a metade do século XX de modo exclusivo — aos instrumentos da cultura artística tradicional: o museu, as técnicas do restauro, como para pinturas e esculturas, as superintendências e as outras instituições estatais encarregadas de velar pela tutela dos "bens culturais", munidas de poderes autônomos e comumente incontestáveis. As obras móveis podem ser mais facilmente retiradas e segregadas do ambiente de vida, enquanto para os edifícios e os assentamentos urbanos se abre um conflito entre tutela e usos modernos que, apesar das garantias legais, leva amiúde à sua destruição.

A metodologia da "conservação ativa", que pretende recuperar os cenários antigos juntamente com seus usos compatíveis, modificando, conseqüentemente, os planos urbanísticos abrangentes e as políticas das entidades locais, foi regulada na Itália na década de 60 e é talvez a contribuição mais relevante trazida pelo país para a cultura arquitetônica mundial no século XX.[1] Essa metodologia encontrou acolhida nas instituições do Conselho da Europa a partir do Congresso de Amsterdã de 1975, foi experimentada e enriquecida em muitos países e hoje é uma componente difundida pela opinião pública européia, ainda que continue a controvérsia suscitada em seu início.

Os assentamentos produzidos pelo primeiro dos dois modelos modernos de gestão estão ligados na Europa por uma continuidade histórica evidente com os antigos modelos e freqüentemente têm sua qualidade destacada pela comparação com os tecidos urbanos mais recentes. A exigência de conservar também esses cenários realizados entre 1850 e 1920 foi tratada em um congresso seguinte do Conselho da Europa em Berlim, em 1976. Para fins de conservação urbana, como se disse, o elemento primário a ser protegido é a implantação regulamentar da construção no alinhamento da rua ou recuada, que produz valores urbanos a seguir escasseados. No entanto, os valores arquitetônicos dos artefatos que dependem da cultura e das instituições "modernas" devem ser reconhecidos edifício por edifício.

A parte mais problemática é o conjunto dos assentamentos mais recentes, que se tornaram precários por conta do envelhecimento dos usos e pelo conflito entre usos edilícios e valores fundiários. Uma parte deles, realizada no segundo pós-guerra, espera ser requalificada ou substituída. Uma vez que a Europa experimentou precocemente, em grande escala, o segundo dos métodos de urbanização descritos acima, e os assentamentos produzidos dessa forma estão, por sua vez, estabilizados pela coerência entre o desenho urbanístico e o edilício, o espaço da inovação concerne substancialmente aos bolsões mais arruinados, marginalizados pela coerência do desenho territorial geral.

Tudo isso sugere atribuir, também em teoria, uma nova importância aos procedimentos de conservação e transformação parcial. Já em 1984, em um número especial de *Casabella*, se lia:

> A questão que nos interessa discutir é se a idéia de modificação não terá assumido progressivamente uma importância especial como instrumento conceitual que preside à projetação da arquitetura; aliás, se de alguma forma ela não pode ser considerada sintetizadora das mudanças verificadas na teoria da projetação arquitetônica dos últimos trinta anos. Poder-se-ia perguntar, até mesmo, se não seria descritível

---

1. O laboratório mais importante, dirigido por Pier Luigi Cervellati, foi a cidade de Bolonha de 1965 a 1980. Ver o capítulo XXII da minha *História da arquitetura moderna* e P. L. Cervellati, R. Scannavini e C. De Angelis, *La nuova cultura delle città*, Milão, Mondadori, 1977.

uma linguagem da modificação, ou um conjunto de linguagens da modificação, assim como nos anos da vanguarda existia uma série de linguagens do novo.[2]

Esse discurso nasce da situação especial da Europa, onde encontra o seu principal campo de validade. No restante do mundo, onde a população aumentará consideravelmente nas próximas décadas, a inovação continua preeminente; mas a metodologia européia para o aperfeiçoamento do seu sistema de assentamento permanece uma contribuição aplicável em qualquer lugar, um corretivo, aliás, para conseguir que as grandes transformações quantitativas sejam acompanhadas em todo lugar de um devido cuidado qualitativo.

A adaptação aos contextos urbanos, a familiaridade com as relações espaciais em escala intermediária, que a tradição confere à "arquitetura", formam o destilado mental dos conceitos até aqui ilustrados, marcam até agora a cultura arquitetônica européia e estão na base de sua ressonância internacional.

Sob essa luz são consideradas as experiências emergentes no momento atual, entre o século XX e os primeiros anos do XXI.

1. A conservação do patrimônio passado

A conservação dos cenários antigos e de suas técnicas — a restauração dos edifícios e das obras de arte, a escavação arqueológica e a ordenação dos artefatos antigos nas áreas especializadas ou no corpo das cidades — formam um patrimônio reconhecido, que se apóia nas legislações nacionais, nos órgãos científicos nacionais e internacionais, em uma opinião pública consciente, e é modelo incontestável no mundo inteiro.

No campo arqueológico — que para a Europa vai dos restos pré-históricos aos assentamentos da grande civilização greco-romana —, a tradição científica européia é até hoje a mais avançada e orienta o que se faz em outras partes do mundo. O respeito pelos artefatos, o espírito de objetividade do aparato técnico ligado às operações de escavação e de contenção, o rigor filológico, também servem de modelo para a conservação e para a restauração dos assentamentos medievais e modernos. As intervenções ambíguas que misturam restaurações e inovações em nome de uma ideologia "perene" não se fazem mais; em alguns casos (o teatro romano de Sagunto, reelaborado por Giorgio Grassi de 1985 a 1992), aliás, nasce o propósito de desmanchá-las.

Os assentamentos subseqüentes, ainda habitados, colocam problemas diversos. Exigem intervenções de conservação e de modificação objetivamente fundamentadas, cuja combinação abre uma gama de experiências diferentes. Às inovações do passado próximo acrescentam-se continuamente outras: os programas de restauro

---

2. V. Gregotti, "Modificazione", *Casabella*, n. 498-499, Milão, janeiro-fevereiro de 1984.

Fig. 8. Um templo reconstruído com a anastilose — a remontagem dos blocos caídos — na área arqueológica de Selinunte.

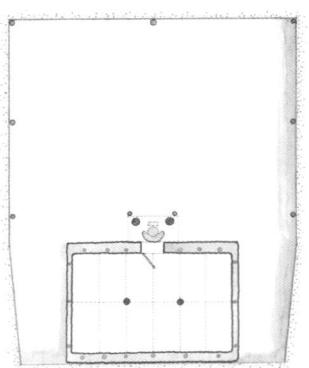 

Fig. 9 e 10. Reconstituições do recinto que foi o "palácio" dos primeiros reis de Roma, escavado em 2004 por Andrea Carandini (reelaboração do arquiteto R. Merlo).

Fig. 11 e 12. Granada. Fotografia aérea zenital com a colina da Alhambra no limite entre a cidade e a montanha. Uma vista do conjunto monumental restaurado em anos anteriores.

e de reabilitação nos centros históricos de muitas cidades (Edimburgo, Bath, Oxford, Cambridge; Bergen, Uppsala, Aarhus; Delft, Haarlem, Gand, Bruges; Heidelberg, Goslar, Dresden, Bamberg; Praga, Cracóvia, Riga; Tours, Colmar, Nancy, Beaune, Avignon, Arles; Salamanca, Segóvia, Ávila, Burgos, Toledo, Cáceres, Sevilha, Córdoba; Coimbra, Porto, Évora; Pavia, Mântua, Verona, Módena, Bolonha, Pisa, Siena, Perugia, Assis, Orvieto, Sulmona, Benevento, Lecce, Salerno, Ragusa, Erice; Corfú, Delfos, Salônica); as intervenções em áreas mais extensas, entre as quais se destaca o recente restauro da colina da Alhambra, em Granada; algumas revitalizações importantes nas grandes cidades: em primeiro lugar a reordenação do espaço e dos canteiros no centro oitocentista de Paris, desenhados por Bernard Huet e outros projetistas; os parques naturais e as áreas protegidas nos Estados europeus, que amiúde cobrem vastos territórios.

Também nesse campo a prática européia funciona como estímulo para os outros países, e de fato intervém nas cidades antigas e nos territórios longínquos. Giorgio Lombardi, depois de uma série de estudos e projetos para as cidades italianas, trabalhou em La Rochelle, em Bagdá, em Cartagena, na Armênia, e colabora regularmente com a UNESCO. Francesco Siravo dirige uma parte relevante dos restauros em escala urbana financiados pela Aga Khan Foundation nos países islâmicos.

Após a década de 70, aprendeu-se a respeitar e restaurar, juntamente com o patrimônio antigo, também a melhor parte do patrimônio recente, à qual é confiada a identidade das cidades. Multiplicam-se os trabalhos de restauro e as reconstituições também dos edifícios modernos: o pavilhão de Mies van der Rohe em Barcelona, o sanatório Zonnenstraal de Duiker, a Villa[3] Savoye de Le Corbusier. Reconhece-se a relação entre os cenários físicos e os usos cotidianos e, logo, a exigência de conferir aos artefatos passados usos diversos daqueles originais, mas compatíveis com sua conformação. A diferença entre os objetos artísticos conservados nos museus, subtraídos de seus usos, e os bens arquitetônicos habitados é avaliada não somente pela cultura especializada, mas também pelo senso comum.

Para a nossa narrativa dedicada ao presente são particularmente interessantes as experiências inovadoras, que rediscutem os modelos culturais reconhecidos. Um dos quesitos mais relevantes é o papel dos antigos organismos urbanos chamados habitualmente "centros históricos" e sujeitados, em grande medida, à lógica das cidades modernas maiores que os englobam. Essa destinação redutora, bem diferente de sua natureza original de cidades completas e autônomas, basta comumente para criar uma pressão funcional intolerável, que derruba as regras de conservação dos cenários físicos.

---

3. "Villa" é um termo italiano que preferimos não traduzir, por referir-se, em origem, especificamente ao complexo edificado que surge na Antigüidade, construído necessariamente fora dos limites da urbe e dotado de diversas infra-estruturas para o lazer. É o lugar do *otium*, em contraste com a casa urbana. [N.T.]

Está em jogo a noção mais preciosa, que é a verdadeira contribuição a ser conquistada pela cultura contemporânea: a individualidade total das cidades e a ação da qual deriva, a invenção urbana, tão segura no passado e problemática no presente. Na Europa, o processo histórico de crescimento das cidades na era industrial aconteceu gradualmente, com modalidades que dissimulam a lenta inversão das características gerais. Os organismos antigos formam o centro ou uma parte do centro das cidades modernas. Sua rede viária, em certa medida homogênea àquela dos bairros circunstantes, sendo mais delgada, deve ser protegida, limitando o afluxo de veículos. As atividades terciárias emergentes, se excluídas ou limitadas no local, acumulam-se nos perímetros imediatos, congestionando o conjunto dos espaços internos. A pressão dessa convivência, que leva a transformar fisicamente os organismos antigos ou a forçar suas funções, está quase sempre fora de controle. O cuidado com a qualidade, nos centros e nas periferias, escapa assim ao domínio da projetação moderna. As averiguações da pesquisa histórica acumulam-se em âmbito científico, mas não chegam a alimentar a gestão atual.

Por isso, a sistematização de uma cidade excepcional como Veneza, irredutível aos hábitos atuais, permaneceu quase até hoje um assunto inacessível. A tutela do cenário físico, ainda mais exigente que em outros lugares, é confiada a um interesse profundo, amplamente difundido, e que prevalece sobre as leis e os regulamentos. "Não deve mudar, não deve mover-se" — escreve Fernand Braudel . "Para ela e para nós, graças a ela, o tempo não deve mais passar. Passa tão rápido!"[4]

Na realidade, enquanto o cenário físico não muda, Veneza se transforma rapidamente, pelo conflito crescente com os territórios e com as funções modernas. A forma urbana, que foi a base material de uma entidade política e econômica tão importante, capaz de tratar de igual para igual com as grandes potências mundiais, e preservada por mil anos com imponentes modificações da geografia circunvizinha — uma cidade isolada em sua laguna, com a beirada de terra firme deserta e as outras cidades mantidas a distância conveniente, mas senhora dos cursos d'água circunstantes e empenhada em desviá-los para longe da laguna; senhora do Adriático e aberta para o mundo com um leque de rotas marítimas estendido até Tana, Trebisonda, Constantinopla, Alexandria, Creta, Túnis, Marselha, Barcelona, Sevilha, Bruges, Southampton (fig. 13 e 14) —, perdeu há mais de dois séculos sua razão de ser, a autonomia política e o império comercial. Todavia seu prestígio continua a pesar sobre o desenvolvimento recente e, não podendo condicioná-lo, o distorce.

A persistência da forma urbana milenar é um grandioso fenômeno histórico que dá a medida da importância dessa incomparável construção humana; mas, afinal, os seus efeitos tornaram-se destrutivos. Enquanto ao redor, por motivos que fogem

---

4. F. Braudel, "Venise", in: *La Mediterranée*, Paris, Flammarion, 1985. Edição italiana: *Il Mediterraneo*, Milão, Bompiani, 1997, p. 266.

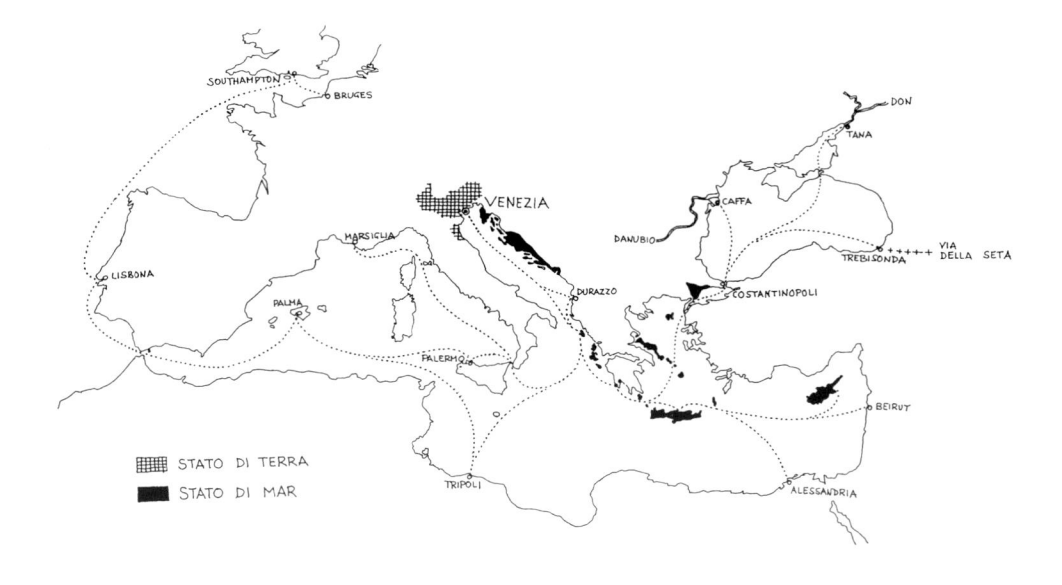

Fig. 13. O território da República de Veneza. O "Estado de Terra" e o "Estado de Mar".
Fig. 14. Veneza. A cidade-Estado, gravura de 1693.
Fig. 15. O território em torno de Veneza há cem anos.
Fig. 16. O território em torno de Veneza hoje.

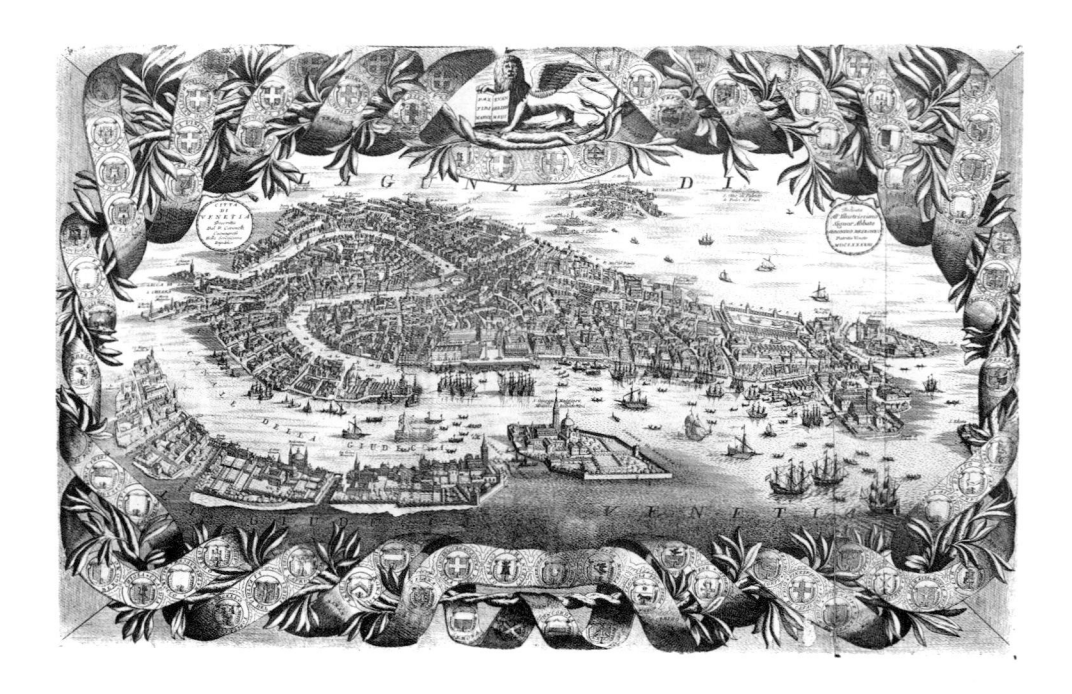

II. A Europa. O quadro geral 39

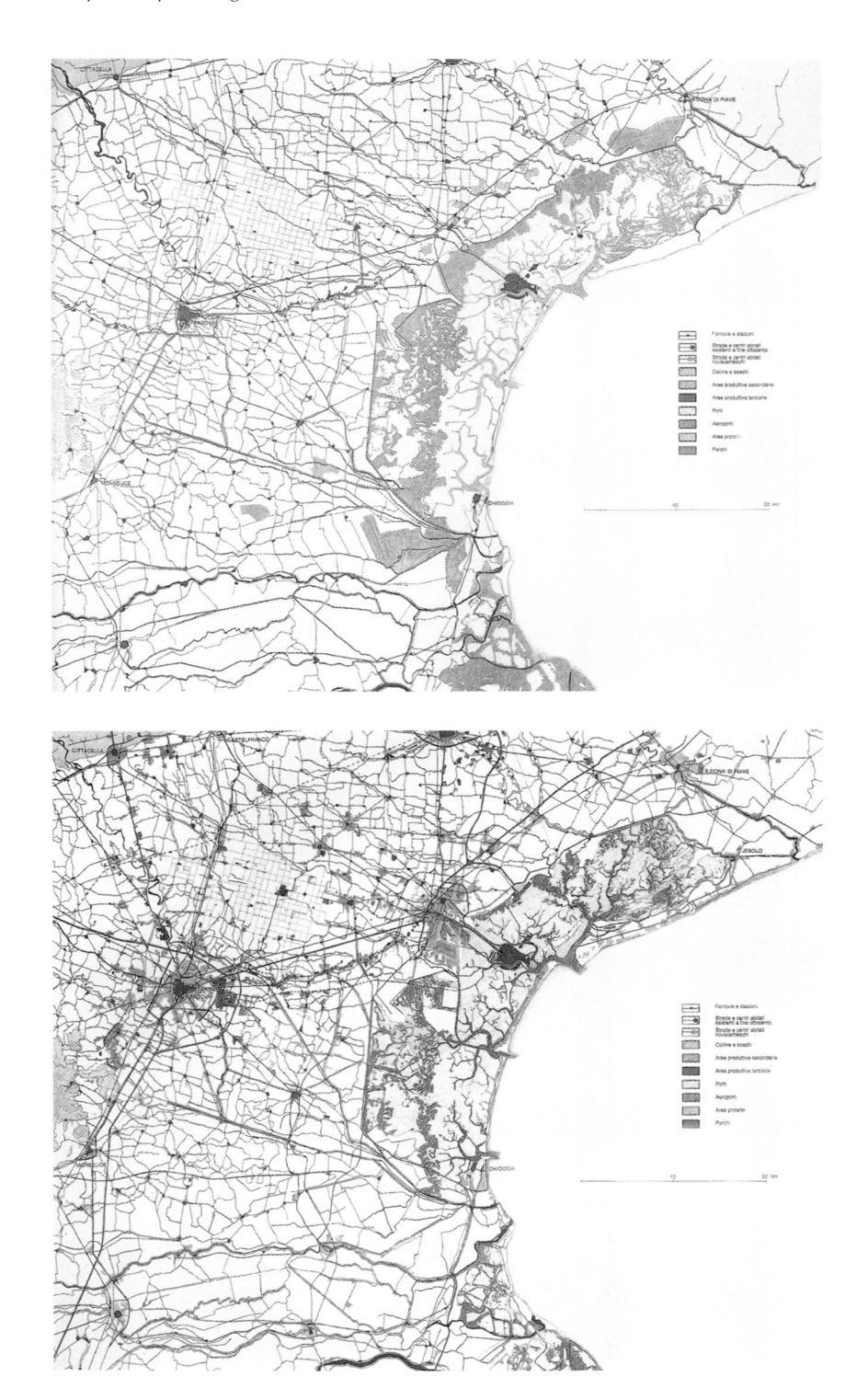

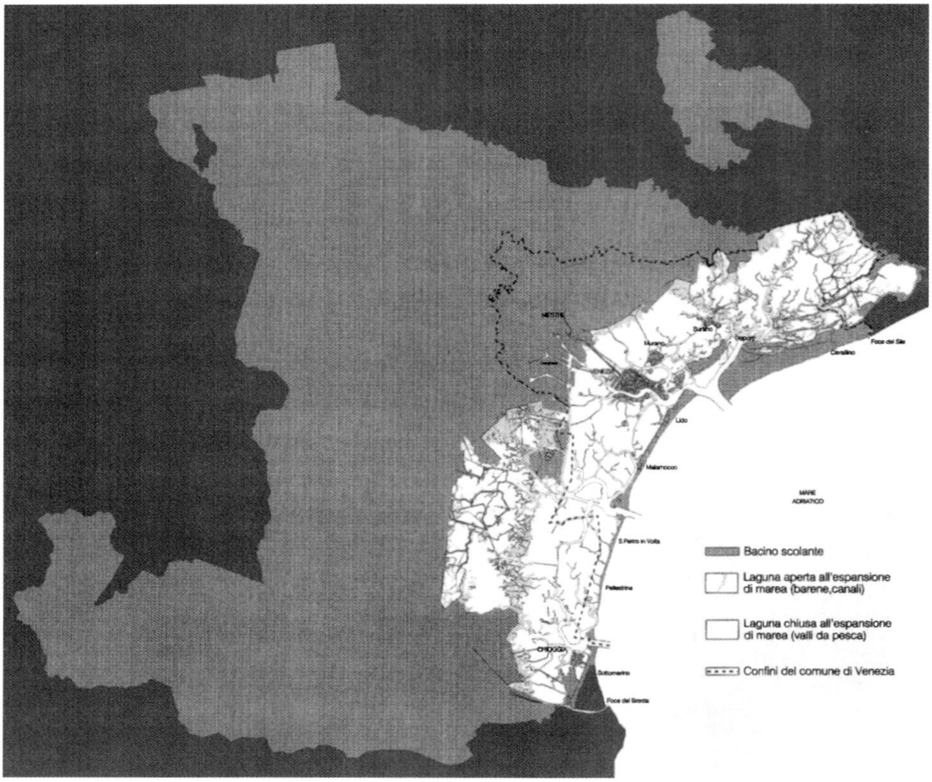
MESTRE
Murano
Burano
Foce del Sile
Cavallino
Lido
Malamocco
MARE
ADRIATICO
S.Pietro in Volta
Pellestrina
CHIOGGIA
Sottomarina
Foce del Brenta
Bacino scolante
Laguna aperta all'espansione
di marea (barene,canali)
Laguna chiusa all'espansione
di marea (valli da pesca)
Confini del comune di Venezia

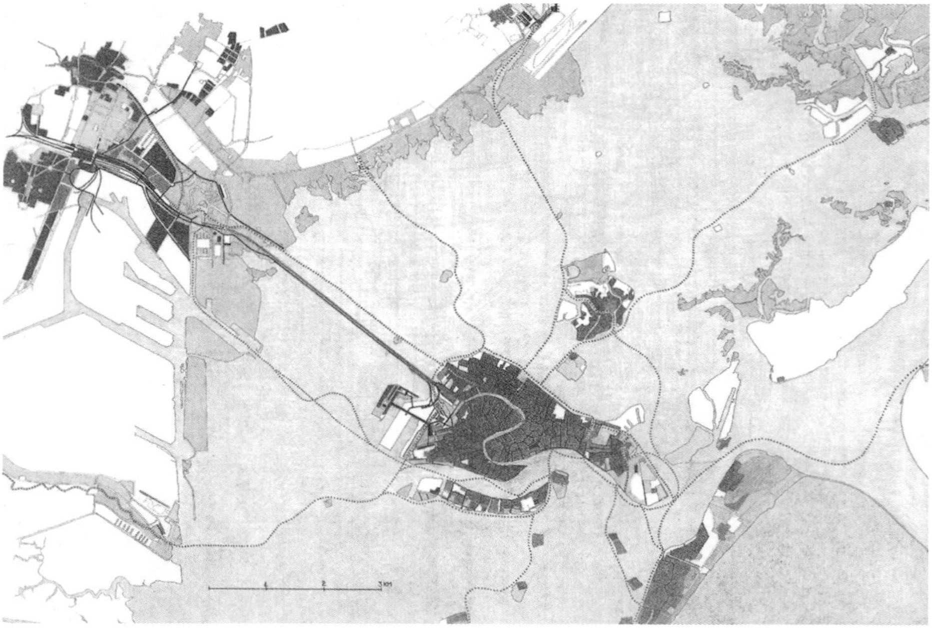

ao seu controle, cresceu uma nova cidade inteira e a terra firme foi densamente urbanizada, quis-se perpetuar o modelo antigo, a absoluta centralidade da cidade-ilha, com um halo de vias de comunicação, instalações e serviços próprios que subvertem todo o território circundante. Dessa contradição insolúvel padecem os assentamentos recentes, que não se juntam em uma verdadeira cidade e sofrem inconvenientes evidentemente desproporcionais ao seu tamanho (basta pensar nas estrangulações dos tráfegos viários e ferroviários); sofre até mesmo a cidade antiga: o uso da água é debilitado, diminuem os habitantes, a vida da cidade não consegue competir com um turismo cada vez mais invasor.

Desse diagnóstico surgiu o novo plano diretor da cidade, projetado de 1994 a 2001.[5] Pela primeira vez, o papel territorial de uma grande cidade antiga foi rediscutido. Volta à baila o problema da invenção urbana. No momento em que se considera esgotada a antiga invenção, trata-se de imaginar uma nova forma urbana, montando de um modo diferente as peças da aglomeração existente para fazer dela, finalmente, uma única cidade em funcionamento. Ao renunciar à sua centralidade, Veneza coloca sobre bases realistas a sua conservação, e se dispõe a comunicar suas características excepcionais — a explosão nas áreas da laguna, o deslocamento planejado das funções para locais afastados — à cidade contemporânea (fig. 15-18).

Por esse caminho, torna-se possível responder ao interesse mundial por Veneza, inaugurando um discurso técnico e científico não limitado à tradição européia, mas aberto, justamente, a todo o cenário mundial. A salvação de Veneza é problemática por causa de sua diversidade em relação às outras cidades européias; diversidade que a levou a um conflito insolúvel com as formas convencionais de modernização. Se é possível inventar um modo alternativo de modernizá-la, isso quer dizer que as outras diversidades espalhadas pelo mundo, herdadas por outras culturas, também podem ser salvas, e que não é inevitável tornar parecidas todas as cidades do mundo, como hoje é arriscado que aconteça.

Esse empreendimento encontra mil obstáculos: a sobreposição dos poderes administrativos que substituíram o governo autônomo da cidade, os interesses motivados por dois séculos de decadência e, em última análise, a comparação com uma história tão gloriosa, que torna improvável uma continuação adequada em nosso tempo.

---

5. L. Benevolo (org.), *Venezia, il nuovo piano urbanistico*, Roma/Bari, Laterza, 1996. A operação foi gerida pelo assessor Roberto D'Agostino. No momento, a execução está suspensa por demérito da direção política.

Fig. 17. O ecossistema da laguna de Veneza no estado atual. Em cinza claro, o território de escoamento na laguna. O contorno tracejado é o limite terrestre do município de Veneza.

Fig. 18. Os elementos antigos e modernos, afastados da água, que formarão o novo "centro" da cidade moderna de Veneza. As comunicações são asseguradas pelas pontes viária e ferroviária e pelas rotas de navegação lacustre. As áreas em cinza claro são os parques, que, juntamente às *barene* (as áreas alternadamente emersas e submersas), aclimatam novamente a orla lacustre, deixando em segundo plano as áreas industriais de terra firme.

Todavia, um programa abrangente foi formulado. Uma parte das intervenções previstas está em fase de execução, com a contribuição de operadores e projetistas do mundo inteiro. Veneza, como outras vezes no passado, possui um modelo novo para o seu porvir, começa a executá-lo e se confronta mais uma vez com a imprevisibilidade das circunstâncias.

Pode-se acrescentar uma reflexão ulterior. Em um exame mais maduro, aquela que há poucos anos parecia uma fórmula inventada para Veneza revela-se uma exigência comum às cidades antigas de todo tipo, que na maior parte dos casos parece impraticável somente porque, os jogos, em grande parte, já estão feitos. Quando uma cidade muito maior cresce às suas margens, quase sempre desaparece sua qualificação mais importante: a autonomia. Boa parte das cidades antigas italianas e européias, mesmo se bem conservadas fisicamente, a perderam. E a dependência funcional também prepara, dentro de certo tempo, a destruição da paisagem física.

Uma das poucas cidades na Itália que escapam dessa gravitação é Lucca. O plano diretor vigente, projetado e aprovado nos anos 2000-2005[6], parte do reconhecimento de seu caráter singular. Lá se conserva de modo inusitado, além do cenário físico antigo, o senso de medida, que modera de diversos modos tanto os poucos acréscimos de edificação recentes na área dentro dos muros quanto o adensamento das construções no território circunstante. Vai-se a Lucca, segundo um dito tradicional, para aprender o "garbo": mais ou menos a fidelidade à medida geral das relações humanas. Há uma razão profunda para tudo isso: a cidade murada não se tornou "o centro" da cidade contemporânea, muito mais ampla (o "centro histórico", como se costuma dizer). Ela permaneceu uma cidade completa, com seu centro, sua periferia, todo tipo de serviços, áreas verdes e um simulacro limitado, mas extraordinariamente eloqüente, do antigo território livre circunstante, ou seja, o anel verde em volta dos muros: uma pradaria desprovida de destinações funcionais específicas, que corresponde a uma parte menor da antiga área de observância militar[7] interditada para qualquer uso civil; possui uma extensão transversal limitada, entre cem e duzentos metros, mas é tratada exatamente como a antiga área, e afasta, a uma distância incomensurável, todo o cenário moderno, afirmando a individualidade e a independência da cidade antiga (fig. 20).

A periferia existente é, por sua vez, anômala. A expansão moderna começou quando ainda subsistia ao redor dos muros a inteira faixa de observância militar. Somente em um segundo momento uma parte da faixa foi urbanizada com um desenho ordenado e uma leve edificação, claramente subalterna à cidade murada.

---

6. A preparação do plano foi dirigida por Maurizio Tani.

7. No original, "area di rispetto militare". A expressão italiana "zona/area di rispetto" refere-se a áreas sujeitas a restrições imobiliárias. [N.T.]

II. A Europa. O quadro geral

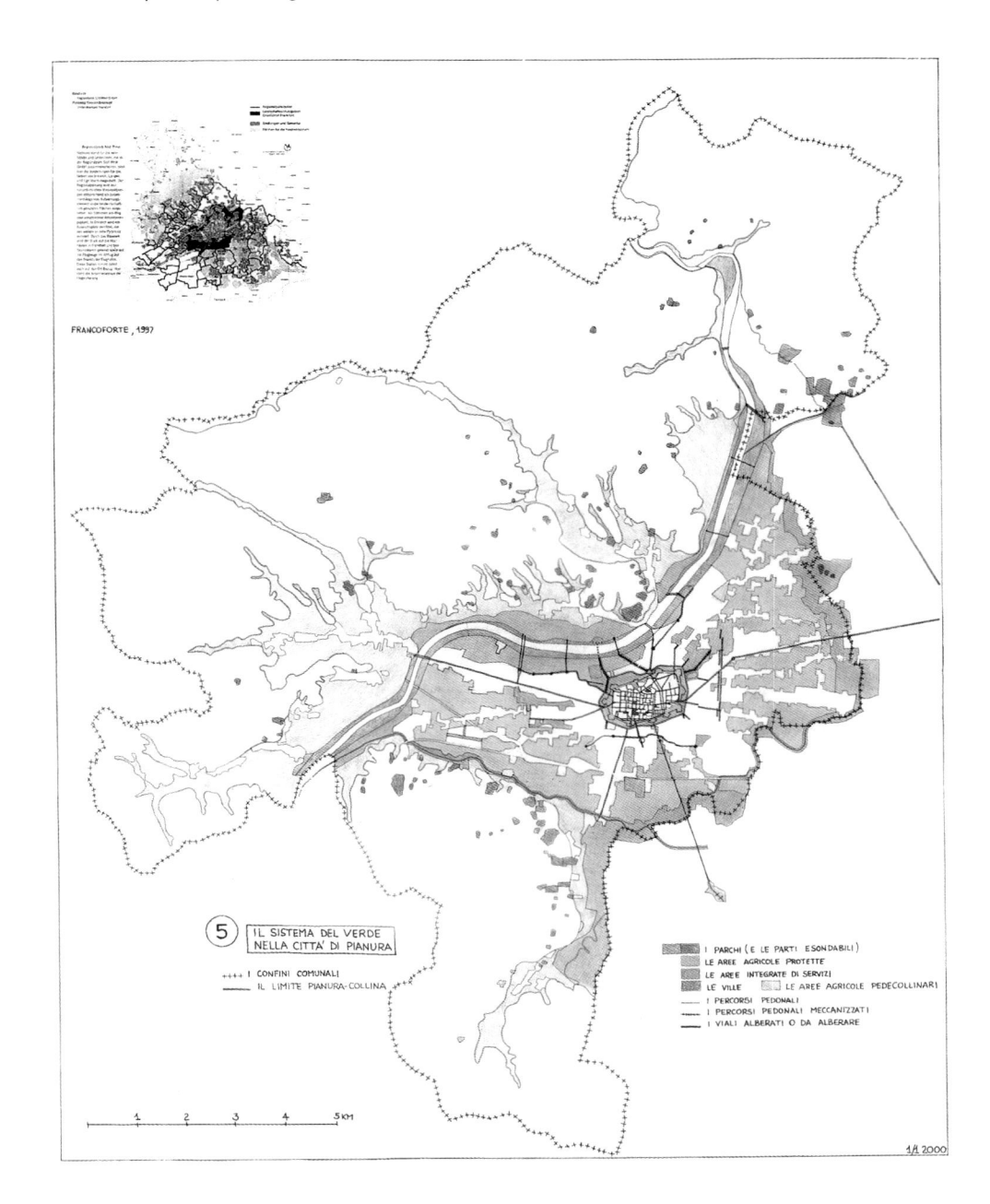

Fig. 19. Lucca: o sistema das áreas verdes no conjunto urbano. Desenho preparatório para o plano diretor de 2005.

Fig. 20. A cidade antiga de Lucca, com o seu recinto de muros e de áreas verdes.

No exterior, as vias antigas que convergem para a cidade são construídas dos dois lados, mas deixam subsistir, entre uma e outra, fatias de campo, porque o recurso para construir está na ligação fácil com o centro, não na valorização geral do território em função da vizinhança. O plano diretor bloqueia esse dispositivo frágil, já ameaçado, e coloca os novos lugares centrais ao longo de um arco que intercepta o halo leste, a grande distância da cidade antiga, em condição de servir, além dos limites municipais, toda a planície de Lucca. O modelo antigo poderia assim voltar a comandar todo o desenho da aglomeração moderna (fig. 19 e 21).

Essa escolha tem contra si muitas circunstâncias: a atual conjuntura italiana, que torna difícil controlar os novos assentamentos afastados, a defesa convencional dos valores ecológicos, que impede uma articulação territorial moderna, a ingerência não consciente das administrações superiores, e muitas outras. Os espaços intermediários a salvaguardar não são de água, como em Veneza, mas de terra. A anomalia de Lucca é mais sutil e menos reconhecida.

Na escala geográfica superior, reapresenta-se a exigência de uma relação correta com a paisagem natural e histórica, que não deve ser tutelada apenas artificialmente, mas pode se tornar uma provocação eficaz para a invenção da paisagem contemporânea. É uma tarefa que se mede a longo prazo. A modernização da baixada

Fig. 21. O centro moderno de Lucca é um parque montado na margem oriental da zona rural da cidade, que intercepta os corredores urbanizados provenientes da cidade antiga e poderá entrar em relação com o restante do vale, se estiver coordenado com os outros municípios e as administrações superiores.

holandesa e de suas vias aquáticas, empreendida há um século, ainda está em curso, e não pára de produzir novos resultados. Em outros lugares, trata-se de imprimir à gestão territorial uma mudança inovadora. É o caso da planície costeira toscana em torno da foz do Arno, que, com suas características tradicionais, condiciona potencialmente os assentamentos circunvizinhos — entre os quais as áreas urbanas de Viareggio, Pisa e Livorno —, mas está sendo lentamente erodida por sua expansão.

    A Região Toscana, que regula indiretamente a tutela dessa área por meio dos planos urbanísticos das administrações locais, promoveu na década de 1980 um projeto mais radical, que não objetiva somente conservar o que resta do pântano e da floresta costeira, mas também inverter em parte a degradação, alagando novamente

II. A Europa. O quadro geral 47

as zonas anteriormente drenadas. O estudo conduzido por Pier Luigi Cervellati e Giovanni Maffei Cardellini, publicado em um volume de 1988[8], é baseado em uma documentação histórica minuciosa e eloqüente, da qual deriva um desenho projetual com as suas normas de execução. Não houve até agora uma execução adequada: o estudo continua a ser uma proposta não traduzida em regras vigentes.

Uma iniciativa análoga — uma intervenção paisagística baseada na recuperação de uma antiga estrutura alterada em época moderna — está, por outro lado, em

---

8. P. L. Cervellati e G. Maffei Cardellini (orgs.), *Il parco di Migliarino, San Rossore, Massaciuccoli. La storia ed il progetto*, Veneza, Marsilio, 1988.

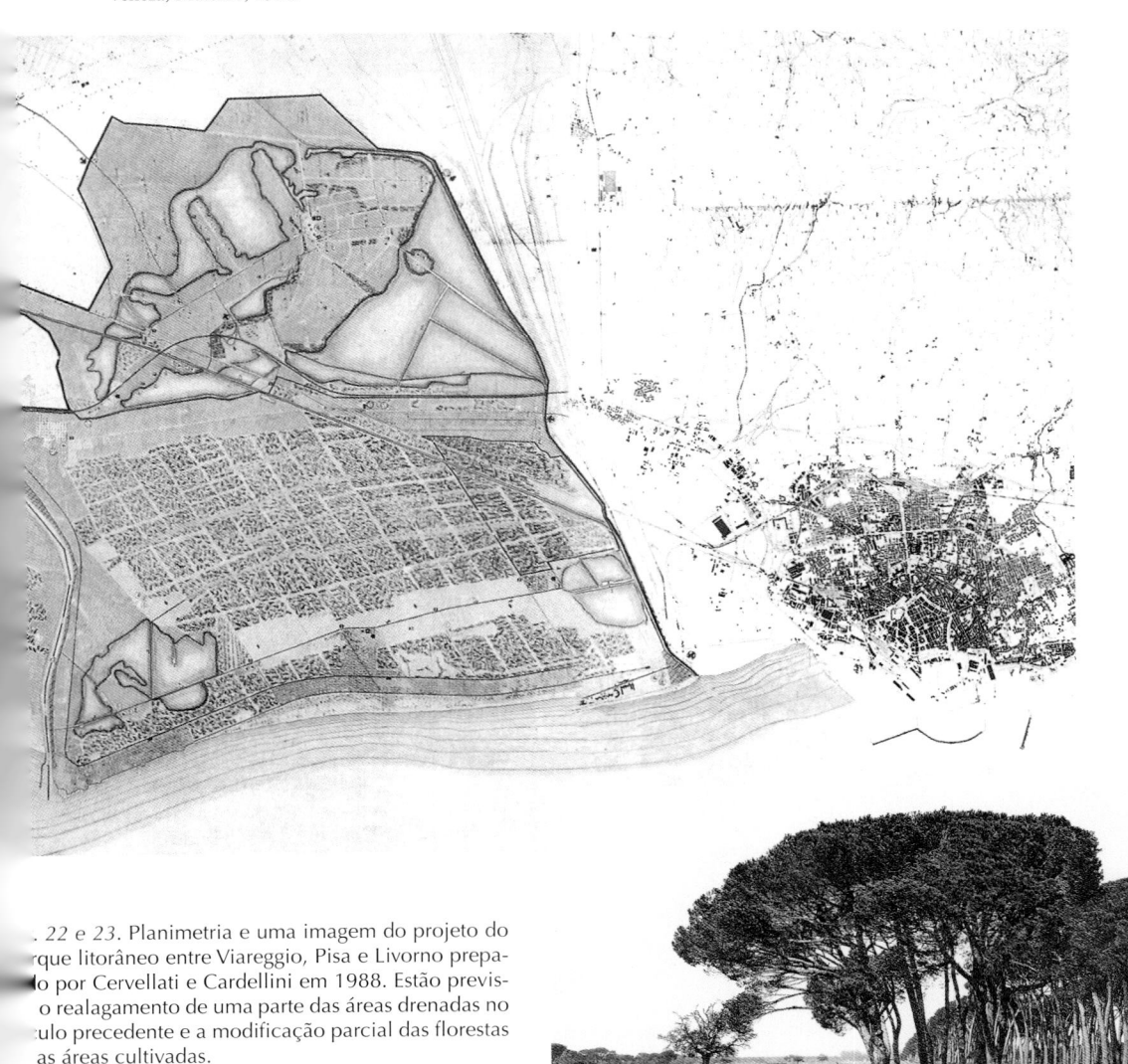

22 e 23. Planimetria e uma imagem do projeto do parque litorâneo entre Viareggio, Pisa e Livorno preparado por Cervellati e Cardellini em 1988. Estão previstos o realagamento de uma parte das áreas drenadas no século precedente e a modificação parcial das florestas nas áreas cultivadas.

plena execução para o trecho da costa atlântica francesa onde se situa a abadia de Mont-Saint-Michel. A canalização do rio Couesnon em 1863 e a construção da ponte-dique em 1878 tornam disponíveis três mil hectares de novas terras cultiváveis e permitem o acesso ao monumento mesmo nos períodos de cheia, mas também aceleraram o aterramento da costa e ofereceram espaços para a prática intensiva do turismo de massa: estacionamentos próximos, hotéis, e assim por diante.

Um novo projeto, promovido pelo Syndicat mixte pour le rétablissement du caractère maritime du Mont-Saint-Michel, financiado pelo Estado, pelas regiões da Baixa Normandia e da Bretanha e pelos departamentos da Mancha e de Île-et-Vilaine, pela União Européia e pela Agence de l'Eau Seine-Normandie, propõe-se a inverter essa transformação. Ele custará 134 milhões de euros e será realizado de 2004 a 2008. O meandro de Moidrey será reconvertido em zona úmida, a faixa de terra e areia que une o monte à terra firme será cortada, e os dispositivos hidráulicos projetados pela SOGREAH se propõem a "reconstituir o fluxo das correntes como era há dois séculos".[9]

O afluxo dos turistas será organizado de nova maneira. Os estacionamentos serão deslocados para dentro da faixa litorânea, será criada uma rede de ciclovias e pistas eqüestres. Ao Monte, que volta a ser uma ilha, se chegará através de uma passarela de nove metros de altura sobre o nível médio do mar e de 950 metros de comprimento projetada pelo grupo parisiense Feichtinger Architectes e pelo escritório Schlaich, Bergermann & Partners, de Stuttgart, que em 2002 venceram um concurso europeu. A pavimentação será em parte de madeira, para os pedestres, em parte em lastras de cimento sobre as quais correrá o *Passeur*, um trenzinho de três vagões alimentado a GLP [gás liquefeito de petróleo], desenhado pelo grupo Plan Créatif. Um centro de recepção terá lugar em um antigo quartel, segundo um projeto do escritório HYL Paysagistes et Urbanistes (fig. 24-27).

À diferença do estudo italiano sobre o litoral pisano, esse projeto francês, com o qual estão de acordo desde o início todas as administrações, do nível estatal ao local, já é uma realidade consolidada. Nesse âmbito, os interesses gerais e particulares se enfrentam objetivamente e submetem um vasto território a um verdadeiro restauro, com instrumentos modernos e a consciência histórica dos valores tradicionais.

---

9. Um relato sobre a intervenção no território de Mont-Saint-Michel, de Maria Adriana Giusti, encontra-se em *Il Giornale dell'Architettura*, n. 6, Turim, abril de 2003, p. 38.

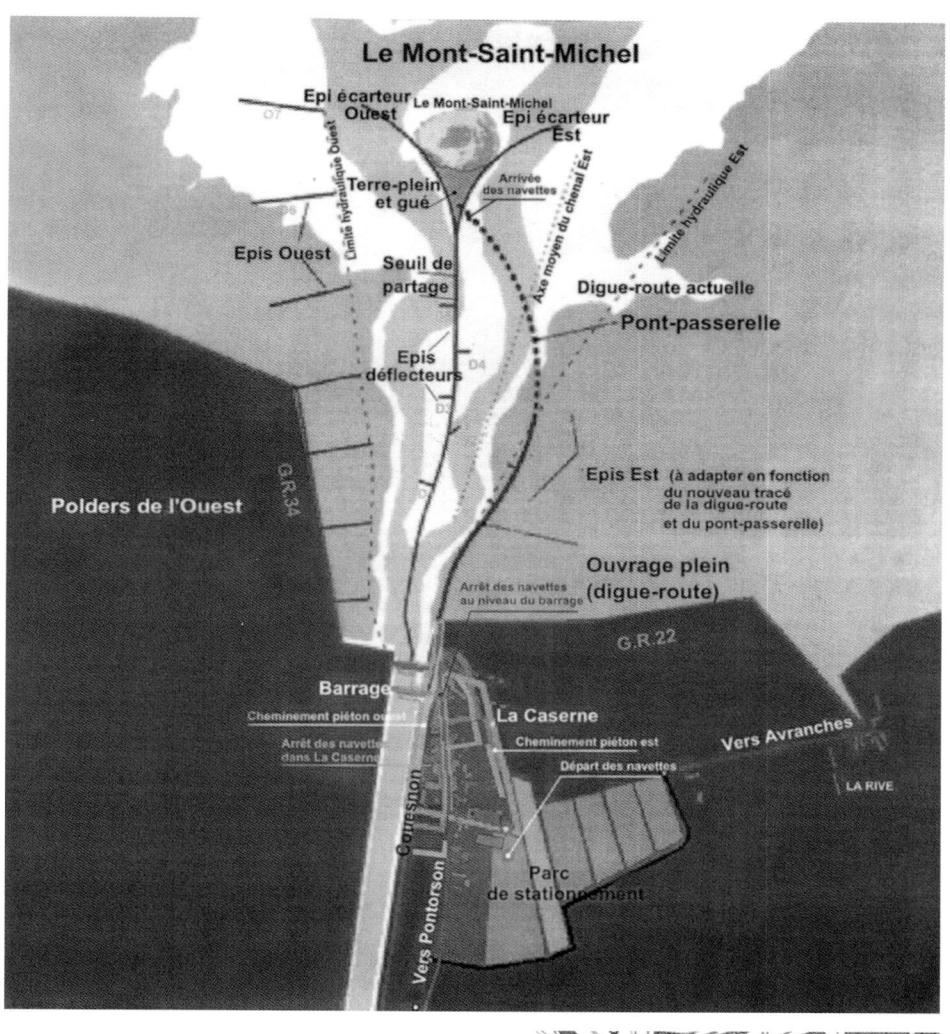

Fig. 24. Esquema das intervenções em andamento entre a terra firme e o Mont-Saint-Michel: a extremidade da ponte com o estacionamento e os serviços, as obras de reconstituição das correntes marinhas e a nova passarela.

Fig. 25. A nova península de atracadouro na base do Monte.

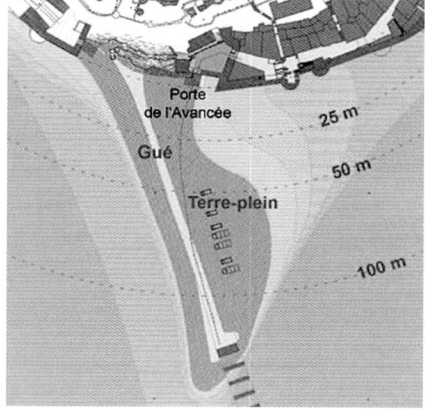

Fig. 26. Mont-Saint-Michel como está agora.

Fig. 27. Mont-Saint-Michel como ficará ao final dos trabalhos: isolado no mar, com a passarela suspensa sobre a água.

II. A Europa. O quadro geral

As combinações ordenadas de estudos e de intervenções crescem na Europa. A Inglaterra continua a aperfeiçoar seu patrimônio de regras e modelos paisagísticos, que tem por trás uma herança histórica de vários séculos, universalmente conhecida. Na Holanda, os valores ambientais estão estavelmente incorporados ao sistema urbanístico, talvez o mais eficiente do mundo. Um processo sistemático de planejamento territorial está em curso na Alemanha, e compensa de toda forma as dramáticas destruições do cenário urbano, como diremos mais adiante.

As experiências descritas, colocadas nos últimos quinze anos juntamente com as inovações mais importantes da cultura arquitetônica, demonstram o forte vínculo entre o estudo do passado e as tendências para o futuro, que é uma típica contribuição européia à pesquisa mundial e vale, sobretudo, na projetação em grande escala. Os resultados da trajetória européia podem então se tornar exemplares também nos outros países.

2. A projetação do novo

Por "novo" entendemos aqui o que se acrescenta ao patrimônio passado, em conformidade com ele ou não.

A pesquisa dos métodos de conservação do patrimônio passado, para interromper sua degradação e entregá-lo da melhor maneira possível ao futuro, exige um esforço de invenção que é característico do tempo presente e que foi brevemente ilustrado no subcapítulo anterior. Nesse sentido, a projetação dos novos assentamentos não é independente do tratamento correto dos antigos. Para uns e outros, a invenção nas várias escalas assume um novo papel decisivo e interrompe o confronto entre as tendências opostas no último terço do século XX. A motivação fundamental, a compreensão das relações espaciais duráveis, transparece nos cenários antigos e deve ser aplicada corretamente aos quesitos técnicos e funcionais de hoje. Ela redefine o segundo significado do adjetivo "novo", ou seja, o valor agregado que se espera hoje da arquitetura.

É preciso remontar ao impulso cultural do qual nasce, a partir da metade do século XIX, a renovação da cultura arquitetônica européia e mundial, e que não exauriu seu estímulo no século XXI. Naquele momento, as trajetórias da nossa área encontram as expectativas gerais da sociedade européia: as esperanças e os temores pela aceleração tecnológica, econômica, mental, a dramática conversão à mudança, os sucessos e as derrotas nos limiares de um futuro arriscado.

Tudo isso vai bem além da cultura arquitetônica. Comecemos pelo texto que melhor resume o ponto de partida: as duas últimas quadras do grande poema "Le voyage", escrito por Charles Baudelaire em 1861.

> Ó Mort, vieux capitaine, il est temps! Levons l'ancre!
> Ce pays nous ennuie, ó Mort! Appareillons!
> Si le ciel et la mer sont noirs comme l'encre,
> Nos cœurs que tu connais sont remplis de rayons!
>
> Verse-nous ton poison pous qu'il nous réconforte!
> Nous voulons, tant ce feu nous brûle le cerveau
> Plonger au fond du gouffre, Enfer ou Ciel, qu'importe?
> Au fond de l'Inconnu pour trouver du *nouveau*.[10]

Desse desconforto pessoal e de época procedem, junto a tantas outras coisas, a experiência do *art nouveau*, o programa da *neue Sachlichkeit*, o tormento das muitas renovações sucessivas no decorrer do século XX, que hoje mudam de característica, mas não de urgência.

Nessa perspectiva, não há distinção entre a escala territorial, a escala urbana e a escala da construção civil. A realização de novas cidades ou de partes significativas das cidades atuais, que caracterizou as três ou quatro primeiras décadas depois da última guerra, tornou-se rara na Europa. Hoje, as principais ocasiões de intervenção dizem respeito a áreas limitadas ou edifícios isolados, que em muitos casos vão substituir edifícios precedentes ou remanejá-los mais ou menos radicalmente. Ao mesmo tempo, a moldura urbanística para enquadrar corretamente as intervenções isoladas torna-se cada vez mais exigente e complexa. As diferentes etapas projetuais são exercidas por duas ou mais categorias de operadores especializados, mas os melhores resultados são obtidos por aqueles que manejam indiferentemente as várias etapas de projetação e descobrem a homogeneidade da invenção subjacente às formalidades profissionais.

Uma distinção importante entre intervenções "edilícias" e "urbanísticas" diz respeito à natureza da encomenda, como se apresenta atualmente na Europa. O próprio conceito de "edifício", na tradição européia, é a porção de intervenção que está ao alcance de uma vasta gama de operadores públicos e privados, que se alternam e se multiplicam nas sociedades complexas de hoje. A intervenção "urbanística" diz respeito ao conjunto de regras impostas às intervenções edilícias; e, quando se trata de inovar, o quadro de geral assume o aspecto de um desenho em grande escala,

---

10. C. Baudelaire, *Les fleurs du mal*, poesias acrescentadas à edição de 1861, *Le voyage*. [Ed. bras.: *As flores do mal*, trad. Ivan Junqueira, Rio de Janeiro, Nova Fronteira, 2006.]
    "Oh, Morte, velha capitã, já é tempo! Levantemos âncora!/ Este país nos enfastia, oh, Morte! Zarpemos!/ Se o céu e o mar são negros como o nanquim,/ Nossos corações, que tu conheces, são plenos de luz!// Verte sobre nós o teu veneno, que ele nos reconforta!/ Queremos, tanto esse fogo nos consome o espírito,/ mergulhar no fundo do golfo, Inferno ou Céu, o que importa?/ No fundo do Desconhecido para encontrar o *novo*." [N.T.]

que compete à administração pública. O conceito de "plano diretor", que nasce na era industrial, faz a mediação entre os dois aspectos.

Como foi dito, o cenário europeu tem hoje uma elevada estabilidade, e, portanto, a "urbanística" assume o aspecto predominante de um conjunto de regras públicas constantes, que entram nas tarefas tradicionais dos corpos administrativos. Mas o tema da inovação, ainda que restrito em certa medida, é, da mesma forma, premente. Ele exige, por parte da administração pública, uma presença pontual e discricionária, que é melhor expressa pelo *owner*, o proprietário-empresário, do que pelo funcionário controlador. Aqui, de fato, nasceu, há cerca de cem anos, o percurso metodológico descrito no subcapítulo inicial, que atribui à administração pública a tarefa provisória de plena gestão da transformação, mediante a aquisição provisória do terreno e a sucessiva distribuição aos operadores da construção civil, privados ou públicos. Somente assim, como já se disse, a operação urbanística se torna economicamente viável em relação à operação edilícia.

Assim aconteceu em larga escala nos dois pós-guerras do século XX, quando a demanda por novas quantidades de obras era elevada. Agora as quantidades a serem acrescidas diminuíram, mas as transformações aumentam e não podem ser geridas corretamente se a administração pública se atém somente ao papel tradicional de guardiã das regras, ou seja, se deixa aos gestores privados todo o campo projetual e vai pescá-los fora para atender às suas exigências econômicas e representativas. Hoje na Europa, uma encomenda pública verdadeira e autônoma continua a funcionar na Holanda, apenas parcialmente em outros lugares e quase nunca na Itália. Tudo isso influi sobre o trabalho profissional: os melhores escritórios projetam intervenções edilícias e urbanísticas, das quais as primeiras são regularmente concluídas e as outras freqüentemente encalham ou são descartadas. As obras que têm êxito são geralmente peças especiais do cenário urbano, e raramente tecidos edificados normais.

Aqui devemos considerar a contribuição individual de alguns projetistas mais dotados, que hoje, como no passado, modificam de modo relevante as situações coletivas. Bertrand Russel escrevia nos anos 30: "A parte dos indivíduos na história, superestimada na cultura tradicional, tende a ser injustamente minimizada por aqueles que crêem ter encontrado as leis das transformações."[11] No nosso caso, essas leis, se existirem, serão argumento para os futuros historiadores. Mas agora convém olhar de perto suas escolhas e tentar discernir nelas as tendências que parecem duráveis no futuro.

Hoje os melhores arquitetos que trabalham, via de regra, nos escritórios privados (faltam figuras de primeira ordem que trabalhem estavelmente no interior das administrações públicas, como fizeram no passado Garnier, Dudok, Van Eesteren)

---

11. No prefácio de *Freedom and Organization 1814-1914*, Nova Iorque, W. W. Norton & Co, 1934.

têm uma função exploratória e estimulante para todo o setor da arquitetura, mas com novas modalidades operativas. No universo atual, a multiplicação dos controles e o propósito de percorrer de modo coerente toda a gama das etapas projetuais — juntamente à revolução informática dos meios de representação e difusão — levam a uma organização coletiva do trabalho que abre novas oportunidades e novos perigos. A iniciativa pessoal permanece determinante em cada nível, mas deve encarregar-se da mediação entre criação individual e de grupo. A organização dos escritórios profissionais, o crescimento dos corpos técnicos especializados e as circunstâncias de suas relações com aqueles que trabalham em todas as frentes colocam novos problemas, não instrumentais, mas intimamente ligados à criação arquitetônica.

Tudo isso torna inadequados os escritórios personalizados e isolados, que caracterizaram a primeira fase do movimento moderno. O critério organizativo de então era a relação pessoal do titular com cada um dos colaboradores, cujo número devia permitir uma alternância de contatos em tempos razoáveis (mais ou menos o mesmo que, nas escolas, permite colóquios individuais entre o docente e os estudantes: de vinte a trinta pessoas que devem se encontrar a cada dez ou quinze dias). Naquele tempo, as técnicas do desenho exigiam um trabalho manual adicional, confiado aos desenhistas, que duplicavam ou triplicavam o contingente dos escritórios.

Hoje a organização mudou. Nasce uma hierarquia de grupos que recorrem a mais coordenadores. O computador fez desaparecer os desenhistas, e o corpo de funcionários é formado quase somente por arquitetos, que podem trabalhar em espaços restritos e cobrem todo o processo projetual. No entanto, o progresso tecnológico distribui as competências entre um grande número de especialistas, que formam organismos especializados e funcionam como consultores estáveis ou ocasionais.

Fig. 28. O escritório Foster Associated em Londres.

Os maiores escritórios de arquitetura atuais, classificados em 2004 pela *World Architecture*[12], têm entre quatrocentos e 650 arquitetos (um escritório japonês chega a 1.084). Entre aqueles que o leitor encontrará neste livro, figuram Skidmore, Owings and Merrill (477), Foster Associated (393), Gregotti Associati (102), Rogers Partnership e Van Egeraat Associated (75), Pei (65), De Architekten Cie (29). De alguns outros escritórios, não incluídos naquela lista, os contingentes são avaliados por outras fontes: Jean Nouvel Architecture (105), Renzo Piano Building Workshop (103), Zaha Hadid (70). Esses números são pertinentes ao trabalho de projetação arquitetônica geral, e oscilam no tempo. As entidades de projetação especializada, que podem funcionar por compartimentos, podem ser muito maiores: Ove Arup tem mais de sete mil empregados espalhados em várias partes do mundo. Sabe-se que Mies van der Rohe conservou até o fim um escritório pequeníssimo, transferindo para outros grandes escritórios de confiança o trabalho de desenvolvimento.

Tudo isso exige dos titulares dos novos escritórios a compreensão das novas circunstâncias técnicas e econômicas, mas também habilidades agregadoras de relações humanas, para escolher as pessoas, dialogar com elas e com os interlocutores externos. Um importante profissional[13] de nossos dias resumiu essas tarefas assim: "savoir faire, savoir faire faire, faire savoir".[14] Mas não basta. É útil considerar as experiências coletivas próprias de algumas fases precedentes da história da arquitetura, quando as relações com a clientela e a variedade de tarefas tinham alcançado uma complexidade comparável à de hoje. Releiamos, por exemplo, a descrição vasariana da equipe de Rafael em Roma, que ilustra a misteriosa relação entre capacidade e amizade:

> Por causa dele, temos a arte, as cores e a invenção levadas a tal acabamento e perfeição, que mais não se podia esperar. E além desse benefício que fez à arte, como amigo dela, não parou de nos mostrar, enquanto viveu, como lidar com os grandes homens, com os medíocres e com os ínfimos. E certamente, entre seus dons singulares, vejo um de tal valor, que fico estupefato: que o céu lhe deu força para poder mostrar à nossa arte um efeito tão contrário à nossa constituição de pintores, isto é, que naturalmente os nossos artistas, não falo apenas dos pequenos, mas dos que têm temperamento para ser grandes (como desse temperamento a arte produz inúmeros), trabalhando nas obras em companhia de Rafael, estavam unidos e em tanta concórdia, que todos os maus temperamentos se extinguiam ao vê-lo, e todo pensamento vil e baixo saía da mente deles; uma união que nunca existiu em outro tempo que não fosse o seu: e isso acontecia porque eram vencidos pela cortesia de

---

12. Os dados foram relatados em *Il Giornale dell'Architettura*, n. 17, Turim, abril de 2004, p. 4-5.

13. Paul Bocuse.

14. Ou seja, "saber fazer, saber fazer com que façam, fazer saber". [N.T.]

sua arte e mais ainda pelo gênio de sua boa índole, tão cheia de gentileza e de bondade, que ele via que até os animais o honravam, não apenas os homens.

Diz-se que todo pintor que o tivesse conhecido, e mesmo quem não o tinha conhecido, se lhe pedisse algum desenho de que precisasse, ele deixava sua obra para socorrê-lo; e sempre teve inúmeros pintores trabalhando, ajudando-o e aprendendo com ele, com um amor que não convinha a artistas, mas a verdadeiros filhos.[15]

O trabalho coletivo e participativo, que é uma exigência da modernidade, implica hoje a convergência de muitos grupos de pessoas: além dos membros do escritório, os clientes, os intermediários, os consultores especializados, os fornecedores e os colaboradores locais para os trabalhos mais distantes. A coordenação amigável dessas relações tornou-se um aspecto fundamental da "pesquisa paciente" de que falava Le Corbusier há muitos anos; depende da mesma combinação de talentos, da disponibilidade humana, da objetividade e da fantasia, com o excedente de competência organizativa, e, como naquele tempo, adquire renome mundial segundo a capacidade de interpretar de modo convincente a variedade das circunstâncias e dos lugares.

A lista dos protagonistas desse trabalho ainda não é uma afirmação histórica, como se disse na Introdução e é preciso repetir aqui. Ofereceremos aos leitores, nas páginas seguintes, uma lista dos indivíduos — compreendendo os titulares e seus escritórios, segundo as considerações que acabamos de desenvolver — com os quais, segundo nos parece, pode-se aprender com maior intensidade, e explicaremos por quê. Os outros que, a nosso ver, não possuem essas características, mesmo que sejam famosos, serão ignorados. Na atual dificuldade em julgar muito de perto, convém que os juízos negativos, necessariamente heterogêneos, permaneçam suspensos; no entanto, somos premidos a comunicar aos leitores os julgamentos positivos, que se prestam a ser somados em uma avaliação geral e assim adquirem um grau de objetividade.

Aqueles que consideramos protagonistas serão classificados, não por mérito, mas pelas formulações objetivas do trabalho, em três grupos:

— os remanescentes da tradição moderna posterior à Segunda Guerra Mundial e do debate entre as tendências revisionistas de então, que foram capazes de alcançar uma linha própria de conduta pessoal ainda hoje eficaz;

— os inovadores pacientes surgidos no último terço do século XX, capazes de sintetizar a renovação tecnológica e a adaptação aos lugares;

— os descobridores impacientes de novos recursos técnicos, morfológicos e teóricos, que tiveram sucesso antes de aprender a utilizá-los corretamente, e entre esses os aprendizes pacientes, que podem se tornar ou estão se tornando os herdeiros dos mestres de hoje.

A esses serão dedicados os três capítulos seguintes.

---

15. G. Vasari, "Vita di Raffaello da Urbino" (1568), in: *Le Vite de' più eccellenti pittori, scultori e architettori*, Florença, Salani, 1963, vol. IV, p. 8.

Capítulo III   Os herdeiros da tradição
                                                   moderna européia

Pela completude da obra desenvolvida em um longo período, até mesmo superior a cinqüenta anos, eles pertencem, juntamente com muitos contemporâneos, ao transcorrido "século breve". Mas são os poucos plenamente presentes no momento atual, tendo selecionado do modo mais inteligente a herança do longo pós-guerra. Eles corrigem em alguma medida o afastamento do passado de que partem os protagonistas do próximo capítulo e mostram a possibilidade de uma passagem contínua entre os dois períodos.

A lista que propomos — Gino Valle, Vittorio Gregotti, Giancarlo De Carlo, Rafael Moneo, Álvaro Siza — pode ser ampliada, encurtada ou mudada segundo as preferências pessoais. Mas, sobretudo, é útil reconhecer o que estes arquitetos têm em comum, o que os torna respeitados e importantes no mundo presente. Seus repertórios têm longos precedentes em uma época anterior — no meio século entre a Segunda Guerra Mundial e as mudanças dos anos 90 —, mas sofreram uma mutação que os destaca das circunstâncias de origem e os coloca de algum modo fora do tempo. Não é por acaso que os cinco sejam idosos, nascidos entre 1919 e 1937. Tiveram tempo e energia para relançar no presente uma trajetória passada, e seu estilo deriva de uma seleção voluntária, que leva em consideração as demandas transformadas. É a tensão subjacente que dá qualidade à sua produção atual, distinguindo-os dos inconseqüentes continuadores das tendências daquela época e de suas ramificações. A prova de sua situação especial é a dificuldade de terem herdeiros. Nos jovens continuadores, aquela qualidade normalmente desaparece e deixa aparecer a ritualidade das referências formais, que, de resto, a maioria dos contemporâneos continua a repetir passivamente. Em outros casos, é um aprendizado que leva a uma trajetória pessoal diferente.

O seu propósito é difícil e não está livre de quedas. A competição profissional de hoje exige escritórios de arquitetura numerosos e equipados, onde o rígido controle implícito nessa orientação se dilui facilmente e se torna instrumental. Os modelos retrospectivos podem ser empregados como expediente para uniformizar o trabalho dos estagiários, que na Itália e em outros países provêm das universidades, também elas sobrecarregadas por um número extremamente elevado de estudantes. Os melhores são aqueles que estendem a abordagem seletiva também ao interior dos escritórios, e assim mantêm a tensão intelectual conforme a essa área.

1. Gino Valle (1923-2003)

Convém começar por ele nossa resenha. A natureza de sua atividade não tem nada de artificial, e é baseada em uma prática de projetação e de canteiro vivida ainda antes da escola, distante do embate entre as tendências da época.

Valle faleceu enquanto eu escrevia estas notas, e estava inativo há algum tempo. Herdou o escritório de arquitetura de seu pai, Provino Valle, e pôde confrontar o programa do movimento moderno com uma probidade profissional mais antiga, distante das contraposições de princípio. Sob a escolta dessa educação, segue atentamente o debate cultural italiano do pós-guerra, mas evita as escolhas de princípio, cuidando em primeiro lugar do domínio da técnica e da gestão da construção civil, que, diferentemente de todos os outros, ele aprendeu na prática, não no meio universitário; assim incorpora as exigências dos modelos antigos e novos em um ofício evoluído, com um grau de coerência interna incomum.

Deixa obras excelentes não somente na Itália, mas também em várias partes do mundo. Seu talento mais secreto revela-se em alguns artefatos comemorativos — o monumento aos caídos de Udine (1959-1969) (fig. 32), o projeto não executado em memória dos caídos da piazza della Loggia, no cemitério de Brescia (1975),

Fig. 29. O bairro de habitações populares na Giudecca. Vista aérea.

III. Os herdeiros da tradição moderna européia

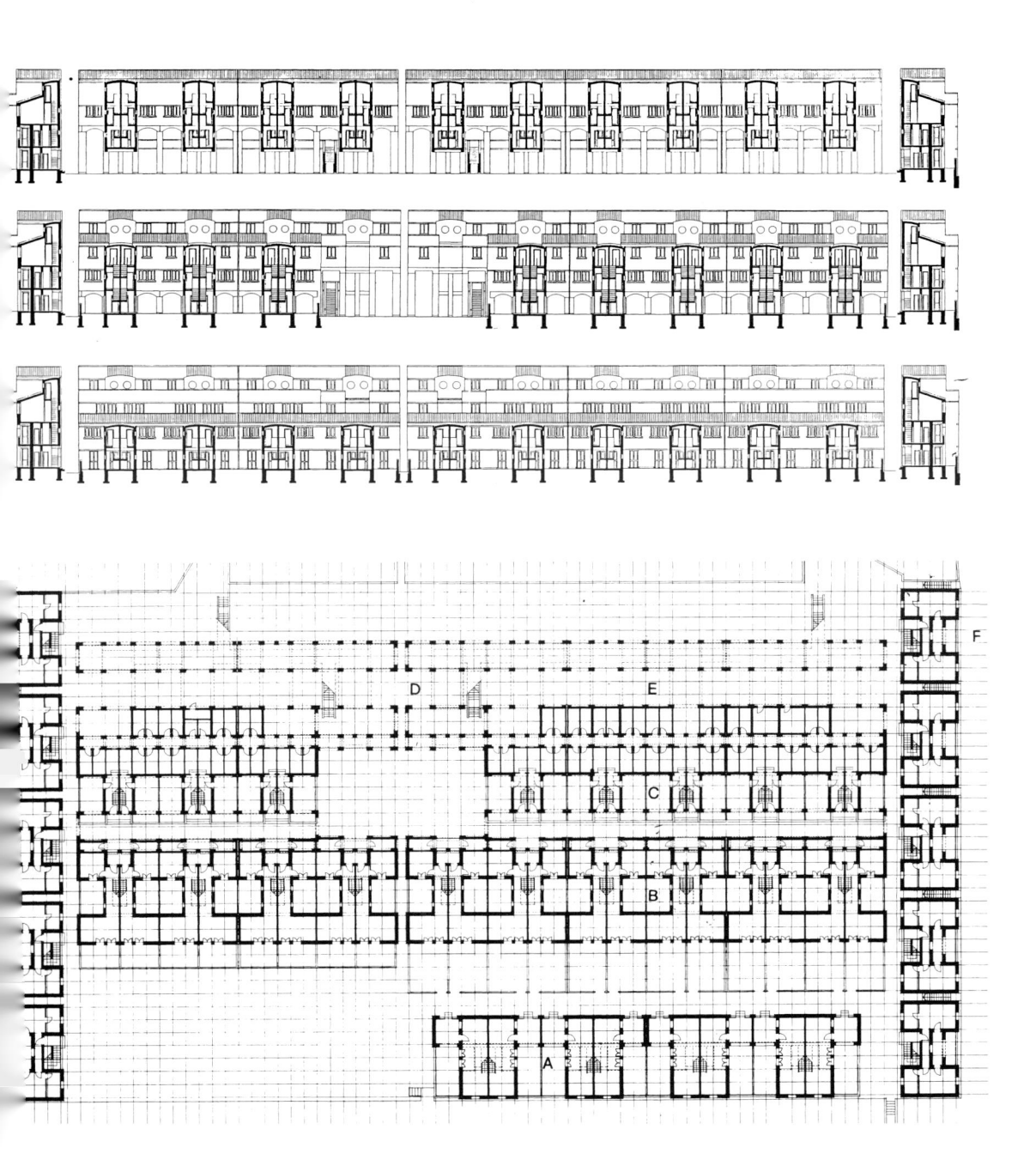

Fig. 30 e 31. Elevações e plantas de uma parte do bairro da Giudecca.

Fig. 32. O monumento à Resistência em Udine.

o túmulo de Pasolini em Casarsa (1977): os mais comovidos e compostos já projetados na Itália moderna, sem nenhum tipo de complacência (fig. 33-34).

Ele ofereceu uma lição singular de reabilitação arquitetônica restaurando, nos anos 80, o ex-arranha-céu da Alitalia em Roma, realizado algumas décadas antes com uma planta muito conhecida em hexágono alongado, e já decadente. Refez os painéis externos de vedação e deu aos lados longos um perfil curvilíneo, conferindo ao edifício uma nova elegância, sem destruir as estruturas de sustentação.

É instrutivo lembrar a sua eficiência ao realizar o Palácio da Justiça de Brescia, no qual também eu estive envolvido. Brescia tinha primeiramente a intenção de colocar em um novo bairro uma nova prefeitura e um novo palácio de justiça. Quando eu era consultor da administração municipal, decidimos manter essas duas importantes funções na cidade antiga, conservando as sedes tradicionais e cons-

III. Os herdeiros da tradição moderna européia

Fig. 33 e 34. O túmulo de Pier Paolo Pasolini, em Casarsa, e a pavimentação em memória dos caídos da Piazza della Loggia, em Brescia (não executado).

truindo em torno de cada uma delas uma constelação de sedes suplementares, extraídas de edifícios antigos ou, eventualmente, novos. Assim foi feito nos anos 70 para os serviços municipais, com satisfação geral. Nos anos 80, queríamos fazer a mesma coisa para os escritórios judiciários: manter a antiga sede do tribunal no setecentista Palazzo Martinengo e distribuir os outros órgãos na parte circunstante da cidade antiga, onde já estavam concentrados os escritórios dos advogados, a carceragem e as instituições coligadas. Para conceber essa manobra, juntamente com os serviços municipais e os magistrados, sugeri trazer um projetista externo, que devia ser Giancarlo De Carlo, o mais adequado para essa complexa operação. Não consegui De Carlo, e propus Valle. No meio tempo, os magistrados tinham insistido para reunir todas as sedes judiciárias em um único prédio a ser colocado no limite da cidade antiga, em uma parte do *pomerio*[1] ainda não ocupada por

---

1. *Pomerio*, na Roma antiga, refere-se a um terreno situado fora e em torno dos muros de uma cidade, onde não era permitido construir nem plantar, por ser considerado sagrado ou empregado para fins militares. [N.T.]

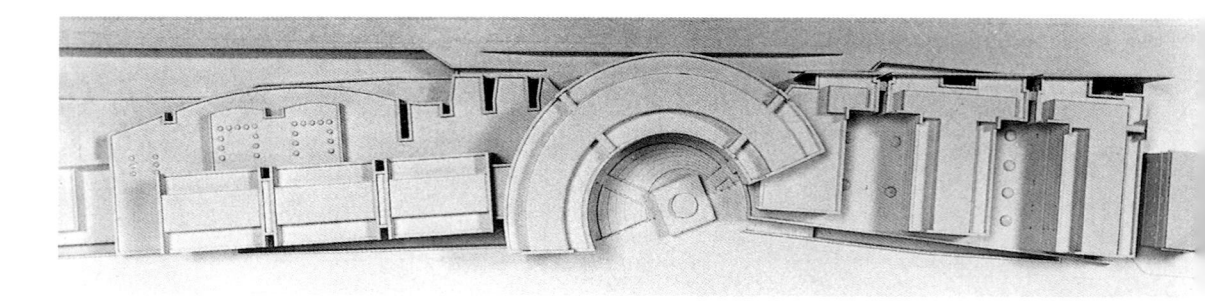

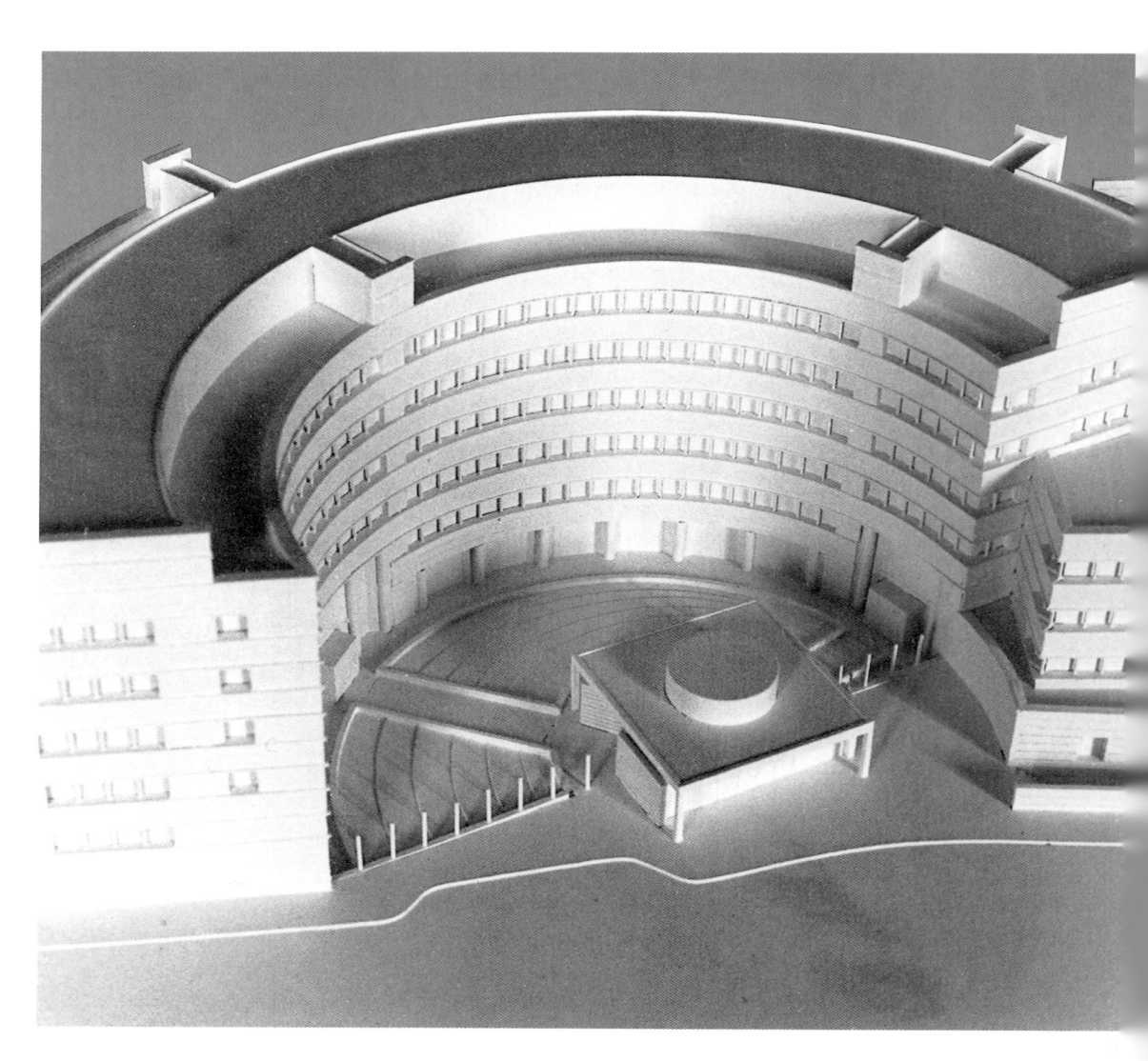

Fig. 35 e 36. O primeiro projeto para o Palácio da Justiça de Brescia.

construções. Entre o lugar e o programa nasceu uma desproporção perigosa, mas Valle persistiu no empreendimento e conciliou os dados divergentes do problema com um projeto inteligente, que defendi de bom grado em várias oportunidades. O financiamento estatal chegou, juntamente com a concessão a uma empresa romana, mas logo depois das escavações descobriram as fundações dos muros venezianos demolidos no final do século XIX, e a Soprintendenza ai Beni Culturali [Superintendência para os Bens Culturais] suspendeu a iniciativa com um parecer negativo.

Mais tarde, eu e a administração para qual eu trabalhava saímos de cena. A prefeitura, para não ter que pagar um ressarcimento enorme ao concessionário, preferiu escolher um outro terreno adjacente, e Valle refez o projeto de modo que pudesse passar por uma modificação do precedente. Agora o edifício está construído, desambientado, mas ainda íntegro em um contexto pior; está circundado de construções heterogêneas, e um dos lados longos margeia o parque ferroviário. Somente a performance de Valle limitou em medida aceitável os danos causados aos outros níveis decisórios.

A experiência de Gino Valle — única em seu gênero pela alta qualidade não exibida, mas demonstrada concretamente — não indica novas tendências gerais. Coloca em evidência a necessidade, e também o fascínio, de tirar das circunstâncias o melhor resultado possível. O ofício da arquitetura encarrega-se de um grande número de condicionamentos positivos e negativos, que ele preferia não evitar; extrair deles uma soma positiva é um empreendimento único, que presta um serviço a toda a coletividade.

2. Vittorio Gregotti (1927-)

A maior parte dos arquitetos italianos sai de uma história "cultural" que, para os mais antigos, precede a experiência de campo e depende do intenso debate teórico nos anos de inatividade entre as guerras. Essa trajetória impede a invenção desinibida dos arquitetos arrolados no próximo subcapítulo, mas emprega — por inércia ou, nos casos que nos interessam, com lucidez histórica — um patrimônio ainda precioso para as tarefas de hoje.

Vittorio Gregotti começou a projetar no auge das discussões ideológicas do pós-guerra italiano. Esteve presente em todas as fases subseqüentes, mantendo relações atentas com artistas, literatos, especialistas de todo tipo, clientes, administradores, e dosando judiciosamente as contribuições acolhidas em seu grupo de trabalho. Hoje, depois de cinqüenta anos e de diversas transformações organizativas, o Gregotti Associati acumulou experiências em todas as escalas projetuais, do design à construção civil e à urbanística. Gregotti ainda desenvolve pessoalmente uma atividade crítica e autocrítica importante, não ocasional, mas profissionalmente cultivada. Dirigindo a revista *Casabella*, de 1982 a 1996, promoveu em nível europeu uma orientação equilibrada, distante das tendências extremas e aberta para o futuro.

Algumas das obras de arquitetura recentes — o novo estádio Marassi, em Gênova, e o complexo esportivo de Nîmes (1986), o Centro Cultural de Belém, em Lisboa (1988-1993), a igreja e os edifícios paroquiais em Baruccana di Seveso (1990-2003; fig. 37-42) — explicam o ponto de chegada de sua pesquisa: as tendências compositivas experimentadas anteriormente são simplificadas, aligeiradas, e encontram, nesse caminho, consonância com tradições mais distantes, que facilitam a inserção em uma vasta gama de contextos urbanos e paisagísticos. A referência aos modelos clássicos não é uma decisão inicial — como para outros personagens milaneses, Aldo Rossi, Giorgio Grassi —, mas um cauteloso ponto de chegada. Leva a uma linguagem altamente vigiada, pensada, de vez em quando inibida. A simetria, cultivada com crescente insistência, não parece uma escolha figurativa, "italiana", mas uma noção intelectual, que se diria "francesa", lembrando a definição escrita por Pascal: "Simetria é o que se apanha numa única olhada. É justificada pelo fato de

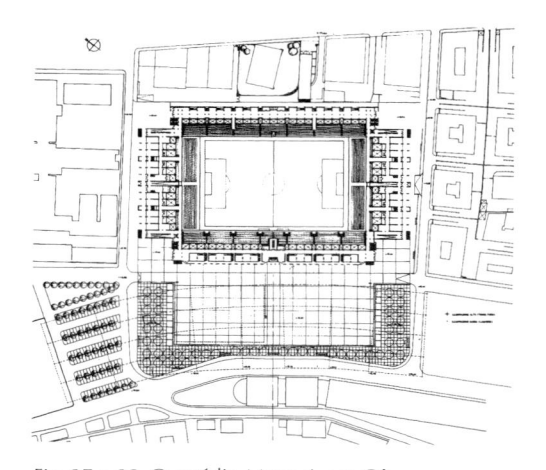

Fig. 37 e 38. O estádio Marassi, em Gênova.

que não há razão para fazer de outro modo."[2] Nessa colocação, desaparecem os motivos ideológicos, retrospectivos e abstratos, pelos quais os edifícios *devem* ser simétricos, e sobrevêm os motivos concretos pelos quais *podem* ou não ser simétricos. Na experiência de Gregotti, a simetria é usada por motivos de ordem geral, que vão do destaque ao decoro e à correção, mas é deixada de lado sem hesitações quando uma razão específica e oposta intervém. A distinção entre os dois resultados ilustra

---

2. Pascal, *Pensées*, ed. Brunschvicg, n. 28. [Ed. bras.: *Pensamentos*, São Paulo, Martins Fontes, 2005.]

III. Os herdeiros da tradição moderna européia

de modo mais preciso o gênero especial de tradicionalismo, culto mas não atravancador, elaborado por Gregotti. Para essa metodologia, que se tornou um patrimônio estável do escritório, contribuíram muitos colaboradores, entre os quais se destaca primeiramente MICHELE REGINALDI (1958-), associado recente.

No campo urbanístico, há uma longa série de experiências, possibilitadas em boa parte pela persistência e pelo equilíbrio de outro associado, AUGUSTO CAGNARDI (1937-). O plano diretor de Turim (1987-1995) é a melhor tentativa recente para dar à gestão de uma grande cidade italiana uma definição arquitetônica, com atenção aprofundada à sua história e à sua identidade contemporânea. A resposta da administração urbana não foi até agora adequada. As previsões na escala arquitetônica — entre as quais a "artéria central" sobre a cobertura da ferrovia ao sul da estação de Porta Susa, que completa e reforça a tessitura ortogonal oitocentista — concretizam-se com extrema lentidão (fig. 43-45).

Os outros planos diretores gerais de cidades italianas — Arezzo (1984-1987), Livorno (1992-1999), Pavia (1995-2001), Gorizia (1996-2002), Avellino (2002-2003) — tentam, igualmente, com sucesso variável, extrair das regras urbanísticas um modelo morfológico extensivo à cidade inteira. É interessante (e desalentador)

Fig. 39 e 40. O Centro Cultural de Belém, em Lisboa.

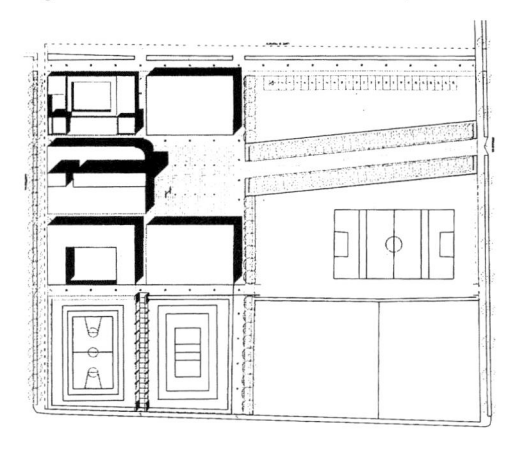

Fig. 41 e 42. O complexo paroquial em Baruccana di Seveso.

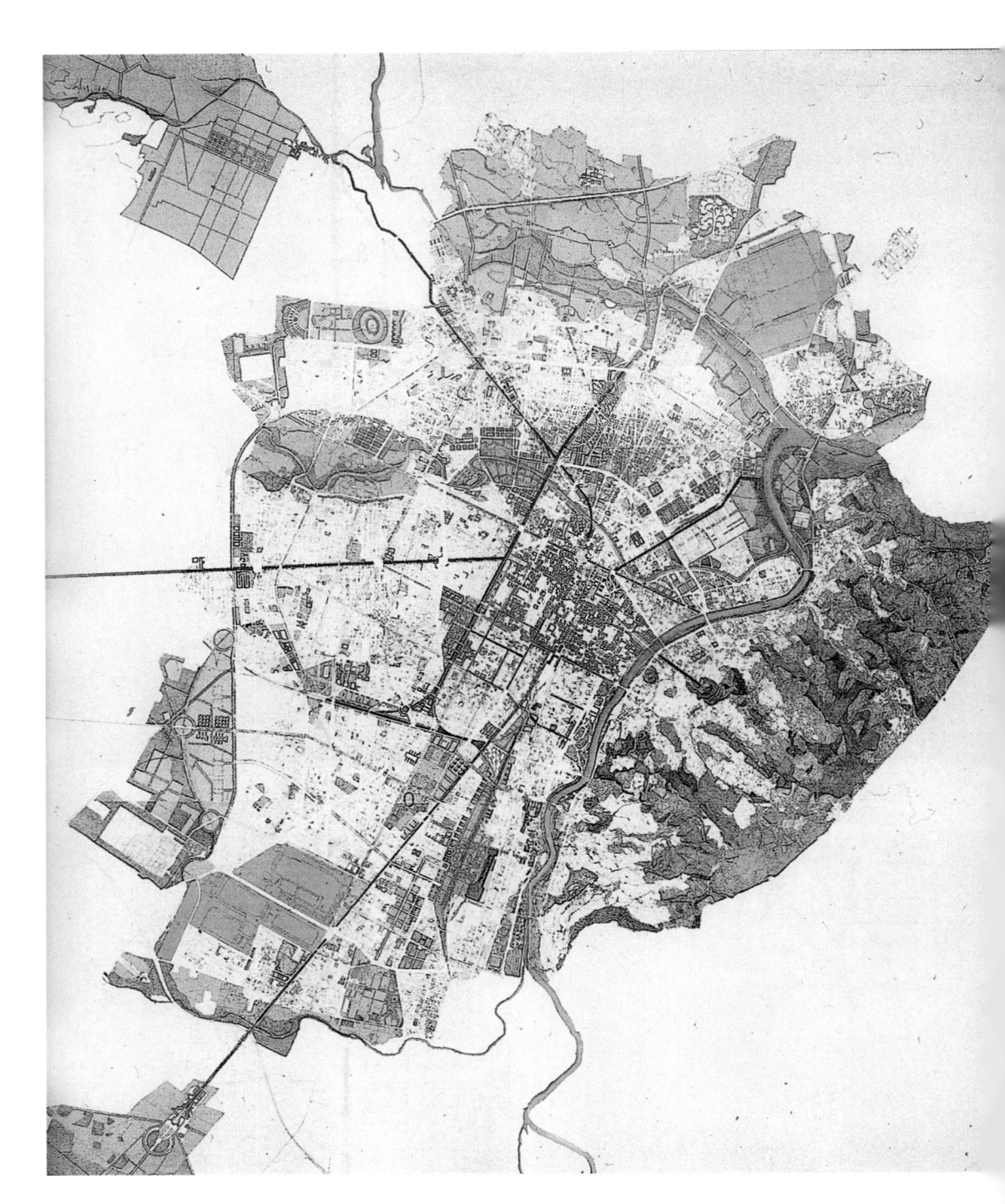

Fig. 43. Esquema estrutural do plano diretor de Turim.

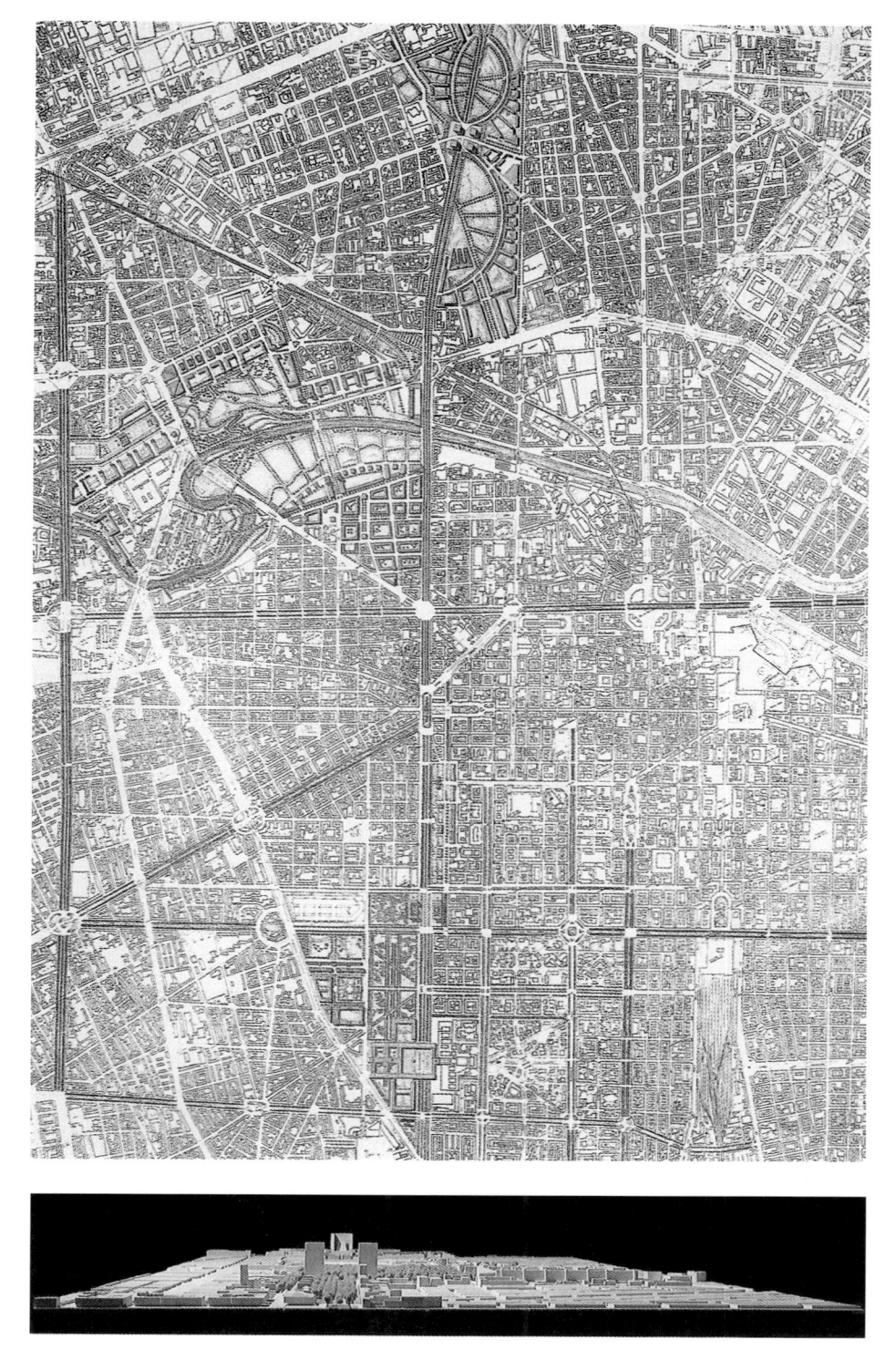

Fig. 44 e 45. A artéria central em correspondência com o aterro ferroviário a oeste do centro histórico, e um modelo altimétrico das construções.

notar que a passagem entre as duas escalas, totalmente natural no mérito, resulta impraticável, na maioria das vezes, no terreno profissional. As intervenções projetadas nos planos urbanísticos quase sempre ficam no papel, enquanto têm êxito as composições de importância urbana nascidas diretamente como encargos arquitetônicos: em La Spezia, o complexo do largo Kennedy (1988-1997); em Civitanova Marche, a transformação da área Cecchetti (1998-2003); em Cesena, a adição urbana sobre uma área industrial inoperante ao longo do rio Savio (1989-2003), formada por uma combinação de edifícios de diversas formas que se ligam engenhosamente ao povoado circunstante.

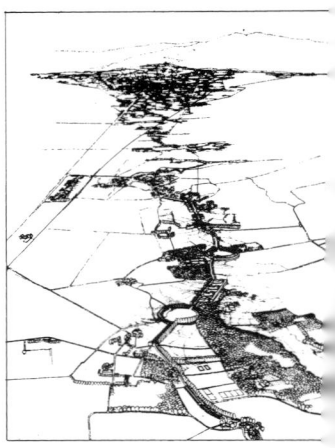

Fig. 46 e 47. O plano diretor de Arezzo.

III. Os herdeiros da tradição moderna européia 69

Fig. 48 e 49. O centro urbano de largo Kennedy, em La Spezia.

Fig. 50. Plano detalhado para a antiga fábrica de açúcar de Cesena.

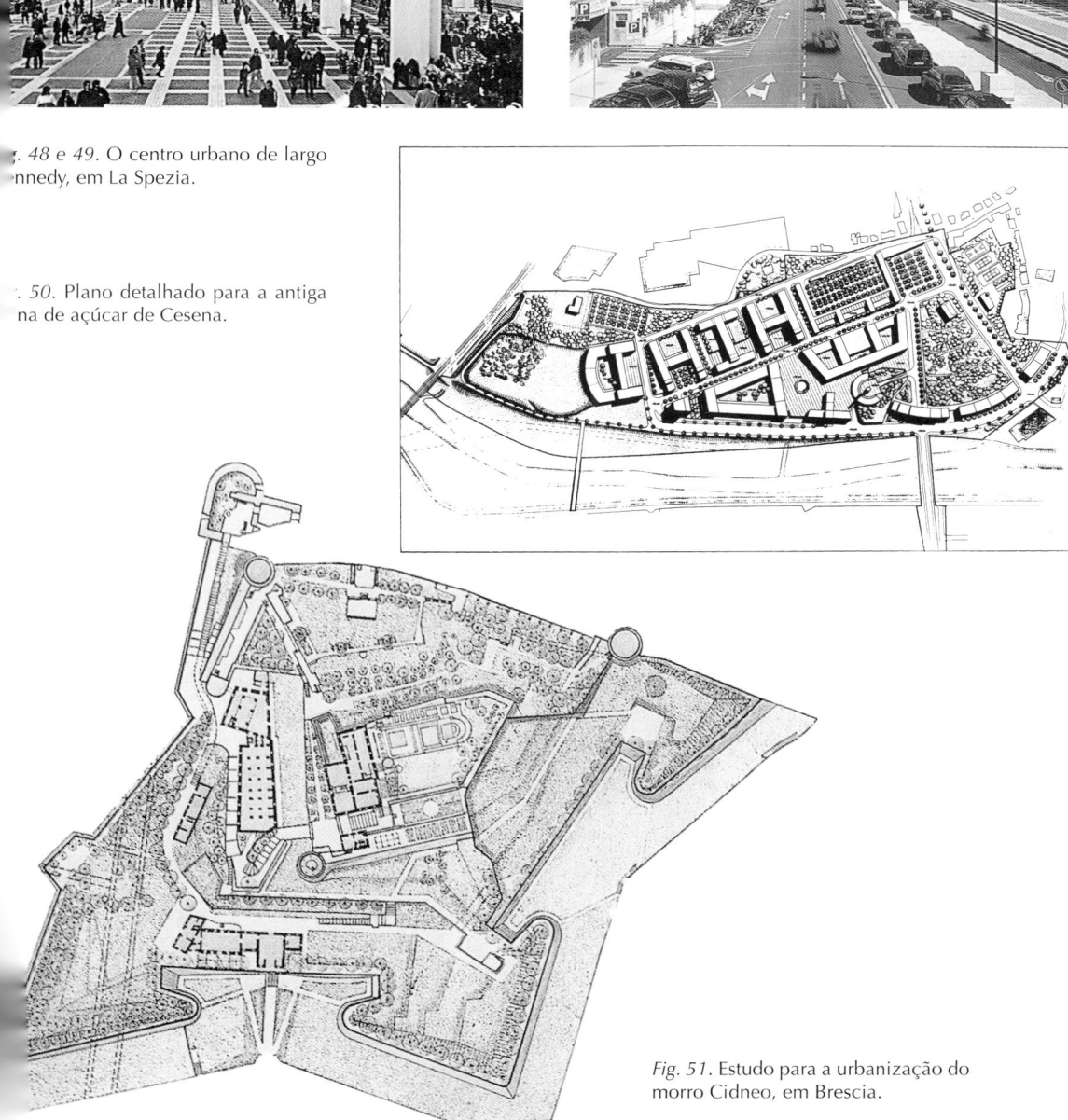

Fig. 51. Estudo para a urbanização do morro Cidneo, em Brescia.

O concurso vencido em 1986 para a recuperação da área Pirelli na Bicocca deu oportunidade — extremamente rara na Itália — de se trabalhar segundo uma intenção unitária em várias escalas: o projeto planimétrico geral, com os respectivos planejamentos do espaço, e o projeto executivo de uma parte significativa dos edifícios (também encontrando, nesse empreendimento útil, uma resistência obtusa das organizações corporativas). O projeto para o concurso já se distingue dos concorrentes porque não prevê um tecido edificado específico, mas prioriza o mecanismo urbano: um tabuleiro de xadrez de avenidas ortogonais entre a ferrovia Milão-Monza e o viale Sarca. É uma disposição tradicional, adaptada para absorver sem esforço os vínculos preexistentes, mas renovada pela dimensão incomum dos lotes, que admitem funções diversas, públicas e privadas, e oferecem espaço para muitas variações morfológicas.

Os clientes, alienando os lotes aos usuários, fizeram com que a pluralidade desses motivos não fosse cruzada e confundida, como freqüentemente acontece, com a pluralidade lingüística dos sucessivos projetos edilícios, mas fosse assumida pelo mesmo autor do plano urbanístico e, portanto, fosse definida dentro de um único repertório projetual. Uma escolha anômala — comparável à diretiva imposta por Lucio Costa em Brasília de que todos os edifícios do centro federal fossem projetados por Oscar Niemeyer — destinada, em ambos os casos, a restaurar uma regra

Fig. 52. Planta do bairro Bicocca, em Milão.

III. Os herdeiros da tradição moderna européia

histórica sobre a qual se fundamenta uma tradição européia perdida durante a época industrial — a capacidade de somar muitos edifícios heterogêneos sustentados por um repertório morfológico unitário —, reproposta, a seguir, como meta da renovação arquitetônica moderna ("unité dans le détail, tumulte dans l'ensemble"[3]). Como prova, veja-se no local o edifício projetado e realizado por Gino Valle na extremidade meridional da área, louvável em si, mas inutilmente dissonante do resto do bairro. Temos diante dos olhos o resultado decepcionante de muitos cenários formados por um mosaico de projetos independentes, ainda que devidos aos melhores arquitetos de hoje.

A autoria estendida nessa escala é certamente um substitutivo. A artificialidade do método empregado, aqui e na área governamental de Brasília, revela uma lacuna profunda da cultura espacial contemporânea: a incapacidade de somar corretamente as diversidades no nível edilício. A excelência do resultado aponta uma exigência irrenunciável, e transmite um precioso termo de comparação à memória futura.

A palavra "tumulto" está um pouco fora de lugar para a Bicocca. O resultado final, perceptível agora que a maior parte do bairro foi executada, é a conquista de um tom urbano elevado e tranqüilo, que falta, via de regra, nos bairros formados por um mosaico de projetos independentes, e é muito mais precioso, em sentido econômico e civil, porque cria um efeito de centro de cidade em uma área periférica pobre em artefatos e traçados antigos. Os modelos compositivos tradicionais — a implantação ortogonal, o reticulado das avenidas arborizadas, os eixos de simetria parciais ou estendidos, os ritmos longos das fachadas em elementos repetidos, o destaque de alguns edifícios considerados mais importantes — dão unidade ao cenário geral e são contrabalançados por algumas transgressões calculadas (variedade da organização espacial, amplificação das anomalias planimétricas e altimétricas e diversificação dos espaços internos).

O teatro dos Arcimboldi — usado de 2002 a 2004 como sede provisória do Scala, enquanto se restaurava, no centro de Milão, o edifício setecentista de Giuseppe Piermarini — possui a simetria interna exigida pela sua função, mas, no bairro, é marcado pela disposição oblíqua do embasamento, paralelo à passagem subterrânea de bondes, que tira frontalidade da fachada convexa e coloca em plena evidência o encaixe elegante entre o volume do palco e o da sala (fig. 57-59).

Outra construção arquitetonicamente trabalhosa, a sede da Pirelli Real Estate (1999-2003), pertence ao tabuleiro de xadrez e se apresenta como um paralelepípedo orientado como os outros, mas é na realidade um invólucro em forma de C em torno da torre de refrigeração da antiga fábrica, que gera uma paisagem complexa

---

3. "Unidade no detalhe, tumulto no conjunto": é a legenda de Le Corbusier sob um desenho dos monumentos de Pisa, esboçado no trem em 4 de junho de 1934, confrontado com o seu projeto do palácio dos Soviéticos. *Œuvre complète, 1929-34*, Zurique, Girsberger, 1964, p. 132.

de ambientes abertos e fechados (fig. 55-56). O vão quadrado que contém a torre é fechado do lado oeste por uma vidraça, através da qual se vê a vegetação espessa que circunda a pequena casa dos Arcimboldi. A vidraça é o mais transparente possível, e as paredes perpendiculares aos dois lados são de vidro espelhado, que ampliam ilusoriamente a vista do verde. A parede do fundo, ao contrário, é cheia e revestida de pedra, e abriga apenas as junções das estruturas que levam aos espaços obtidos em diversas alturas no volume da torre. Tudo isso dá ao grande vão interno quase o caráter de exterior. É a melhor peça de arquitetura de todo o complexo. Aqui as intenções simbólicas e a sintonia entre cliente e arquiteto confluem em uma imagem altamente sugestiva.

O emaranhado, desejado como característica distintiva da cidade, é buscado com o uso simultâneo de todos os fatores, e atribui à invenção arquitetônica um espaço calculado pelo diretor que tem em mãos os diversos níveis projetuais. O êxito da experiência demonstra que o repertório histórico próximo e distante, revivido na tradição "moderna" da segunda metade do século XX, tem uma margem inexplorada de aplicação no mundo contemporâneo, e talvez seja o único maduro para suportar tal tarefa.

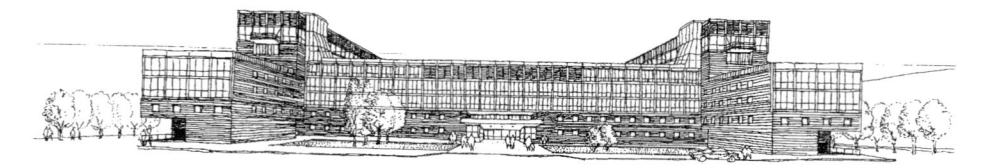

Fig. 53 e 54. As residências Esplanade e a sede da Siemens na Bicocca.

III. Os herdeiros da tradição moderna européia

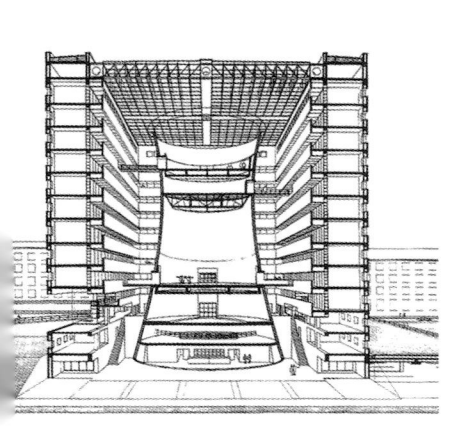

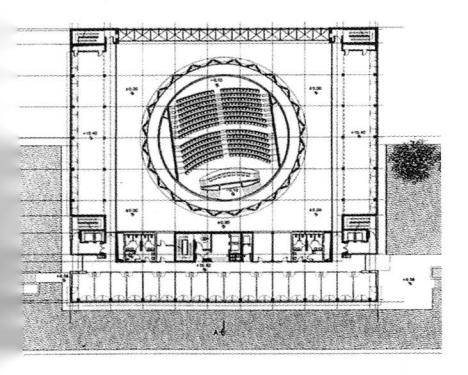

55 e 56. Planta e corte longitudinal da sede da Pirelli Real Estate na Bicocca.

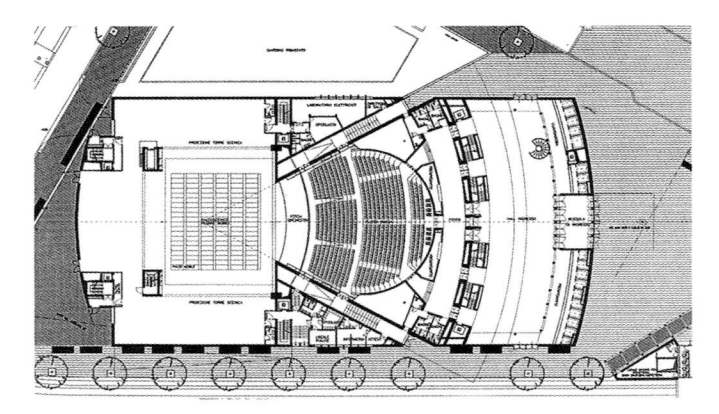

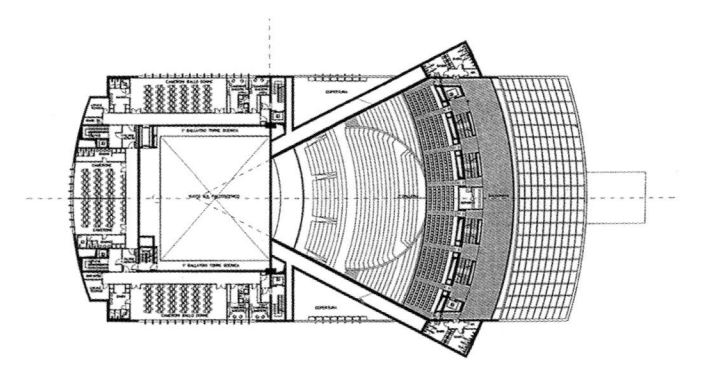

Fig. 57-59. O teatro dos Arcimboldi na Bicocca. Duas plantas e uma imagem da lateral.

Os projetos da última década alternam simetrias de vários tipos, totais ou parciais, ou assimetrias derivadas de uma adaptação branda aos contextos preexistentes, todas precisamente reconduzidas ao jogo das motivações. Na sede do Banco Lombardo, em Brescia (1996-2004), a rígida simetria bilateral (que em Pascal é uma regra comum: "exige-se a simetria somente em largura, mas não em altura e em profundidade") aqui beira o desdém e serve para reforçar a individualidade do edifício desvinculando-o de um contexto desintegrado (fig. 60). O projeto para a sede da Duma em Moscou, apresentado sem sucesso no concurso de 2002, é um paralelepípedo formado por dois volumes em L encostados e invertidos, que introduz uma referência (impopular) à vanguarda russa dos anos 20 (fig. 61 e 62). No parque tecnológico e científico Polaris, em Pula (1996-2003), os edifícios estão dispersos na paisagem coberta de bosques e são unificados pela referência a um mesmo modelo de assentamento, com um próprio eixo de simetria longitudinal (fig. 63 e 64).

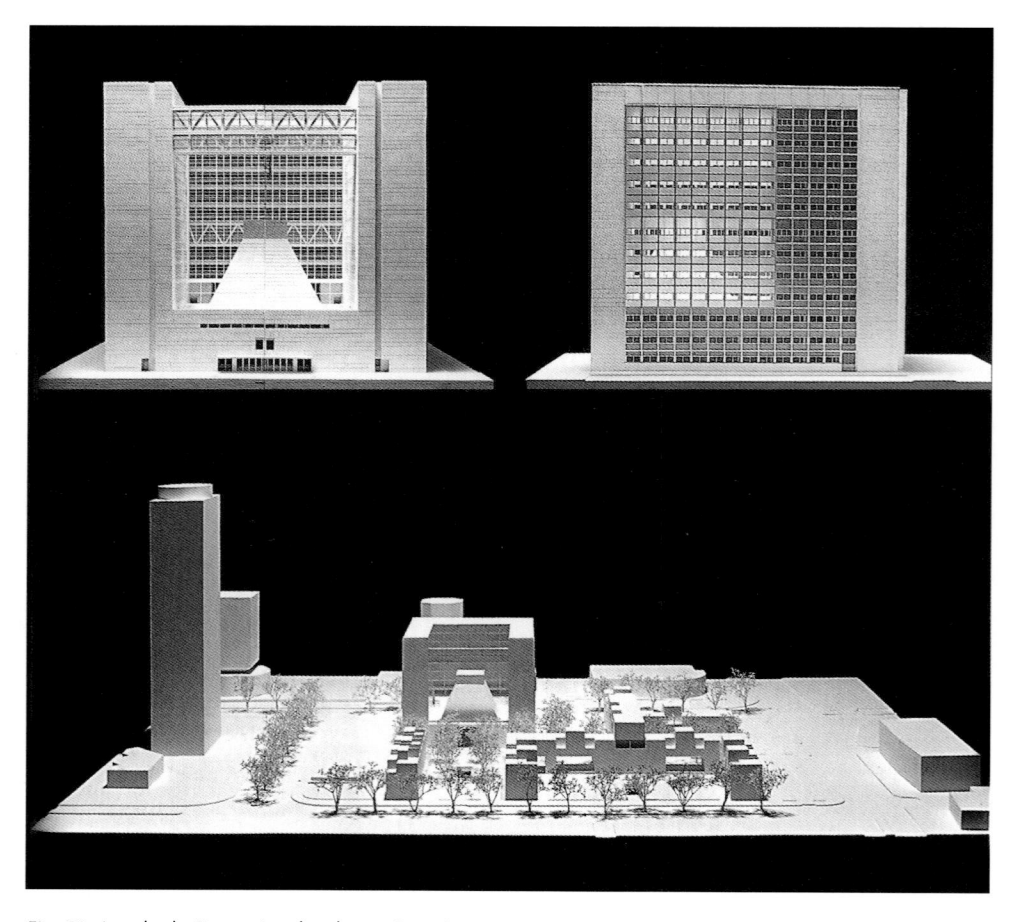

Fig. 60. A sede do Banco Lombardo em Brescia.

III. Os herdeiros da tradição moderna européia

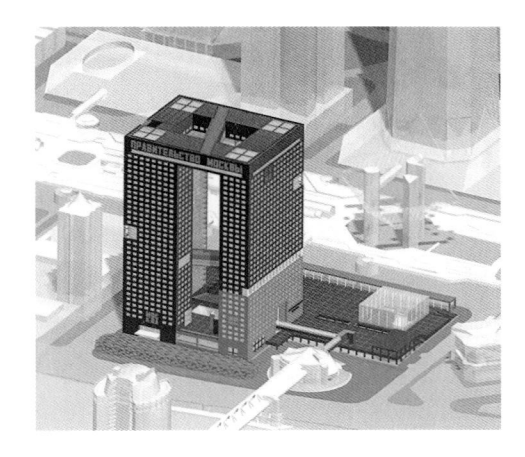

Fig. 61 e 62. O projeto apresentado no concurso para a sede da Duma em Moscou.

Fig. 63 e 64. Parque tecnológico e científico Polaris, em Pula, Sardenha. O conjunto na paisagem, e os esquemas planimétricos das várias construções.

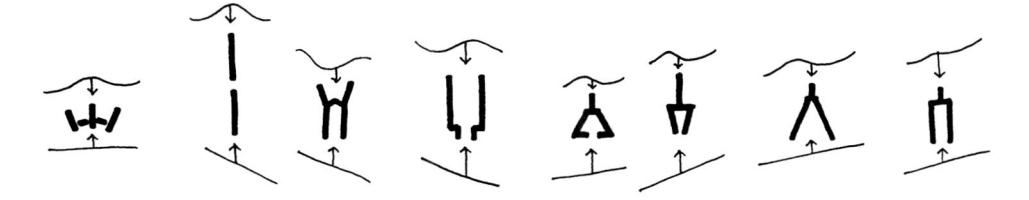

Por fim, o esplêndido projeto que vence, em 2003, o concurso com carta-convite para a sala de espetáculos Sextius Mirabeau, em Aix-en-Provence, incorpora na intervenção os desníveis e os alinhamentos divergentes do contorno urbano, e, em vez de acrescentar um edifício comparável aos circundantes, abre no tecido urbano uma pausa anômala, bem mais eloqüente. A cobertura, inteiramente transitável até o topo, torna-se a principal referência visual e entra em relação com as perspectivas citadinas, vizinhas e distantes. As referências morfológicas tradicionais descem de escala e concernem a edifícios isolados, dedicados à função teatral (fig. 65-69).

Dessas obras vem outra indicação instrutiva: quando existe um excesso de vínculos ambientais que obrigam a uma criação inusitada, a qualidade arquitetônica melhora. A simetria, ainda que pensada como regra "normal", é também o fator que, ausente, transforma-se em ocasião para um valor inesperado. Nesses casos, a referência à tradição afasta-se do repertório dos modelos passados e se traduz em maestria pura e simples. Tudo isso faz entrever uma gama riquíssima de resultados alcançáveis pela mesma metodologia, cultivada em plena oposição às tendências difundidas.

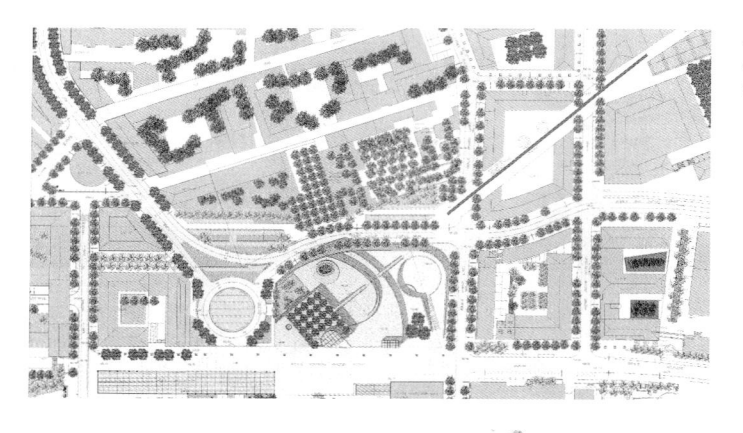

Fig. 65 e 66. Sala de espetáculos Sextius Mirabeau, em Aix-en-Provence: planta do local e maquete de estudo.

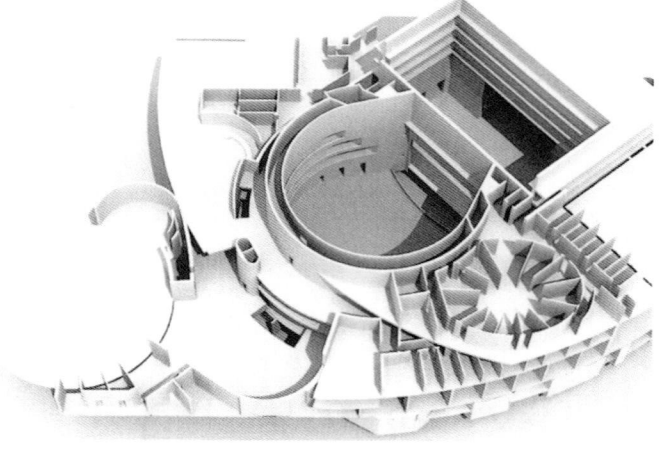

Fig. 67-69. (na página ao lado) Sala Se Mirabeau: lado leste, lado norte e interi sala principal.

III. Os herdeiros da tradição moderna européia

Um novo e ilimitado campo de trabalho, apenas parcialmente testado pela experiência, compreende os desenhos em grande escala dos novos assentamentos urbanos nos países extra-europeus, a Ucrânia e a China.

Na Ucrânia, o projeto vencedor de um concurso internacional com carta-convite para uma nova cidade de 150 mil habitantes (1993) propõe um organismo formado pela aproximação de quatro elementos: uma zona equipada para as comunicações internacionais, uma zona franca para o intercâmbio de mercadorias, um estabelecimento para a universidade e a pequena produção de ponta, uma cidade com um importante sistema de transportes públicos. Os eixos dos assentamentos são orientados de diversos modos e se ligam a um eixo central que desemboca no Mar Negro e, pela outra extremidade, leva ao aeroporto (fig. 70).

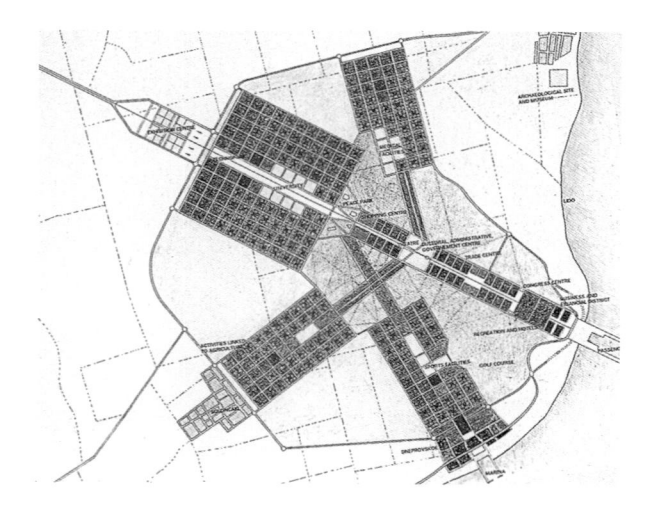

Fig. 70. Projeto de uma nova cidade na Ucrânia; não executado.

Na China, Pujiang, a nova cidade satélite de Xangai, para cem mil habitantes, faz parte da operação *One City and Nine Towns* (2001), da qual se falará no capítulo IX. Deveria ser a "cidade italiana" entre as nove; está inserida no território — uma zona agrícola ao longo do rio Huang Pu — mediante uma rede de traços ortogonais retirados das duas tradições, italiana e chinesa; há muito verde, uma rede de canais, e os edifícios são de altura limitada (fig. 71). Entre 2002 e 2004, do estudo preliminar apresentado no concurso saiu o plano oficial, ao qual foram acrescidas as "linhas-guia" para a projetação dos edifícios, os projetos executivos de uma parte do tecido já entregue aos executores e um conjunto de edificações original, já construído.

Nesse ínterim, outras iniciativas decolaram:

— o projeto para a área Wai Tan Yuan (2002-2003), que enfrenta a reestruturação da ex-concessão britânica, atrás do centro de negócios, e compreende um conjunto de normas para a conservação de uma parte das edificações oitocentistas de de implantação européia;

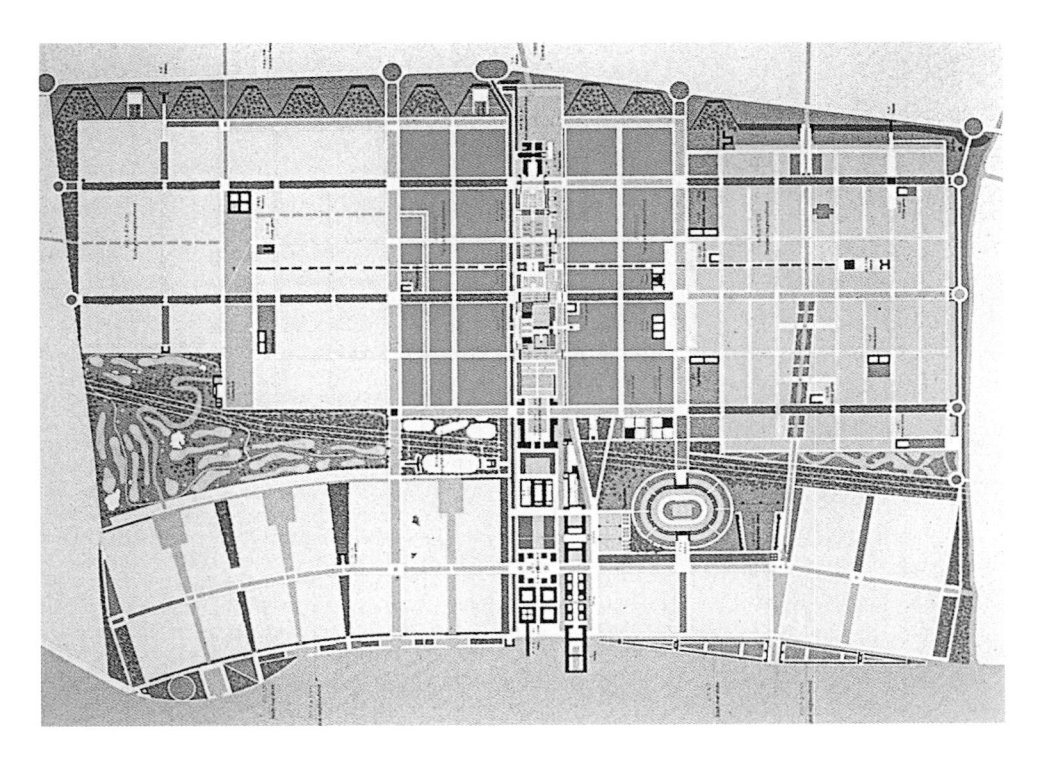

III. Os herdeiros da tradição moderna européia 79

Fig. 71 e 72. A nova cidade satélite de Pujiang, em Xangai. Planimetria geral e o "edifício Itália".

— o projeto para o Bund (2003), que cobre uma parte do próprio centro;
— o projeto pra o "Pujiang Village" (2002), que concerne a uma área menor ao sul de Pujiang, onde se pretende construir um complexo de cinco mil moradias de alta qualidade, imersas no verde, às margens do Huang Pu.

A manutenção da autoria nas várias escalas, essencial como se disse na experiência do Gregotti Associati, aqui se confronta com a entidade e a velocidade das iniciativas urbanísticas. Abre-se um diálogo complexo com muitos adversários, que será descrito no subcapítulo sobre a China.

Gregotti vem avançando há muito tempo na elaboração teórica exigida por uma projetação desse tipo. Em seu último livro, *L'architettura del realismo critico*[4], ensaia uma definição conceitual de seu trabalho, com uma riqueza de referências críticas e filosóficas que parece sustentada por um profissionalismo crítico autônomo. Testemunha, assim, tanto o esforço de dialogar com todas as ramificações do debate literário internacional quanto o estreito autocontrole exercido sobre o trabalho profissional, próprio da sua linha de conduta.

Gregotti descreve o objetivo geral da arquitetura de nosso tempo da seguinte maneira:

> Eu creio que o erro presente em muitos espaços arquitetônicos seja o de tentar imitar com instrumentos e modos totalmente impróprios, [...] a experiência espacial fornecida pelos meios de comunicação de massa, tentando uma midiatização da nossa própria disciplina, ou seja, preparando a erradicação de seus instrumentos expressivos específicos e de seu universo técnico-construtivo.
>
> Tarefa das disciplinas da arquitetura deveria ser, em vez disso [...] a capacidade de configurar espaços cuja definição, organicidade, simplicidade e capacidade de duração se propusessem como plano de referência indispensável para a própria transformação acelerada do real, para a contínua mutação de seus significados, para a multiplicidade de interpretações possíveis: espaços em condição de testemunhar, no futuro, não o nosso estado, mas as nossas melhores esperanças.[5]

Para esse ambicioso propósito, Gregotti sugere "recolocar o conjunto da modernidade, transformado, depois de um século, em 'tradição da modernidade', na continuidade dialética da arquitetura européia".[6] Começa assim um discurso problemático, aberto em várias direções. Os "instrumentos expressivos" e o "universo técnico-construtivo" são específicos da "disciplina" ou da tradição européia? A modernidade, que é um ciclo contido no "século breve", por sua vez surgiu da continuidade da arquitetura européia, e hoje nos parece uma herança recebida, uma tradição. Mas está para ser recolocada no mesmo lugar, e somente nele? A continuidade dialética européia é segura o bastante para permitir essa inserção? Seus conteúdos podem ser reciclados no presente, simplificando e diminuindo as tensões históricas precedentes?

Outro aforismo de Gregotti, "não busco o novo, mas o adequado", que faz justiça às muitas novidades efêmeras difundidas no nosso tempo, poderia dar lugar a uma verificação diversa. Por que não perseguir o adequado também além das

---

4. V. Gregotti, *L'architettura del realismo critico*, Roma/Bari, Laterza, 2004.

5. V. Gregotti, *Sulle orme di Palladio,* Roma/Bari, Laterza, 2000, p. 68-69.

6. Ibidem, p. 62.

III. Os herdeiros da tradição moderna européia   81

fronteiras da continuidade dialética européia? Existem dois gêneros de pesquisa, um com uma rede de segurança tradicional e outro sem rede? Neste livro, procuramos compará-los, e Gregotti tem a lucidez para enunciar de modo claro uma das duas alternativas.

3. Giancarlo De Carlo (1919-2005)

De Carlo — falecido enquanto este livro estava em preparação — percorreu o mesmo itinerário formacional com alguns anos de antecedência, mas com um espírito bem diferente. Sempre combinou seus percursos mentais com uma inexaurível curiosidade e disponibilidade para as oportunidades concretas, e, ainda hoje, depois de mais de meio século de atividade, é impossível reconhecer-lhe uma fisionomia estabilizada, como para outros de que se fala neste subcapítulo.

Junto com Candilis, Bakema, Aldo van Eyck, os Smithson, fez parte, em seu tempo, do Team X; participou, em 1959, da polêmica sobre os CIAM, e, com Bohigas, foi o último projetista ativo daquele grupo que precocemente comprometeu a ortodoxia modernista de então. Todavia, essa origem não explica completamente sua atividade posterior. Evitou as tendências das décadas subseqüentes, continuando a fundir morfologias de origem diversa. Algumas vezes colocou em risco o rigor de seus resultados, como van Eyck e James Stirling, que em uma fase extinta misturaram e desvalorizaram as linguagens opostas dos anos 70 e 80. Porém, em De Carlo não há a intenção irônica que havia neles, nem um interesse específico pela linguagem, mas, antes, uma disponibilidade para o imprevisto que o leva por um caminho diverso e singular em direção à fronteira do novo.

Não é por acaso que suas melhores obras derivam da longa familiaridade com um lugar e com uma encomenda particular. Dura cinqüenta anos, e ainda não se concluiu, a série de intervenções em Urbino, para a administração pública, para a universidade dirigida por Carlo Bo e para alguns particulares ligados a ambas as instituições. Eis a lista: a restauração da antiga casa dos Montefeltro, primeira sede da universidade (1952); as casas para os funcionários da universidade (1955); o plano diretor geral da cidade (1958-1964), do qual derivaram o projeto urbanístico para um bairro de construções populares e o projeto de edificações para o bairro La Pineta (em duas fases, 1967-1969 e 1984-1986); a moradia universitária do Colle (1962-1966); a casa para Livio Sichirollo, em Romanino (1966-1967); a Faculdade de Direito (1966-1968) e a Faculdade de Pedagogia (1968-1976), que saíram do restauro de dois conventos; o Instituto de Arte (1972-1982); as novas moradias universitárias de Tridente, de Aquilone e de Vela (1973-1983); a Faculdade de Economia (1986-1999); um segundo plano diretor da cidade, de 1990 em diante; a restauração da Data (1990-2004); a transformação do edifício

Passionei em sede da biblioteca do reitor (1995-2001); a adaptação projetada de um edifício da ENI, no subúrbio de Sogesta, para abrigar os laboratórios científicos da universidade (1998-).[7]

O próprio De Carlo conta assim essa longa experiência:

> Carlo Bo queria renovar a universidade, e para ele isso significava não apenas rever os programas, mas também mudar o lugar. Ao mesmo tempo, a administração tivera a intuição de que Urbino era um centro histórico de grande importância, mas que era importante regular o seu desenvolvimento tanto no centro quanto fora. Em Urbino verificou-se esse milagre: o encontro entre intelectual muitíssimo refinado e um prefeito comunista, ex-minerador, capazes de compreender que seus problemas coincidiam e de concordar em alguns pontos fundamentais. A universidade tinha necessidade de grandes edifícios para abrigar as faculdades, e esses edifícios foram identificados com os antigos conventos abandonados, de que a universidade financiou a recuperação. Outros serviços, as casas para estudantes, foram feitos na vizinhança imediata da cidade.
>
> Trabalhei muito e em muitos lugares, não somente em Urbino. Em Catânia trabalhei por 27 anos, e essa é também uma experiência à qual sou profundamente ligado. Os projetos que realizei são equivalentes, misturados. Trouxe para Urbino referências que vinham de longe: dos Estados Unidos, da Austrália, da Índia. Do mesmo modo, tomei citações de Urbino e as levei para outros lugares. Não pedaços de linguagem, mas a experiência, que é a coisa importante. Meu modo de trabalhar foi muito variado, de acordo com os lugares em que trabalhei. As raízes do que fiz em Urbino, eu as carrego comigo, não corto tudo a cada vez para recomeçar do zero, porém, me coloco frente a novas tarefas como diante de problemas que somente agora começo a estudar. Quando me ponho a trabalhar em algo novo, quase esqueço o que fiz antes.
>
> Entender leva tempo, e eu dedico muito tempo à leitura das coisas. A leitura, que não é análise, é para mim um elemento fundamental. Penso em um grande viajante, em Marco Polo. Sua narrativa muda a toda hora, mas quanto tempo está por trás da narrativa, quanta atenção dedicada às coisas que descreve. Por isso, não posso entender como certos escritórios de arquitetura possam ter setenta, oitenta projetos ao mesmo tempo. Não pelos problemas de organização, que esses se resolvem, mas pela abordagem do projeto. Quando o mesmo arranha-céu é feito em Hong Kong, é feito em Nova Iorque e espera-se que se possa fazê-lo em Milão, então há perigo para os lugares e para a arquitetura. A arquitetura é um instrumento para

---

7. Os trabalhos até 1965 estão ilustrados em G. De Carlo, *Urbino, la storia di una città e il piano della sua evoluzione urbanistica*, Pádua, Marsilio, 1966. Os sucessivos, em L. Rossi, *Giancarlo De Carlo, architetture*, Milão, Mondadori, 1988, e no catálogo da exposição de 2004 no Beaubourg: *Giancarlo De Carlo, des lieux, des hommes*.

III. Os herdeiros da tradição moderna européia 83

Fig. 73-75. Urbino: vista aérea, terrestre e conjunto das intervenções que formam a operação Mercatale.

dar identidade aos lugares. É um dos pilares da identidade do espaço físico. Se esse pilar for eliminado, arrisca-se a que o mundo se torne todo igual. Talvez já esteja se tornando, mas há ótimas razões para resistir.[8]

---

8. Entrevista a Alessandra Coppa e Filippo De Pieri, *Il Giornale dell'Architettura*, n. 17, Turim, abril de 2004, p. 3.

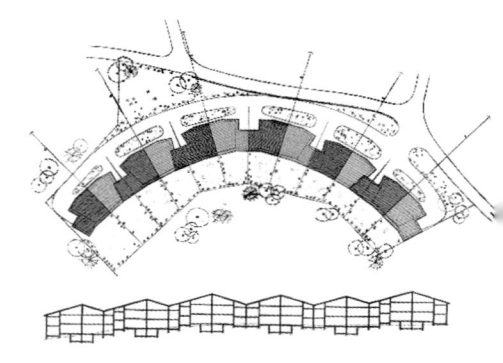

Fig. 76 e 77. Urbino: casas para os funcionários da universidade (1955).

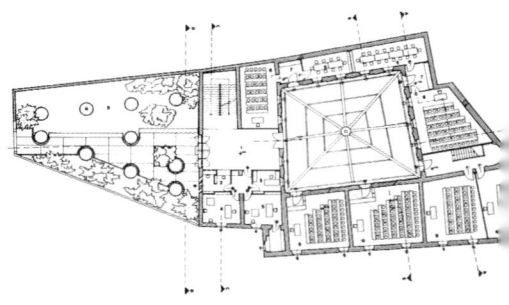

Fig. 78 e 79. Urbino: vista e planta da Faculdade de Direito (1966-1968).

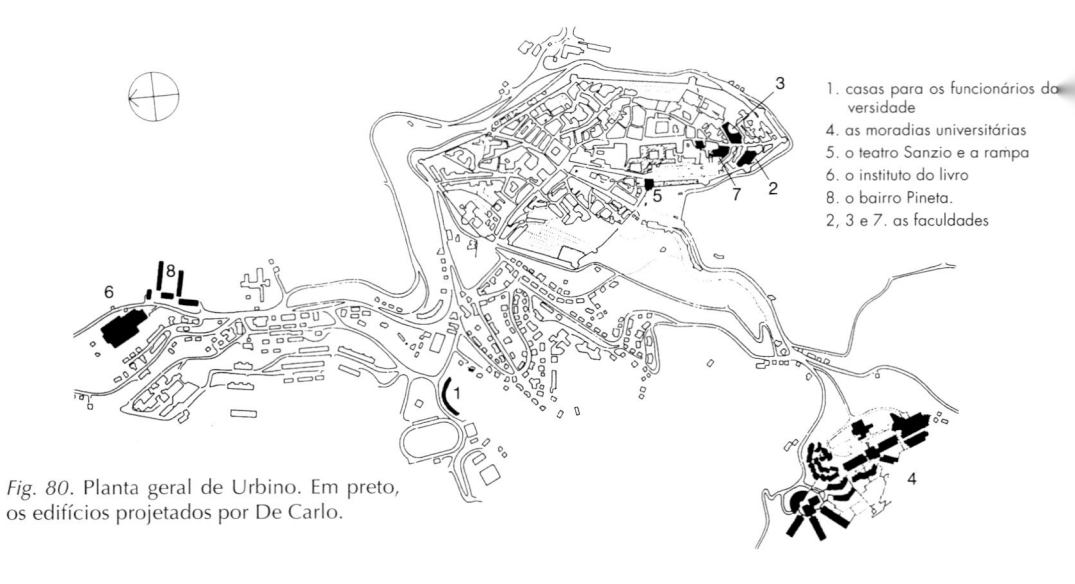

1. casas para os funcionários da universidade
4. as moradias universitárias
5. o teatro Sanzio e a rampa
6. o instituto do livro
8. o bairro Pineta.
2, 3 e 7. as faculdades

Fig. 80. Planta geral de Urbino. Em preto, os edifícios projetados por De Carlo.

III. Os herdeiros da tradição moderna européia

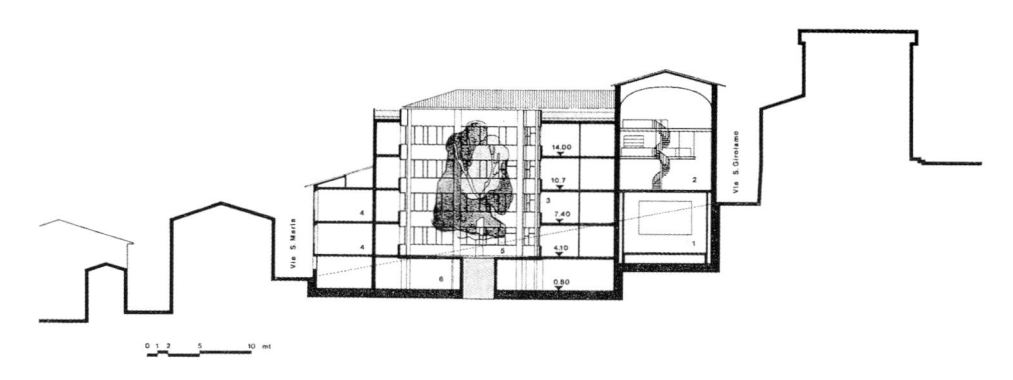

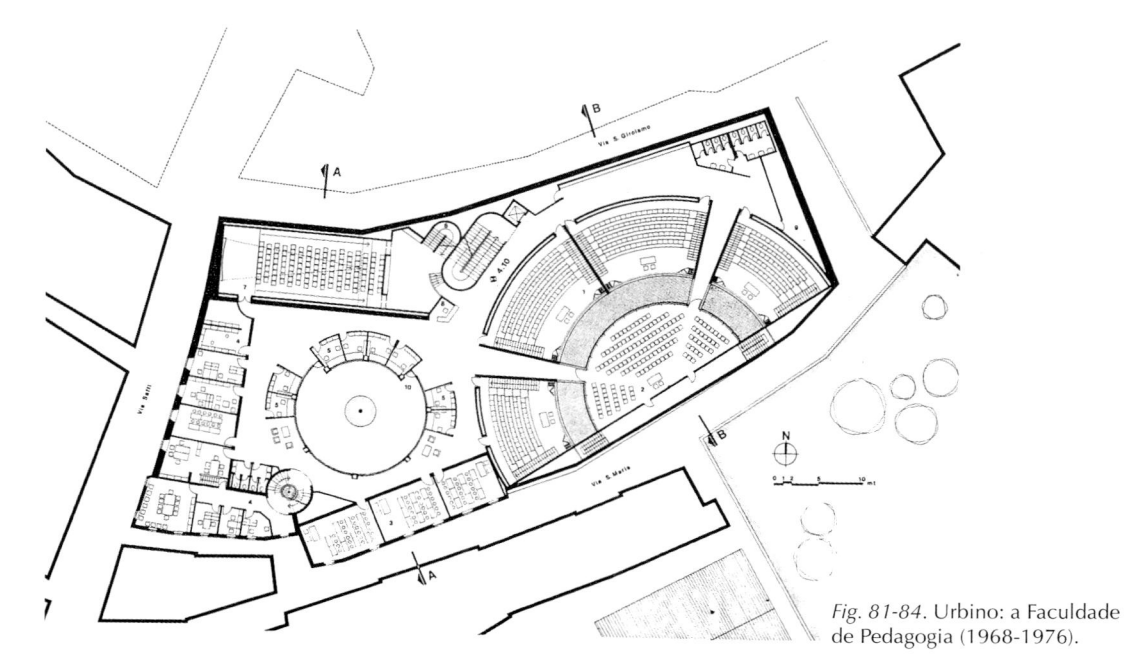

Fig. 81-84. Urbino: a Faculdade de Pedagogia (1968-1976).

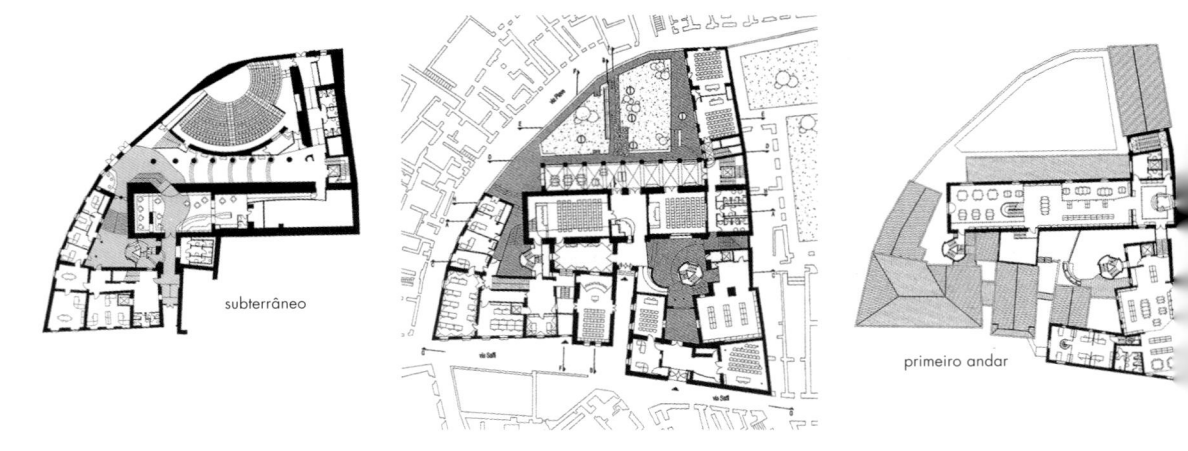

Fig. 85-87. Urbino: a Faculdade de Ciências Econômicas (1986-1999).

A "operação Mercatale", iniciada em 1970, compreende a reforma do largo e de sua garagem subterrânea, a restauração da rampa helicoidal de subida e do teatro Sanzio (fig. 88-89). Faltam a estação subterrânea para os ônibus suburbanos e o sistema de passagens escavadas para subir ao Colle delle Vigne. Sobre o Mercatale, está em curso desde 1990 a reconstrução da Data, os estábulos ducais federicianos, que comportam difíceis problemas, porque o lugar original foi substancialmente alterado após o século XIX, quando a via Garibaldi foi aberta e o teatro construído sobre a rampa. De Carlo, por levar isso em consideração, propôs uma cobertura de forma inédita, que levantou vivos protestos de ordem crítica e burocrática.

O objetivo principal ainda é a continuidade entre a projetação urbanística e a edilícia, como na Bicocca de Gregotti. Aqui o desafio se complica porque a clientela compreende a administração pública e uma multiplicidade de indivíduos públicos e de particulares, sujeitos a trajetórias independentes. Existe ainda a referência a um contexto entre os mais exigentes do mundo: a cidade de Urbino, com a sua qualidade transcendental e a paisagem mágica circunstante.

De Carlo corrigiu várias vezes o seu modo de trabalhar. Uma parte das intervenções são restaurações ou reestruturações de artefatos antigos, que vão de uma convalidação geral ou predominante do organismo preexistente (a Faculdade de Direito, o teatro, a rampa helicoidal) a um enxerto dialético entre elementos novos e antigos, cujo equilíbrio é sustentado unicamente pela autoria do projeto de edificação. O exemplo mais singular é a Faculdade de Pedagogia (fig. 81-84), que ocupa o antigo recinto de um convento. Os muros perimetrais permanecem íntegros, enquanto no espaço interno encontra lugar um organismo heterogêneo, com uma geometria própria, que ultrapassa o invólucro tanto em profundidade quanto em

III. Os herdeiros da tradição moderna européia

Fig. 88 e 89. Urbino: a restauração da rampa helicoidal sob o teatro Sanzio.

altura. O confronto com o cenário circunstante acontece no ar, entre a cobertura envidraçada da sala de aula principal e os tetos das construções antigas no entorno.

Para os edifícios que ocupam um terreno novo é decisiva a escolha dos lugares: adjacentes ao organismo urbano para os volumes menores, ou afastados para os maiores. As moradias universitárias ocupam a vertente sudoeste do Colle dei Cappuccini [Morro dos Capuchinhos]; da cidade antiga, avista-se somente o topo da primeira moradia, enquanto além da cumeada nasceu, em vinte anos, uma espécie de nova cidade, colocada em terreno virgem e acabada em todos os detalhes por uma única mão (fig. 92 e 93). Essa invisibilidade recíproca ajuda a sustentar, em escala equiparável, a comparação com o antigo organismo urbano que cresceu gradualmente em muitos séculos. Para esse fim, torna-se essencial a uniformidade dos elementos construtivos, paredes de tijolos à vista e estruturas em cimento armado (*unité dans le détail*), enquanto as escolhas distributivas e morfológicas são amplamente variáveis, como em outras obras do Team X dos anos 60 e 70 (*tumulte dans l'ensemble*).

Aqui De Carlo, como Gregotti na Bicocca, alcança o limite das suas pesquisas pessoais e, ao mesmo tempo, encontra a insuperável limitação histórica já indicada: a impossibilidade, no mundo moderno, de contar com uma única e durável educação formal coletiva, que torne agregáveis diversas contribuições individuais. Para suprir isso, Gregotti prepara em seu laboratório uma gama compacta de modelos. De Carlo, que não quer se vincular a esse campo, procura, em vez disso, distanciar e alternar as oportunidades. O primeiro persegue a multiplicidade no espaço, o segundo, no tempo. Enquanto se despedaça, como veremos no capítulo VI, a unidade da antiga paisagem italiana, nascem, justamente na Itália, essas duas paisagens *in vitro*, que celebram de dois modos diferentes aquela unidade em vias de liquidação. O bairro de Gregotti aparece com naturalidade no meio da periferia milanesa. A cidade das moradias urbinenses de De Carlo se confronta, de modo dramático, com a cidade de Federico di Montefeltro, e a recíproca invisibilidade

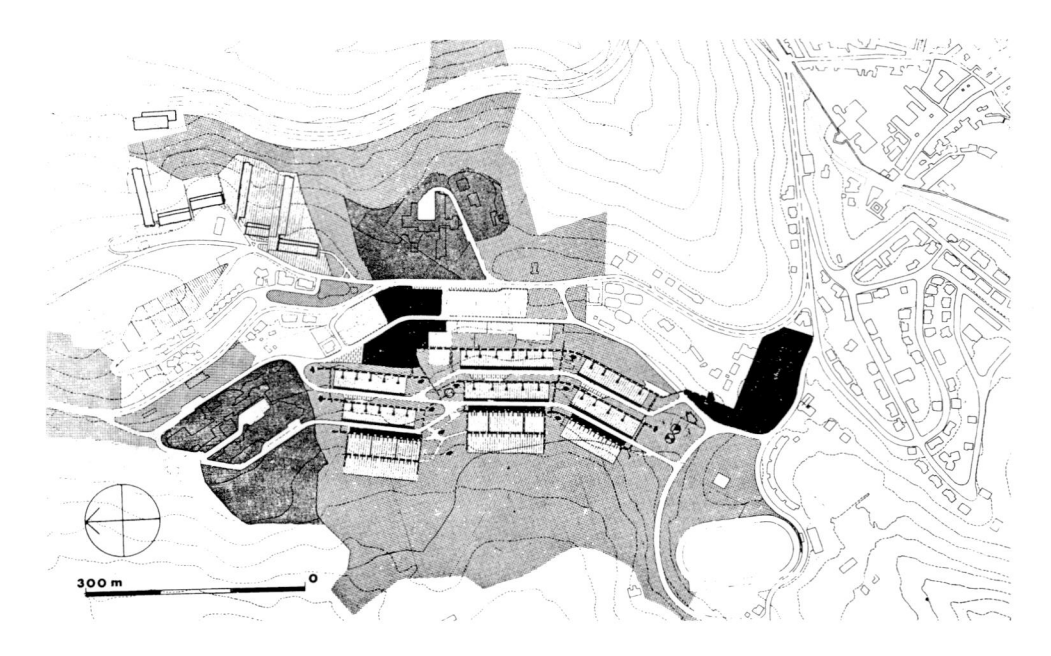

Fig. 90. Urbino: as indicações (não aplicadas) para o plano de construção econômica e popular, contidas no plano diretor dos anos 60.

Fig. 91. Urbino: vista do bairro La Pineta concluído.

III. Os herdeiros da tradição moderna européia

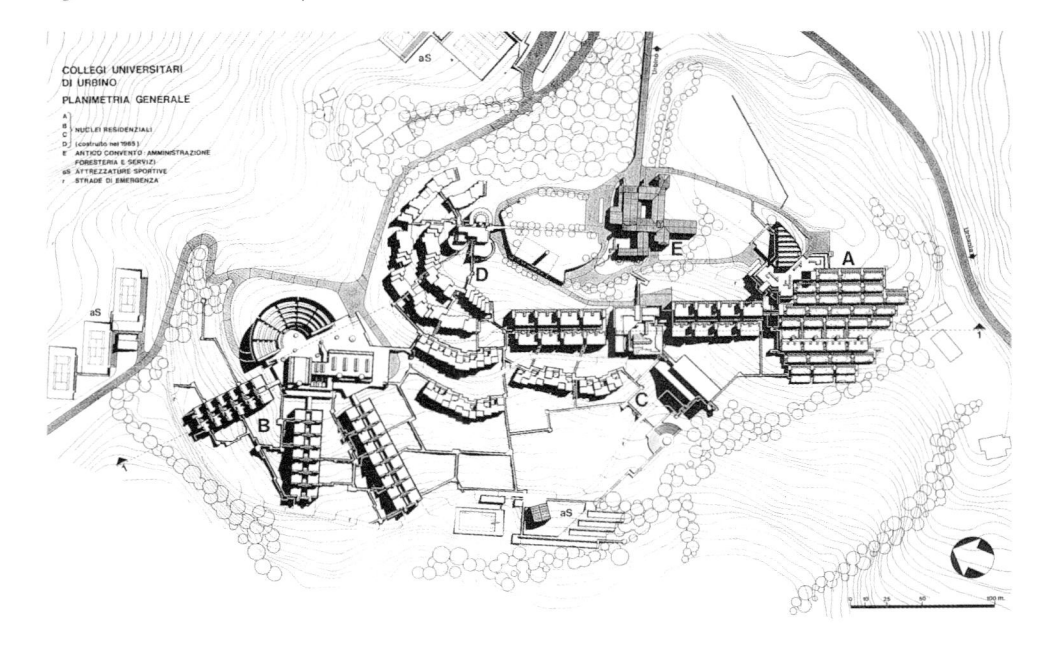

Fig. 92 e 93. Urbino: o complexo das moradias universitárias.

Fig. 94 e 95. Outras duas imagens das moradias universitárias de Urbino.

— perturbada, enfim, pela proliferação dos subúrbios modernos, estranhos a uma e outra, que se mostram em todos os cantos — adquire um significado pungente.

Logo depois, a execução do plano diretor dos anos 60 levantou o problema da passagem por diversas mãos projetistas. De Carlo pensou em todas: deu indicações planimétricas e volumétricas detalhadas para o bairro de construção subvencionada, mas que não impediram uma decepcionante realização final. Ofereceu ao construtor do bairro La Pineta, em duas retomadas, os projetos das três torres colocadas sobre o máximo declive oriental, que sofreram pequenas pioras no local da execução (fig. 90 e 91).

Esse difícil jogo não faz concessões a afinidades estilísticas entre o antigo e o moderno. A absoluta autonomia morfológica das novas intervenções tem um significado quase moral de representação do distanciamento crítico hoje indispensável ao encontro com o passado. A mediação com os contextos é confiada a um excepcional refinamento e flexibilidade nas escolhas, formais e funcionais, que cresce com o acúmulo de muitas e variadas experiências e estudos regulares. O projetista precisa de tempo para amadurecer e corrigir suas propostas, e emprega, para esse fim, inclusive as hesitações. É como se, não podendo competir com a longa duração do ciclo antigo, materializado no cenário existente, procurasse utilizar da melhor forma possível os tempos de seu ciclo pessoal, para dar consistência ao seu trabalho. Também em outras obras suas — os edifícios universitários de Pavia, que pertencem à execução gradual de um projeto integrado de 1972; as residências de Mazzorbo, encomendadas em 1979 por uma construtora pública e realizadas em diversas etapas (fig. 96 e 97) — é a lentidão da execução que o ajuda a refinar e calibrar uma paisagem complexa.

Outro encontro durável acontece com Catânia, onde De Carlo trabalha há 27 anos em condições diferentes das de Urbino. A grande e degradada cidade, inapreensível em seu conjunto, é o fundo para uma série de intervenções parciais que tem por objeto variados cenários de construções antigas e modernas a serem modificados pelas exigências da universidade local. Um desses cenários, o gigantesco convento dos beneditinos, é, sozinho, quase uma cidade, e incorpora os derramamentos de lava das erupções do século XVII, que acentuam, posteriormente, a sua importância. Entre 1984 e 1986, De Carlo prepara um projeto abrangente que, respeitando o organismo geral, individualiza algumas modificações, caracterizadas livremente quase como organismos auto-sustentáveis e executadas em momentos diversos: um auditório e uma série de salas para conferências ao longo da via del Teatro Greco, apoiadas no desnível eruptivo (1991-2003); a central térmica e a renovação do jardim dos noviços (1993-1997); a transformação, projetada em 1998, do adjacente convento da Purità, em cujo acentuado desnível ele prevê a colocação de três salas em arquibancada. Em 1997, projeta para a Faculdade de Direito da universidade a reforma de uma garagem Fiat dos anos 30, no subúrbio de Roccaromana, para inserir ali um auditório com setores modulares; a execução ainda não começou.

Fig. 96 e 97. O bairro de construção popular em Mazzorbo, na laguna veneziana.

Fig. 98. Uma vista aproximada do bairro de Mazzorbo.

Fig. 99-103. (na págin[a] lado) Catânia: o mostei[ro] beneditinos restaurado [pela] Universidade de Catâni[a].

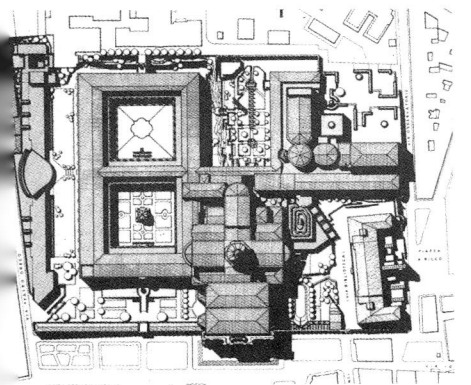

III. Os herdeiros da tradição moderna européia 93

Acumulam-se nesse meio tempo, em muitos lugares, os projetos não aprovados ou não executados depois da aprovação: a reurbanização da piazza Matteotti alla Lizza, pouco além dos muros de Siena (1988-1989), que inclui uma torre pensada pra competir com outras elevações da cidade antiga; o projeto apresentado em 1988 no concurso para o Landesmuseum de Salzburgo, completamente enterrado na escarpa do Monschberg e formado por uma fantástica sucessão de grutas circulares (fig. 104); o projeto de concurso para a piazza della Mostra, em Trento, (1990-1991), aos pés do Castello, que prevê a retirada da passagem viária, desviando o tráfego para um túnel de forma insólita, duas vezes mais alto e mais largo que o necessário, para ser iluminado naturalmente por várias aberturas (fig. 105).

Um último empreendimento, marginal e, no entanto, extremamente significativo, é a restauração de um vilarejo abandonado, Colletta di Castelbianco, acima de Gênova (1993-1995). O cenário de partida — um acúmulo de volumes elementares que podem se transformar em salas, ruas, escadas, sem marcas estilísticas, à exceção dos contornos rebocados das aberturas externas — é aberto a toda escolha de uso, e se liga harmonicamente aos declives do terreno acidentado. De Carlo intervém com extraordinária reserva nesse artefato "crustáceo", refratário aos sistemas modernos "vertebrados". Nas fotografias, é até difícil distinguir a situação antes e depois da intervenção (fig. 106-112).

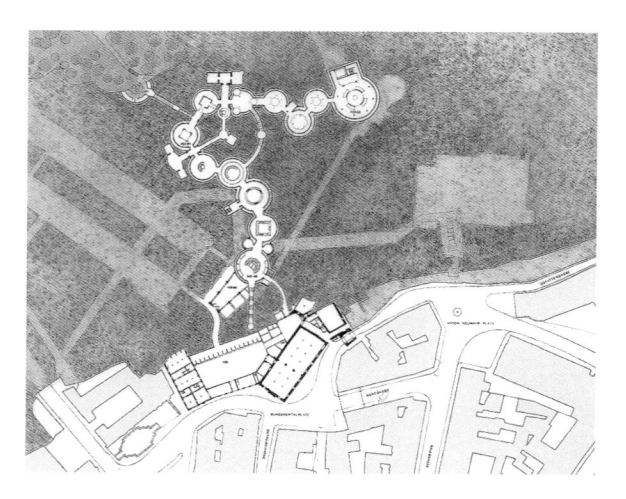

Fig. 104. Projeto apresentado ao concurso para o museu de história local de Salzburgo, em 1988. As salas deveriam ter sido escavadas na rocha que domina a cidade.

Fig. 105. Projeto de reurbanização da Piazza della Mostra, em Trento.

III. Os herdeiros da tradição moderna européia

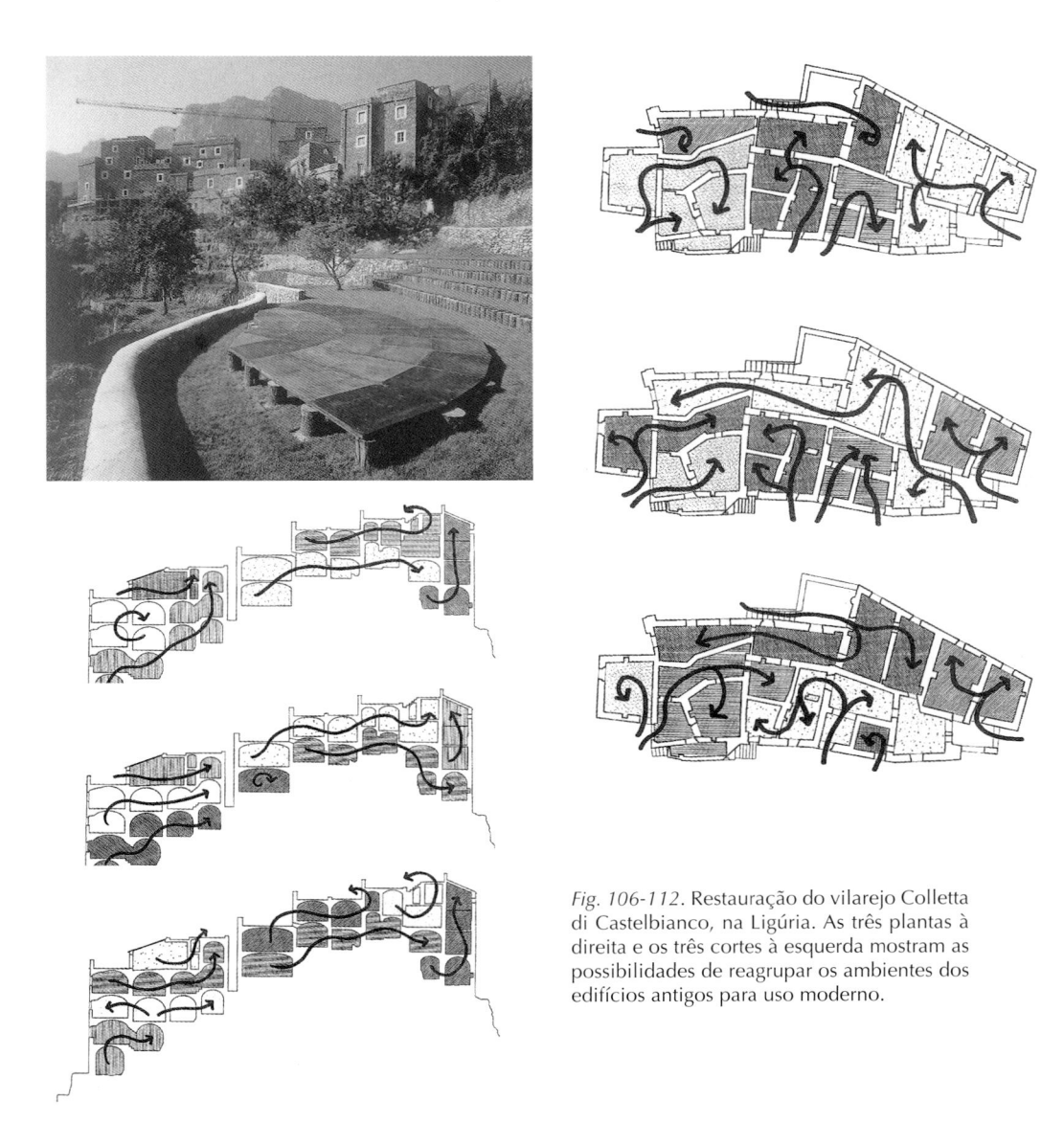

Fig. 106-112. Restauração do vilarejo Colletta di Castelbianco, na Ligúria. As três plantas à direita e os três cortes à esquerda mostram as possibilidades de reagrupar os ambientes dos edifícios antigos para uso moderno.

O laço contínuo entre a projetação espacial e o conjunto das solicitações recebidas da clientela direta e indireta é um dos pressupostos constantes de seu trabalho. A modernidade do resultado é solidamente baseada na síntese entre forma e função e na responsabilidade por qualquer modificação em todas as escalas operativas. Os elementos lingüísticos nascem da ampliação do repertório moderno por obra do Team X nos anos 60 e 70 (é a razão, discutível, pela qual De Carlo foi colocado neste capítulo), e encontram uma correspondência significativa na última fase de Aldo van Eyck. Mas a desenvoltura no uso é somente sua, e o aproxima da inovação absoluta, que é o argumento do próximo capítulo.

A partir desse aprendizado, De Carlo adquiriu, com o tempo, uma extraordinária agilidade na manipulação dos elementos construtivos, que ultimamente exercita também em abstrato, como uma espécie de diversão. Acontece assim no arco de entrada que assinala a fronteira oriental da República de San Marino e no pavilhão construído na extremidade do viale Regina Elisabetta, no Lido de Veneza (fig. 113-116). Ambos se apresentam como soluções improvisadas, e o desempenho funcional produz uma espontânea e fascinante suavização de certos lugares expostos demais.

Outro recurso de De Carlo é a divisão do trabalho: a relação amigável com os colaboradores de escritório, o laço do trabalho profissional com o ensino e a publicação de artigos. Ele semeia seus ensinamentos nas faculdades de Veneza e de Gênova e nas visitas a universidades estrangeiras. Em 1976, De Carlo e Bo fundam o *Laboratorio internazionale di architettura e di urbanistica* (ILAUD), alimentado por uma dezena de prestigiosas universidades americanas: um curso de imersão de verão de projetação, de cerca de um mês e meio, que se desenvolve pelos primeiros seis anos em Urbino, pelos outros seis em Siena, depois em Gênova e em Veneza. De 1978 a 2000, De Carlo dirige a revista *Città e Società*, e cultiva uma perspectiva não conformista em escala mundial, com particular atenção aos países do "Terceiro Mundo" (mas, depois de 2000, o periódico não encontra mais lugar no mundo editorial contemporâneo, inteiramente voltado para outras preferências).

O empenho de De Carlo na projetação em todas as escalas dimensionais não deixa espaço aos aspectos específicos da projetação urbanística, ou seja, às escolhas disciplinares que comportam a mudança de mão das escolhas executivas. Suas incursões urbanísticas — os estudos para o plano intermunicipal milanês de 1961-1963, o plano para o centro histórico de Rimini de 1970-1972, os dois planos diretores de Urbino, a participação em um grupo heterogêneo para um estudo sobre o centro histórico de Palermo de 1979, os trabalhos de grupo com o ILAUD em Gênova e Veneza — são sempre pendentes para a morfologia do território. Mesmo permanecendo nesse terreno, descobre, de vez em quando, com excepcional lucidez, problemas e soluções.

Em Veneza, nos anos 90, eu o ouvi fazer uma observação decisiva sobre obras em curso para a defesa da laguna. Os arrimos submersos na embocadura da praia derivam do mesmo preconceito das restaurações estruturais em San Marco: as intervenções modernas devem permanecer invisíveis, deve-se fingir que não existem, e por isso chegam a custos exorbitantes. Por que não reexaminá-las à luz do sol, como na Holanda e em outros lugares? Através das três embocaduras, seria possível construir diques sobre a superfície da água, munidos de arrimos móveis para as marés e pontes levadiças para deixar passar os navios. Os diques poderiam ser transitáveis pelos automóveis, que chegariam às praias quando e como se desejasse, evitando os atravancadores *ferry boats* de hoje. A busca de soluções mais eficientes e mais econômicas induziria a uma relação mais justa entre cenários antigos e modernos.

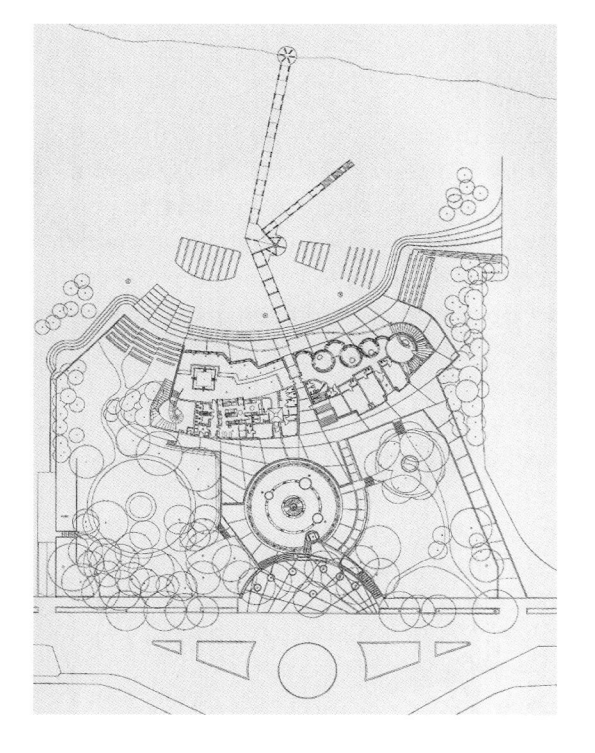

III. Os herdeiros da tradição moderna européia 97

Fig. 113. O arco de entrada da República de San Marino.

Fig. 114-116. O café *Blue Moon* no Lido de Veneza.

Em Gênova, analogamente, sustentou a conservação da rua sobrelevada ao longo da frente do porto. Não a julgava uma feiúra, mas uma prótese racional, substituível no futuro com uma infra-estrutura melhor, igualmente à mostra (Piano, em 2004, propõe, de fato, um único trilho ferroviário suspenso ligando Cornigliano a Quarto).

A inovação que o interessa sai continuamente do campo disciplinar da arquitetura, e concerne ao circuito, individual e social, entre cliente e projetação, execução, uso e reutilização dos artefatos em toda escala. Das múltiplas experiências atravessadas entre o pós-guerra e o presente, De Carlo não extraiu um repertório, mas uma liberdade quase ilimitada de considerações e reconsiderações. O crivo pessoal permanece bem escondido e, segundo o vocabulário vasariano, diz respeito aos "costumes" mais que à "arte".

O incansável viajante escreveu em 1972: "Na cidade de Urbino, integrei todas as minhas experiências vividas no mundo. Do mesmo modo, haverá sempre em todos os outros meus projetos alguma coisa de Urbino." Recentemente acrescentou: "Fui uma espécie de viajante, quase sem pátria. Sempre vivi sem raízes. Quando vem a noite, onde quer que eu esteja, sou um estrangeiro."[9]

Tudo isso o isola dos contemporâneos, mas contará, talvez, no futuro, para corrigir a arrogância que se está acumulando na arquitetura contemporânea.

4. Rafael Moneo (1937-)

O restabelecimento da vida democrática na Espanha, depois de 1975, ofereceu trabalho e notoriedade internacional a toda uma série de projetistas que já estavam em campo no período precedente. Interessam ao nosso discurso aqueles que permaneceram no rastro do movimento moderno, fora das tendências pós-modernistas divulgadas justamente naquele momento e que conduzem precocemente a um beco sem saída (nessa direção, Ricardo Bofill [1939-] encontra um rápido, mas efêmero, sucesso internacional).

No entanto, a fidelidade à tradição moderna em sentido lato permite diversos amadurecimentos pessoais, ainda hoje plenamente atuais. Há, primeiramente, o escritório Bohigas-Martorell-Mackay, proveniente do Team X. Oriol Bohigas (1925-) desenvolve uma atividade múltipla de arquiteto, urbanista e organizador, tem um papel determinante no planejamento de Barcelona, desde o plano de 1980-1983 às intervenções para as Olimpíadas de 1992, e mais tarde intervém com sucesso variável em outras cidades européias: Aix-en-Provence, Salerno, Catânia, Pescara, Parma. Entre os mais jovens, Rafael Moneo Vallés (1937-), Juan Navarro Baldweg (1939-)

---

9. J. McKean, *Giancarlo De Carlo: Layered Places*, Londres, Edition Axel Menges, 2004.

e Manuel de Solà Morales (1939-) concentram-se na projetação de edifícações, e exploram nesse campo uma gama de variações incomuns.

Para fazer isso, contam os dons tradicionais de imaginação formal, mantidos na linha pela ortodoxia modernista. Nesse jogo, o personagem mais original, que emerge progressivamente e se impõe em campo internacional, é Rafael Moneo Vallés. Suas variadíssimas escolhas, que são quase infalivelmente apropriadas aos lugares e trabalhosas funções dos projetos, fazem entrever a possibilidade de um ecletismo atualizado, sem a componente irônica e polêmica, própria de seu tempo, de Stirling e Venturi, mas cultivado seriamente, como no passado, o que evita o desgaste da repetição e conserva a espontaneidade das experiências singulares.

Seus principais talentos são o interesse específico em cada um dos temas em que trabalha e o correspondente desinteresse em cultivar um repertório genérico, pessoal ou de grupo. Declara precocemente: "Gostaria de não cair no ridículo do equívoco lingüístico, a sensação que temos freqüentemente quando contemplamos algumas das arquiteturas recentes, destruídas pela intenção de identificar paradigmas, esquecendo os problemas reais."[10] Reais, nesse discurso, são os problemas que cada ocasião individual coloca, irreais são os paradigmas abstratos. Assim ele se reconhece fora das oposições estilísticas já no período de sua formação. Essa abordagem lhe serve para resolver os quesitos específicos dos novos tempos, e o coloca naturalmente em sintonia com a virada inovadora dos anos 90.

Depois da graduação, em 1961, Moneo trabalha por um ano no escritório de Jorn Utzon, na Dinamarca. Em 1966, abre seu escritório na capital espanhola e começa a ensinar na Escola Técnica Superior de Madri, de onde ele próprio saiu. Em seguida, visita a Universidade de Princeton, a Cooper Union, de Nova Iorque, e dirige, de 1985 a 1990, o departamento de arquitetura de Harvard.

Entre as suas primeiras obras encontra-se o prédio de San Sebastian, alinhado com os outros edifícios residenciais de alta densidade ao longo do rio Urumea (1968-1972). Os projetistas — Moneo, Marquet, Unzurrunzaga, Zulaica — aceitam sem hesitação a tipologia tradicional de edifícações naquele lugar, uma sucessão de *manzanas* com vários andares de medida uniforme; evitam assim tanto o uso costumeiro de partidos arquitetônicos independentes do corte dos blocos quanto a orientação funcionalista que prescinde completamente do desenho dos lotes e confere ao bloco inteiro uma organização unitária em planta e em elevação, sublinhada pelo desenho movimentado das fachadas (fig. 117 e 118).

O Bankinter Building em Paseo de la Castellana, em Madri (Moneo e R. Bescós, 1972-1977), desponta atrás da mansão eclética do marquês de La Tutela; aqui a volumetria livre é combinada a um tratamento das fachadas severamente uniforme. A prefeitura de Logroño (1975-1980), que surge no tecido compacto da primeira

---

10. *Apud Casabella*, n. 682, Milão, outubro de 2002, p. 22-24.

Fig. 117 e 118. San Sebastian, edifício residencial de alta densidade ao longo do rio Urumea.

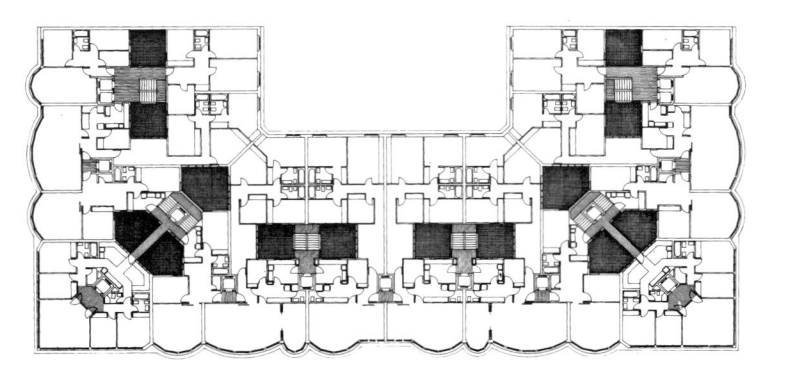

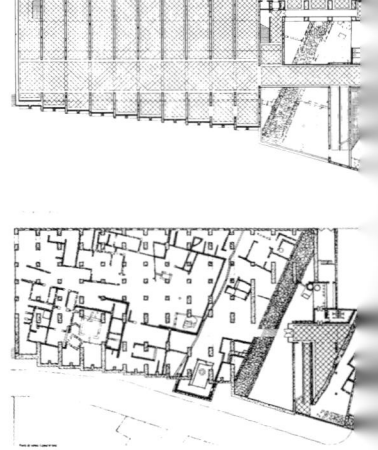

Fig. 119-121. O museu de arte romana em Mérida.

expansão da cidade, desvincula-se de seu lote para alcançar os espaços abertos necessários ao uso e à identificação do edifício. O Museu de Arte Romana de Mérida (1980-1986) é um edifício livremente inserido (ainda que de modo arriscado) sobre as escavações arqueológicas da cidade; as estruturas de sustentação, muros de tijolos e arcadas, ostentam forte referência à arquitetura romana, que, todavia, fica rigorosamente na morfologia e convive com uma planta geral rigorosamente moderna (fig. 119-121).

O grande edifício ao longo da Diagonal de Barcelona, projetado juntamente com Manuel de Solà Morales em 1986 e terminado em 1993, aceita, do plano

III. Os herdeiros da tradição moderna européia 101

urbanístico, a regra do alinhamento de edificação na testada do lote, mas depois a complica com grande liberdade; a fachada voltada para a rua maior é desenhada como um arranha-céu deitado e repete em dimensões inusitadas a sucessão uniforme das janelas, como faz Siza, na mesma época, em Lisboa; o lado oposto é tratado como um avesso, onde a linha quebrada do coroamento, o pátio e os edifícios mais baixos ao longo da rua secundária geram uma paisagem variada, que prossegue nos interiores, destinados também a funções públicas (fig. 122-125).

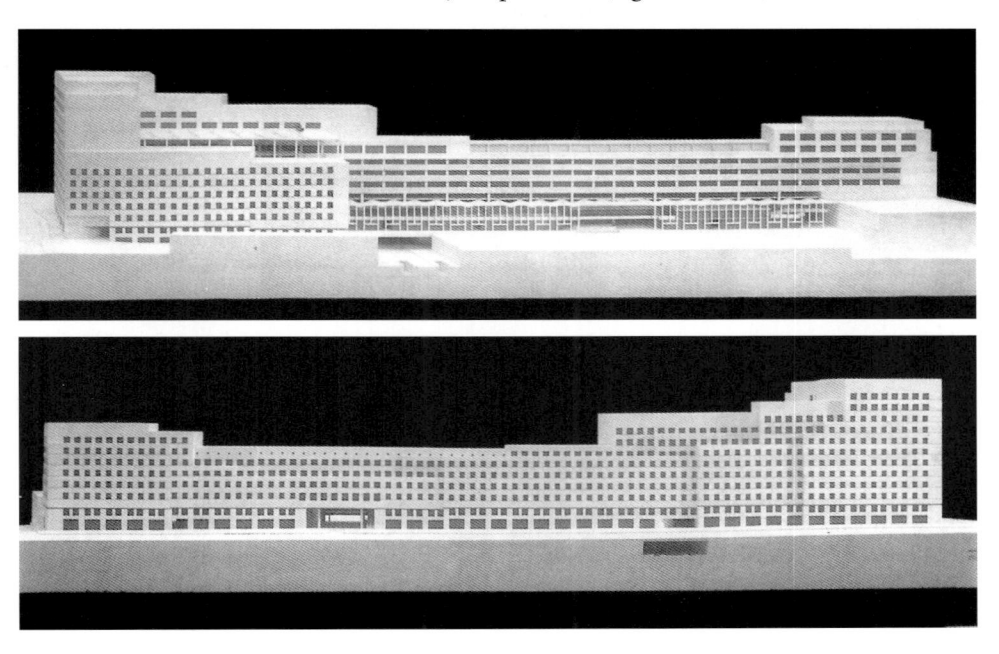

Fig. 122-125. Edifício para uso misto ao longo da Diagonal de Barcelona.

Fig. 126. Um salão do aeroporto de Sevilha.

Fig. 127. O Museu de Arte Moderna de Estoco

III. Os herdeiros da tradição moderna européia

As grandes encomendas públicas contemporâneas — a estação ferroviária de Atocha, em Madri (1985-1992), o aeroporto de Sevilha (1987-1992, em vista da Exposição Universal daquele ano) — produzem artefatos simples, dominados por uma função unitária. Mas sua habilidade criativa singular leva Moneo doravante a projetar, sobretudo, edifícios especiais de caráter representativo:

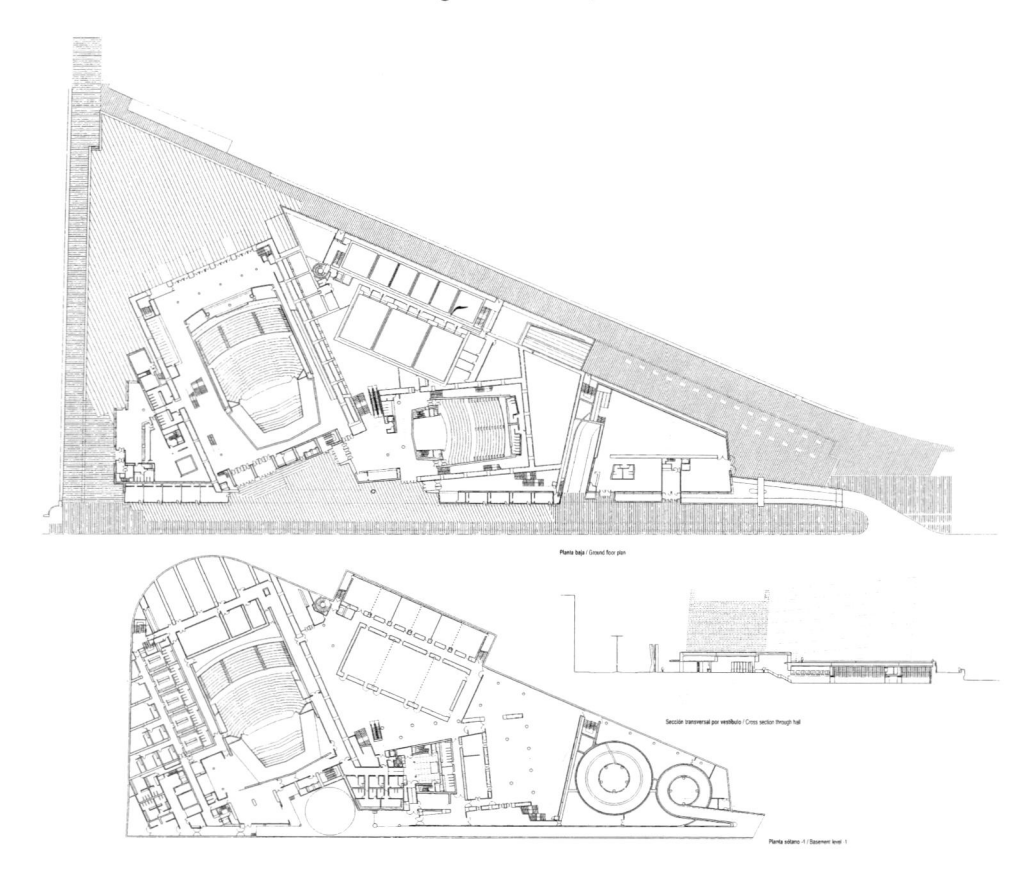

— o centro para convenções e espetáculos em San Sebastian (fig. 128-131). É o resultado de um concurso vencido em 1990, que se concretiza dez anos depois, em 2000. As duas salas de espetáculo emergem de um embasamento encravado no terreno e são encerradas por invólucros translúcidos que lhes conferem um prestígio visual especial. O projeto, quase contemporâneo ao célebre museu de Gehry em Bilbao, infinitamente mais caro, busca, por outro lado, nobilitar de modo não agressivo um moderno centro cultural;

— o Museu de Arte Moderna de Estocolmo, terminado em 1998 (fig. 127). Está encaixado em um cenário densamente construído, mas desiste de superá-lo e não excede o perfil do tecido circunstante. As salas são iluminadas do alto e têm coberturas piramidais que se confundem de diversas maneiras com o mosaico urbano. Na fachada, destaca-se somente a grande vidraça da cafeteria;

III. Os herdeiros da tradição moderna européia 105

Fig. 128-131. O centro para convenções e espetáculos em San Sebastian. Plantas (*na página anterior*) e vistas diurna e noturna.

Fig. 132. O museu de Houston.

Fig. 133 e 134. A ampliação da prefeitura de Múrcia.

III. Os herdeiros da tradição moderna européia 107

— o Audrey Jones Beck Building (1992-2000), uma ampliação Museu de Belas Artes de Houston, contíguo ao edifício de Mies van der Rohe de 1958 (fig. 132). Moneo enfrenta com naturalidade essa confrontação arriscada, e explica assim a sua estratégia projetual:

> Em Houston, os edifícios são percebidos do automóvel [...] e os pedestres não conseguem ter a visão frontal de uma construção. Essas considerações me obrigaram, em certo sentido, a ocupar todo o terreno disponível sem ceder à tentação de criar fragmentações artificiais. Desse modo, em Houston foi explorada, ainda uma vez, a possibilidade de realizar uma arquitetura compacta encerrada em limites estreitos. Construir um edifício respeitando as limitações impostas pela regularidade de uma área é um objetivo importante para um arquiteto. É sempre desejável conseguir encerrar o maior volume na menor área possível. A arquitetura compacta demonstra com clareza como se pode dividir uma superfície regular em uma série de figuras que definem ambientes e corredores, escadas e aberturas, galerias e pátios de iluminação, etc., preenchendo o espaço com continuidade e contigüidade, sem ubmeter-se a um esquema pré-estabelecido. A arquitetura compacta gera níveis densos e saturados que desfrutam dos espaços intersticiais para encorajar o movimento, e pode permitir uma surpreendente liberdade na disposição dos elementos exigidos pelo programa.[11]

Moneo, portanto, ocupa a área destinada com um edifício baixo e denso, que se articula, na cobertura, pela rarefação dos volumes e pela aglomeração das aberturas de luz que iluminam do alto as salas de exposição. Com essa moderada dialética, o novo edifício se aproxima com dignidade do célebre artefato de Mies van der Rohe e dos edifícios altos preexistentes;

— a ampliação do edifício da prefeitura de Múrcia (1991-1998) está em um arriscado cenário histórico, ao lado dos monumentos principais da cidade. A escolha de tratá-lo como um edifício tradicional gera a exigência, igualmente tradicional, de dar-lhe uma veste decorativa individual. Moneo inventa uma elegante fachada-*retablo* em pedra local, no eixo da igreja, mas contida em uma rua lateral, que, pelo desenho assimétrico e pela colocação "fora de prumo" de algumas pilastras, afasta-se do contexto antigo (fig. 133 e 134);

— em 1996, coincidindo com a indicação do prêmio Pritzker, chega a encomenda mais difícil, a nova catedral de Los Angeles (fig. 135-142). A Cúria municipal seleciona em 1995 um grupo de prováveis projetistas, muito heterogêneos: Moneo, Frank O. Gehry, Santiago Calatrava, Thom Mayne e Venturi. A preferência deferida

---

11. Uma descrição da obra na época da retomada dos trabalhos encontra-se em *Il Giornale dell'Architettura*, n. 12, Turim, novembro de 2003, p. 18.

a Moneo é eminentemente razoável, pelos dons de disponibilidade e seriedade que o distinguem aos olhos dos prelados. O arquiteto empenha-se profundamente. Estuda a utilização racional da área, da qual deriva a forma geral da grande igreja. Combina sugestões históricas com invenções originais, como os corpos laterais independentes, para os quais se voltam as capelas secundárias. Cuida da escolha dos materiais, da iluminação, do acabamento e do mobiliário. Ajusta, com Ove Arup, no lugar da tradicional rosácea, uma vidraça dividida em cruz no topo da fachada, que ilumina do alto a nave e joga luz até sobre o altar-mor. O convencionalismo do tema em uma cidade extremamente diferente das antigas e a convivência forçada com os outros edifícios heterogêneos de *downtown* perturbam apenas em parte esse meticuloso ordenamento, que obtém ampla aceitação. Desde então, Moneo é considerado, na Espanha e em outros lugares, o arquiteto "sin igual", que executou tal transplante na metrópole mais refratária do mundo a tal tema e tal modo de projetar.

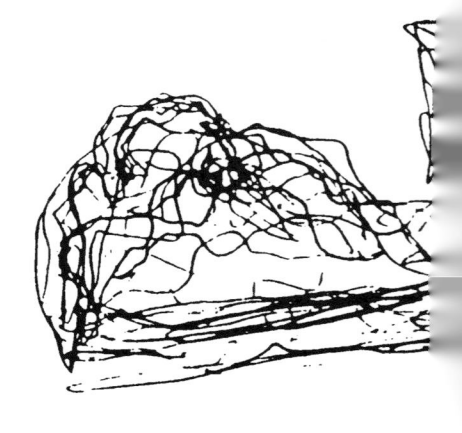

III. Os herdeiros da tradição moderna européia

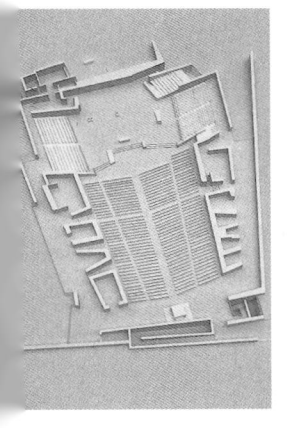

135-142. Imagens da
...dral de Los Angeles
...136, o estado da área
...s da intervenção).

As últimas obras — a biblioteca universitária de Lovaina (Louvain) (1997-2002; fig. 143-145) e a implantação do arquivo de Navarra em um castelo reestruturado em Pamplona (1995-2003; fig. 146-150) — inserem-se de modo bem-sucedido nos contextos antigos, onde o projetista também se encontra muitíssimo bem e se concede algumas licenças divertidas. O mestre está em casa tanto no passado quanto no presente.

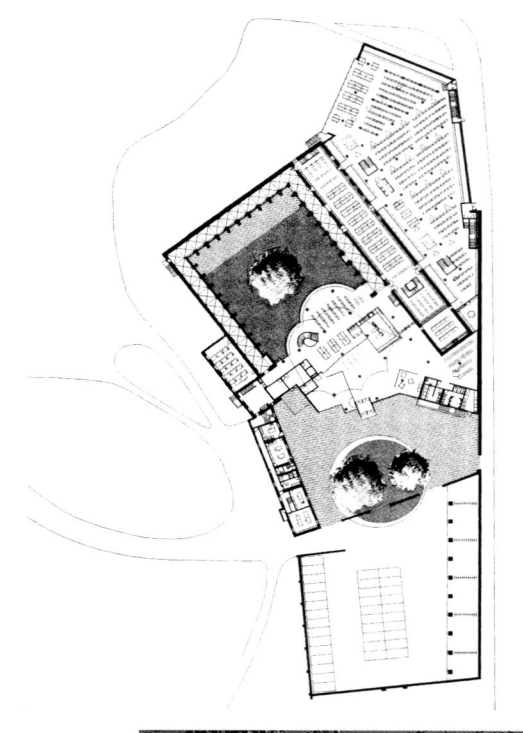

Fig. 143-145. Planta e duas vistas da biblioteca universitária de Lovaina. Uma das invenções mais simples e acolhedoras de Moneo.

III. Os herdeiros da tradição moderna européia

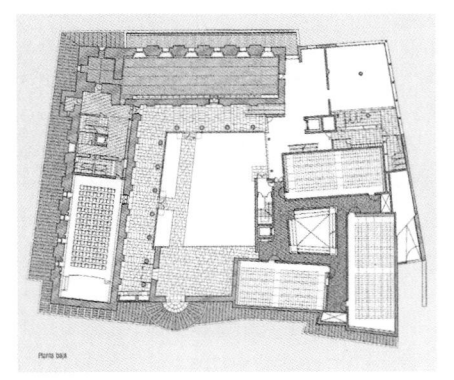

Fig. 146-150. O arquivo de Navarra, em Pamplona.

Moneo, que ainda não tem setenta anos, está hoje em plena atividade. A maior obra que o ocupa atualmente é a ampliação do Museu do Prado, em Madri. Ele ganha um primeiro concurso, mas a intervenção é interrompida em 1995, depois dos recursos privados contra a interferência no contexto antigo, um dos poucos remanescentes no coração da capital espanhola. Em 2003, a Suprema Corte rejeita os recursos e libera o caminho para o projeto.

Interferir nesse lugar é uma das tarefas mais árduas que se possa imaginar. O Prado pertence a um distrito museal extraordinariamente apinhado, que compreende também o Museu Reina Sofia e o Museu Thyssen-Bornemisza (ambos em vias de ampliação segundo os projetos de Jean Nouvel e dos arquitetos de Barcelona BOPBAA — Bohigas, Pla, Baquero), o Museu Naval, o Museu de Antropologia, a Academia de la Lengua e a sede da Fundación "La Caixa", que está sendo construída na antiga central elétrica da rua Almadén. No entorno existe um patrimônio arquitetônico antigo de primeira importância, em uma cidade pobre nesse aspecto como é Madri.

Já no primeiro projeto, Moneo propõe colocar a ampliação ao lado da igreja dos Jerônimos e abrigar as novas salas no aterro subjacente ao claustro quinhentista, aproveitando o desnível de dez metros em relação à sede original. Para fazer isso, é necessário desmontar e remontar o claustro sobre o canteiro moderno, utilizando-o como lucarna para iluminar os locais agregados. Insistindo nessa solução, Moneo ganha o concurso seguinte, em 1998, e depois começa a realizá-lo. Um novo *foyer* ligará o edifício antigo à ampliação e hospedará sobre a cobertura um jardim que se volta para a abside da igreja. O edifício de Juan de Villanueva, livre do setor de serviços moderno, será restituído ao conjunto original, e a superfície expositiva passará de 32 mil para cinqüenta mil metros quadrados (fig. 151-158).[12]

Nessa manobra acrobática, talvez a única possível para realizar no local uma ampliação da medida desejada, Moneo move-se com a desenvoltura habitual. Maneja (dessa vez materialmente) as alvenarias antigas e modernas com uma indiferença soberana. Aplica até mesmo no claustro reconstruído uma projeção de aspecto ambíguo, com uma nova galeria imitada da arquitetura da frontaria. Aqui revela o limite constitucional de sua abordagem desinibida: a nostalgia pelo ecletismo pré-moderno, que acompanha longamente o racionalismo europeu desde os anos 30 e exerce, na distância temporal, uma sedução retrospectiva. Ainda que com uma elegância especial, Moneo costeia há quarenta anos aquele recinto, ao qual pertenceram Asplund, Fahrenkampf, Holzmeister, Quaroni, Moretti, Libera, Vaccaro, Dondel e muitos outros, que a crítica recente reavalia com crescente insistência. Por esse motivo, a desenvoltura de Moneo acaba mais limitada, circunspecta e definitivamente mais artificial que a de De Carlo.

---

12. *The Architectural Review*, n. 1264, Londres, junho de 2002.

III. Os herdeiros da tradição moderna européia

Uma fraqueza secundária no momento atual de tolerância eclética ilimitada? Mas a tendência dos mestres arrolados neste capítulo se sustenta sobre um fio de navalha, que, a esta altura, deve ser verificado.

Moneo, como os outros protagonistas deste capítulo, também cultiva uma tendência difícil de transmitir. Todavia, há pelo menos um escritório em Madri cujos

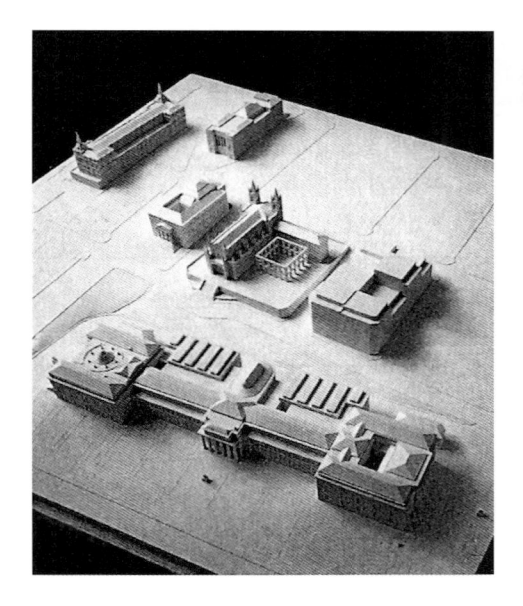

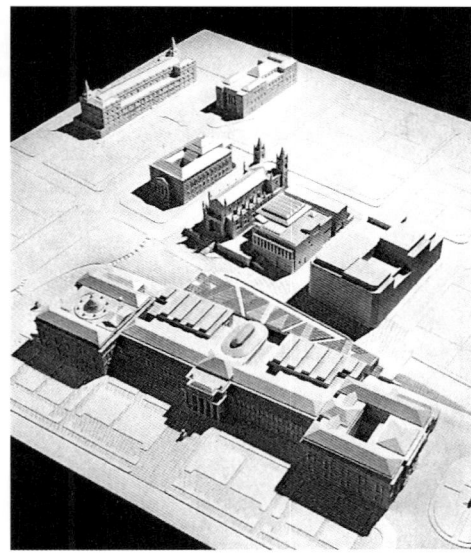

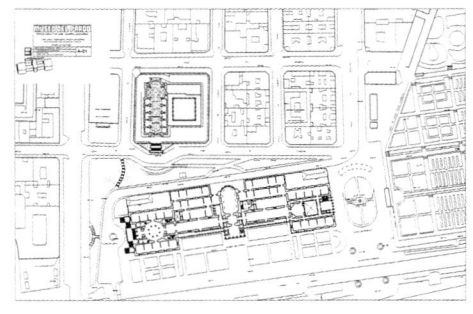

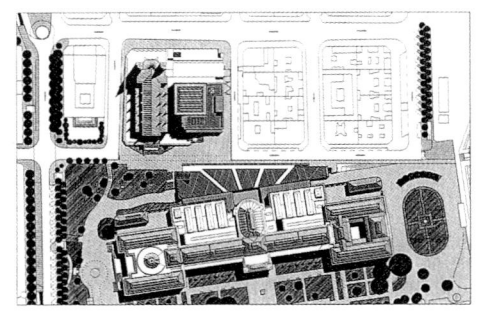

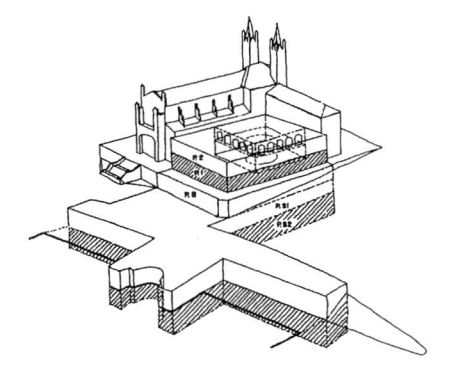

Fig. 151-155. A ampliação do Museu do Prado, em Madri. À esquerda, o estado atual; à direita, o estado futuro; abaixo, o desenvolvimento dos volumes subterrâneos que ligam a construção antiga à nova.

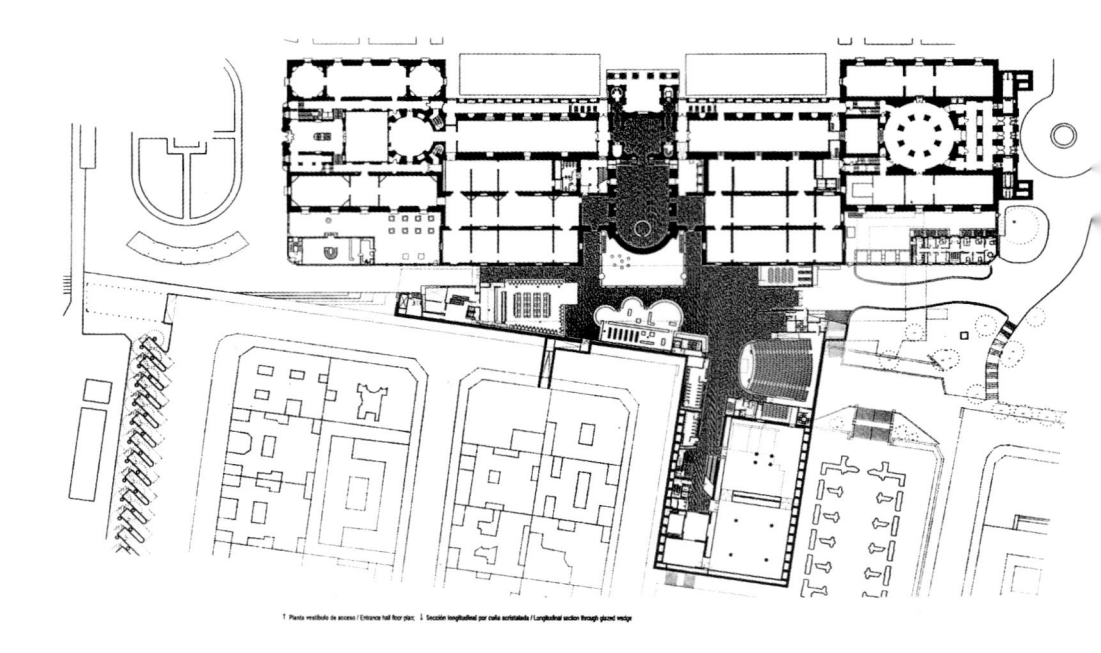

Fig. 156 e 157. A integridade funcional do novo Museu do Prado é lida na planta subterrânea e é disfarçada no nível do solo, deixando distintos os corpos de construção preexistentes.

III. Os herdeiros da tradição moderna européia

Fig. 158. Uma imagem dos trabalhos em andamento no Prado.

titulares — Luis Mansilla e Emilio Tunon — saíram do seu e trabalharam em uma direção afim, de modo que podem ser considerados seus "alunos". Um crítico escreve: "Professam uma espécie de reticência formal" e reporta essa declaração deles: "A arquitetura não é exatamente silêncio. É antes uma conversa em voz baixa. Há idéias, mas o verdadeiro esforço está em torná-las invisíveis."[13] Participam, em 1999, do concurso para a ampliação do Museu Reina Sofia em Madri, sem sucesso. No Museu de Arte em Castellón, concluído em 2002 (fig. 159 e 160), ativeram-se rigorosamente ao propósito acima mencionado. Mas, no sucessivo Museu de Arte Contemporânea (MUSAC), em León, ainda em construção, as vozes se elevaram consideravelmente. Foi escolhida uma implantação geométrica não cartesiana, em ondas justapostas, extensível ao infinito, que torna as unidades intercambiáveis e os acréscimos e subtrações quase indiferentes. Sobre essa trama, incidem muitas decisões independentes: a alternância dos vazios e dos volumes construídos, o número dos planos, a qualidade das vedações envidraçadas, neutras se voltadas para a cidade e vivamente coloridas se voltadas para uma das praças internas. O resultado é coerente, mas vai em uma direção diversa daquela de Moneo, confiando ao modelo geométrico um papel decisivo (fig. 161-163).

Parece, por essa última obra, que Mansilla e Tunon estão se adentrando em um caminho novo, bem diferente do de Moneo.

---

13. F. Távora, "Immigrazione-emigrazione. Cultura architettonica portoghese nel mondo", *Casabella*, n. 700, Milão, maio de 2002, p. 7.

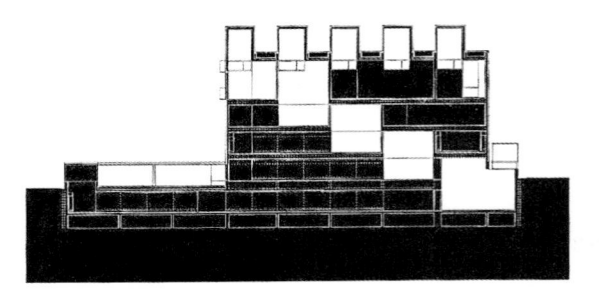

Fig. 159 e 160. Mansilla e Tunon. O Museu de Arte de Castellón.

Fig. 161-163. Mansilla e Tunon. O Museu de Arte Contemporânea em León.

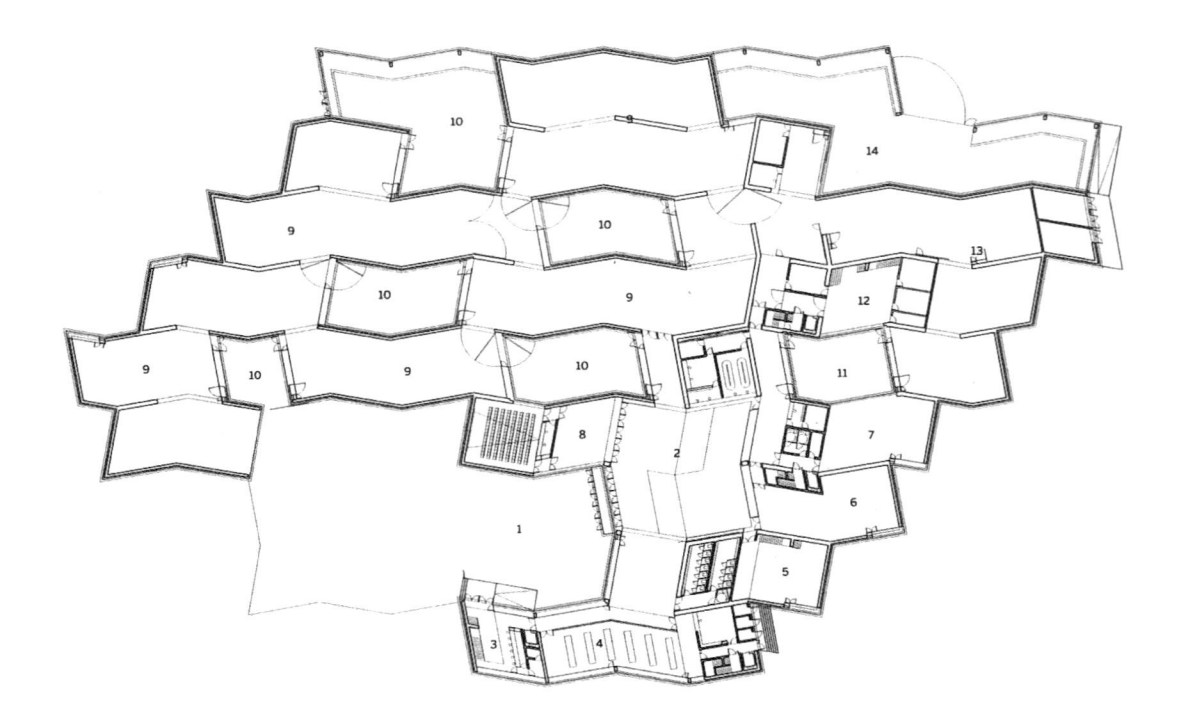

5. Álvaro Siza (1933-) e a Escola do Porto

O mestre português, já na faixa dos quarenta anos quando, em 1974, são reabertos os contatos entre Portugal e o resto do mundo, ganha um lugar eminente na cultura arquitetônica européia, com uma nova e estimulante combinação de fidelidade ao patrimônio local e à disciplina intelectual moderna, acolhida com interesse muito além de seu ambiente de origem.

Quando jovem, como aluno de Fernando Távora, colabora, sob a sua direção, com a pesquisa sobre a arquitetura popular portuguesa promovida pela União Nacional dos Arquitetos entre 1955 e 1960 e publicada em 1961. Dessa experiência talvez tenha tirado uma referência histórica original, não aos modelos monumentais, mas àqueles menores, modestos e atemporais, particularmente vivos na paisagem portuguesa.

Outro aprendizado decisivo é o longo empenho profissional em um mesmo lugar: Évora. O bairro Malagueira, de construção popular, iniciado em 1977, é gradualmente incrementado com muitos acréscimos, chegando a compreender hoje milhares de habitações que, juntamente com alguns edifícios públicos e outros assentamentos menores, constituem uma presença dominante no quadro urbano e geográfico. Insistindo em modificá-lo gradualmente, Siza consegue obter algumas avaliações gerais: explora a complexidade do passado, mede a eficácia dos novos métodos de intervenção e a durabilidade dos resultados no tempo.

Fig. 164. Uma vista de Évora.

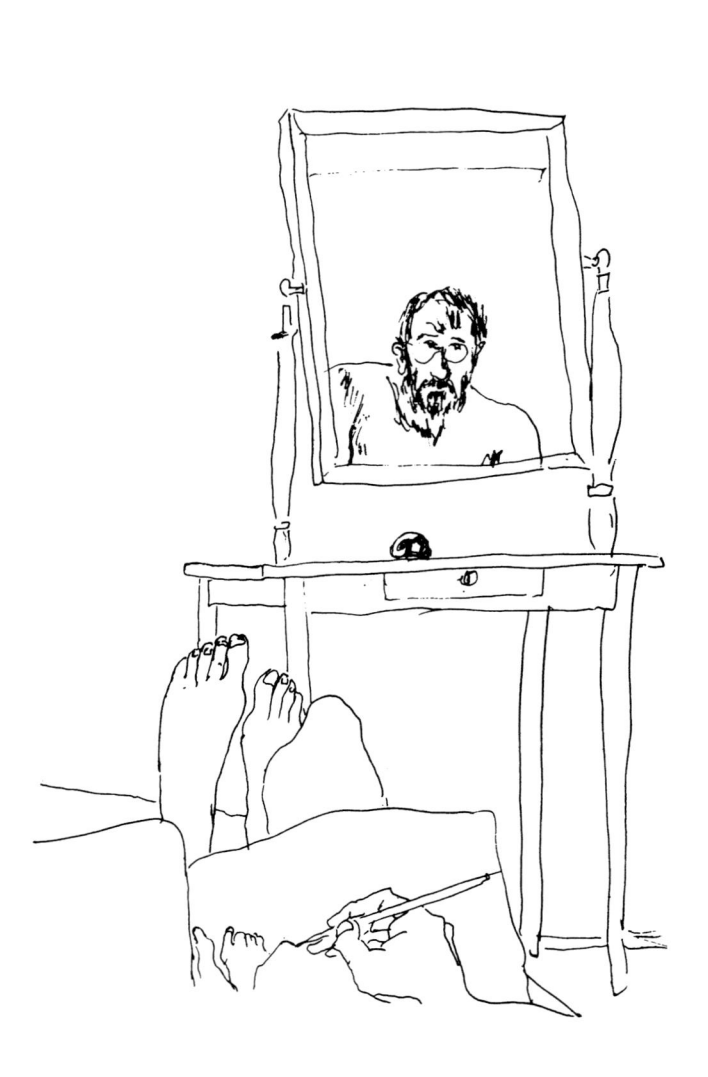

Fig. 165. Álvaro Siza. Um auto-retrato irônico incluindo a cabeça e os pés.

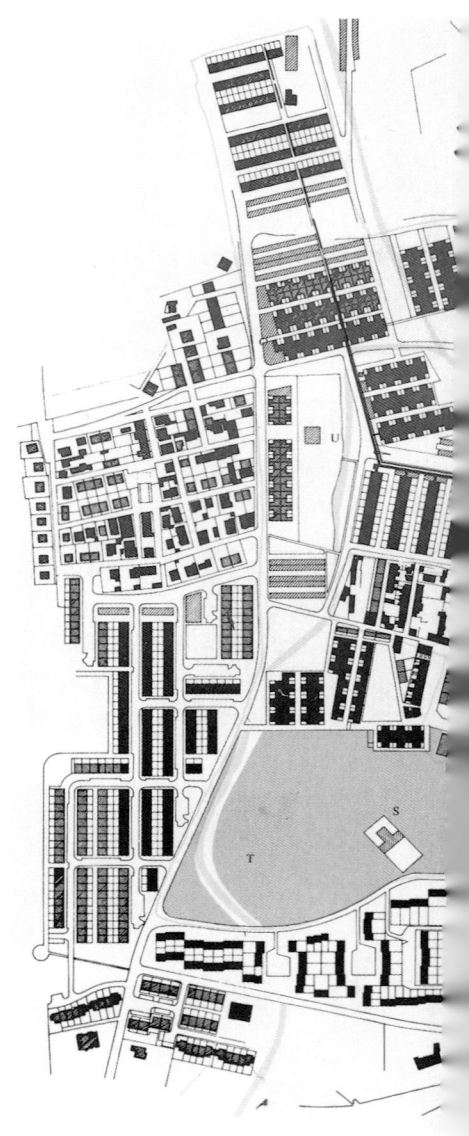

Fig. 166-168. As intervenções de Siza em Évora, de 1977 até

III. Os herdeiros da tradição moderna européia

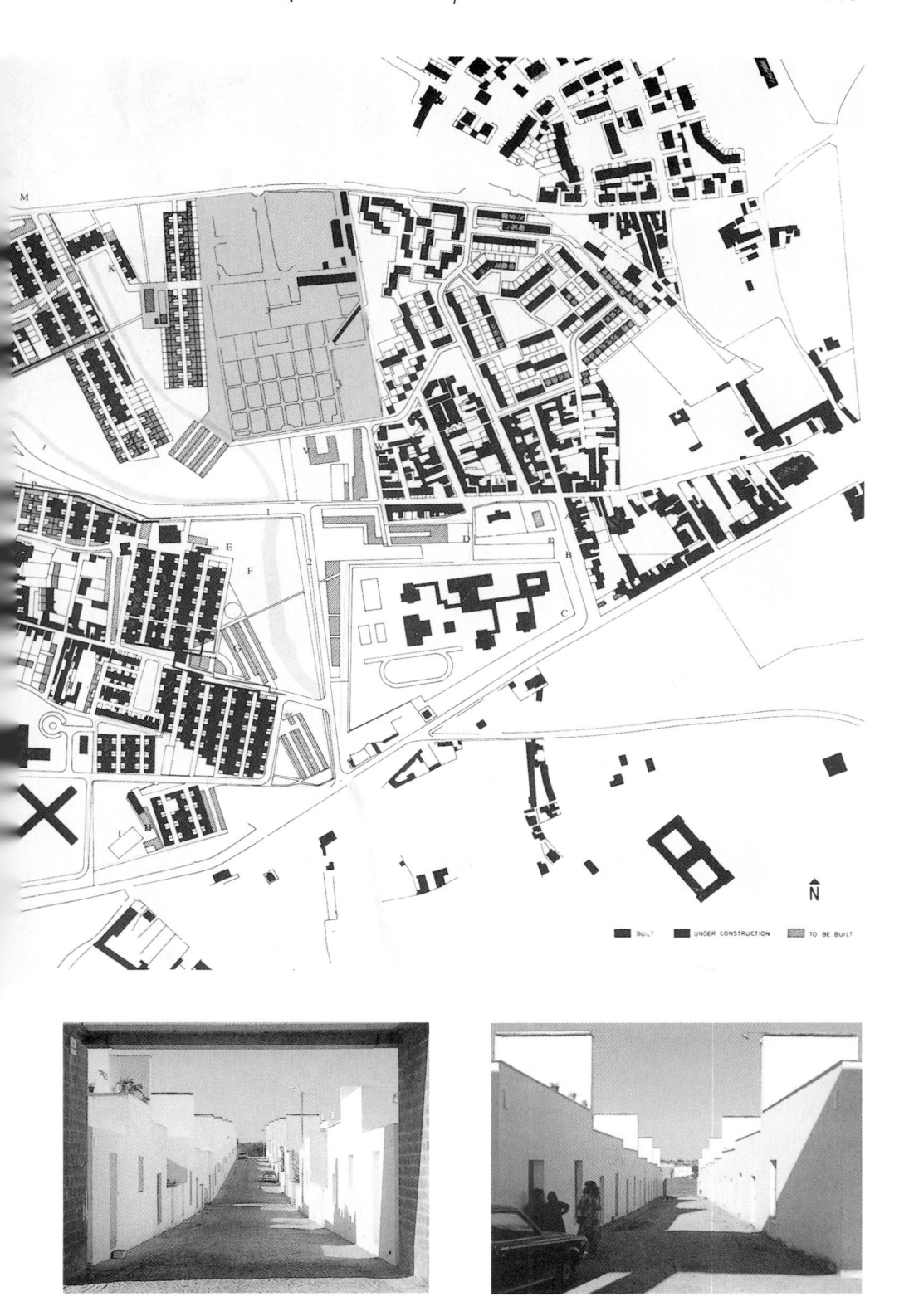

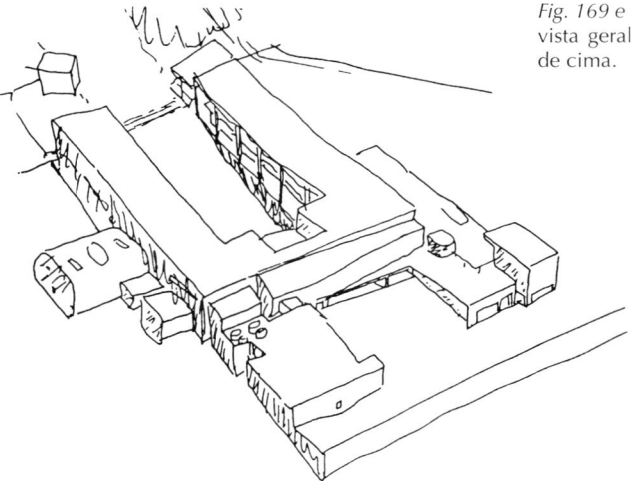

Fig. 169 e 170. Setúbal, Escola Superior. Uma vista geral e um esboço do organismo visto de cima.

Enquanto isso, em outras cidades de Portugal, Siza realiza uma série de edifícios de gênero variado, com uma singular economia de meios, incrementando-a sem parar até hoje. Neste livro, apresentamos alguns desses edifícios, que não são e não querem ser resultados excepcionais, mas testemunham uma pesquisa excepcionalmente homogênea.

A Escola Superior de Setúbal (1986-1995) é um amplo complexo, articulado sobre um terreno de colinas, que emprega a repetição de elementos iguais, interrompida e revigorada por alguns elementos especiais de forma reconhecível, para obter um cenário modesto, de altura limitada, e edificável com tecnologias baratas. As referências tradicionais são mediadas por um desenho de extraordinário refinamento. Na realidade, as formas heterogêneas são entrelaçadas por uma grade modular rígida (fig. 169-170), onde as poucas linhas inclinadas ou curvas adquirem um destaque imediato.

III. Os herdeiros da tradição moderna européia 121

Fig. 171. Porto, faculdade de Arquitetura.

A Faculdade de Arquitetura da Universidade do Porto, começada no mesmo ano e reiteradamente modificada até hoje, é um artefato mais complexo, composto por vários corpos de construção separados e orientados diversamente, seguindo as articulações de um terreno muito mais íngreme, sobre o qual afloram os restos das antigas fortificações da cidade (fig. 171). Siza aceita a intrínseca mutabilidade de um edifício universitário e os freqüentes remanejamentos que prolongam no tempo o canteiro de obras. A imagem do artefato torna-se descontínua, com materiais e detalhes heterogêneos. A participação dos usuários, docentes e estudantes, que modificam no tempo os ambientes internos e externos, compensa essas circunstâncias, e com o passar do tempo qualifica o artefato de modo decisivo. Os edifícios construídos no mesmo período fora de Portugal são mais padronizados.

O Museu Galego de Arte Moderna, em Santiago de Compostela (1988-1995), ocupa uma área irregular em um contexto densamente construído e propõe uma volumetria sensacional, rica de interseções e de desníveis; os muros externos são de granito local, enquanto no interior predominam pavimentos em mármore grego, em carvalho e alvenaria com acabamento em gesso (fig. 172-179). Em Berlim, Siza participa, em companhia dos melhores arquitetos europeus, da Internationale Bauausstellung (IBA) de Berlim, de 1984 a 1987, e realiza, com algum embaraço, um vistoso edifício de esquina (fig. 180). O prêmio Pritzker recebido em 1992 consagra a sua reputação internacional justamente quando ele hesita entre experiências divergentes.

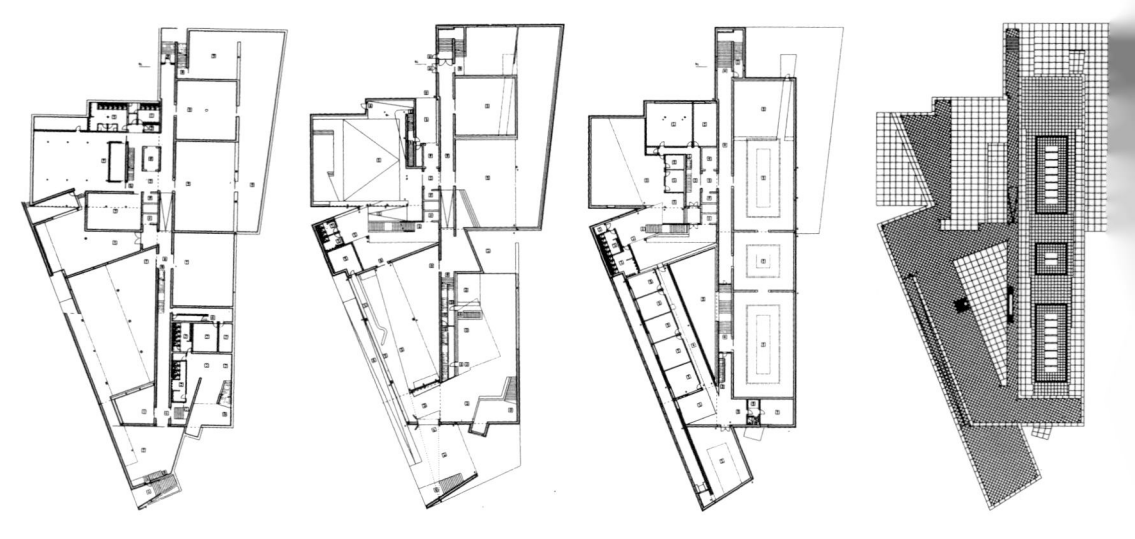

III. Os herdeiros da tradição moderna européia

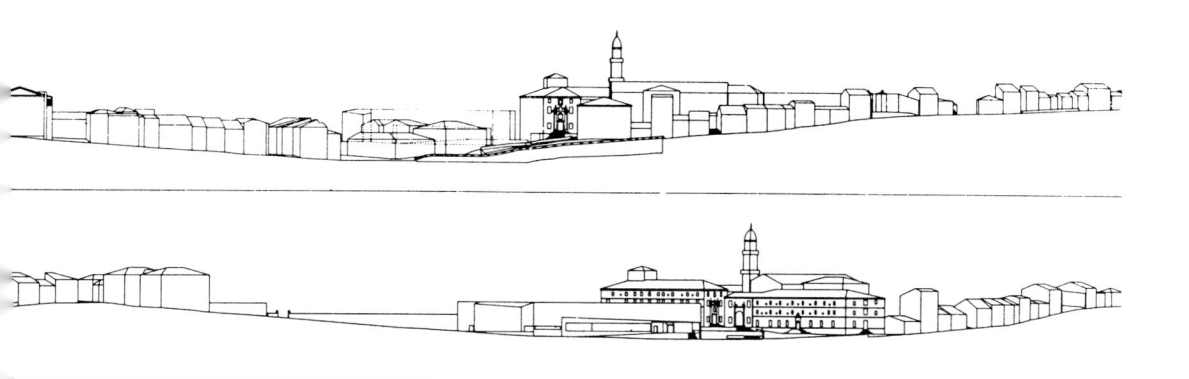

172-178. (página anterior e acima) e fig. 179 (xo à esquerda). Santiago de Compostela, Museu (?)o de Arte Moderna.

Fig. 180. Berlim. O edifício de esquina de Siza realizado para a Internationale Bauausstellung.

Mas ao lado dessa busca oscilante de variações formais aparece uma atividade mais difícil e laboriosa, derivada dos encargos em escala superior, que investem partes consideráveis de tecido urbano, tanto antigo quanto recente: na cidade espanhola de Alcoy, a reconstrução do bairro de Porta Riquer, iniciada em 1988; em Lisboa, a reurbanização da praça de Espanha e o longo processo de restauro do Chiado, antigo bairro decadente da capital portuguesa, vizinho ao centro setecentista da praça do Comércio, que mantêm Siza ocupado desde 1989 (fig. 181-186). Em Évora, projeta, em 1994-1995, uma reurbanização geral do Rossio de São Brás, que se prolonga da periferia até o centro antigo da cidade. No Porto, em 2001, estuda a recuperação da avenida da Ponte, que inclui um projeto seu para o Museu da Cidade e para a Casa dos Vinte e Quatro, realizada por Távora.

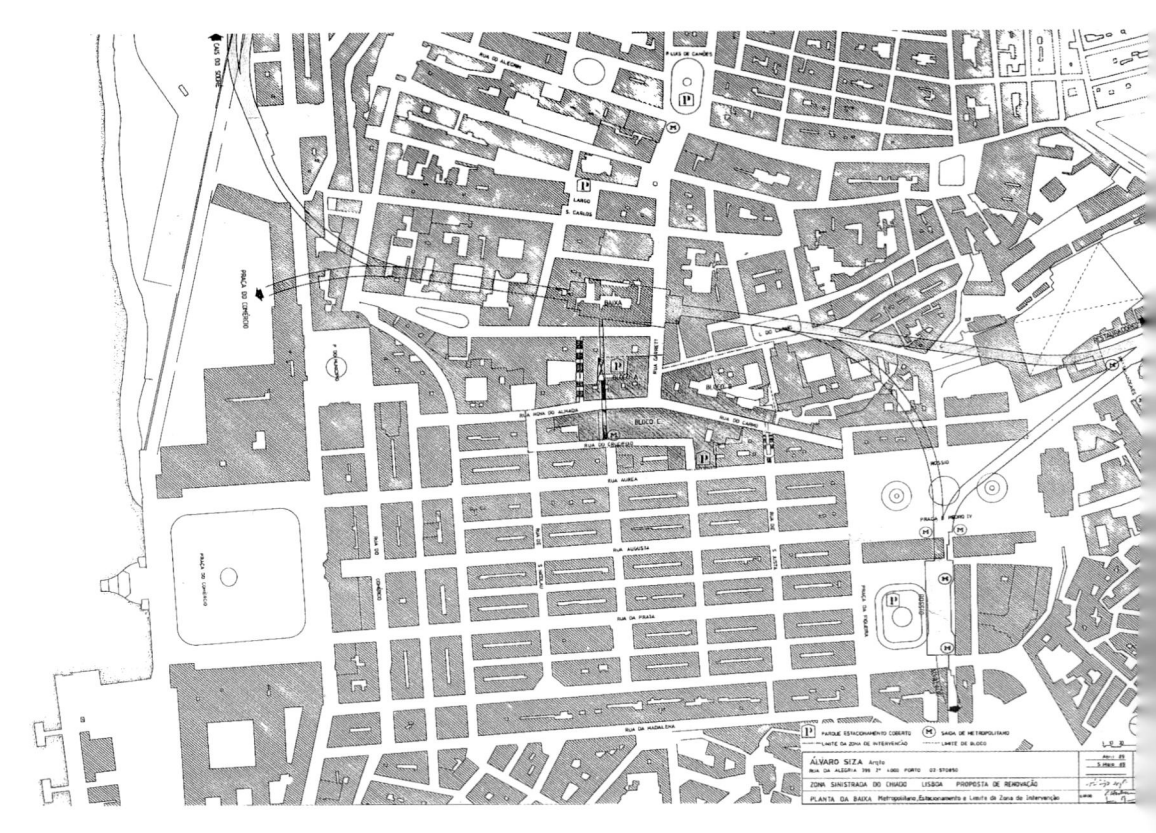

Fig. 181. Lisboa, o restauro da zona do Chiado.

Essas iniciativas abrem um paralelo muito exigente com os cenários históricos, que leva a diversos tipos de intervenção: restaurações, reconstituições, transformações e inserções de novos edifícios sobre fundações antigas ou sobre novos alinhamentos. A abordagem de Siza não é teórica e urbanística, mas puramente arquitetônica. Acompanha o mérito do tratamento concreto dos edifícios, e é mais sustentada por uma familiaridade especial com os artefatos antigos que pelo discernimento de sua origem histórica. Seu talento nativo parece não distinguir entre as heranças do passado, e atribui maior importância aos lugares que às épocas. Em particular, não se desvia dos acabamentos estilísticos e reconhece na arquitetura ibérica dos séculos XVII e XVIII os modelos de repetição modular e austeridade construtiva de que ele próprio tinha partido anteriormente: por exemplo, as paredes em pedra, com as janelas compactas repetidas em várias filas sobrepostas, que são reproduzidas quando necessário, cortando fora os acabamentos estilizados. Também as instalações modernas (a estação do metrô do Chiado) são despojadas e atraídas a esse cenário atemporal.

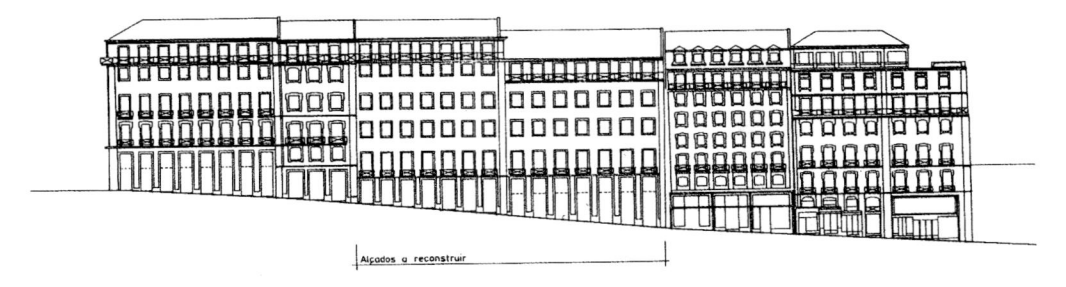

III. Os herdeiros da tradição moderna européia 125

Fig. 182-186. Detalhes da reurbanização do Chiado.

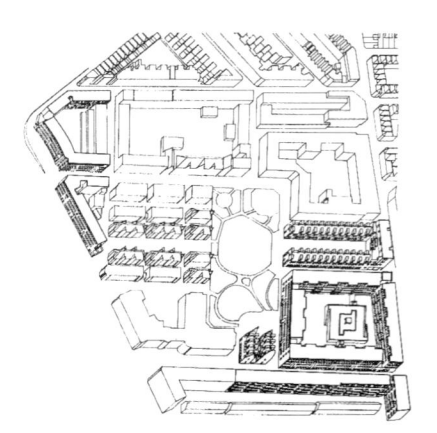

Fig. 187-189. A intervenção de Siza em Haia.

Com a mesma simplicidade, nos mesmos anos, Siza aceita a comparação com a tradicional construção popular holandesa. Deixa em Haia um belíssimo exemplo de imitação adaptada: as quatro quadras acrescidas ao bairro Schilderswijk, que reproduzem os modelos de aglomeração tradicionais e simplificam ao extremo os elementos construtivos — paredes em tijolos, coberturas em terraço ou telhado inclinado com águas-furtadas, janelas quadradas e algumas arcadas nos pontos singulares (fig. 187-189). A mão do projetista vindo de longe se revela em algumas reticentes soluções de canto assimétricas. Um comentador português, Carlos Castanheira, sugere a fórmula "a arte da monotonia".[14]

---

14. Vejam-se os "Pensieri sull'architettura" reunidos em 1999 por Giovanni Leoni e Antonio Esposito, *Casabella*, n. 678, Milão, maio de 2000, p. 14.

III. Os herdeiros da tradição moderna européia 127

As obras recentes desenvolvem com absoluta coerência o fio sutil da sua fascinante pesquisa. Na Faculdade de Jornalismo em Santiago de Compostela, concluída em 2000, Siza esquece as complicações de seu museu de quinze anos antes no mesmo contexto e presenteia à cidade um acréscimo pacificado, tranqüilo: um organismo ortogonal, de altura limitada, enriquecido pelas coberturas curvilíneas de alguns ambientes maiores. Os materiais locais revestem somente o embasamento, sobre o qual voltam a predominar suas prediletas paredes rebocadas, brancas no exterior e levemente coloridas no interior (fig. 190-193).

A contemporânea reitoria da Universidade de Alicante é organizada em torno de um pátio que, como no passado, diminui o calor do clima. Os muros externos, quase sem aberturas, defendem o interior sombreado e delicadamente acabado (fig. 194 e 195).

Também os pequenos edifícios — a ampliação de uma casa rural em Middelem-Dupont, em Ostende, revestida em madeira de cedro; os acréscimos no jardim Santo Ovídio, ao longo do Douro, com a austera capelinha em cantaria (2004; fig. 197 e 198) — atingem, com meios muito simples, um alto nível qualitativo.

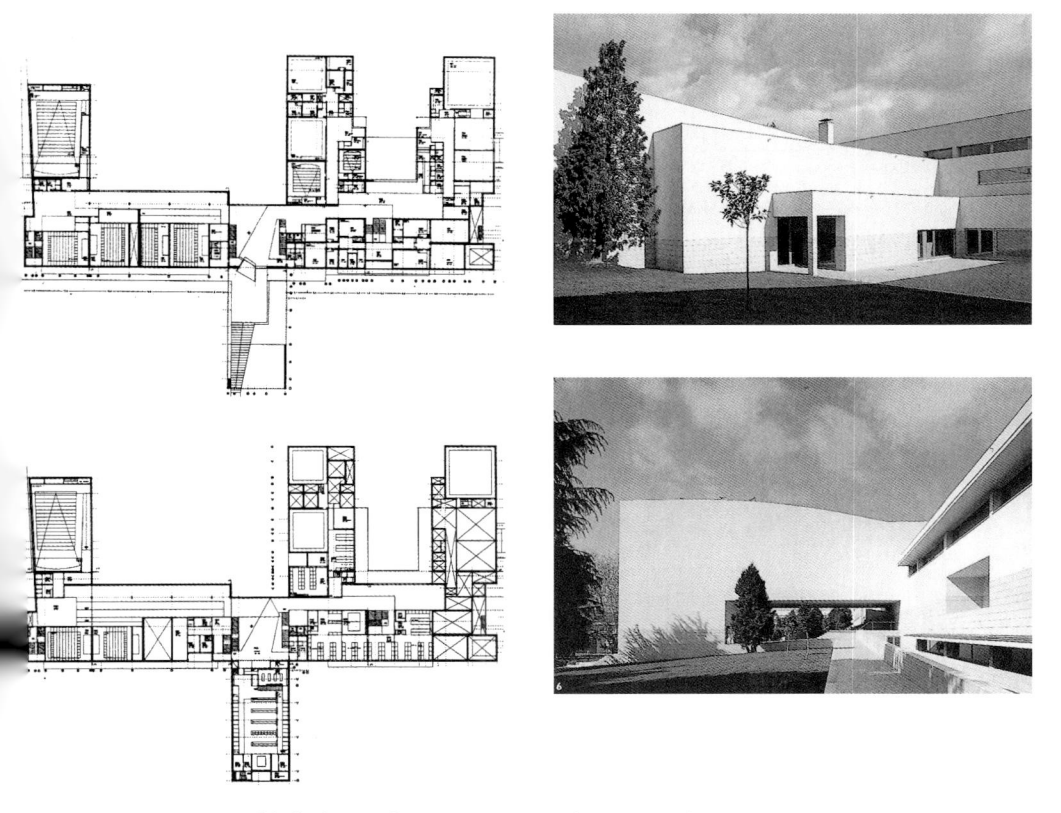

Fig. 190-193. A Faculdade de Jornalismo em Santiago de Compostela.

A arquitetura no novo milênio

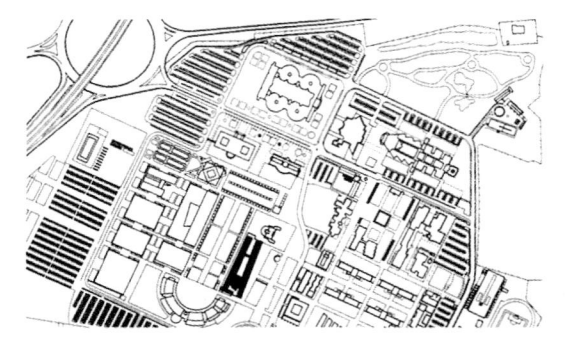

Fig. 194-195. A reitoria da Universidade de Alicante.

Fig. 196. Pavilhão para a Serpentine Gallery em Kensington Gardens, Londres (com Souto de Moura, 2005).

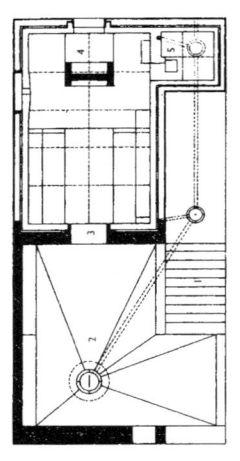

Fig. 197 e 198. Capela no jardim Santo Ovídio.

III. Os herdeiros da tradição moderna européia

Por sua célebre mão leve, Siza é chamado no exterior para resolver alguns problemas de especial delicadeza: em Milão, uma nova disposição da *Pietà Rondanini* de Michelangelo no museu do Castello Sforzesco (nem é preciso dizer, descartada); em Nápoles, o redesenho da piazza del Municipio e a montagem de um museu de arte contemporânea no edifício Donnaregina, junto à catedral.

Enquanto os quatro projetistas precedentes, Gregotti, De Carlo, Valle, Moneo, se formaram e trabalham até hoje isoladamente, a experiência de Siza está conectada desde o início a uma experiência coletiva na cidade do Porto, que inclui o mais antigo FERNANDO TÁVORA (1923-), o mais jovem EDUARDO SOUTO DE MOURA (1952-) e, através do ensino universitário, uma geração de novos arquitetos, provenientes do Porto, mas também de Lisboa e de outras cidades. Os estúdios de Távora, Siza e Souto de Moura estão hoje reunidos no Porto em um único edifício.

Os jovens nascidos nos anos 60 e ativos dos anos 80 em diante foram muitas vezes apresentados em grupo, nos encontros hispano-portugueses em 1997 e 1998, promovidos por Moneo e Siza, e nas exposições organizadas pela Ordem dos Arquitetos Portugueses em 1999 e em 2000.

Essa situação diverge da regra geral indicada no início do capítulo: a dificuldade de transmitir uma tendência dos mestres aos alunos. Algumas circunstâncias especiais contribuíram para isso: a pequenez de Portugal, o vivo sentido de pertencer a uma cultura minoritária e, todavia, difundida no mundo, a singularidade do exemplo de Siza, que acaba sendo (aparentemente?) mais simples e objetivo. Távora, em um texto de 1997, "Cultura architettonica portoghese nel mondo", evoca um princípio moral de abertura e compreensão geral:

> Acreditamos que o pensamento na base da arquitetura contemporânea portuguesa, em seus setores mais representativos, não esquece, mas antes pratica essa nossa tradição de que se falou: não impositiva, mas simpatizante e compreensiva, capaz de compreender os homens e os lugares, garantindo aos próprios edifícios e espaços a identidade e a variedade, em uma relação onde o autor se rebaixa não por incapacidade, mas por um princípio de respeito, de que somos devedores ao próximo.[15]

Um julgamento assim desarmado parece impertinente, mas adquire significado se colocado em relação à docilidade e à falta de agressividade das últimas obras de Siza, qualidades misteriosamente ligadas à excelência.

Examinando mais de perto as escolhas profissionais de Távora, Siza, Souto de Moura e dos mais jovens, o quadro se complica, e revela tensões mais elegantes, mas não diferentes do que acontece em outros lugares.

---

15. *Il Giornale dell'Architettura*, n. 27, Turim, março de 2005, p. 4.

Para Távora, a adesão ao movimento moderno coincide com o início da atividade profissional. Ele cultiva essa escolha até os últimos trabalhos: a ampliação do parlamento português em Lisboa (1999), o anfiteatro para a Faculdade de Direito da Universidade de Coimbra (2000; fig. 199-202). Também dá alguns passos para trás e repropõe, onde é necessário, os sistemas simétricos da tradição precedente (uma máxima sua é "incluir tudo, sem excluir nada"). Desse modo, como um pai nobre, patrocina a experiência da geração sucessiva, permanecendo pessoalmente ligado às escolhas de sua época. Teoriza de bom grado seus princípios prediletos: o primado do restauro sobre a inovação, a importância do lugar e do tempo no processo projetual, a fidelidade aos instrumentos técnicos da juventude distante.

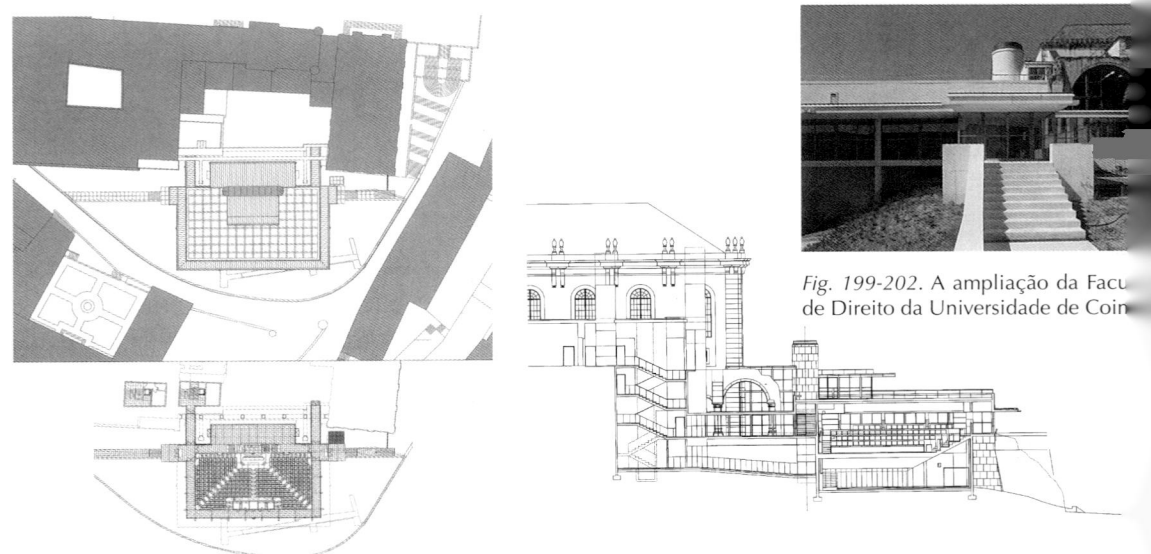

Fig. 199-202. A ampliação da Faculdade de Direito da Universidade de Coimbra

III. Os herdeiros da tradição moderna européia

O cinqüentenário Souto de Moura, que antes da graduação trabalhou no escritório de Siza, de 1974 a 1979, possui um temperamento bem diferente, e desenvolve de modo original o exemplo do mestre septuagenário. Relê, por conta própria, mais que a tradição local e antiga, as propostas do debate europeu recente. De vez em quando, também coloca de lado um dos preceitos fundamentais de Siza, o aspecto natural, e se envereda por algumas experiências duramente antagonistas: em 2001, reestrutura um edifício seu (o mercado de Braga, de 1980-1984), desistindo de realizar um novo arranjo estável e deixando em plena vista as marcas das alterações (fig. 203); em 2002, diferencia duas residências colocadas sobre um declive em Ponte de Lima, utilizando duas posições opostas de um mesmo modelo geométrico abstrato (fig. 204-206). Mais que tentativas em direção ao futuro, são variações sobre exercícios passados da vanguarda internacional.

Fig. 203. A reestruturação do mercado de Braga.

Fig. 204-206. As duas casas em Ponte de Lima.

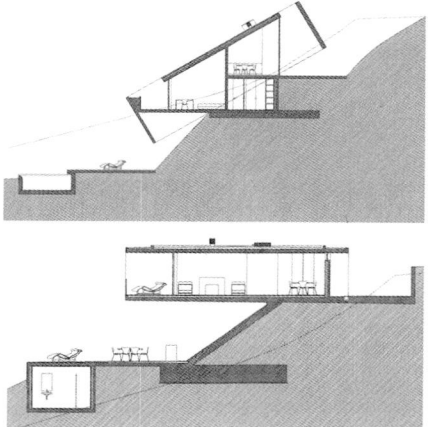

Todavia, Souto de Moura — à diferença dos inovadores impacientes de que se falará mais adiante — tem a inteligência de não repetir e banalizar essas experiências, e retoma de modo sempre novo nas ocasiões sucessivas. Recentemente mostrou saber concluir como poucos um artefato complexo em um lugar excepcionalmente impraticável: o novo estádio de Braga (2001-2004), inserido transversalmente ao lado de uma parede rochosa. Como desiste de apoiar-se sobre esse lado, incorpora as escadas de acesso nas estruturas de apoio inclinadas que sustentam, em desaprumo, as arquibancadas. Do lado oposto, por sua vez, penetra o artefato esportivo com a inclinação, coloca os serviços acessórios sob a passarela e cria uma segunda entrada para o público na parte de cima. As cumeeiras dos dois lados heterogêneos sustentam a corda frouxa da cobertura leve. O contraponto denso das obras em cimento, que fogem ou buscam o contato com a rocha é uma peça magistral da arquitetura, admirado, ao seu surgimento, em todas as revistas do mundo (fig. 207-210).

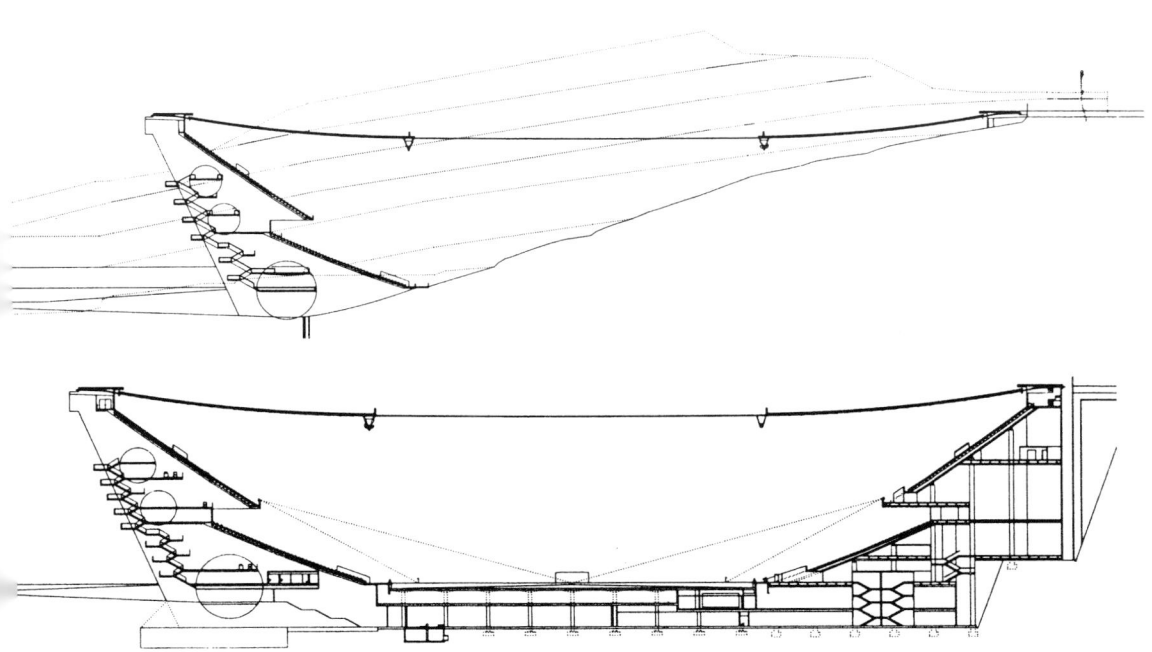

III. Os herdeiros da tradição moderna européia   133

Fig. 207-210. O novo estádio de Braga. Planta, fotografia e dois cortes.

Os primeiros trabalhos dos jovens saídos da Escola Superior de Belas Artes do Porto (ESPBAP), transformada, em 1985, em Faculdade de Arquitetura da Universidade do Porto (FAUP), ou que, provenientes de outras escolas, fazem referência aos mestres do Porto, estão revelando hoje, gradualmente, sua capacidade.

Em 2000, *Casabella* destaca João Mendes Ribeiro (1960-), autor da sala de chá do Castelo de Montemor-o-velho (2000); José Fernando Gonçalves (1963-), que projeta a ampliação da casa dos Escoteiros, em Oliveira do Douro (2001); Manuel e Francisco Aires Mateus (1963- e 1964-), autores de uma singular casa unifamiliar em Alenquer, encerrada num alto invólucro de alvenaria (2001; fig. 211-215).

A revista espanhola de Gustavo Gili, *2G*, publica em 2001 um número monográfico sobre "uma nova geração" de arquitetos portugueses que compreende, além dos componentes do Atelier Bugio — J. Favila Menezes (1966-), T. Goes Ferreira (1962-), L. F. Rosário (1963-) —, P. Falcão de Campos (1961-), que, desde 1993, colabora com Siza e Byrne, Inês Lobo (1966-) e P. Domingos (1967-), associados desde 1997, e muitos outros.

Aos irmãos Aires Mateus a revista *2G* dedica em 2004 um outro número, que documenta um farto grupo de obras: uma residência para estudantes na Universidade de Coimbra (1996-1999), a reitoria da Universidade Nova, em Lisboa (1998-2001), sete louváveis residências isoladas, além da casa de Alenquer, e alguns desenhos não realizados, dentre os quais se destaca o interessante projeto apresentado no concurso para o Grande Museu Egípcio em Gizé (2002), incorporado nas ondulações do deserto, próximo à pirâmide de Quéops (fig. 216-217).

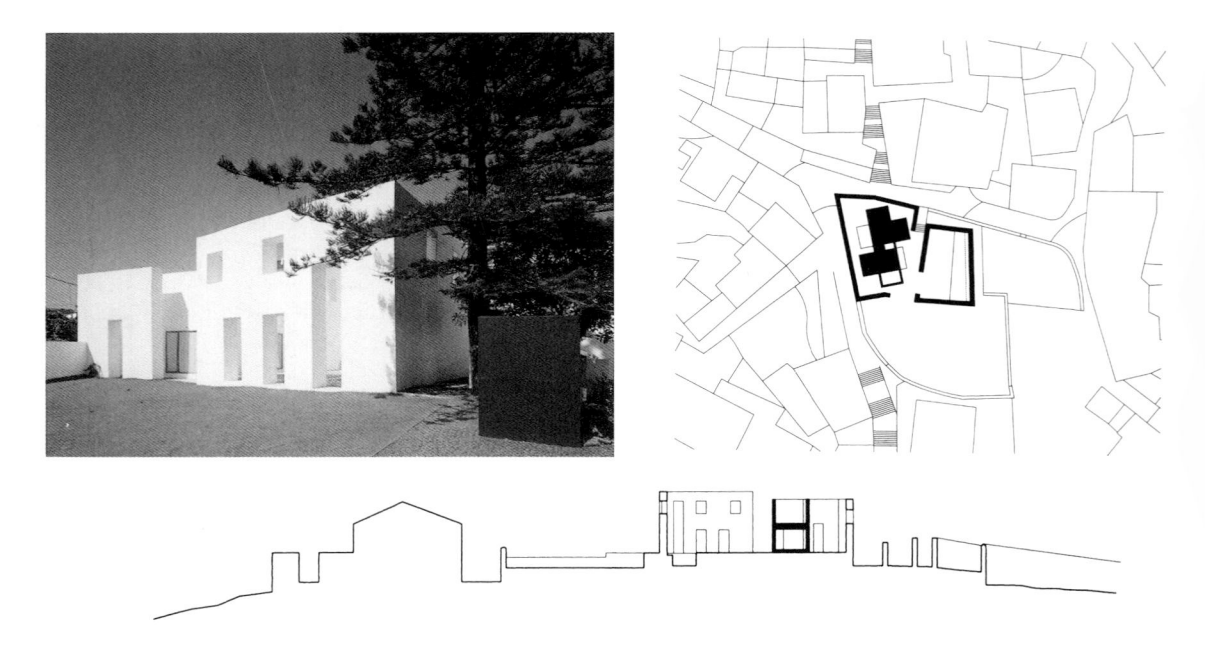

III. Os herdeiros da tradição moderna européia 135

Fig. 211-215. A casa unifamiliar em Alenquer, que tornou conhecidos os irmãos Aires Mateus.

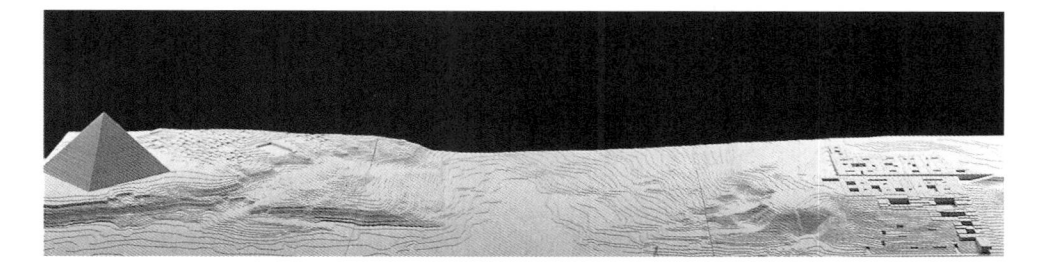

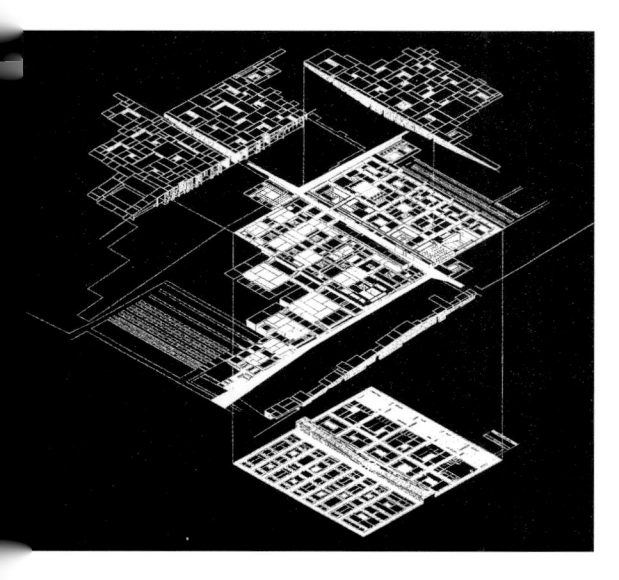

Fig. 216 e 217. O projeto apresentado em 2003 para o concurso internacional para o novo museu egípcio em Gizé. A ser comparado com o projeto vencedor (fig. 762).

A homogeneidade dos pontos de partida, a urbanidade, o cuidado artesanal e a atenção aos lugares remetem aos procedimentos dos mestres do Porto. Os possíveis pontos de chegada — em um país onde a rápida industrialização da construção civil reduzirá as margens de tempo e mudará a organização do trabalho projetual — emergirão no futuro. O ponto de equilíbrio encontrado por Siza permanecerá provavelmente inimitável, como para outros personagens deste subcapítulo; os jovens sobressairão se souberem utilizar seu exemplo para criar novidades reais e imprevisíveis.

Fig. 218. Um desenho de Siza para o plano de expansão de Macau (1983-84); as medidas de uma rua.

Capítulo IV   Os inovadores da
                                               arquitetura européia

Os arquitetos arrolados no capítulo precedente conservam como terreno de partida a época moderna sucessiva à Segunda Guerra Mundial e retomam, de diversos modos, o repertório de variações da segunda metade do século XX.

Os arquitetos de que se falará neste capítulo (contemporâneos dos precedentes ou um pouco mais jovens) não polemizam com eles, mas redescobrem uma tradição européia mais antiga, que compreende a revolução do movimento moderno entre as duas guerras e suas conseqüências duráveis: a confiança no progresso tecnológico e a presteza em compor seus resultados para as exigências de uma sociedade pluralista. Esse passo metodológico para trás deixa-os livres diante do futuro, sem uma síntese já dominada para utilizar. Estréiam mantendo-se fora das contendas dialéticas dos anos 60 e 70, e redescobrem nas escolhas concretas do ofício o gosto pela criação pura. Assim, logo se encontram em sintonia com a virada cultural dos anos 80 e 90, quando surge uma demanda objetiva de renovação em escala mundial, e a coerência de seu percurso os leva a ocupar as posições de ponta no período seguinte. Os protagonistas mais respeitados e reconhecidos no mundo — Norman Foster, Richard Rogers, Renzo Piano, Jean Nouvel — partem de um forte interesse tecnológico e, no debate dos anos 70, são igualados pelo rótulo High Tech, inventado por Peter Buchanan. Hoje sabemos que o domínio da tecnologia e, em particular, dos métodos construtivos mais avançados é o primeiro degrau de uma exploração a ser continuada, e foi, de fato, empregado para a idealização de novos cenários, pequenos, grandes e enormes. Da mais longínqua tradição européia, eles não tiram modelos, mas premissas metodológicas sobre a prioridade da invenção formal em todas as escalas projetuais.

A limitação que ainda persiste concerne à projetação urbanística, ou seja, à definição das regras coletivas para as sucessivas projetações da construção civil, que comportam uma transferência de mãos entre os projetistas responsáveis pelos vários níveis de decisão. Enquanto a responsabilidade direta em nível edilício executivo é considerada irrenunciável, porque é nesse nível que se fundamenta a criação arquitetônica, as prescrições urbanísticas são percebidas como limitações, e a atividade profissional se orienta preferivelmente em direção à projetação dos artefatos especiais, exceções no cenário urbano e territorial. Rogers é o único que, há tempo, cobre toda a gama das escalas projetuais.

1. Norman Foster (1935-)

Sua trajetória é exemplar não somente pela excelência dos resultados, mas também pela modéstia do começo. Ele provém de uma família operária de Manchester e escolhe a arquitetura como um ofício trivial, trabalhando para manter-se estudando. Com uma bolsa de estudos obtida depois da graduação, chega a Yale, onde encontra muitos docentes ilustres e outro estudante inglês da sua idade, Richard Rogers. Conhece Buckminster Fuller, interessa-se pelas novas tecnologias industriais americanas e, ao voltar à Inglaterra, trabalha nesse campo de 1963 a 1967, juntamente com Rogers. Em 1967, funda o próprio escritório — Foster Associated, depois Foster & Partners — e, em 1973, impõe-se à atenção mundial com uma obra clamorosa, o Sainsbury Centre for Visual Arts na Universidade de East Anglia, uma peça compacta, colocada sobre um amplo terreno verde "como um isqueiro sobre uma mesa de bilhar".[1]

Nos primeiros confrontos diretos com os contextos antigos — as Sackler Galleries, acrescentadas à Burlington House (1985-1991), e a Médiathèque de Nîmes, contígua à Maison Carrée romana (1984-1992; fig. 220-221) —, Foster descarta toda mediação morfológica. As novas estruturas metálicas comparam-se com abso-

Fig. 219. O Sainsbury Centre for Visual Arts da Universidade de East Anglia.

---

1. "Como disse o comentarista de um documentário da BBC." M. Pawley, *Norman Foster: architettura globale*, Milão, Rizzoli, 1999, p. 16.

IV. Os inovadores da arquitetura européia 139

luta simplicidade aos monumentos do passado, e são corretamente ambientadas justamente porque declaram sua heterogeneidade do contexto tradicional.

O Hong Kong and Shangai Bank (1979-1986) é o primeiro arranha-céu para escritórios que, por sua dimensão, exige uma complexa estrutura inventada de modo propositai. Os arranha-céus seguintes — a Century Tower de Tóquio (1987-1991) e o Commerzbank de Frankfurt (1992-1997) — renovam radicalmente a tipologia do edifício alto, decompondo-o em uma pluralidade de volumes livremente montados (fig. 222-224).

Fig. 220 e 221. A Médiathèque de Nîmes.

Fig. 222-224. Três edifícios altos para escritórios, em Hong Kong, Tóquio e Frankfurt sobre o Meno.

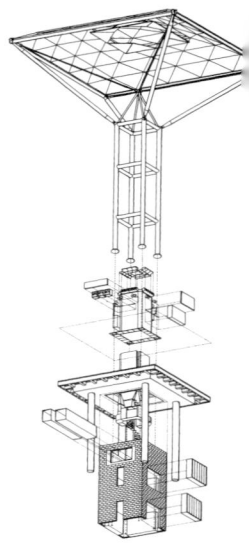

Fig. 225-227. O terminal de passageiros do aeroporto de Stansted, em Londres.

Entre os novos edifícios do terceiro aeroporto de Londres, em Stansted (1981-1991), destaca-se o esplêndido terminal de passageiros, formado pela justaposição de 36 árvores estruturais que atravessam toda a construção da base à cobertura, incorporando instalações e captação de luz (fig. 225-227). O despojamento desse espaço até hoje não tem comparações e faz esquecer as gigantescas estruturas habituais nos aeroportos.

IV. Os inovadores da arquitetura européia 141

A partir dos anos 90, as categorias tipológicas tradicionais são inteiramente abandonadas. Cada obra é um organismo inédito, inerente ao lugar ou enxertado sobre um artefato antigo que acaba transformado.

Um fio condutor é a pesquisa da eficiência energética, que vai dos três edifícios experimentais de Duisburg (1993-1996) ao Scottish Exhibition and Conference Centre de Glasgow (1997; fig. 228 e 229) e à sede da Greater London Authority de Londres, da qual se falará a seguir (fig. 250-252). É o momento em que, após a crise petrolífera dos anos 70, adquire importância a pesquisa para limitar os consumos tradicionais, e nascem os *rating systems* de certificação: o BREEAM inglês, de 1990, e o LEED americano, de 2000, que incorporam as experiências anteriores.

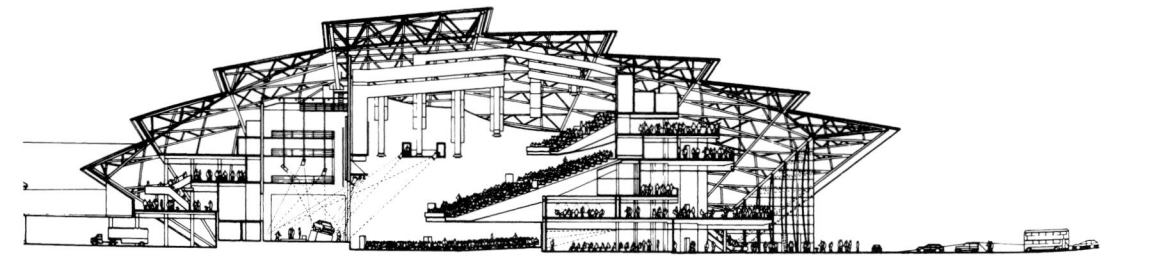

Fig. 228 e 229. O Scottish Exhibition and Conference Centre, em Glasgow.

Outra pesquisa compreende as abóbadas e cúpulas envidraçadas de forma variada, apoiadas no chão ou parcialmente enterradas: o American Air Museum de Duxford, Cambridge (1987-1997; fig. 230), a Faculdade de Direito de Cambridge (1990-1995), o projeto para a estação de trens de alta velocidade de Florença, que venceu o concurso de 2002 (fig. 233). No National Botanic Garden of Wales, em Middleton (1995-2000), a grande cúpula elíptica da estufa, que mal emerge do terreno, não interrompe a paisagem montuosa e é indicada quase somente pela cintilação do tampo envidraçado (fig. 231-232).

Em outros lugares, Foster inventa para a ocasião um modelo completamente novo. O centro de convenções de Valência (1993-1998) é montado sob uma vasta cobertura em forma de amêndoa, que cobre indiferentemente a seqüência das três salas com os seus anexos, as áreas de serviço e os espaços de ligação internos e externos, amplamente iluminados e abertos para a paisagem (fig. 234-236).

Fig. 230. O American Air Museum, em Duxford, Cambridge.

Fig. 231 e 232. A grande estufa do National Botanic Garden of Wales.

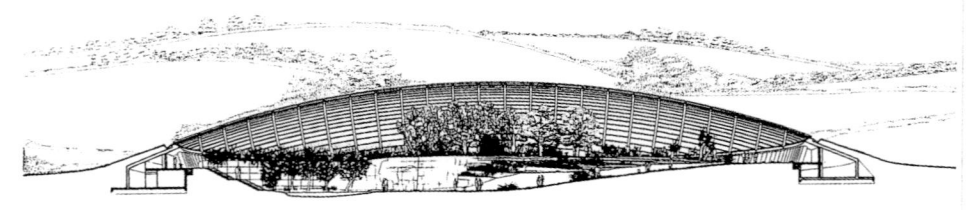

IV. Os inovadores da arquitetura européia   143

Fig. 233. O projeto vencedor do concurso da estação para trens de alta velocidade de Florença.

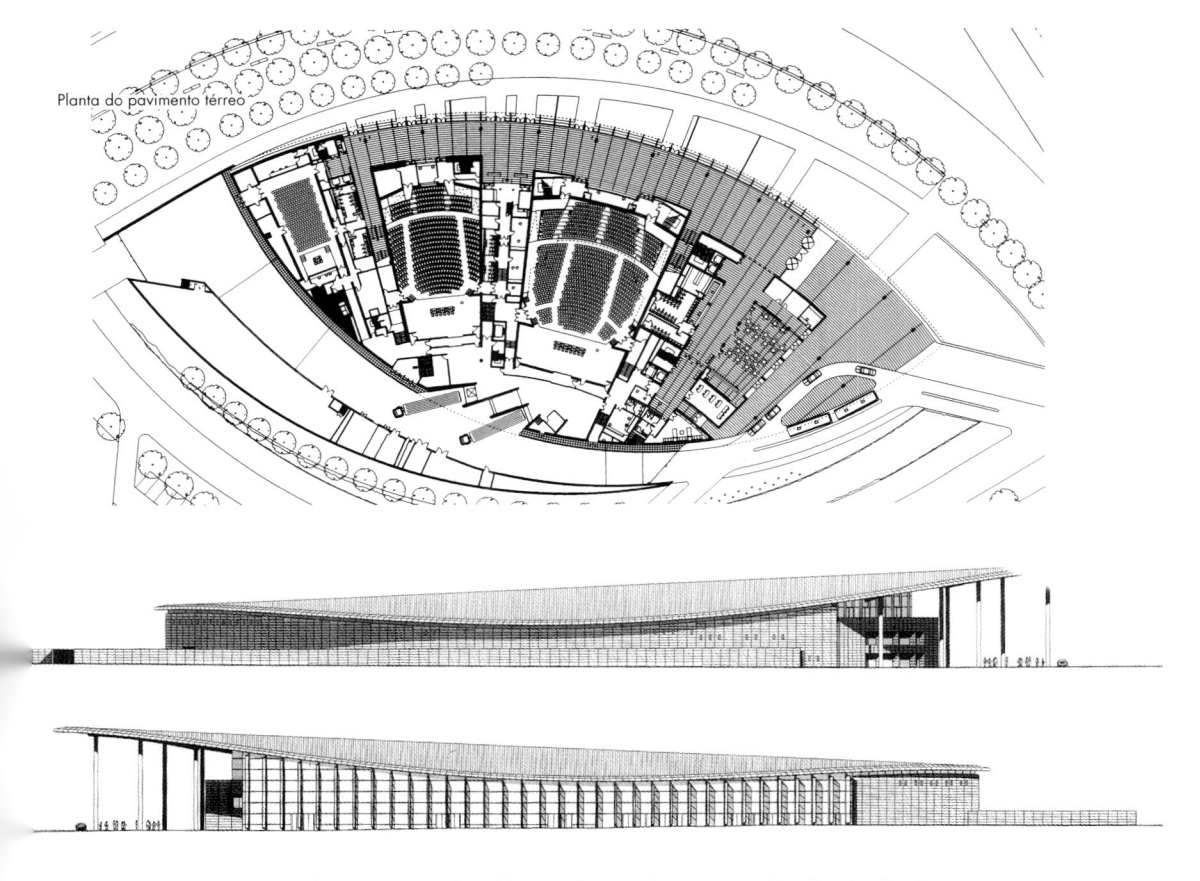

Fig. 234-236. O centro de convenções de Valência: planta e duas perspectivas longitudinais.

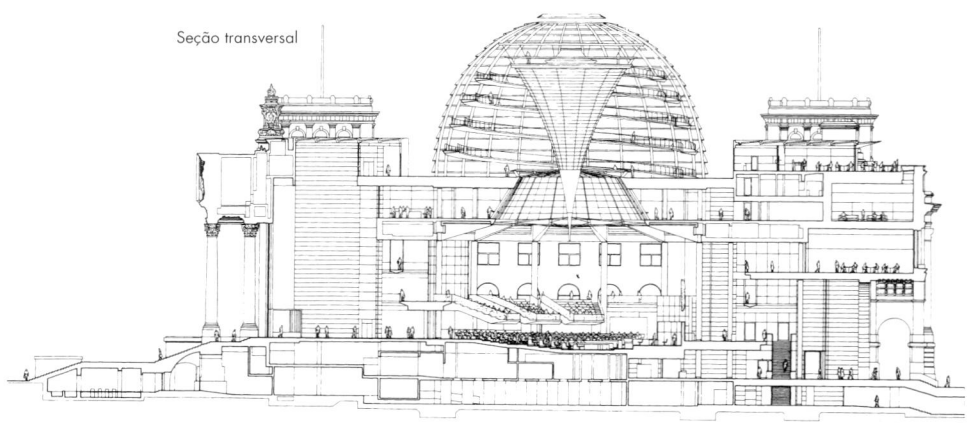

Fig. 237-239. A reelaboração do Reichstag de Berlim. Vista noturna, corte e interior da sala de reuniões.

No Reichstag de Berlim, Foster substitui Santiago Calatrava, que havia vencido o concurso de 1992. Calatrava tinha pensado em construir uma nova grande cúpula móvel de vidro, esvaziando quase completamente a caixa de alvenaria antiga (ver, a propósito, à p. 219, fig. 402). Foster simplifica a sala e cria na cobertura do edifício uma praça pavimentada em pedra, da qual se ergue, como um acessório singular, um pavilhão envidraçado que evoca, de fora, a cúpula original, mas não se comunica visualmente com a sala e contém a dupla rampa para pedestres que leva a um mirante no topo, deixando imperturbada a atividade parlamentar na sala subjacente. O grande sucesso de público — há sempre uma longa fila de visitantes — demonstra a exatidão dessas escolhas (fig. 237-239 e 508).

IV. Os inovadores da arquitetura européia

No British Museum, em Londres, a reestruturação executada de 1998 a 2000 devolve um ordenamento digno e adequado ao adro, afastando o estacionamento e reconstituindo as pavimentações formais do século XIX. O átrio interno é transformado em uma grande sala coberta, removendo os corpos adicionados dos depósitos e colocando uma abóbada transparente de tessitura hexagonal entre as margens retilíneas dos corpos perimetrais e a margem circular da sala de leitura central. Com sua aparência intermediária entre um exterior e um interior, esse espaço torna-se o novo coração do museu, e todos os seus detalhes são, conseqüentemente, modificados. Os quatro frontões jônicos de Robert Smirke foram restaurados e parcialmente remanejados de acordo com as novas relações espaciais. Os novos acessórios (serviços, galeria, restaurante) estão reagrupados em um volume oval que envolve o cilindro do centro, mas permanece muito mais baixo que a cobertura, salvaguardando aos níveis superiores a percepção geral do volume. A luz diurna projeta a trama das almofadas quadrangulares em plástico que formam a cobertura sobre todo o cenário subjacente. A iluminação noturna faz nascer um coroamento luminoso sobre os tetos do museu, visível de boa parte da cidade (fig. 240-246).

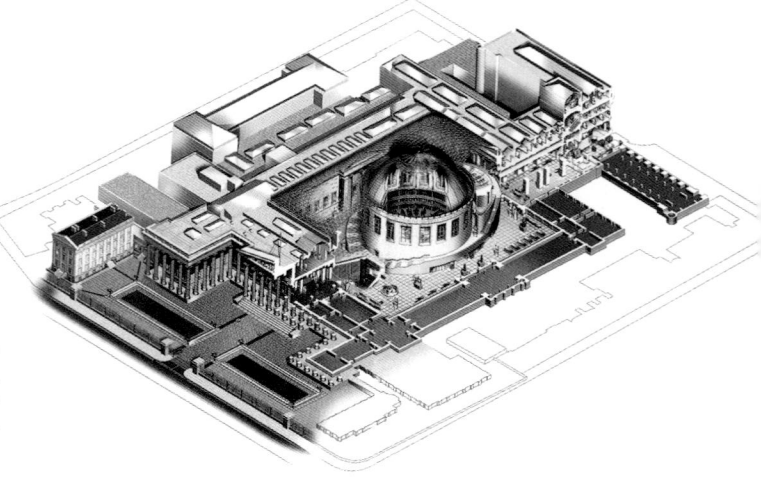

Fig. 240-242. A reforma do British Museum. A entrada principal, anteriormente e hoje, e uma axonometria geral.

IV. Os inovadores da arquitetura européia

243-246. Vistas internas do British Museum com a nova cobertura do pátio central.

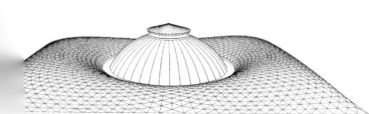

Para as múltiplas invenções abundantes nas últimas décadas contribui de forma singular Ken Shuttleworth (1953-), que entrou para o escritório logo depois da graduação, em 1975, e foi envolvido nos mais importantes trabalhos que se seguiram: a torre de Barcelona, o aeroporto de Hong Kong, o arranha-céu do Commerzbank de Frankfurt. Sua velocidade ao desenhar lhe propiciou o apelido de Ken the Pen, e diz-se que teria esboçado em dez segundos a novíssima forma do City Hall de Londres; mas não se tornou um personagem por conta própria e permanece, segundo outro colaborador, Chris Wise, "fiercely loyal to Norman Foster".[2] Recentemente, seu nome entrou no timbre do escritório.

---
2 "Ken the Pen. Markus Fairs meets architecture's best-kept secret", *The Guardian*, Londres, 22 de janeiro de 2003 (na Internet: www.guardian.co.uk).

Uma experimentação cultivada com insistência nos últimos tempos diz respeito à retícula das estruturas de sustentação em malha triangular, que evitam a orientação referida às três dimensões ortogonais e repropõem, com os meios tecnológicos atuais, as estruturas em malha contínua pensadas há muitas décadas por Buckminster Fuller. Esse dispositivo estrutural apresenta-se como solução para ambas as pesquisas distributivas já lembradas: sobre volumetrias que minimizam a relação entre volume interno e superfície das paredes externas, e sobre invólucros transparentes que aumentam o recurso à luz natural.

A associação desses pressupostos nos edifícios altos leva à escolha de volumetrias simples em elevada simetria, como o sólido de rotação afuselado para o arranha-céu londrino da companhia de seguros Swiss Re (1997-2003). É um edifício de quarenta andares e duzentos metros de altura, que se destaca de longe pela forma insólita, contrastante com o cenário circundante, mas justificada por uma série de vantagens distributivas, construtivas e de implantação. A estrutura acaba contraventada por suas conexões diagonais. A superfície externa — que tem um desenvolvimento excepcio-

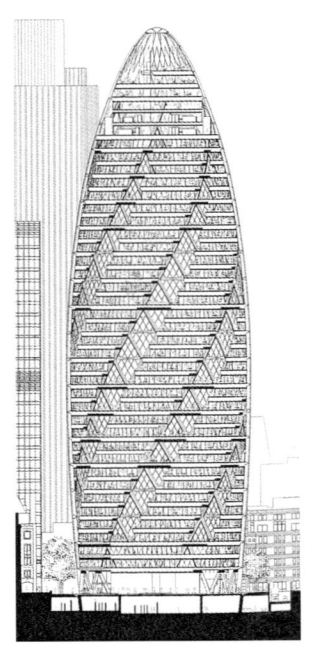

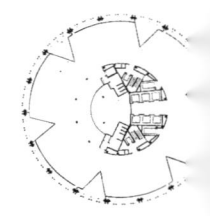

Fig. 247-249. O arranha-céu da Swiss Re, em Londres. Vista, perspectiva e planta.

IV. Os inovadores da arquitetura européia 149

nalmente reduzido em relação ao volume — é formada por cerca de trezentos painéis romboidais, com uma dupla pele, dentro da qual passa o ar extraído dos ambientes internos, que abaixa a sua temperatura no verão e eleva no inverno, reduzindo em 40% os consumos globais ordinários. Os planos horizontais, cortados por seis reentrâncias ocupadas por jardins e marcadas por uma cor diferente dos vidros, rodam um sobre o outro em cinco graus, desenhando sobre o invólucro seis faixas espirais. A fixação no solo é formada pela interrupção do revestimento externo, que deixa à vista uma margem em ziguezague apoiada por pontos ao chão (fig. 247-249).

A sede da nova jurisdição da área londrina, a Greater London Authority (1998-2002), tem uma estrutura do mesmo tipo, estudada em detalhes por Ove Arup, que torna possível um invólucro ovóide, inclinado em direção ao rio, eficiente, mas também sugestivo. A distribuição interna é confiada a uma grande rampa helicoidal, ao longo da qual se encontram todas as repartições da instituição. Essas feições incomuns conferem ao pequeno edifício um caráter áulico de novo gênero (fig. 250-252).

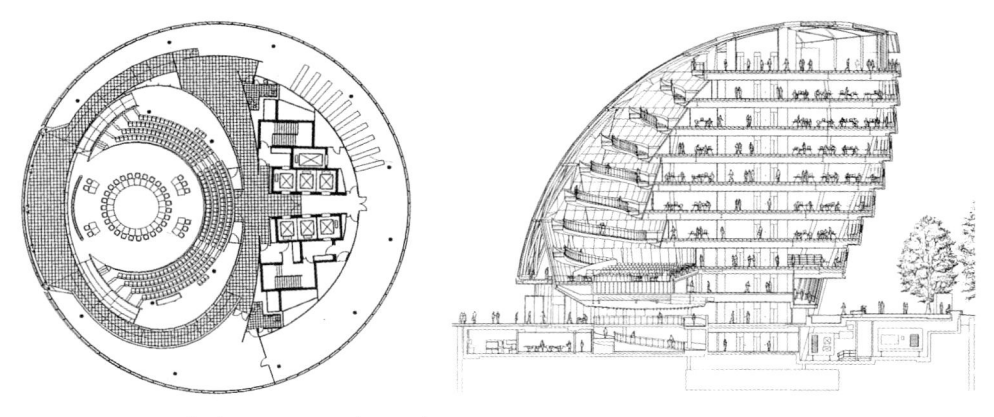

Fig. 250-252. A sede da Greater London Authority.

O projeto para a reconstrução do Ground Zero, em Manhattan, admitido na seleção final do concurso em 2002, extrai de um procedimento análogo um resultado ainda diverso. Aparece uma macroestrutura triangular que enreda, com três ondulações, o desenvolvimento vertical inteiro de duas torres contíguas, ligeiramente anguladas. Ao longo das arestas convexas estão previstos funiculares para o transporte vertical das pessoas. Nas reentrâncias, também aqui, são colocados os jardins suspensos, e materiais isolantes são empregados para reduzir substancialmente as despesas com a climatização. Essa geometria, completamente diferente da dos edifícios circunstantes, capaz de abrigar o novo programa imobiliário inteiro, teria bastado para obter um destaque sensacional no espaço atulhado do *downtown* (fig. 539-541). Como se dirá no capítulo VII, a proposta de Foster foi descartada na passagem entre os sete projetos selecionados em setembro de 2002 e os três pré-selecionados em fevereiro de 2003, mas permanece uma antecipação sugestiva do campo desconhecido aberto pelas geometrias triangulares. O distanciamento da antiqüíssima regra quadrangular, com suas radicais conseqüências visuais, anuncia um mundo alternativo ainda escondido no futuro.

Da escala imensa à pequeníssima. A pesquisa de uma volumetria compacta, com suas vantagens estáticas, energéticas e distributivas, foi aplicada também em um condomínio de madeira em três andares em Sankt Moritz, chamado Chesa Futura (2002-2003; fig. 253-255). O invólucro em forma de feijão elevado sobre pilotis, além de ser adaptado ao clima e à colocação panorâmica, mantém sempre livre da neve a passagem subjacente e traz ao pequeno edifício um destaque inesperado.

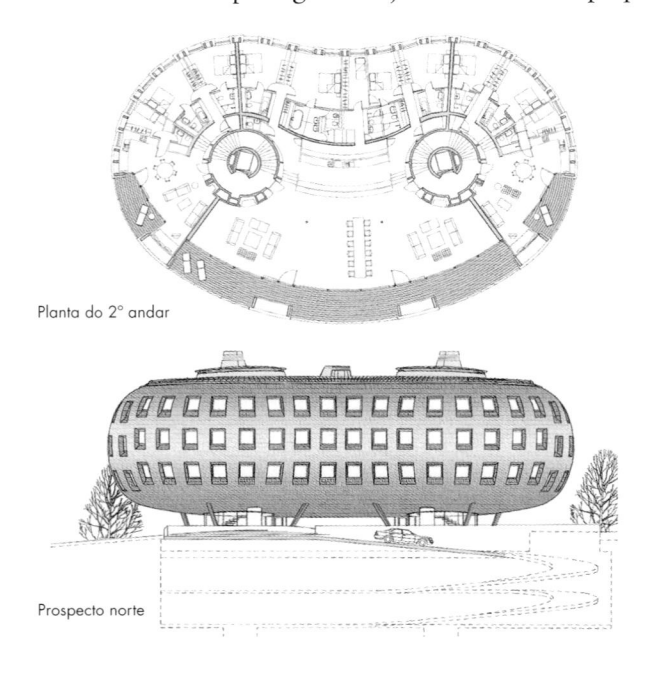

Fig. 253-255. A Chesa Futura, em Sankt Moritz.

IV. Os inovadores da arquitetura européia

A declaração ideológica do estudo reproduzida no site da Internet, ainda que intitulada *Philosophy*, é o que há de mais distante das "filosofias" habituais dos arquitetos mais jovens.

> A filosofia e os valores que inspiram cada projeto são os mesmos, independentemente da escala e da entidade. Por isso, nenhum detalhe é pequeno demais para o escritório Foster, e a mesma quantidade de cuidados e atenção é empregada para projetar a maçaneta de uma porta, uma torneira ou um móvel. Todas essas coisas são elementos do ambiente, que se tocam todos os dias.
> A busca da qualidade compreende os desempenhos físicos dos edifícios. Quanto duram em um mundo submetido a rápidas mudanças: sobrevivem ou tornam-se obsoletos? O tipo de pensamento que está por trás do desenho pode antecipar as demandas que não podiam sequer ser definidas no momento inicial? Somente a aprovação do tempo pode dizer, e nessa longa lista de projetos existem as confirmações do sucesso de nossa filosofia de projetar para a mudança.
> [...] Muitos projetos derivam de processos exigentes e inovadores de seleção. Freqüentemente os resultados edilícios tornam-se familiares e emblemáticos, ainda que no momento de seu surgimento tenham parecido novos e radicais. Mas todo tipo de projetação que se afaste da prática corrente pode derivar somente da análise e da pesquisa mais rigorosa. Isso é verdadeiro em qualquer escala, grande ou pequena, para uso público ou privado, para ricos ou pobres. Essa abordagem, trabalhando em colaboração com clientes, usuários, produtores e uma rede de consultores, nos levou a reinventar literalmente alguns tipos habituais de edifícios.

Como recursos para o novo — e, sem dúvida, Foster & Partners inventaram mais novidades do que qualquer outro contemporâneo —, esse discurso indica somente cuidado, atenção, confronto paciente com todas as partes em causa! (E gera dúvidas sobre boa parte da vanguarda contemporânea, da qual falaremos a seguir.) O escritório prepara com o mesmo empenho projetos executivos grandes e pequenos e planos diretores como auxílio ao planejamento urbano; espera da realização física e do desempenho dos artefatos executados a convalidação das escolhas projetuais e gaba-se de nunca ter ultrapassado, em seus balanços, os orçamentos de despesa.

Essa que parece apenas uma regra de probidade permite de fato a implantação recíproca de diversos projetos para compor transformações de conjunto. Assim acontece em Londres, onde estão em curso muitos trabalhos simultâneos: a intervenção na Tower Place (1992-2002), que derruba os edifícios altos dos anos 60 e os substitui por edifícios mais baixos, com o térreo aberto para a circulação de pedestres; a reestruturação de edifícios governamentais em Great George Street (1996-2002), que permitiu reunir em um único lugar todos os escritórios do Tesouro de Sua Majestade; o novo arranjo das pavimentações viárias em Trafalgar Square e nas ruas adjacentes, abertas ao público em 2003, que devolve à circulação pedestre a maior parte de um dos mais famosos cenários urbanos.

Com resultados igualmente excelentes, o escritório projeta e realiza obras de engenharia sobretudo no campo dos transportes.

A estação da Jubilee Line em Canary Wharf (1991-1999; fig. 256 e 257), com sua cobertura combinada a um passeio público, e toda a malha metroviária de Bilbao (1997-2004) estão entre as melhores obras do gênero.

O viaduto rodoviário sobre o Tarn, na Provença, projetado em 2000 com Ove Arup e inaugurado em 14 de dezembro de 2004, é certamente a mais bela das pontes recentes. Em vez de fazer descer a rodovia para transpor somente o rio, opta por fazê-la correr no plano por toda a largura do vale, apoiando-a em seis pilares distanciados em 350 metros, por um comprimento total de dois quilômetros e meio. Os pilares têm uma altura variável de 75 a 235 metros, e sobre o plano viário sustentam um par de estacas mais flexíveis, que desenham no ar uma cúspide, em forma de A maiúsculo, que mede noventa metros. Cada cúspide sustenta um duplo leque de cabos tensores alinhados ao longo da linha mediana que carregam a trave da qual saltam as duas pistas de rolamento. A estrutura, toda contida em um plano longitudinal, assume um aspecto muitíssimo diferente de acordo com o ângulo a partir do qual é observada, e assim resiste no confronto com a paisagem épica. De um único elemento sabiamente elaborado, como em Stansted, brota todo o organismo, claramente legível mesmo a grande distância (fig. 258 e 259).

Quando enfrenta problemas incomuns, o escritório às vezes erra e se corrige. A Millennium Bridge para pedestres, sobre o Tâmisa (1996-1999), revelou-se instável para uma carga de multidão não prevista. Os projetistas e os habituais consultores da Ove Arup recentemente tiveram que inserir na estrutura uma série de amortecedores, para evitar que os pedestres amplificassem com seu movimento as oscilações da obra.

Nos contextos antigos — Nîmes e a Burlington House, em Londres —, Foster havia escolhido distinguir as intervenções modernas com a rigorosa heterogeneidade dos artefatos, como Pei em Paris. Mas para a reforma do British Museum, que é a resposta inglesa à modernização do Louvre, não hesitou em fundir-se ao percurso projetual antigo, reproduzindo o acabamento em estilo, ou ainda corrigindo e mudando de posição as compassadas estruturas de 150 anos atrás. O respeito pelos artefatos antigos não é entendido literalmente. O arquiteto tem em mãos um conjunto de artefatos de épocas diversas e se reserva o direito, por razões fundamentadas, de retocá-los, se necessário, com os procedimentos originais.

O titular da empresa é, desde 1999, lorde Foster of Thames Bank. No escritório da Riverside Three trabalham cerca de quatrocentas pessoas, às quais se acrescenta o pessoal das sedes provisórias espalhadas por todos os cantos do mundo.

IV. Os inovadores da arquitetura européia   153

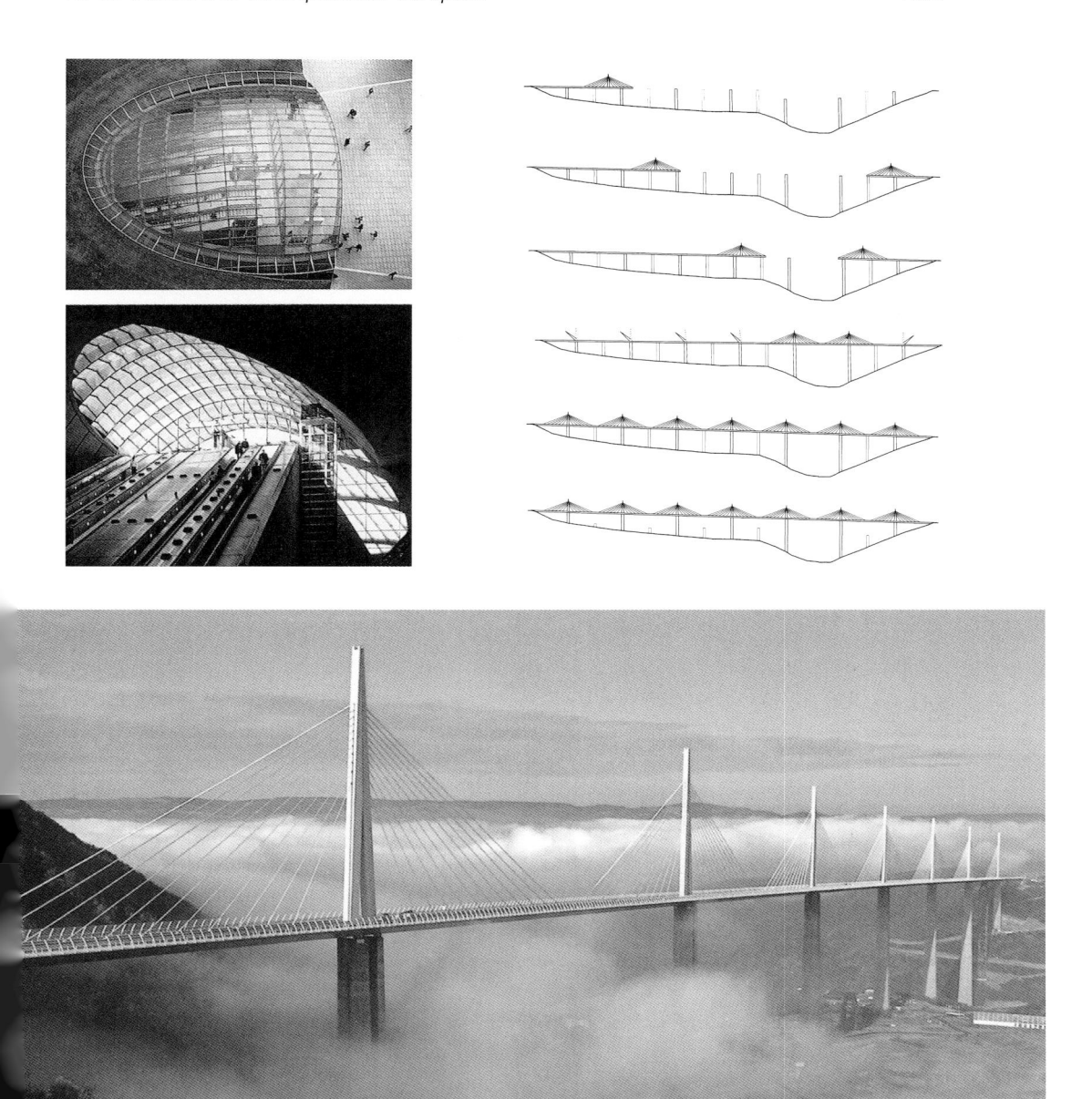

Fig. 256-259. A estação metroviária londrina em Canary Wharf e o viaduto rodoviário sobre o Tarn.

A lista das obras em andamento, enquanto escrevo este livro, inclui lugares, gêneros e temas múltiplos.

Em 2002, o escritório vence o concurso para o plano diretor da West Kowloon Reclamation em Hong Kong, um novo complexo para a integração de arte, cultura e lazer, sobre um terreno propositadamente drenado; as primeiras instalações em construção estão programadas para 2008.

Em 2003, Foster & Partners, com os especialistas holandeses NACO e com Ove Arup, são encarregados de projetar o novo aeroporto de Pequim, com previsão de conclusão em 2007, e abrem no local um novo escritório. Chega a encomenda do novo teatro de ópera de Dallas, a ser completado em 2009.

Em 2004, o escritório vence o concurso para a sala de música contemporânea "Le Zénith", em Saint-Étienne. É apresentado à municipalidade de Lisboa o projeto do novo bairro de Boavista. É aprovado o plano diretor para a reestruturação do bairro Elephant & Castle em Southwark. Encerra-se a construção da nova Suprema Corte de Cingapura, projetada em 2000. O Smithsonian Institute de Washington escolhe o escritório Foster para a reestruturação do seu prédio, que comportará a cobertura do grande pátio central.

O resultado evidente do trabalho de Foster, considerado em seu conjunto, é o de ter desenvolvido os pressupostos iniciais — a invenção estrutural, a liberdade das escolhas morfológicas, o cuidado com o desempenho funcional e ambiental — a um grau inesperado de completude e acabamento que hoje não encontra comparações. Tudo isso aconteceu sem nenhuma busca de alternativa repetitiva, mas enfrentando cada escolha com a mesma abordagem serena e despreocupada. Por mérito de sua equipe, a linha de criação pura perde as conotações iniciais de improvisação, concisão, ironia, e adquire complexidade, gravidade e refinamento comparáveis ao conjunto das heranças tradicionais. Os acabamentos impecáveis, aperfeiçoados por consultores e colaboradores de primeira ordem, formam quase um novo repertório alternativo aos hábitos antigos e recentes.

2. Richard Rogers (1933-)

A experiência de Rogers é paralela à de Foster e obtém resultados diversos, mas complementares para o enriquecimento das pesquisas projetuais contemporâneas. A facilidade na criação de edificações e a prontidão para adaptá-las aos mais variados contextos são baseadas em uma desenvoltura natural na montagem dos elementos construtivos fornecidos pelas tecnologias avançadas. Rogers maneja espontaneamente uma gama muito ampla de escalas projetuais, da construção civil ao planejamento urbanístico e territorial. Possui uma cultura humanística de base que o leva a ultrapassar de bom grado os limites do empenho profissional; deixou em muitos

IV. Os inovadores da arquitetura européia   155

lugares um grande número de projetos demonstrativos ou que permaneceram no papel, e combina à projetação uma vasta atividade teórica e de produção de artigos para periódicos.

Logo depois da separação de Foster, Rogers tem a oportunidade de vencer, em 1970, juntamente com Renzo Piano, o concurso para o Centre Pompidou de Paris, que dá aos dois uma notoriedade internacional (fig. 260). De 1971 a 1977, trabalha estavelmente com Piano, depois abre em Londres o seu escritório pessoal com John Young (1944-), Marco Goldschmied (1944-) e Michael Davies (1942-), que toma o nome de Richard Rogers Partnership (RRP). Entre 1978 e 1986, realiza em pleno centro de Londres o novo edifício do Lloyd's, onde o dispositivo das estruturas metálicas se complica propositadamente para obter uma espécie de acentuação demonstrativa que é, a seu modo, monumental (fig. 261 e 262).

Fig. 260. A fachada interna do Centre Pompidou, em Paris.

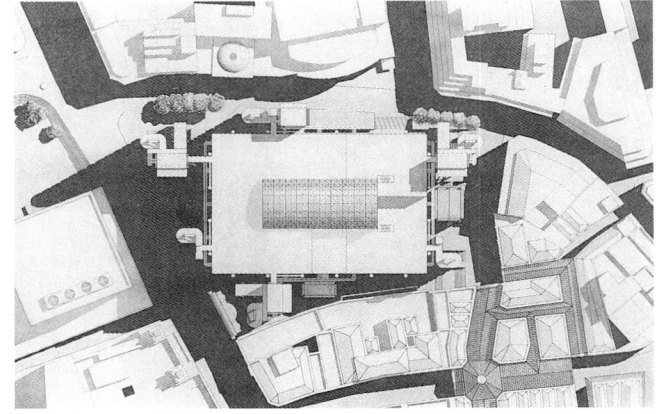

Fig. 261 e 262. A sede do Lloyd's, em Londres.

As obras seguintes não vão por esse caminho. Realizam um itinerário de simplificação formal progressiva e de versátil adequação aos lugares e instrumentos tecnológicos.

A Corte Européia de Justiça em Estrasburgo (1989-1995) deriva de uma birra de Mitterrand, que nos anos 80 se recusa a colocar a primeira pedra de um esquálido projeto acadêmico e exige um novo concurso internacional, vencido justamente pelo RRP. É um edifício elegante de impostação "mendelsohniana"[3] fundido a um cenário feito de verde e água. A sucessiva Corte de Justiça para Bordéus, em pleno centro antigo (1992-1998), não é um edifício, mas um complexo acontecimento urbano, onde os espaços abertos ao público têm uma função principal e de sustentação para os especialistas. Em torno de uma nova praça e de uma *salle des pas perdus* gravitam tanto as construções antigas reutilizadas quanto as modernas, mas bem distanciadas entre si (fig. 263-266).

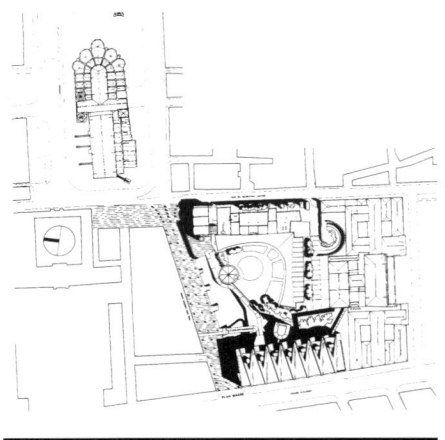

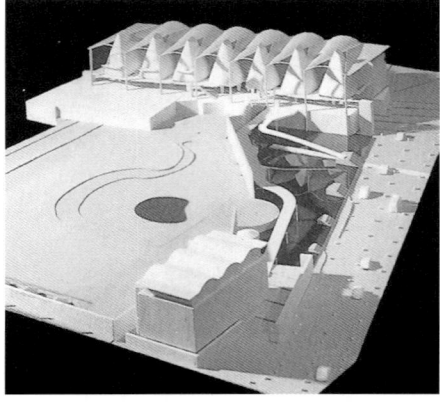

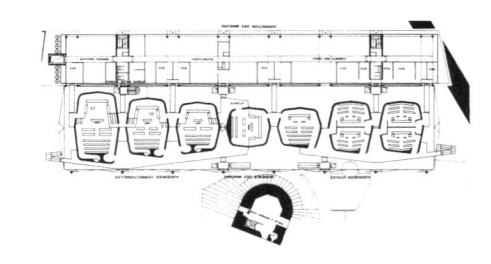

Fig. 263-266. A Corte de Justiça de Bordéus.

---

3. K. Powell, *Richard Rogers*, Londres, Artemis, 1994, p. 136.

IV. Os inovadores da arquitetura européia 157

As obras seguintes na Inglaterra — as construções residenciais e de serviço da área 2 de Chiswick Park, próxima a Londres (1989- ; fig. 267), a sede do Lloyd's Register of Shipping, em Liphook, Hampshire (1993- ; fig. 268) — não têm mais nada de convencional: são eminentemente habitáveis, cuidadosamente construídas, em uma relação cordial com a paisagem circunstante. Em 1989, começa o grande empreendimento da reforma do aeroporto londrino de Heathrow, ainda em andamento; seguem-se os terminais de passageiros dos aeroportos de Marselha (1989-1992) e de Madri (1996-2006; fig. 269-273).

Fig. 267. A construção em Chiswick Park, Londres.

Fig. 268. Sede do Lloyd's Register of Shipping, em Liphook.

Fig. 269-273. Imagens externas e internas do novo aeroporto de Madri.

IV. Os inovadores da arquitetura européia   159

Com a mesma paciência e imaginação, Rogers arrisca-se na projetação em escala urbana. O campo de trabalho é, sobretudo, Londres, mas compreende muitas outras cidades na Inglaterra e no exterior.

Na capital, de 1984 a 1996, fornece uma longa série de planos e de projetos para a zona das docas (fig. 274). Em 1986, na exposição da Royal Academy *London as it could be*, propõe um parque linear na margem esquerda do Tâmisa, do parlamento à ponte Blackfriars, e a valorização de um caminho transversal de Piccadilly a Waterloo.

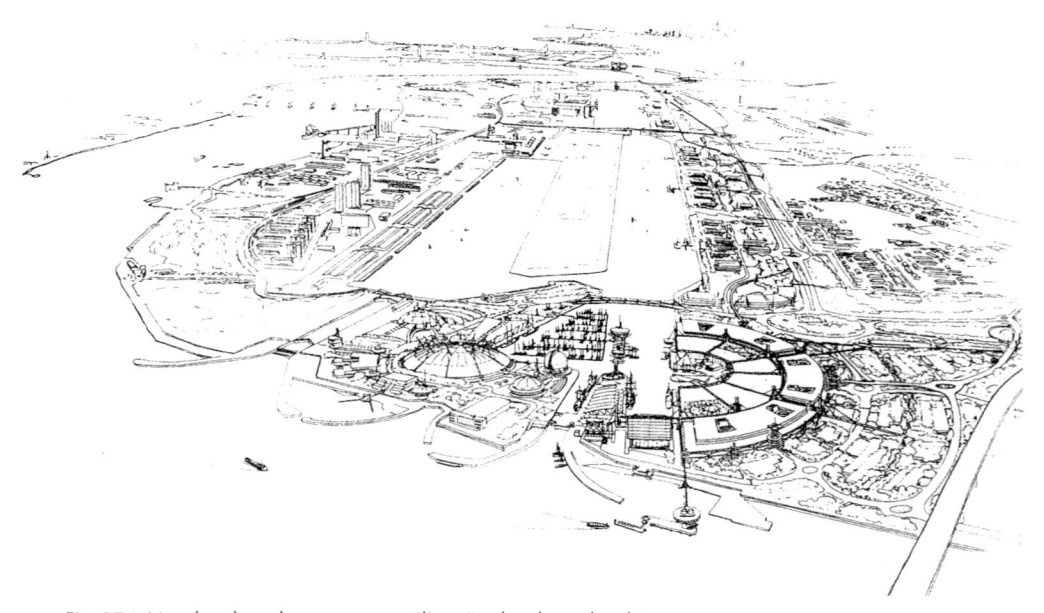

Fig. 274. Um dos desenhos para a reutilização das docas londrinas.

Nesse ínterim, está pronto o plano para a reutilização das áreas industriais abandonadas na península de Greenwich (fig. 275), que prevê uma via interna para pedestres de dois quilômetros, com quatro parques de vinte hectares ao todo e um planejamento adequado das margens. Em torno dessa "estrutura pública", nasce o novo tecido urbano: as áreas residenciais e um novo centro de escritórios, servidos pela nova Jubilee Line do metrô. No topo da península, Rogers inventa e realiza, tendo em vista os festejos de fim de século, a Millennium Dome, uma cobertura circular de dimensões jamais vistas: cem mil metros quadrados de superfície, um quilômetro de circunferência, 365 metros de diâmetro e cinqüenta metros de altura. O arquiteto explora, para esse tema, os limites das tecnologias modernas, com os riscos conseqüentes. O imenso artefato é entregue pontualmente em 30 de setembro de 1999, e encontra vários inconvenientes. "Com inspeção e manutenção apropriadas

IV. Os inovadores da arquitetura européia

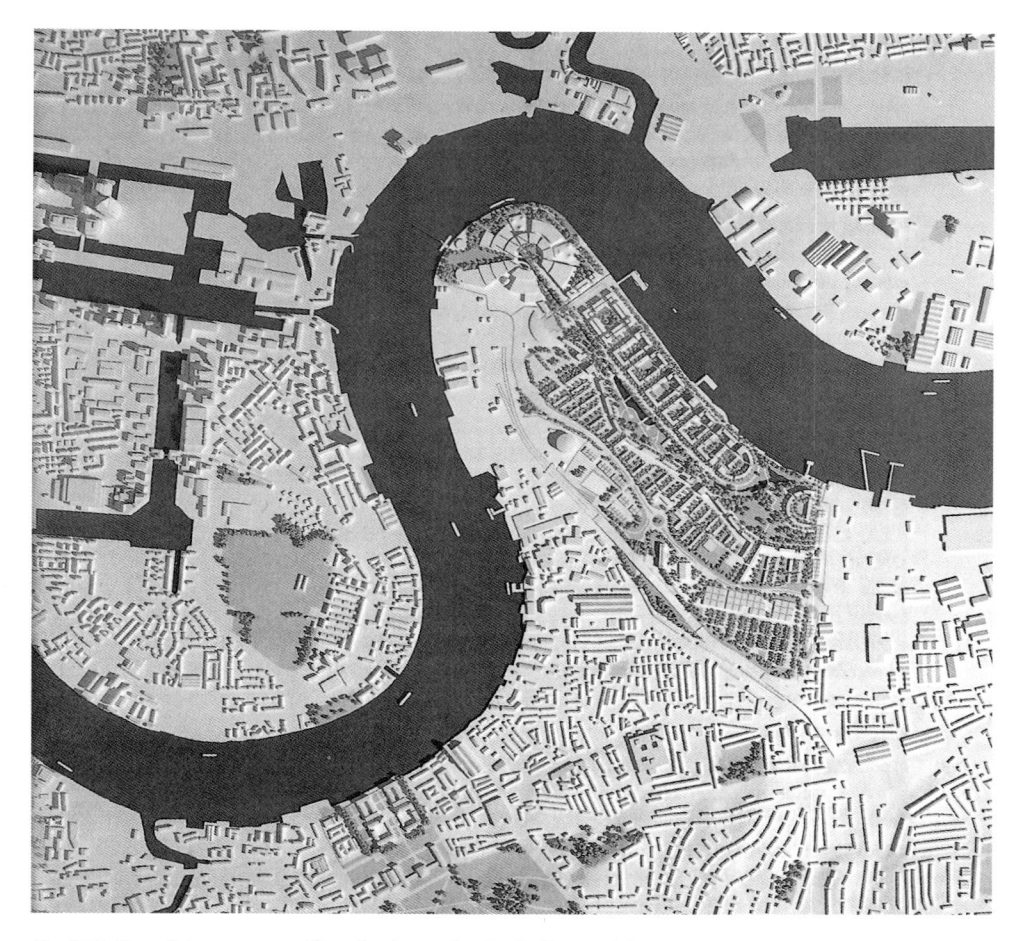

Fig. 275. O projeto para a reutilização da península de Greenwich.

— escreve o projetista, respondendo às críticas — a estrutura de apoio e a cobertura em tecido sintético ainda poderiam ter uma vida de várias décadas."[4]

Em 1997 sai um livrinho afortunado, *Cities for a Small Planet*, que reelabora as Reith Lectures de 1995 e, da noção de "cidade sustentável" devida a Buckminster Fuller, Kenneth Boulding e Herbert Girardet, extrai um modelo espacial de "cidade compacta" que aceita a alta densidade sustentada por uma rede de transportes diferenciados. A arquitetura aparece como instrumento de reunião das funções habitualmente segregadas e, pela complexidade das funções e das relações espaciais, assume características novas, que ele tenta antecipar em suas construções: a importância das transparências, a sobreposição das imagens, as parafernálias sem espessura que se estendem livremente no ar.

---

4. Do web site do escritório: www.richardrogers.co.uk.

A arquitetura está mudando em resposta às exigências ambientais e à disponibilidade de novos materiais de desempenho extremo e biologicamente legitimado. Le Corbusier definiu a arquitetura como "o jogo sábio, correto e magnífico dos volumes reunidos sob a luz". No futuro, ao contrário, os edifícios tenderão a desmaterializar-se. O ambiente será caracterizado não pelas massas, mas pela transparência e pelos véus, por estruturas indeterminadas, adaptáveis, flutuantes, em relação às mudanças ambientais cotidianas e à variedade dos usos. Os edifícios do futuro [...] poderiam assemelhar-se, mais que aos imutáveis monumentos do passado, a modernos autômatos móveis, pensantes e orgânicos. Essas novas arquiteturas mudarão o caráter do espaço público. Enquanto as estruturas se tornarão mais leves, os edifícios se tornarão mais permeáveis. Os pedestres irão mover-se não em torno, mas através dos edifícios. A rua e o parque entrarão no edifício, ou o edifício planará acima.[5]

Entre os precursores dos "edifícios do futuro", Rogers cita generosamente projetistas de diversas orientações, que considera "inovadores": Hadid, Rem Koolhaas, Daniel Libeskind, a Coop Himme(l)blau, Toyo Ito.

Esse discurso encontra uma recepção favorável na autoridade política. A partir de 1998, Rogers preside uma força-tarefa urbana governamental sobre os problemas das cidades inglesas.

Saiu em 2000 um documento, *Towards an Urban Renaissance*, que reúne um conjunto de recomendações sobre como promover cidades sustentáveis e compactas. Em Londres (19 milhões de pessoas, considerando também as áreas alcançáveis em uma hora a partir da cidade; um terço da população inglesa), estima-se que entre 1985 e 2015 haverá um crescimento populacional equivalente a 234%, serão, portanto, necessárias outras quatrocentas mil moradias, que serão geradas aumentando a densidade fundiária e aproveitando as áreas descartadas para outros usos (mas as áreas verdes não serão tocadas). Hoje, para construir em uma área verde na Inglaterra, é preciso de fato permissão do ministro.[6]

Os princípios recomendados — "a excelência projetual, o bem-estar social, a responsabilidade ambiental, dentro de uma moldura econômica e legislativa variável" (que as palavras elementares empregadas não enganem: elas exprimem uma difícil escala de prioridades) — são traduzidos na prática no trabalho projetual de Rogers, que se intensifica nos últimos anos.

Em Londres figuram, entre os projetos de conjunto, o plano diretor do Paddington Basin (1999-2004), que deflagra a renovação de uma parte do centro, com um

---

5. R. Rogers, *Cities for a Small Planet*, Londres, Faber & Faber, 1997, p. 165.

6. Entrevista a Chiara Somaini, *AL. Mensile di informazione degli architetti Lombardi*, n. 3, Milão, outubro de 2003, p. 16.

IV. Os inovadores da arquitetura européia 163

precioso panorama sobre a água; o plano diretor da Tate Bankside (2001-), para dar um arranjo unitário a uma área na margem esquerda do Tâmisa, que já compreende o edifício moderno da Tate Gallery e o Globe Theatre; duas vastas intervenções edilícias em Silvertown Docks (2001) e em Convoys Wharf (2002-), que colocam sobre outros trechos da margem esquerda dois conjuntos qualificados de novas construções.

Fig. 276 e 277. O projeto para a reurbanização do South Bank. Planta e vista noturna.

Os projetos para edifícios londrinos isolados, que se inserem corretamente nos planos, demonstram ainda a capacidade de auto-aperfeiçoamento do RRP. A construção para escritórios na esquina entre a Wood Street e o London Wall, concluída em 2000, é impostada como aquela do Lloyd's de vinte anos antes, mas toda ênfase desapareceu; o novo edifício é simples, muito elegante e acolhedor; a estrutura de apoio é lida claramente, e os acabamentos tornam-na habitável sem artifícios (fig. 278 e 279). O novo grande edifício para o setor terciário, de sessenta andares no número 122 da Leadenhall Street (2002-), que acrescenta ao *skyline* da cidade um elemento vistoso e reconhecível, é cuidadosamente ajustado ao cenário circunstante e abre espaços públicos adequados em sua base (fig. 280).

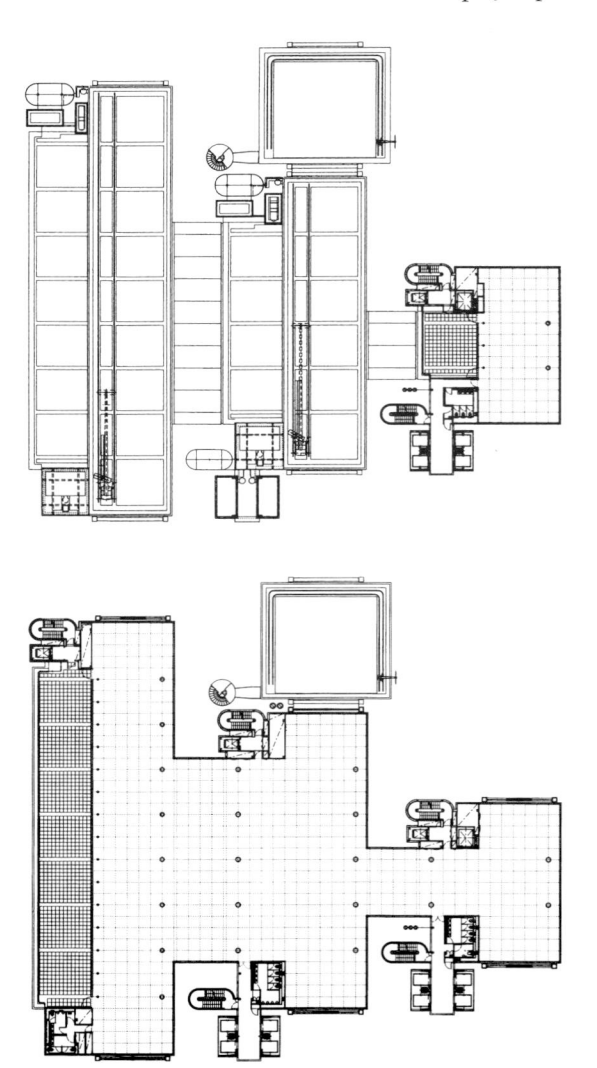

Fig. 278-280. Intervenções em Londres: duas plantas do para escritórios em Wood Street; vista do arranha-c Leadenhall Street.

As contribuições para o planejamento das outras cidades inglesas compreendem o plano diretor estratégico para o desenvolvimento oriental de Manchester (1996-2000), o edifício para a Assembléia do País de Gales em Cardiff, com amplo aparato de espaços abertos sobre a margem da baía de Cardiff (1998-2005; fig. 281), o novo campus para a Anglia Ruskin University em Chelmsford, ligado por uma ponte ao parque municipal (2001-), e o novo bairro City Park Gate, em Birmingham (2002-), adjacente à Biblioteca de Birmingham, também desenhada pela Richard Rogers Partnership.

No exterior, depois do plano diretor para a zona de Potsdamerplatz em Berlim, encomendado em 1991 e mais tarde tumultuado pelos projetos sobre propriedades isoladas (dos quais voltaremos a falar mais adiante), são importantes as duas intervenções em Barcelona: a Plaza de Toros, perto de Motjuic, foi transformada em um centro polivalente de espetáculos (2000-2004), com uma sensacional praça suspensa na cobertura e um contorno de edifícios mistos e serviços. Em uma vasta área periférica, para reunir os edifícios judiciários de Barcelona e de uma cidadezinha próxima, Hospitalet de Llobregat, o RRP projeta em 2002 um complexo unitário, que compreende um conjunto articulado de espaços para a circulação pública, uma via central de serviços, os recintos reservados às cortes de justiça, dois blocos de escritórios no topo e um anfiteatro verde central (um cenário muitíssimo cívico, bem diferente dos tétricos palácios de justiça difundidos na Europa; fig. 282 e 283).

Fig. 281. A Assembléia do País de Gales, em Cardiff.

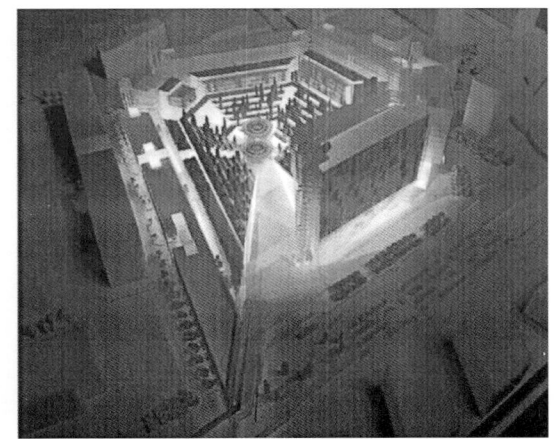

Fig. 282 e 283. O centro judiciário de Barcelona.

Fig. 284. O projeto (descartado) para a área de Castello, em Florença.

IV. Os inovadores da arquitetura européia

Os projetos italianos, ao contrário, fracassam um após o outro.

Em Florença, cidade natal de Richard Rogers, permanecem no papel o modesto estudo de 1983 para a recuperação das margens do Arno, a sucessiva participação no projeto de reutilização da área da Fiat em Novoli e, por fim, o esplêndido "plano diretor" de 1998 para a urbanização da área de Castello (fig. 284), que enfrentava uma controvérsia espinhosa (as áreas construídas exigidas pela empresa proprietária em troca da realização de um grande parque público) e que poderia ter sido resolvida no campo projetual, com o uso da estrutura do parque como elemento gerador de todo o assentamento. Infelizmente uma série de obstáculos fez malograr esse compromisso. Intervém a decisão de colocar naquela área um enorme quartel de polícia: o projeto não é confiado a Rogers, mas a um desconhecido escritório vinculado à polícia; a Rogers cabe somente inserir em seu desenho esse trabalho megalomaníaco. Depois da entrega, o desenvolvimento do "plano diretor" é confiado a um grupo de projetistas locais, que o desvirtuam para aumentar as áreas construídas. Enfim, todo o processo foi interrompido sem explicações.[7]

Em Viareggio, a administração comunal encomenda ao RRP em 1999 um plano diretor para o "passeio" que percorre a beira-mar da cidade. O projeto prevê uma revisão da viabilidade, o redesenho das três praças principais com novos edifícios — um centro de conferências, um centro de lazer, uma sala cinematográfica múltipla, um centro esportivo e cultural —, a urbanização dos parques e um novo quebra-mar com uma torre panorâmica. Pouco depois, desenrola-se a disputa pelo encargo do novo plano diretor, e não se ouve mais falar do projeto.

Em 2004, Rogers projeta para a administração comunal de Mântua um estádio de futebol muito elegante, em uma vasta área livre fora da cidade, com três campos de jogo, estacionamento e serviços. O campo central ocupa uma cavidade em uma colina gramada, e há somente duas arquibancadas apoiadas no terreno, costeando os lados longos. Dessa vez, mobilizam-se os torcedores, que exigem as "curvas" tradicionais onde possam praticar seus ritos. O paciente arquiteto promete outras duas tribunas (retas) costeando os lados curtos do campo principal. O projeto deveria ser realizado até 2007, mas ainda está para ser entregue a um operador que deverá financiá-lo e geri-lo e ainda aproveitará a área do antigo estádio para construir um hotel e um bairro residencial.

Porém, há o resto do mundo. Em 1992, Rogers é convidado à China como projetista de uma iniciativa do governo francês, para projetar um novo distrito central em Xangai, na área Lu Jia Zui, além do rio Huan Po. Ainda em 1992,

---

7. "Foi feito um estudo aprofundado de sustentabilidade, aconteceram encontros longuíssimos, foram convidados especialistas, e, depois, nada. Silêncio absoluto. Hoje é que se recomeçou a falar dessa área (como fiquei sabendo pelos jornais). É mais difícil marcar um encontro com a cúpula da empresa proprietária do terreno do que com o primeiro ministro britânico." Entrevista com Rogers em *Il Sole 24 Ore*, Milão, 31 de agosto de 2003.

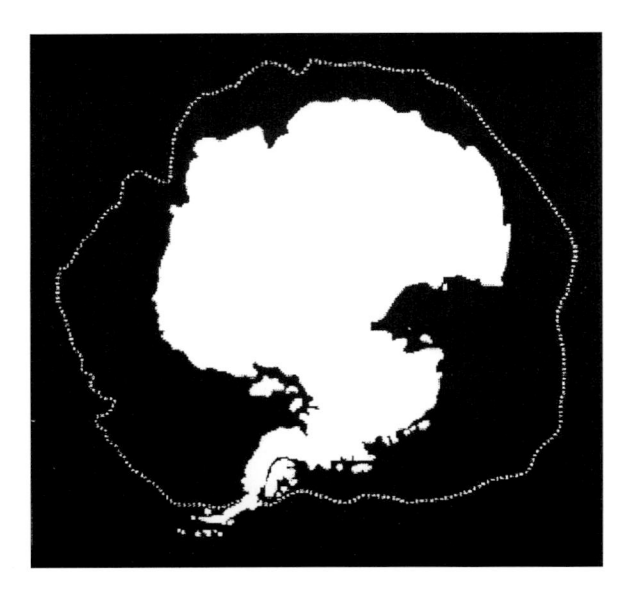

Fig. 285. A Antártida, onde surgirá a estação de pesquisa do RIBA.

fornece ao governo coreano a documentação do projeto de um sistema industrializado de apartamentos modulares.

Rogers volta a Xangai dez anos depois para projetar o novo aeroporto de Pudong. Em 2004, o escritório da Xangai Expo anuncia que o grupo Arup-Richard Rogers Partnership foi classificado em primeiro lugar no concurso para aquela iniciativa.

Enquanto escrevo, tem-se a notícia de que o RRP é um dos seis escritórios convidados de um concurso para projetar uma nova estação de pesquisas na Antártida patrocinado pelo Royal Institute of British Architects (RIBA; fig. 285).

Em 1996, Richard Rogers recebe o título de lorde, por ocasião do jubileu da rainha Elizabeth.

O fundamento simples da longa produtividade de Rogers, declarado em 1985, é uma confiança racional na montagem e desmontagem dos elementos físicos, ao longo de toda a série das escalas projetuais.

> Desenhamos cada edifício de modo que possa ser decomposto em elementos e subelementos que devem ser organizados depois hierarquicamente em uma ordem claramente legível. Cria-se assim um vocabulário no qual cada elemento exprime seus processos de construção, armazenamento, realização e desmontagem, de forma que, como exprime Louis Kahn, "cada parte proclame clara e alegremente seu papel no conjunto: façam-me dizer a vocês a parte que estou cumprindo, como sou feita e o que se espera fazer em todas as partes, qual é o objetivo do edifício e o seu papel na rua e na cidade".[8]

---

8. *Apud* K. Powell, *Richard Rogers*, op. cit., p. 190.

3. Renzo Piano (1937-)

O talento singular de Piano tem origem estritamente tecnológica e quase artesanal, totalmente anômala no ambiente italiano, onde quase todos os arquitetos modernos, desde os anos 30, têm uma formação humanística, ligada à polêmica modernista e às sucessivas revisões. Ele salta, sem hesitação, esse debate, ou apanha seus ecos momentaneamente no ambiente internacional, e segue um percurso independente de autoformatação que o leva, bastante tarde, a um sucesso pleno e aos máximos níveis qualitativos.

Dadas essas características, a colocação italiana não lhe convém e o envolve por certo tempo em aventuras de alento insuficiente. Piano logo se dá conta disso, e busca um campo mais adequado no exterior, onde encontra, aos 34 anos, o primeiro grande sucesso. O Centre Pompidou em Paris, projetado de 1971 a 1977 juntamente com Rogers, revela claramente a linha de condução que os dois arquitetos dividem naquele momento e as dificuldades que cada um tem diante de si. A impostação é muito inteligente: no terreno indicado, a metade voltada para a rua é destinada ao edifício; a metade voltada para o interior, a uma praça de pedestres, complementar ao edifício. Conseqüentemente, o bloco edilício tem duas fachadas muitíssimo diferentes. A fachada externa é quase que inteiramente ocupada pelas grossas canalizações das instalações, que depois penetram horizontalmente no volume. Assim, a fachada interna permanece livre, transparente, e torna-se a interface de todas as ligações entre os espaços fechados e abertos. Nos anos 70, ainda falta uma tecnologia madura para realizar esse esquema (o envelhecimento do artefato tornou necessária uma reestruturação geral no ano 2000). Conseqüentemente, as escolhas iniciais são simbolizadas, mais que realizadas, por uma série de expedientes demonstrativos: o destaque dos equipamentos de instalações, vivamente coloridos, na fachada voltada para a rua; a exibição da longa escada rolante que leva do térreo ao topo, diante da fachada interna; a animação dos palhaços e das outras atrações no espaço da praça (fig. 286).

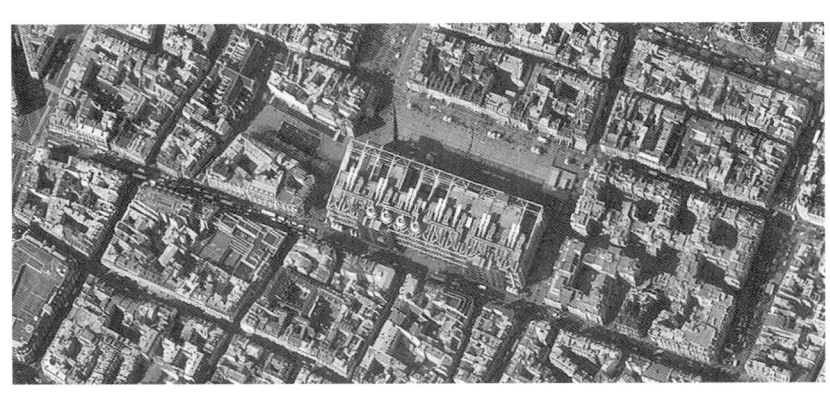

Fig. 286. Vista aérea do Centre Pompidou, em Paris, inserido no tecido antigo (ver também fig. 260).

Essa experiência ajuda a explicar o itinerário de Piano nas obras sucessivas: o "espaço musical" para o *Prometeo* de Nono (1984), o museu para a coleção De Menil em Houston (1986), a ampliação do instituto musical IRCAM, adjacente ao Centre Pompidou, em Paris (1987). A atenção concentra-se, mais do que nas relações com o contexto, no mecanismo das estruturas e dos acabamentos, indagado em todas as suas articulações.

As obras mais importantes desenhadas no final dos anos 80 — o centro comercial de Bercy (1987-1990; fig. 287), os navios de cruzeiro Crown Princess e Regal Princess (1987-1991), o aeroporto de Kansai (1988-1994; fig. 288), a ponte em Ushibuka (1989-1996) — são objetos autônomos grandes ou gigantescos, móveis ou pousados com simplicidade nos espaços destinados, distintos, na visão distanciada, pela elegância dos invólucros externos.

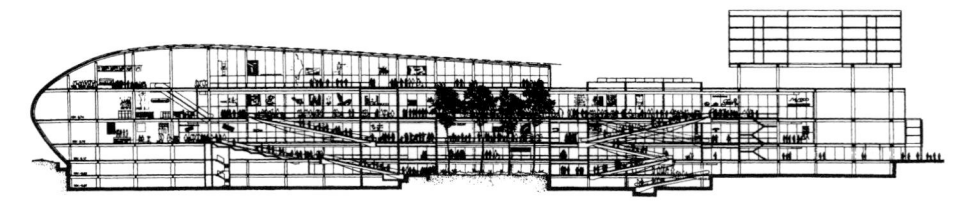

Fig. 287. Corte do centro comercial de Bercy, Paris.

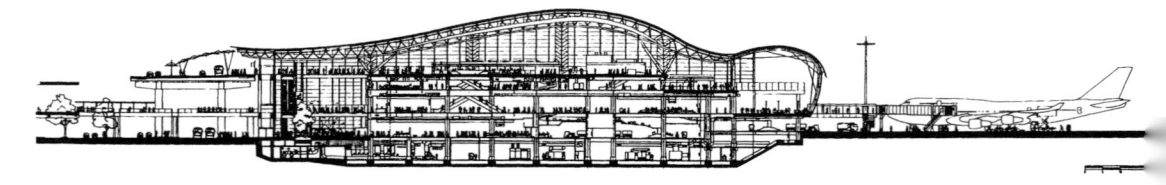

Fig. 288. Corte do terminal do aeroporto de Kansai.

Uma experiência particularmente significativa é a reutilização de Lingotto. Piano vence o concurso montado pela Fiat em 1985 com um trabalho cauteloso, que somente indica a intenção de implantar no gigantesco edifício industrial novas composições leves. Nos vinte anos seguintes — uniformizando o seu trabalho ao *work in progress* preferido pela clientela —, realiza modificações e acréscimos de tipo variado que deixam íntegro o artefato, mas jogam com ele em remissões, criando novos focos visuais ou funcionais: a "bolha" para a sala de reuniões que desponta sobre a cobertura, o austero auditório em madeira sepultado no embasamento, a sede da pinacoteca doada à cidade de Turim pela família Agnelli (fig. 291 e 292).

De 1985 em diante, nascem, com um procedimento episódico análogo, as intervenções no porto de Gênova para as comemorações colombianas de 1992: o "pau de carga", o aquário, o centro de convenções (fig. 289 e 290).

IV. Os inovadores da arquitetura européia 171

Fig. 289 e 290. A reurbanização do porto antigo de Gênova.

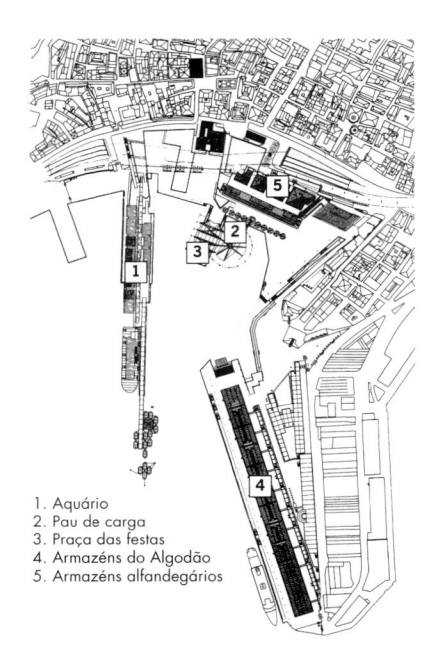

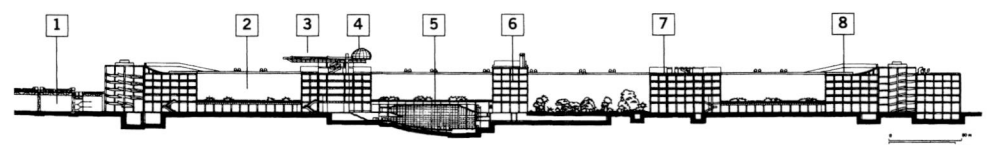

1. Aquário
2. Pau de carga
3. Praça das festas
4. Armazéns do Algodão
5. Armazéns alfandegários

1. Centro de exposições; 2. Trajeto público contínuo ao primeiro andar; 3. Heliporto; 4. "Bolha"; 5. Auditório; 6. Centro de negócios; 7. Hotel; 8. Institutos universitários

Fig. 291 e 292. Intervenções na construção de Lingotto, em Turim: corte longitudinal do corpo edificado e uma vista da cobertura.

Nos anos 90, sua produção sobe de tom. A ligação entre a criação estrutural e o julgamento sobre a natureza e a suscetibilidade do lugar dá à invenção um caráter total. É o momento em que a equipe de colaboradores conquista um arranjo durável — o Renzo Piano Building Workshop e as duas sedes estáveis: a sugestiva estufa de metal e vidro em Punta Nave (1989-1991) e o escritório parisiense mais amplo no Marais. A lista das obras iniciadas depois de 1990 é longa, com resultados às vezes desiguais, e muitas são de primeira ordem: o Centro Cultural Jean-Marie Tijbaou, na Nova Caledônia (1991-1998), o Museu Nacional da Ciência e Técnica, em Amsterdã (1992-1997), a torre KPN, em Roterdã (1997-2000), o Auditório Niccolò Paganini, em Parma (1997-2001), a Maison Hermès, em Tóquio (1998-2001).

Fig. 293. O Centro Cultural Jean-Marie Tijbaou, Nova Caledônia.

O Centro Cultural Tijbaou, sintetizado pela imagem exótica dos leques de madeira alinhados entre a água e o céu, torna-se imediatamente popular no mundo inteiro.

O museu de Amsterdã, talvez a mais excelente no grupo dessas obras de fim de século, emerge sobre a entrada de um túnel rodoviário e desenvolve em elevação esse delicado motivo, criando no meio da água um lugar que não existia. De longe, o artefato é uma aparição mágica, carregada de assonâncias díspares, construtivas e navais. De perto, oferece uma pluralidade sugestiva de caminhos internos e externos, que culminam na aconchegante cobertura trafegável, único lugar de descanso e relaxamento em meio às áreas do porto (fig. 294-295 e 299-300).

A torre de Roterdã, que desponta na margem esquerda do Maas, entre os novos bairros e o edifício um pouco abandonado de Foster para a capitania do porto, distingue-se pelo tom leve e quase irônico da invenção. A fachada que se volta para o centro, para além do rio, é utilizada como uma grande lousa para as representações efêmeras desenhadas pelas luzes; para essa finalidade, sai do prumo, e sua posição é sublinhada pela inclinação contrária da escora central, que tem uma função primária na imagem de conjunto (fig. 296-298).

IV. Os inovadores da arquitetura européia

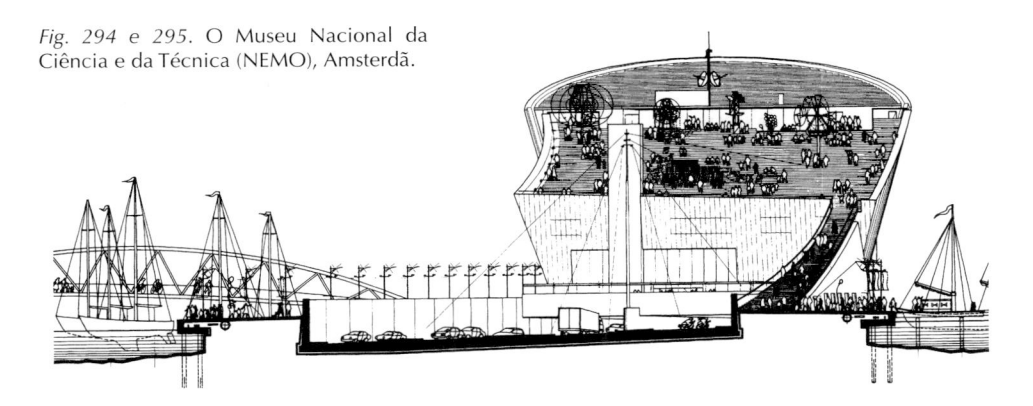

Fig. 294 e 295. O Museu Nacional da Ciência e da Técnica (NEMO), Amsterdã.

296-298. Três vistas da torre dos ~~tórios~~ KPN, em Roterdã.

Fig. 299 e 300. Outras duas imagens do NEMO.

IV. Os inovadores da arquitetura européia

O edifício Hermès é uma "jóia" preciosa, antes de tudo pelos pressupostos econômicos: ocupa um lote de 45 metros de profundidade, com somente onze metros de fachada na Ginza, a rua comercial mais importante de Tóquio. Tal lote, na capital japonesa, tem um preço muitas vezes superior ao custo de qualquer artefato que se construa sobre ele. Piano procurou interpretar essa situação em sentido qualitativo. Estudou um revestimento translúcido análogo ao tijolo de vidro, mas ampliando os quadros até a máxima medida compatível com o jato unitário de uma única "gota" de vidro. Obteve assim um invólucro contínuo, sustentado pelas lajes que saltam das pilastras recuadas. Somente os cantos arredondados são feitos de quadros com a metade do tamanho. Nesse revestimento incomum encontram-se os locais internos distribuídos nos quinze pavimentos, com suas variações no espaço e eventualmente no tempo.

301 e 302. O edifício Hermès na
a, em Tóquio.

As obras feitas na Itália tiveram duração bem mais longa e reveses de todo tipo. A exceção é o Auditório Niccolò Paganini, em Parma (1997-2001), tirado de um barracão industrial com uma operação simples e impecável (as paredes transversais foram eliminadas e substituídas por paredes envidraçadas que deixam perceber todo o vão interno de noventa metros de comprimento, onde se localizam o *foyer*, a sala, o palco, os serviços e os locais para os ensaios; fig. 303 e 304). As obras no sul, em Roma e San Giovanni Rotondo, tiveram, contudo, uma história aventurosa.

Na Cidade da Música, em Roma (1994-2002; fig. 305-307), enquanto a implantação geral é claríssima e as três salas são cuidadosamente desenhadas, alguma imperfeição nos detalhes deriva dos reveses da execução. Para os ambientes musicais revestidos em madeira, foi determinante a contribuição do consultor acústico, Helmut Mueller. Em 2004, Piano prepara-se para criar nos subterrâneos da sala grande um pequeno museu para instrumentos musicais de propriedade da Accademia di Santa Cecilia, quase uma câmara do tesouro, isolada e protegida da luz natural.

A grande sala litúrgica de San Giovanni Rotondo, cuja execução durou um período ainda mais longo, de 1991 a 2004, é destinada a acolher um número excepcionalmente elevado de pessoas, até quarenta mil no adro e quatro mil no espaço interno. O gigantismo planimétrico, imposto pelo programa, é corrigido por uma atenta decomposição das estruturas, que distingue claramente o artefato sagrado dos edifícios convencionais ao redor; a implantação geométrica em espiral, escolhida em uma data hoje distante, e o desenho agressivo dos acabamentos tornam a imagem do edifício um pouco mais redundante do que o necessário (fig. 308-310).

Fig. 303 e 304. O auditório Niccolò Paganini, em Parma.

IV. Os inovadores da arquitetura européia 177

Fig. 305 e 306. Roma, a Cidade da Música. Vista externa e sala grande.

Fig. 307. A Cidade da Música ao lado do parque de Villa Glori.

Fig. 308. San Giovanni Rotondo, a sala litúrgica dedicada a Padre Pio e a grande praça aberta.

IV. Os inovadores da arquitetura européia

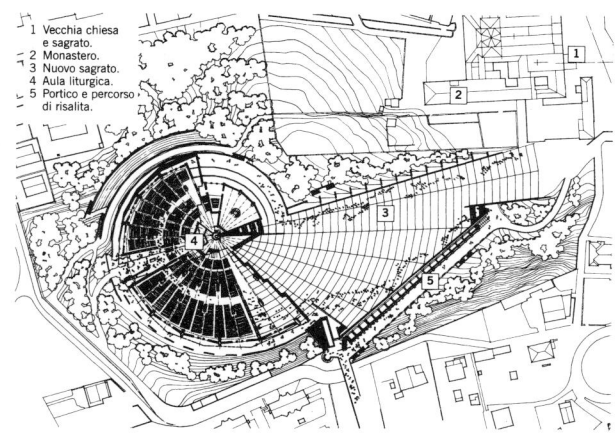

Fig. 309 e 310. San Giovanni Rotondo. O interior e a planta da igreja.

Nessas duas últimas obras, o projetista empenha-se em modernizar materiais e métodos construtivos tradicionais: as coberturas em chumbo das salas musicais, as arcadas em cantaria, a estrutura em madeira e o revestimento em cobre da igreja. Assim ele equilibra, no cálculo projetual, todo gênero de tradições técnicas, antigas e modernas, e emprega as primeiras como sinais de nobreza para os artefatos considerados mais importantes.

As obras mais recentes vão ao encontro de novas pesquisas.

O Museu de Escultura em Dallas, concluído em 2004, contrapõe-se com extrema clareza aos vários museus contemporâneos que exibem primeiramente a si mesmos, prevalecendo-se em relação aos objetos expostos. A implantação vincula-se à do Auditório Paganini de Parma, de 2001: ele está em um barracão industrial preexistente, por isso foi construída uma seqüência de cinco vãos paralelos que fronteiam um jardim murado e levemente encaixado no terreno. Os espaços internos são nivelados pela refinadíssima cobertura metálica em arco rebaixado, que distribui a dose certa de iluminação e climatização. Nesse molde espacial uniforme, as esculturas podem ser apresentadas do modo mais inteligente, e suas diferenças adquirem máximo destaque. A caixa arquitetônica limita deliberadamente o seu papel e presta um serviço, aceitando fornecer um fundo tranqüilo a objetos tridimensionais dotados das mais intensas caracterizações (fig. 311 e 312).

Fig. 311-312. O Museu de Escultura em Dallas. Vista do alto e prospecto.

IV. Os inovadores da arquitetura européia 181

Fig. 313 e 314. O arranha-céu para o *New York Times*; um detalhe do revestimento em barrinhas de cerâmica branca.

Entre os projetos em construção destacam-se dois edifícios altos, diferentes entre si e diversamente impostados, que demonstram uma excepcional mobilidade criativa a serviço de oportunidades concretas:

— o arranha-céu para a nova sede do *New York Times*, confiado, em 2000, a Renzo Piano juntamente com a Fox & Fowle em um concurso de que participaram Gehry e Skidmore, Owings e Merril, Foster e Pelli. Para conseguir que esse edifício de altura média (52 andares) se destaque no abarrotado cenário de Manhattan, Piano reinventou o invólucro, composto de uma parede interna de vidro especial, denominado "extraclaro", e uma grelha metálica externa revestida com tubinhos de cerâmica branca. No topo, a renda branca ultrapassa o edifício e recorta-se no céu, servindo de anteparo aos volumes técnicos. Assim, o edifício irá captar da melhor maneira as luzes de Nova Iorque nas várias horas do dia, como se fosse feito de um material diferente. Em relação a essa invenção de matéria, a volumetria do edifício é de compostura clássica, comparável ao Seagram de Mies van der Rohe (fig. 313 e 314);

— a Bridge Tower projetada para Londres também concilia diversos propósitos: com sua altura de mais de trezentos metros objetiva tornar-se um elemento dominante do novo perfil urbano e agiganta uma forma histórica — a agulha — que caracterizou o panorama urbano do século XVII em diante. Acolhendo uma sugestão da nova administração, a torre quase não possui estacionamentos para os automóveis, contando exclusivamente com os meios de transporte públicos, e procura uma relação imediata com o baixo tecido circunstante. Desses dois pressupostos deriva talvez a característica mais surpreendente e problemática do projeto. O envoltório é esculpido de modo a complicar e enfraquecer a forma volumétrica geral (praticamente uma pirâmide de base quadrada). Há um perímetro mais elaborado, que é encolhido por semelhança da base ao topo. Outras irregularidades introduzem um leve movimento de torção e recortam na diagonal as paredes da parte baixa com tratamentos diversificados do invólucro. Enfim, no topo a semelhança é reduzida, e a ponta é desfiada, abrindo-se no ar. Essas complicações não se parecem com os sinais de personalização hoje comuns, e parecem expedientes para diferenciar as vistas ao longe das vistas aproximadas. De uma grande distância, a forma abrangente predomina, e permanece imprecisa o suficiente para confundir-se magicamente com o céu; de perto, descompõe-se, para diminuir o contraste com o diminuto cenário circunstante (fig. 315-322).

Richard Rogers, com sua habitual generosidade, considera a Bridge Tower o melhor projeto da construção civil que já pôde ver: "Tenho o prazer de ver finalmente uma grande torre do século XXI. Ela pode tornar-se a grande peça da arquitetura de Londres."[9]

Fig. 315-322. A Bridge Tower, em Londres. Desenhos, quatro plantas em diversos níveis e uma vista do edifício no panorama da cidade.

9. *Sunday Express S:2*, Londres, 17 de agosto de 2003.

IV. Os inovadores da arquitetura européia   183

Outras duas obras importantes em execução, o Museu Paul Klee, em Berna (desde 1999), e a reestruturação da California Academy of Sciences, em San Francisco (desde 2000), são baseadas em uma modelação das coberturas que se presta a uma nova relação com o quadro paisagístico.

No museu de Berna, as inchações do teto correspondem a diversas salas nas quais as frágeis obras de Klee são expostas com diversas regras de freqüentação. A iluminação entra por três arcadas marginais, de modo que a cobertura pode ser quase inteiramente revestida de hera e confundir-se com as colinas ao redor, acima das quais aparece a vista dos Alpes (fig. 323-325).

A intervenção em San Francisco compreende uma modificação geral dos doze edifícios preexistentes, construídos no parque Golden Gate no século passado. Somente três serão mantidos e restaurados. As superfícies necessárias serão reunidas sob um grande teto retangular, curvado em correspondência com as salas subjacentes, e também ele revestido de hera. As duas intervenções concomitantes irão restituir a amplidão e a tranqüilidade ao parque.

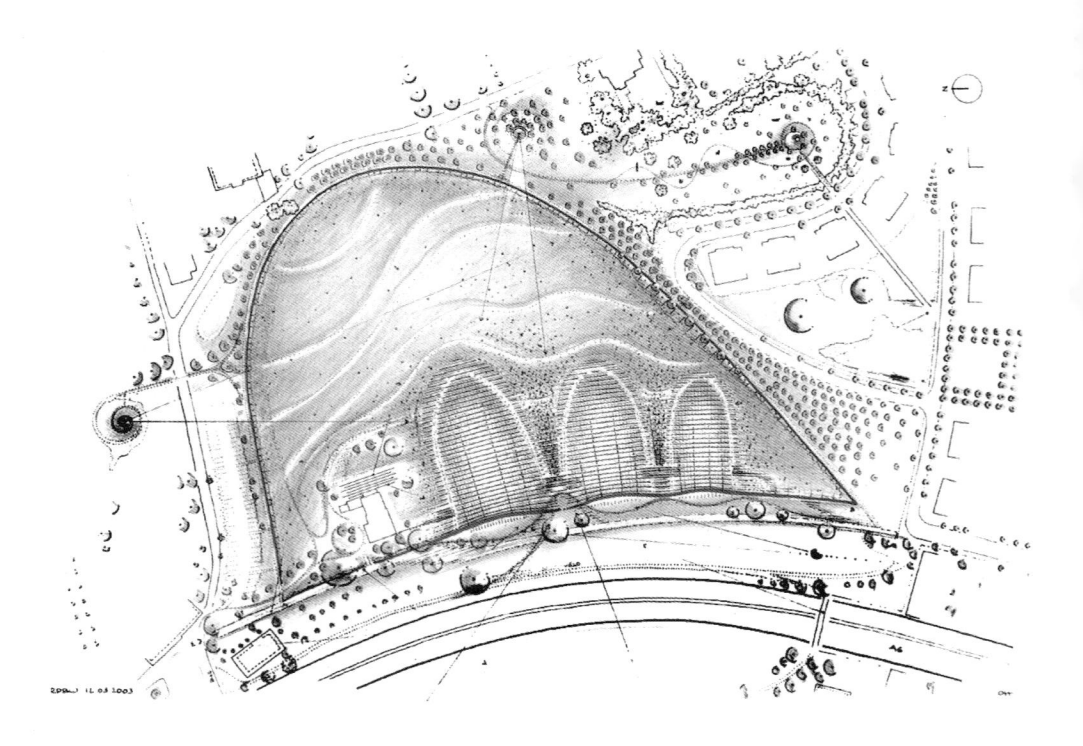

Fig. 323-325. O museu dedicado a Paul Klee, em Berna. Planta, maquete e um detalhe do modelo em madeira.

Em escala urbana, a principal experiência passada na peneira executiva continua sendo o conjunto de intervenções na reconstrução da Potsdamerplatz, em Berlim, de 1991 em diante (ver figura 505 à p. 271).

Por fim, uma última e trabalhosa incursão na grande dimensão é o modelo de transformação da beira-mar de Gênova, exposto na mostra de seus projetos em Porta Sibéria, no verão de 2004, e ilustrado no livro *Genova: città e porto, istruzioni per l'uso*.[10] O arquiteto propõe transferir o aeroporto para uma ilha artificial, liberando assim toda a faixa de píeres desde Voltri até Albaro, para reorganizar as estruturas portuárias. A atual rua sobrelevada é substituída por uma pista simples que vai de Sestri Ponente a Quarto. A enseada do antigo porto, livre da rua sobrelevada,

---

10. *Genova: città e porto, istruzioni per l'uso*, Gênova, Tormena Editore, 2004.

Fig. 326. Maquete da proposta para a nova beira-mar de Gênova.

pode ser restituída ao papel original de panorama da cidade antiga sobre a água. O bairro da Foce pode ser redesenhado, reaproximando-o da água. Sobre o morro dos Erzelli estão previstos um parque e um centro tecnológico (fig. 326).

Hoje Gênova é uma cidade desequilibrada, constelada de intervenções pequenas e temerárias em seu conjunto. Essa sugestão grandiosa, finalmente adaptada à grande cidade, poderá produzir uma revisão do medíocre quadro normativo atual — formado pelo plano regulador municipal vigente, pelo plano portuário e pelos programas das grandes infra-estruturas de transporte (ferrovias, auto-estradas, aeroporto).

A principal constatação que emerge da atual produção de Piano é a sua singular capacidade de aperfeiçoamento, enquanto o arquiteto se aproxima dos setenta anos. A arquitetura é uma arte difícil, onde a precocidade quase não existe e uma vida inteira é suficiente apenas para alcançar a excelência e aprender a virtude principal: a capacidade de distinguir entre o que é importante e o que não é. Os últimos resultados convalidam retrospectivamente todo o seu currículo. Piano corrigiu a dispersão e as imprudências misturadas aos trabalhos precedentes. Trabalhando

IV. Os inovadores da arquitetura européia 187

entre Punta Nave e o escritório maior de Paris, ele conduz melhor o trabalho de seu grupo, evitando o gigantismo organizacional que desviou do caminho outros projetistas de primeira ordem (entre os quais, Kenzo Tange).

Um sucesso até agora consolidado é a divergência entre a morfologia de conjunto, aberta a uma invenção ilimitada, e a dos detalhes, que obedece a um desenho repetido (uma montagem de elementos heterogêneos ligeiramente desalinhados que, de perto, evidencia o processo de montagem com uma representação quase "explodida"), mas de longe desaparece, deixando ilesa a imagem de conjunto. Em algumas das últimas obras, esse dualismo está desaparecendo. Os acabamentos em cerâmica branca envolvem o New York Times Building como uma gaiola perceptível de uma ampla gama de distâncias. A pirâmide quadrangular do arranha-céu de Londres é deformada na planta e na elevação, e a tessitura das fachadas participa desse jogo com repetidas descontinuidades. Essa fusão total, que chega a esfumar a atmosfera, será julgada sem erro. Esperamos com interesse a aprovação executiva e as escolhas dos próximos projetos.

Fig. 327-329. O Instituto do Mundo Árabe, em Paris.

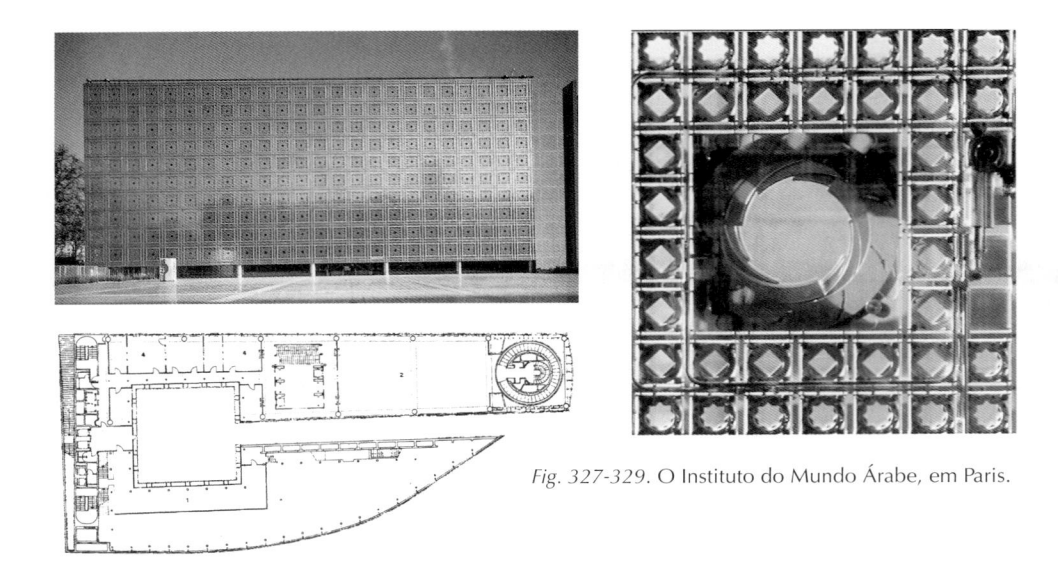

4. Jean Nouvel (1945-)

É o único francês que permanece em harmonia com os arquitetos europeus tratados até agora, tendo como objetivo, com instrumentos originais, a mesma combinação de acabamento tecnológico e compreensão individual dos lugares. *L'Architecture d'aujourd'hui*, apresentando em 1984 sua estréia, logo apanha o aspecto principal do trabalho de Nouvel: "a abordagem conceitual pela qual o projeto não nasce dos preconceitos do desenho, mas de uma reflexão exaustiva sobre dados do programa que determina a escritura arquitetônica, de modo que cada objeto pede uma arquitetura diferente".

Nouvel torna-se famoso como vencedor de um dos concursos menores do programa de Mitterrand para Paris em 1982: o do Institut du Monde Arabe. O edifício, inaugurado em 1987, surpreende o público e a crítica, e, passado esse tempo, é o único a agüentar o confronto com a magistral intervenção de Pei no Louvre (fig. 327-329). Nos anos 80, vencendo ainda os respectivos concursos de 1984 e 1986, Nouvel realiza outras duas obras significativas, o austero Instituto de Pesquisa INIST, em Nancy (fig. 332), e o Centro Cultural Onyx, em Saint-Herblain (uma sofisticada caixa negra, polemicamente isolada em um ambiente de periferia depauperado; fig. 330). Em 1998, vence também o concurso para a Tour Sans Fin, a ser colocada na Défense ao lado do medíocre Grande Arco da Comunicação (fig. 331). A execução foi deixada de lado desde então, mas o projeto, rico em soluções incomuns, tem igualmente um vasto sucesso; as simulações no computador são tão perfeitas, que podem ser confundidas com imagens fotográficas, e também aparecem em um filme de Wim Wenders de 1991.

IV. Os inovadores da arquitetura européia 189

330. O Centro Cultural Onyx, em Saint-Herblain.

331. O projeto da Tour Sans Fin.

332. O instituto INIST, em Nancy.

Nesses primeiros trabalhos, Nouvel exprime com segurança um de seus propósitos prediletos: a transformação do edifício em um conjunto de texturas transparentes até quase tocar a imaterialidade. O objetivo é uma ilusão não virtual, mas experimental, que está inteiramente do lado da realidade e torna-se um recurso da vida cotidiana, não do devaneio. A linha de conduta exclui as aproximações e as improvisações; è uma "precisão nebulosa", segundo uma de suas fórmulas preferidas.

Entre 1990 e 1995, a colaboração com Emmanuel Cattani rende uma outra série de importantes obras: a Opéra de Lyon (fig. 333), o Palais des Congrès Da Vinci, em Tours (fig. 334), as Galeries Lafayette, inseridas em um quarteirão da Dorotheenstadt, em Berlim, o centro comercial no complexo Euralille, de Rem Koolhaas (fig. 335), e sobretudo a sede da Fundação Cartier, em Paris (fig. 336), onde o projeto compreende ainda os modelos para o mobiliário, que depois têm um destino autônomo como objetos industriais. Em 1993, chega a vitória em dois concursos: para o Palácio de Justiça de Nantes, executado em 2000 (fig. 337), e para o Vesunna, museu galo-romano, em Périgueux (fig. 338), terminado somente em 2003. O primeiro é um austero paralelepípedo, cujas tessituras repetidas articulam com ordem a distribuição interna. O segundo é um abrigo vitruviano no centro da área arqueológica, fechado por uma cobertura em balanço sustentada por levíssimas traves circulares; a paisagem comunica-se com o interior através da dissolução das estruturas verticais, e os percursos de visita correm sobre passarelas de aço e de madeira.

Fig. 333. (no alto, à esquerda)
A renovação da Opéra de Lyon.

Fig. 334. (no alto, à direita)
O palácio dos congressos em Tours.

Fig. 335. (à esquerda)
Euralille (ver também fig. 428-432).

Fig. 336. (na página seguinte, no alto)
O edifício da Fundação Cartier, em Paris.

Fig. 337. (na página seguinte, no centro)
O Palácio de Justiça de Nantes.

Fig. 338. (na página seguinte, embaixo)
O museu galo-romano de Périgueux.

IV. Os inovadores da arquitetura européia

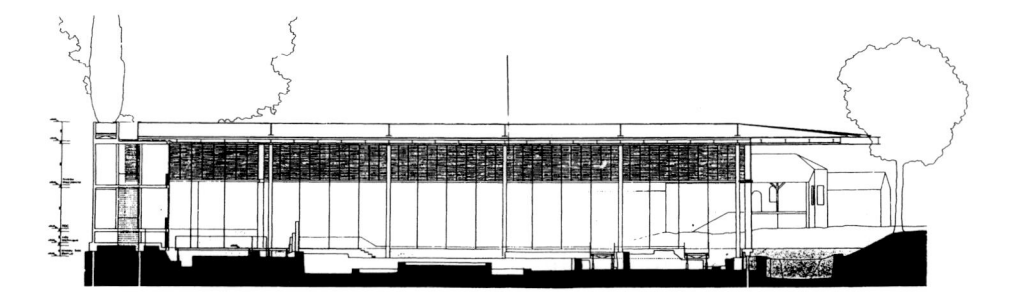

Em 1995, Nouvel inicia uma organização independente, a Jean Nouvel Architecture, que tem uma nova sede na Cité d'Angoulême, na periferia de Paris. O primeiro grande trabalho é o centro cultural de Lucerna. Nouvel havia vencido o concurso de 1989 com um projeto que encerrava a velha sede da instituição em um invólucro envidraçado e colocava ao lado um corpo de construção que se projeta sobre a água do lago "como um navio no momento de zarpar". Mas um referendo vetou essa solução, decidindo conservar o edifício antigo e não ultrapassar a margem do lago. Nouvel respondeu com um segundo projeto, executado em 2001, que recolhe os dois corpos de construção sob uma cobertura simples e sutil, estendida em direção ao lago como uma viseira. As salas internas são ricas em soluções refinadas (fig. 339).

Em Tóquio, em 1998, ele projeta a Dentsu Tower, concluída em 2002, que se insere (com evidente superioridade) entre os arranha-céus ao redor de Shimbashi, diante do parque Hamarikyu e avistando a baía. Ele explica:

> Eu imagino a Dentsu Tower como o último elo na cadeia evolutiva dos arranha-céus, um símbolo da passagem do século XX para o XXI; uma arquitetura viva, oposta à geração precedente de torres mudas, que nunca se consegue saber se são habitadas por seres vivos por trás de vidros e espelhos. Penso em uma arquitetura simples, na qual se perceba o esplendor da vida, como a centelha de inteligência num olhar.[11]

A planta tem um contorno complexo que se adapta aos diversos contextos circunstantes. A elevação reflete as características e a eficiência do interior: o conforto climático obtido com as "fachadas termodinâmicas", que possuem diversos graus de reflexão segundo a orientação; os átrios em elevação, que ajudam na troca de ar; a busca da transparência também no interior; o controle acústico, mediante a escolha dos pisos e dos forros (fig. 340-343).

Fig. 339. O centro cultu[ral] Lucerna.

---

11. *Casabella*, n. 716, Milão, novembro de 2003, p. 4[

IV. Os inovadores da arquitetura européia   193

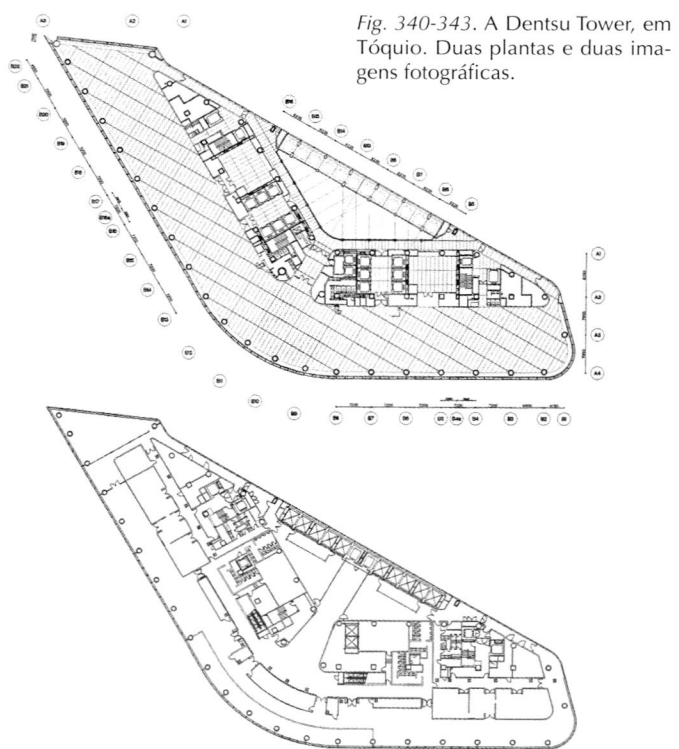

Fig. 340-343. A Dentsu Tower, em Tóquio. Duas plantas e duas imagens fotográficas.

Em 2000, Nouvel vence o primeiro prêmio no concurso para a ampliação do Museu Reina Sofia, em Madri, com um projeto simples e pouco vistoso, que aceita rigorosamente subordinar-se à maciça construção principal (fig. 344-349). Ele explica, como faz habitualmente, o seu propósito:

> O projeto constrói-se à sombra do atual edifício. Na sombra, porque o novo edifício não está em disputa pela primazia sobre o museu existente [...] Devemos dar prova de fidelidade, exprimir o nosso respeito e nossa afiliação. O novo museu toma sob sua asa uma quadra triangular a oeste, três edifícios e algumas árvores [...] A extensão é uma extensão, e enquanto tal se constrói. A base em pedra e granito do museu é prolongada no novo lote e, por sua vez, é utilizada para a pavimentação das salas para exposições temporárias, da biblioteca, do restaurante e dos escritórios. Os três novos edifícios que constituem a ampliação desenvolvem-se em torno de um pátio [...] e todos terminam com terraços. O público pode prolongar a visita com um passeio nos terraços sob o teto. O teto é perfurado de modo a trazer luz natural à biblioteca, às salas expositivas e ao pátio. É uma ala vermelho-tijolo ligeiramente brilhante que reflete de modo indistinto as fachadas e as árvores, e sobre a qual se descobrem reflexos de céu em transparência. Não toca o museu, mas lhe conserva a altitude o os alinhamentos. De fato, alinha-se ao entablamento do penúltimo andar do museu principal. Uma asa leve, da cor dos tetos que recobrem toda a cidade de Madri, protetora e amigável.[12]

---

12. *Casabella*, n. 682, Milão, outubro de 2000, p. 10.

IV. Os inovadores da arquitetura européia 195

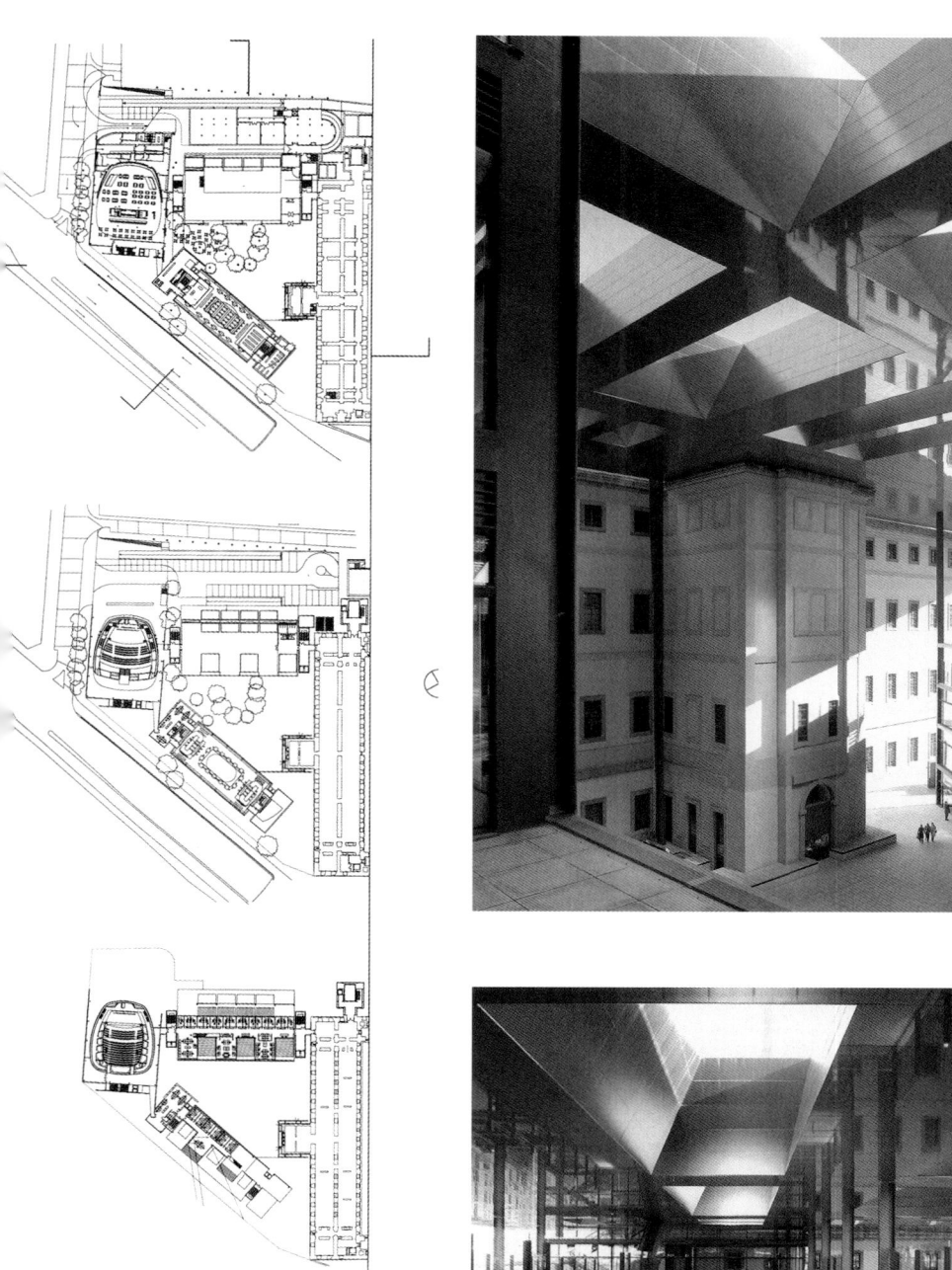

Fig. 344-349. (nesta página e na anterior) A ampliação do Museu Reina Sofia, em Madri.

Em 2002, os Ateliers Jean Nouvel (AJN) vencem uma série de outros concursos edilícios: para a reutilização da antiga área da Fiat em Florença, no viale Belfiore, que se furta ao desagradável cenário circundante ao voltar os volumes edificados para um grande jardim central (fig. 350); para a ampliação do Carnegie Science Center de Pittsburgh, instalado provisoriamente em uma ampla paisagem natural; para a sala de concertos de Soborg, suspensa em um paralelepípedo translúcido.

Em 2003, chega a notícia de que Nouvel foi selecionado para projetar o novo Museu Guggenheim no Rio de Janeiro, com um orçamento enorme de 130 milhões de dólares, que poderia se tornar um recurso ou uma tentação desencaminhadora. O mestre francês, de quem se espera uma imagem clamorosa, comparável àquela de Gehry em Bilbao, propõe um edifício colocado na baía da Guanabara, sobre um molhe abandonado do velho porto e parcialmente submerso. Desse encargo não se ouviu mais falar. Talvez vá permanecer no mundo da fantasia.

Fig. 350. O projeto para uma parte da antiga área da Fiat em Florença.

IV. Os inovadores da arquitetura européia 197

Em 2004, vêm outras encomendas: para o "centro do mar" de Le Havre, que compreende um edifício cultural, uma piscina e um parque de diversões; para cinco estações de trens e bondes em Genebra; para a renovação da área de Bucklesbury House, no centro de Londres (aqui os AJN, juntamente com Foster & Partners, recolocarão no lugar original os restos romanos do templo de Mitra).

Nesse meio tempo, prosseguem os canteiros de obra espalhados por todo o mundo, que o site de Nouvel na Internet coloca em um conveniente mapa dos dois hemisférios. Em 2004, é terminada a Torre Agbar de Barcelona, de 142 metros de altura (fig. 351-357). Prosseguem os canteiros do Musée du Quai de Branly, em Paris, junto da Torre Eiffel, do Guthrie Theater de Minneapolis, dos Soho Apartments, em Nova Iorque (2006), e da Concert Hall de Copenhague (2007). Em 2004, é submetido à Prefeitura de Beirute o projeto de um grande edifício para uso misto.

Fig. 351 e 352. A Torre Agbar, em Barcelona. Planta do pavimento-tipo e vista aérea.

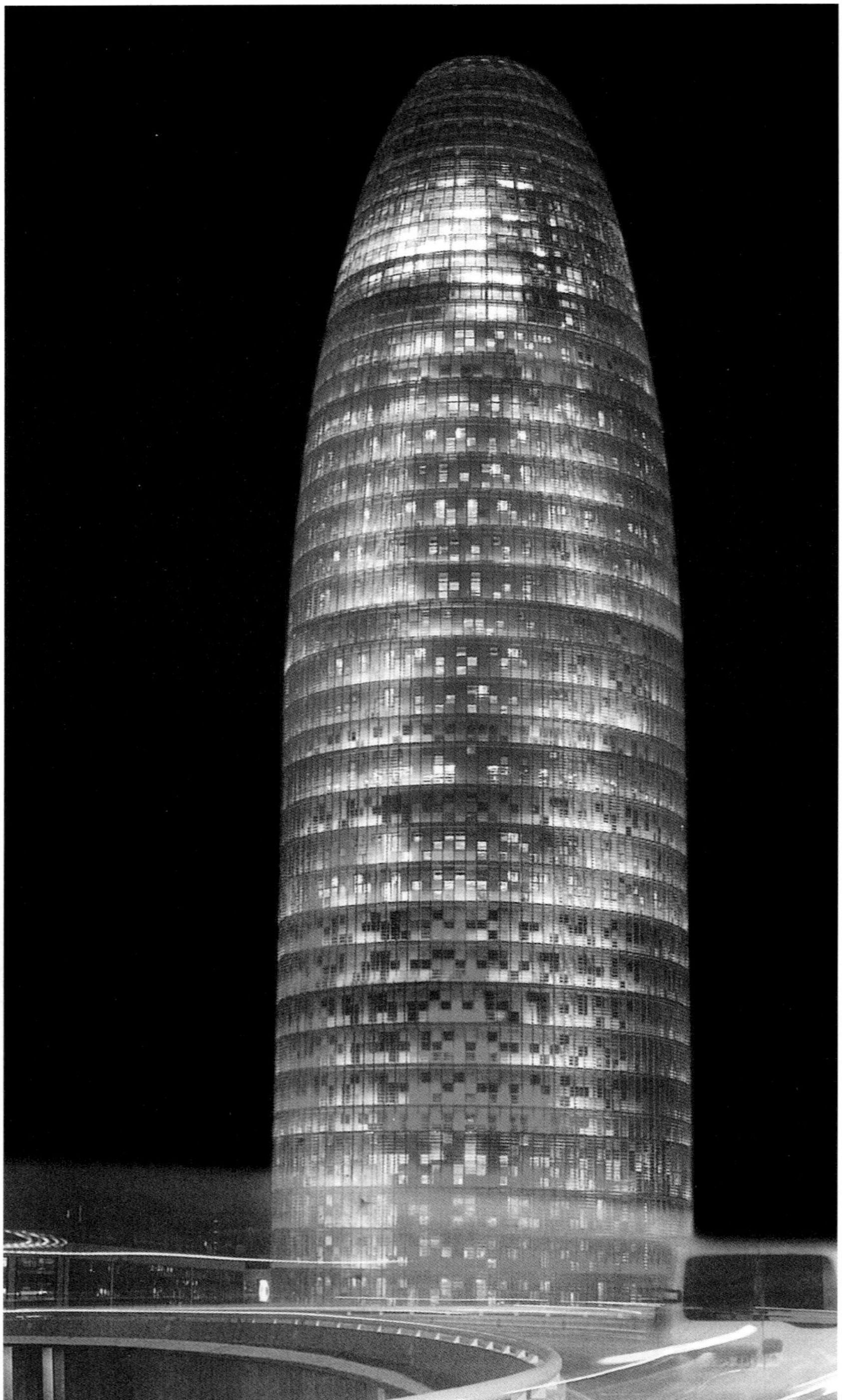

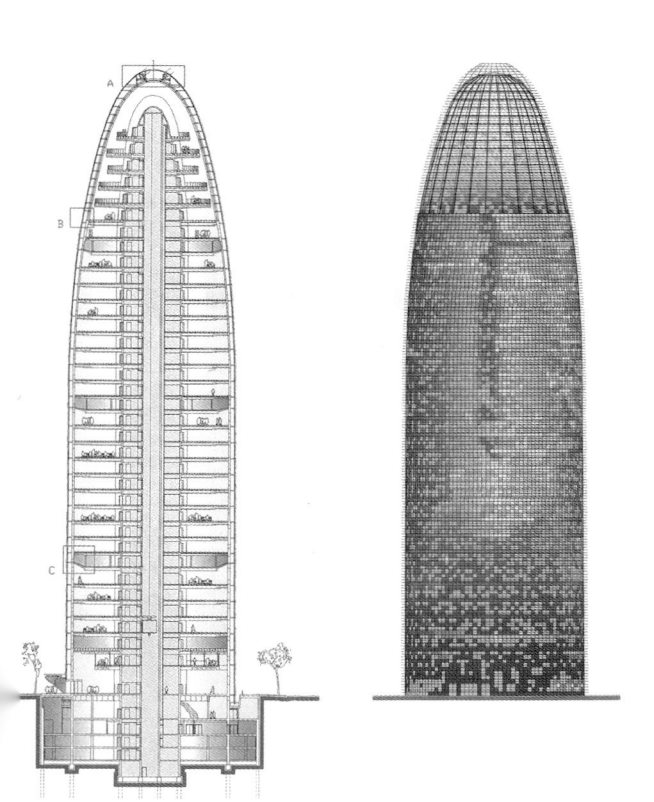

Fig. 353-357. A Torre Agbar: vista noturna, corte, prospecto e duas vistas dos ambientes internos.

Em escala maior, como é previsível, Nouvel afronta a grande dimensão dilatando a medida do projeto arquitetônico, mais que aceitando o trâmite urbanístico e o tradicional escalonamento em diversos níveis do desenho de artefatos, e declara abertamente: "Não creio de fato nos planos urbanísticos, nos planos que vimos quinze ou vinte anos atrás. Certamente creio, em vez disso, em uma gestão geral da cidade."[13]

Suas propostas são incorporadas em alguns projetos que permanecem, até agora, no papel: em Paris, a urbanização da área oeste da Défense, o redesenho da área entre a estação de Austerlitz e os Boulevards Extérieurs, com a realização de um grande parque público na *rive gauche*, que englobe a Bibliothèque de France, ligado, por meio de uma ponte de pedestres, ao parque de Bercy na *rive droite* (fig. 358); a reordenação do bairro Cornillon, em Saint-Denis, ligada ao esplêndido projeto de concurso para o novo estádio, por ocasião da Copa do Mundo de 1998, não selecionado para a execução (fig. 359-362); o projeto, igualmente derrotado, para a reordenação do bairro de Les Halles, em Paris, do qual se falará a seguir.

13. *Il Giornale dell'Architettura*, n. 3, Turim, janeiro de 2003, p. 11.

Está em construção o Parque Científico e Tecnológico em Stezzano, perto de Bérgamo: vinte hectares lineares na rodovia para Milão, protegidos por um muro uniforme de dez metros de altura e um quilômetro de comprimento, formado por elementos de alumínio de extrusão sulcado, pintados de vermelho. O longo estacionamento afasta o muro da rodovia; os edifícios para pesquisa, protegidos do barulho e imersos no verde, foram reunidos na área do fundo.

Em uma entrevista de 2004, Nouvel reflete ordenadamente a respeito dos dois principais pressupostos de seu trabalho: a referência aos lugares e o empenho tecnológico. Ele não está interessado no "desafio da periferia":

Prefiro construir em lugares históricos, onde há uma relação com o contexto, para participar melhor da evolução da cidade. De resto, a modernidade da arquitetura hoje está no vínculo com o contexto. Quando se constroem edifícios genéricos, para serem colocados em qualquer lugar, não específicos para um âmbito urbano, são feitas coisas sem valor.

No contexto histórico, os edifícios antigos devem continuar a viver, remanejando-os se necessário. Mas transformar um edifício é um ato cultural tão importante quanto criá-lo. Eu prefiro trabalhar em lugares marcados pela história, acrescentando algo a um contexto existente. Na ruptura há continuidade, e as cidades se constroem assim.

[Ele rejeita também a conservação textual e a restauração dos artefatos destruídos:] Não se pode refazer a história. É sempre uma má idéia fazer como se a história não tivesse acontecido. Em vez disso, é preciso conservar os traços do que aconteceu.

Quanto às relações com a engenharia, Nouvel identifica deste modo as oportunidades atuais:

No século passado, a engenharia era a expressão direta dos materiais de construção. Agora, os melhores engenheiros fazem com que os materiais sejam misteriosos, que sejam esquecidos em benefício das formas. Mas toda realização nasce de seu trabalho em comum. Hoje, certamente, a técnica cada vez mais liberta as formas do projeto do condicionamento dos materiais.

Também no construir há uma espécie de darwinismo que cria novas espécies arquitetônicas. Hoje o arquiteto tem à disposição muitos meios e materiais novos que permitem combinar técnicas tradicionais e novíssimas: eis a modernidade da arquitetura. Cabe ao arquiteto utilizar esses instrumentos para dar um sentido preciso à sua obra. Esses são os anos de um renascimento para a arquitetura. Quanto ao futuro, *je n'en sais pas*, eu não sei.[14]

---

14. Entrevista a Giuseppe Pullara, *Corriere della Sera*, Milão, 6 de abril de 2004.

IV. Os inovadores da arquitetura européia 201

Fig. 358-362. Projetos para Paris: a intervenção num trecho da *rive gauche* e quatro imagens da proposta para o bairro Cornillon, em Saint-Denis, estudada na ocasião do concurso para o estádio.

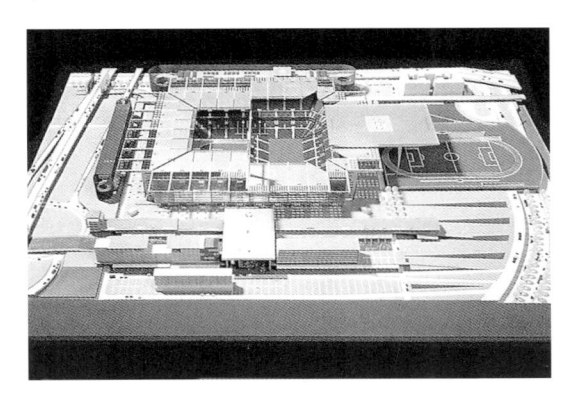

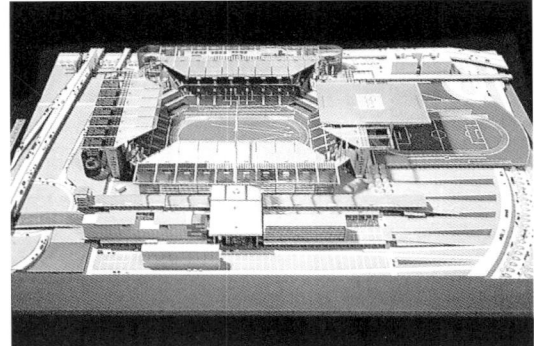

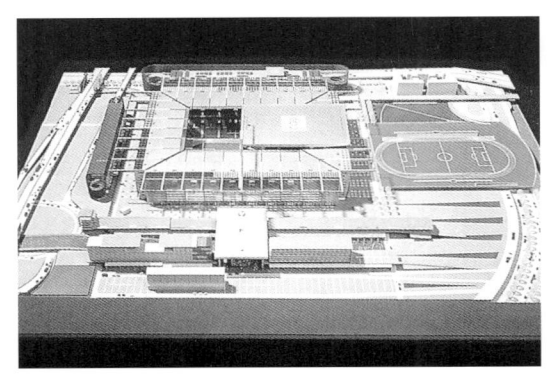

Fig. 363. Jean Nouvel: detalhe do Palácio de Justiça de Nantes.

Fig. 364. Frank O. Gehry: imagem do Museu Guggenheim de Bilbao (de um cartão postal).

Capítulo V

Os pacientes e impacientes catadores de novidades e suas perspectivas

Os quatro arquitetos apresentados no capítulo anterior — ainda hoje os mais criativos da Europa e talvez do mundo — passaram ou estão para passar dos sessenta anos (a arquitetura é uma aprendizagem lenta, que não facilita, hoje como ontem, a excelência precoce); seus estímulos espalhados pelo mundo orientam de modo evidente o curso sucessivo da arquitetura.

Na geração seguinte, tentamos chegar àqueles de quarenta e cinqüenta anos que começam a competir com eles. Através de suas obras, pode-se tentar verificar a persistência da orientação que os aproxima, a recuperação da invenção projetual correlacionada à compreensão dos lugares. Mas essa tentativa não é nada fácil. A formação dos mestres mais antigos fora homogênea e linear: tinha se afastado deliberadamente das tendências ideológicas dos anos 70 e 80, atendo-se à abordagem tecnológica, e produziu escolhas morfológicas em grande parte de primeira mão.

Os jovens (por assim dizer) seguem um percurso mais complicado: recolhem novamente o repertório ideológico e formal das últimas décadas do século XX, proveniente da pesquisa arquitetônica e da pesquisa das artes tradicionais, freqüentam, eles mesmos, o espaço intermediário entre os dois campos, e são expostos a dois tipos de sucesso (midiático e propriamente arquitetônico), que se revelam, a longo prazo, incompatíveis entre si.

Para grande parte dos arquitetos que estréiam a partir dos anos 70 tem importância o ambiente da Architectural Association de Londres, ou a convivência com seu *staff*, que compreende Peter Cook, antigo líder dos Archigram nos anos 60 e 70. Dessa experiência, eles tiram, mais do que orientação específica, a tendência a desenvolver um sistema próprio de explicações teóricas, rigoroso ou simplesmente útil às relações públicas. São episódios que permanecem, quase sempre, como lapsos juvenis, mas introduzem na aprendizagem uma descontinuidade característica e importante. É mais conveniente julgar a linha de conduta posterior, que os separa em dois grupos: os protagonistas impacientes, que alcançaram o sucesso e estão prematuramente satisfeitos, e os aprendizes pacientes.

Perdendo a paciência recomendada por Le Corbusier, os aspirantes inovadores recaem, voluntariamente ou não, no mercado das tendências ideológicas ainda hoje dominantes, que não fazem parte do nosso discurso. O indício da impaciência é a tendência à repetição e ao maneirismo individual, que pode conviver com uma organização complexa dos escritórios ou levar a descarregar o trabalho organizacional sobre consultores externos especializados, enquanto os ateliês pessoais conservam uma marca artística e extrapolam, em muitos casos, em direção à produção virtual.

A heterogeneidade das convivências com vários campos da arquitetura esfuma constantemente os limites entre os cenários reais da vida cotidiana e as imagens virtuais para o tempo livre. Mas a mobilidade das escolhas permite surpresas, e dificulta os julgamentos definitivos.

Nosso balanço, que pretende assinalar todo tipo de contribuição útil à pesquisa coletiva de nosso tempo, não insistirá em tendências evasivas, mas em inspirações também incidentais que entram — por afinidade ou contraposição — na trama do nosso discurso. No grupo desses cultores da originalidade encontramos:

— um arquiteto americano idoso, Frank O. Gehry (1929-), que recentemente fez grande sucesso na Europa e no mundo;

— o citado e redivivo Peter Cook (1936-), já famoso nos anos 70, que, trabalhando no escritório coletivo Spacelab, se compara aos mais jovens em terreno operativo;

— um grupo de projetistas da geração seguinte, educados na Europa e empenhados em transferir para a arquitetura as tendências artísticas desconstrutivas dos anos 70: Bernhard Tschumi (1944-), Daniel Libeskind (1946-), Zaha Hadid (1951-); para os dois últimos, o maneirismo inicial encontra ressonância tão imediata, que logo os conduz ao sucesso máximo;

— os suíços Jacques Herzog e Pierre De Meuron (1950-), portadores de uma tendência cautelosa, sagazmente eqüidistante das tendências extremas, e bastante destemidos no âmbito profissional.

Nesta lista, colocamos também um projetista de estruturas especialista em seu campo, Santiago Calatrava (1951-), que se põe à prova habitualmente com todo tipo de oportunidade entre arquitetura e escultura. É natural associar a todos esses, europeus de origem ou de adoção, um grande número de personagens americanos de sucesso variado, que trabalham *en artiste*, encorajados por um mercado abrangente que leva muito a sério essas tendências (entre tantos, Peter Eisenman, John Hejduk). Para eles, as marcas nacionais que consideramos importantes em nossa narrativa perdem boa parte do relevo.

O sucesso precoce é uma característica freqüente e comumente decisiva, porque chega a congelar uma pesquisa em desenvolvimento, tornando definitivas as carências próprias de todo início, e atribui a cada autor uma imagem reconhecível. Mais difícil é entender a prontidão dos clientes, igualmente importantes e institucionais, em apreciar esse tipo de resultado. Uma das explicações é o procedimento dos concursos, que está se generalizando: nos júris dos concursos não estão os clientes, mas as pessoas encarregadas por eles, que são outros projetistas ou críticos de renome, e é difícil depois desconsiderar suas escolhas. Um caso limite talvez seja o projeto do novo Parlamento escocês, entregue em 1998 ao escritório Miralles-Tagliabue e completado em 2004, após diversas vicissitudes.

A obra que renovou recentemente a fama de Frank O. Gehry é o Museu Guggenheim de Bilbao, promovida em 1991 por Thomas Krens, diretor do museu de Nova Iorque. A ele se deve a filiação da cidade basca ao circuito mundial Guggenheim, a designação do arquiteto idoso e a disponibilidade de um financiamento enorme, suficiente para satisfazer seus desejos mais desenfreados.

Levado a Bilbao para conhecer a área selecionada em um bairro periférico, Gehry escolhe, no entanto, uma área mais reduzida no centro da cidade, às margens de um rio, e ali realiza, de 1992 a 1997, um artefato insólito, onde a presença dos locais internos é absolutamente subordinada ao prestígio da imagem externa no panorama urbano. O embasamento de pedra emerge do terreno, envolve os espaços internos e sustenta um coroamento metálico espetacular, que compreende uma estrutura principal de barras retilíneas, uma rede secundária de laminados curvos, uma camada isolante, a impermeabilização e um revestimento em placas de titânio de 0,38 milímetros de espessura. A forma das placas de titânio, estudada no computador com um programa utilizado na indústria aeroespacial, determina todo o resto, e reduz a estrutura de sustentação interna ao papel de uma armação oculta, como acontecia no passado com algumas estátuas em metal muito grandes, como o *San Carlone* de Arona, do século XVIII, e a *Estátua da Liberdade* de Nova Iorque, do século XIX.

As novidades são a inversão da relação habitual entre o edifício e seus acabamentos plásticos, que produz um efeito paisagístico surpreendente, e a execução no computador dos acabamentos externos, que permite cortar os materiais em qualquer formato, mantendo custos e prazos de produção não muito superiores aos habituais, e fazendo crescer somente as sobras das placas de provisão.

Essas escolhas, que cobrem somente uma parte do artefato, chegam a sacrificar sua integridade. As estruturas metálicas de base e boa parte dos ambientes internos funcionalmente vinculados são excluídas do organismo. É instrutiva a comparação com as obras de Nouvel descritas acima, que visam uma presença não diferente, mas cobrindo todo o organismo físico.

Eis a conclusão paradoxal: a ortogonalidade ("le poème de l'angle droit" de que falava Le Corbusier) é muito mais elástica e rica em recursos do que as formas oblíquas e curvilíneas preferidas por Gehry e muitos outros. Gehry paga um preço figurativo, não somente funcional, por suas predileções formais e vincula-se a uma gama preconcebida de efeitos que empobrece o seu trabalho.

As obras seguintes colocam em evidência esses limites. Quando o conteúdo funcional torna-se mais consistente, como no projeto para o hotel em Elciego, na Espanha (1998-2003), ou para o terminal lacustre vizinho ao aeroporto de Tessera (1999), a ornamentação em volutas metálicas torna-se um "extra", um tipo de decoração acrescida a pedido (fig. 367 e 368). Quando o contexto exclui esses acréscimos — no edifício da Pariserplatz, em Berlim, de 2000 (fig. 369 e 370) —, Gehry movimenta em duas dimensões a impostação das fachadas, e sepulta no subterrâneo uma amostra de seus volumes ondulados, quase uma marca de fábrica. A repetição, como sempre, indica a renúncia em continuar a invenção nas novas oportunidades.

A partir de 1986, o escritório de Gehry emprega na projetação os procedimentos digitais, que concernem à conformação dos elementos externos e condicionam a forma interna dos edifícios, invertendo um dos princípios da tradição moderna. A esse aspecto de seu trabalho é dedicado o livro de Bruce Lindsey, *Gehry digitale, resistenza materiale, costruzione digitale*, de 2001, do qual são extraídas as figuras a seguir.

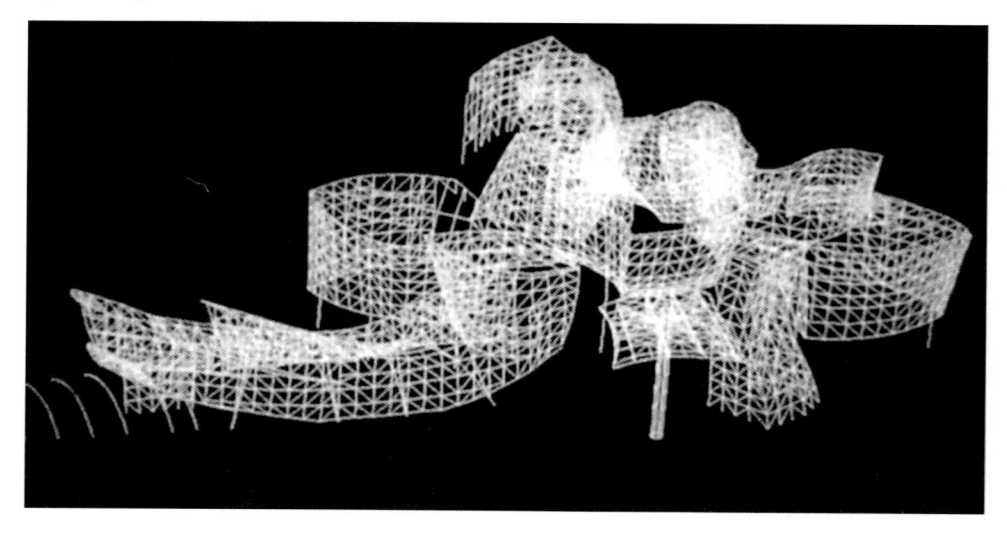

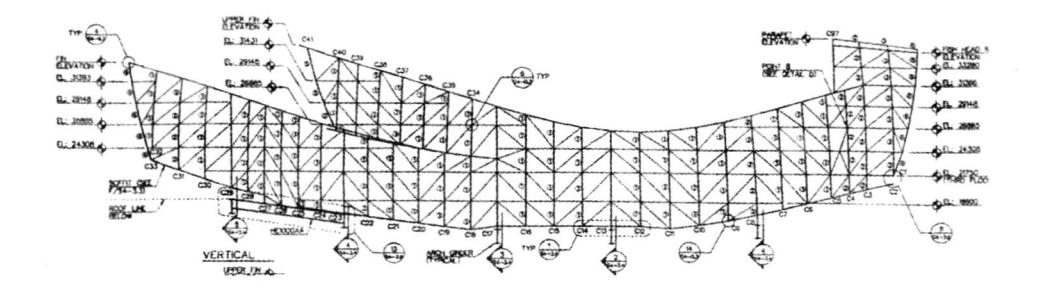

Fig. 365 e 366. Museu Guggenheim de Bilbao: modelo CATIA da grelha de aço e desenhos executivos dos elementos em aço.

V. Os pacientes e impacientes catadores de novidades e suas perspectivas   207

Fig. 367-370. Planta do hotel de Elciego, maquete do terminal náutico de Tessera e duas imagens do edifício na Pariserplatz, em Berlim.

Uma correção, que demonstra a capacidade autocrítica de Gehry, aparece no Performing Arts Center do Bard College, em Annandale-on-Hudson (1997-2003): uma pequena sala teatral com três salinhas menores, isolada em um terreno de bosques perto do grande rio (fig. 371 e 372). Aqui ele enfrenta a incongruência das estruturas de sustentação escondidas, em Bilbao, sob os acabamentos externos em folha de metal e torna visíveis esses suportes em forma de nervuras encaixilhadas, colocando-os em uma relação plausível com os elementos de sustentação. Retira, porém, a consistência volumétrica dos revestimentos metálicos habituais, e os destaca ainda mais claramente do núcleo edificado, banalizando a operação de montagem.

A Walt Disney Concert Hall, em Los Angeles, concluída em 2004, é a realização tardia de um projeto iniciado antes do de Bilbao, mas em seu estado definitivo torna-se uma variação posterior sobre o mesmo tema. Dessa vez, o núcleo funcional não é um artefato efêmero como um museu ou um pequeno edifício coletivo, mas uma grande sala para espetáculos de 2.265 lugares, que, depois de ter incorporado as correções acústicas, tornou-se um organismo simétrico e imobilizado, incluindo ainda, atrás da orquestra, um grande órgão de 6.125 tubos, revestidos de modo a parecer um feixe decomposto de traves de madeira. No exterior, as costumeiras molduragens metálicas se adensam para esconder um volume tão vistoso, e invadem todo o lote, confrontando-se com os edifícios alinhados às margens dos lotes vizinhos. Gehry arma aqui um espetáculo visual tão sensacional quanto em Bilbao, mas de outro tipo. De fato, as vistas rasantes das molduragens que transbordam nos sulcos viários marcam de longe esse edifício especial e criam em pleno *downtown* um efeito inesperado, que se imprime com vigor na paisagem urbana (fig. 373-375).

Fig. 371 e 372. O Performing Arts Center, no Bard College, Annandale.

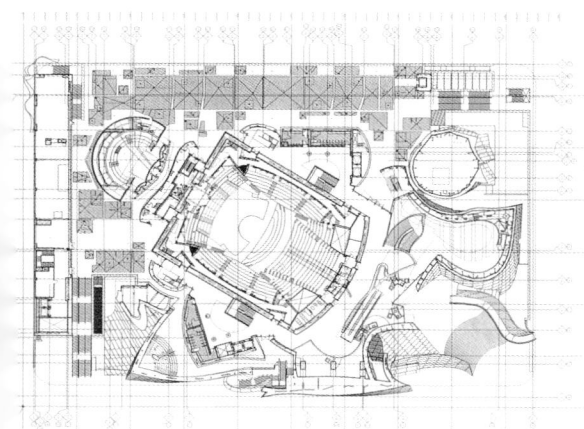

V. Os pacientes e impacientes catadores de novidades e suas perspectivas 209

Fig. 373-375. Walt Disney Concert Hall, em Los Angeles.

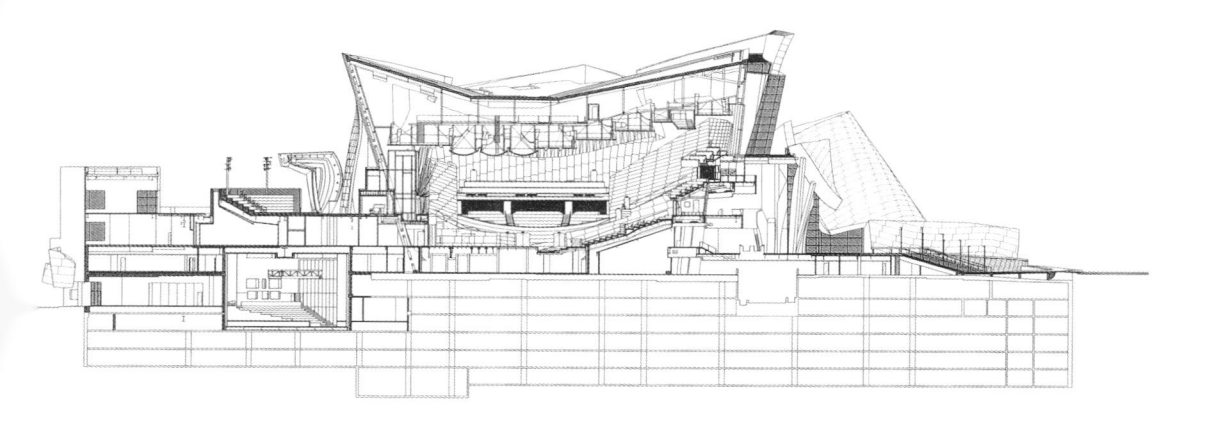

Em 2004, foi apresentado o projeto do Ray and Maria Stata Center, que Gehry construirá no campus do Massachusetts Institute of Technology. Ele abandona o invólucro de volutas metálicas próprias dos edifícios da última década e, repetindo alguns motivos das obras precedentes, decide fragmentar e desintegrar os corpos de construção da volumosa edificação, colocando-a em pleno contraste com os compassados corpos de construção circunstantes. É um alívio constatar que a repetição do último visual enfastiou até o autor, ao contrário do que aconteceu com muitos de seus admiradores. O espetáculo visual anuncia-se impressionante, e acrescentará prestígio aos edifícios vizinhos, de cujas janelas se gozará a vista do Stata Center (fig. 376-378).

De todo modo, Gehry distingue-se dos outros desse grupo pelo seu longuíssimo currículo, no qual, para afirmar sua inexaurível aspiração ao novo, criou muitos e muitos jogos de cena. É a seriedade dos críticos de hoje, prontos para elogiar de modo desmedido suas últimas obras, que criou em torno de seus trabalhos um halo artificialmente agressivo. Quando ele intervém pessoalmente, fala como um modesto artesão e não esconde a diversão em escutar seus fãs Será que o transformista ancião tem no estoque outras surpresas para os anos futuros?

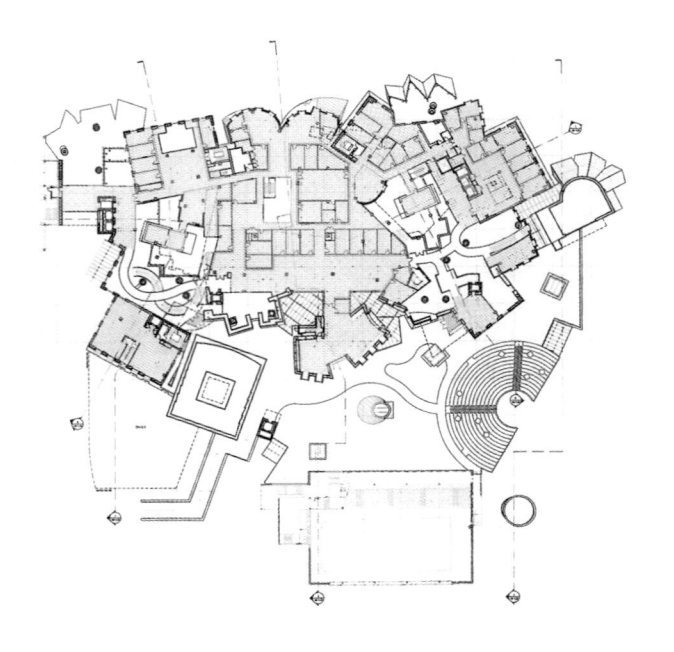

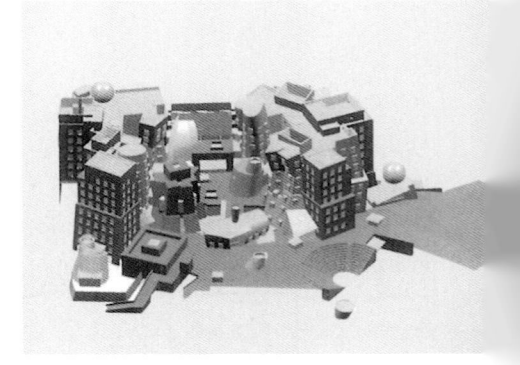

Fig. 376-378. Ray anda Maria Stata Center, no campus do MIT, em Boston.

BERNHARD TSCHUMI, formado em 1969 pela Escola Politécnica de Zurique, ensina na Architectural Association de Londres de 1970 a 1979, depois em diversas escolas americanas e, de 1988 até 2003, na Universidade de Columbia. Num primeiro momento é conhecido como teórico da arquitetura (*The Manhattan Transcripts*, 1976-1981). Em 1983, torna-se famoso vencendo o concurso para o parque de La Villette; naquela ocasião, abre um escritório em Paris e, em 1988, outro escritório em Nova Iorque.

O parque parisiense, realizado de 1982 a 1997 (fig. 379), é baseado em um programa estrutural elaboradíssimo, que compreende um tabuleiro de xadrez de "pontos", os *folies* (pavilhões de 10 x 10 x 10 metros, de forma sempre diversa, distanciados 120 metros entre si), as "linhas" (uma cruz de caminhos para pedestres em alta densidade, cobertos por uma estrutura ondulada contínua, mais um caminho curvilíneo que corta repetidamente aqueles retilíneos), as "superfícies", destinadas a hospedar uma variedade de usos intercambiáveis. Disso resulta um ambiente ao mesmo tempo natural e artificial, sustentado por raciocínio obstinado que, de alguma forma, vem ao encontro das ambições dos Grands Projets promovidos pelo presidente Mitterrand.

As obras seguintes de Tschumi, que têm a intenção de ser "edifícios que geram eventos"[1], compreendem os trabalhosos organismos metálicos que formam a "estação de transporte integrado" de Lausanne (1988-2001), o Studio National des Arts Contemporains de Turcoing (1991-1997) e o Alfred Hall Student Center, em Columbia (1994-1999). Mais bem-sucedida, também pela menor dimensão, é a sala de concertos com centro de exposições em Rouen (1998-2001), baseada em um envolvimento duplo ao redor do espaço semicircular da sala (fig. 380 e 381).

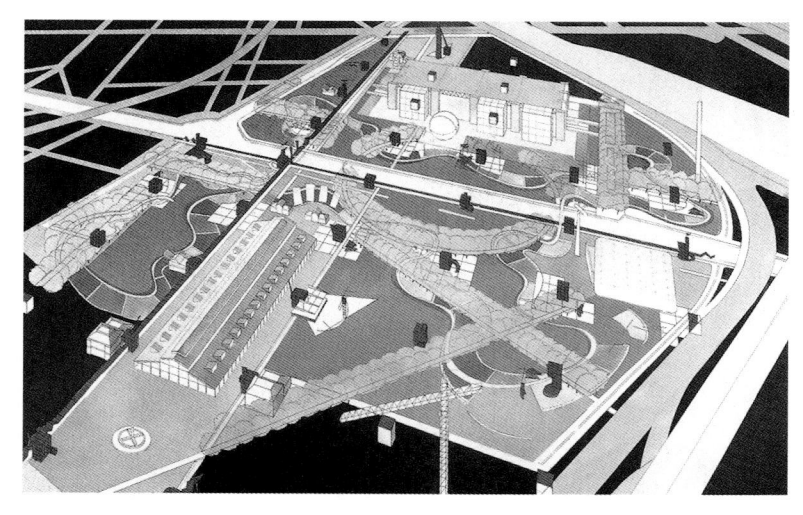

Fig. 379. O parque de La Villette, em Paris.

---

1. G. Damiani, *Tschumi*, Milão, Rizzoli, 2003, p. 49.

212 A arquitetura no novo milênio

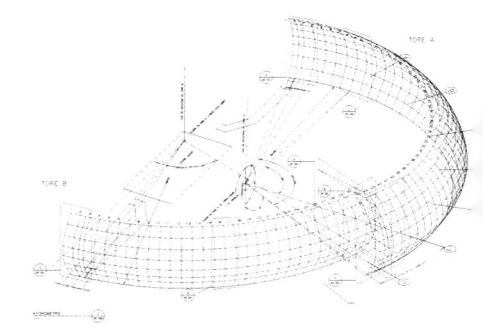

Fig. 380 e 381. A sala de concertos em Rouen.

DANIEL LIBESKIND (1946-) nasce na Polônia; primeiramente estuda música em sua terra, depois em Israel e em Nova Iorque; a seguir, estuda arquitetura na Cooper Union de Nova Iorque. Estabelece-se nos Estados Unidos, ensina em diversas universidades americanas e européias e se interessa por problemas da arquitetura por um viés teórico, explicando amplamente por escrito suas intenções gerais e particulares. A carreira profissional nasce do sucesso precoce de seu Museu do Judaísmo em Berlim (1989-1999; fig. 384-387), onde a conformação e a seqüência dos ambientes internos, deformados na planta e na elevação, realizam uma espécie de comentário arquitetônico, eficaz e comovente, aos fatos históricos e aos documentos conservados no museu. Mas logo Libeskind separa essa linguagem daqueles conteúdos, fazendo com que ela se torne uma constante das obras sucessivas — o Imperial War Museum, em Salford, perto de Manchester (2002), o Centro de Pós-graduação da Universidade Metropolitana de Londres (2003; fig. 382 e 383) —, e a emprega em escala gigantesca no projeto vencedor do concurso para a reconstrução do Ground Zero em Nova Iorque (2002-2003; fig. 548 e 549).

Desse trabalho, que sofreu e sofrerá muitos condicionamentos inevitáveis, pela pluralidade dos interesses envolvidos, se falará no capítulo VII. A fama que lhe trouxe alarga seu campo de trabalho. Mas, nas obras seguintes, as escolhas arquitetônicas e as intenções permanecem invariáveis.

Fig. 382 e 383. O Centro de Pós-graduação da Universidade Metropolitana de Londres.

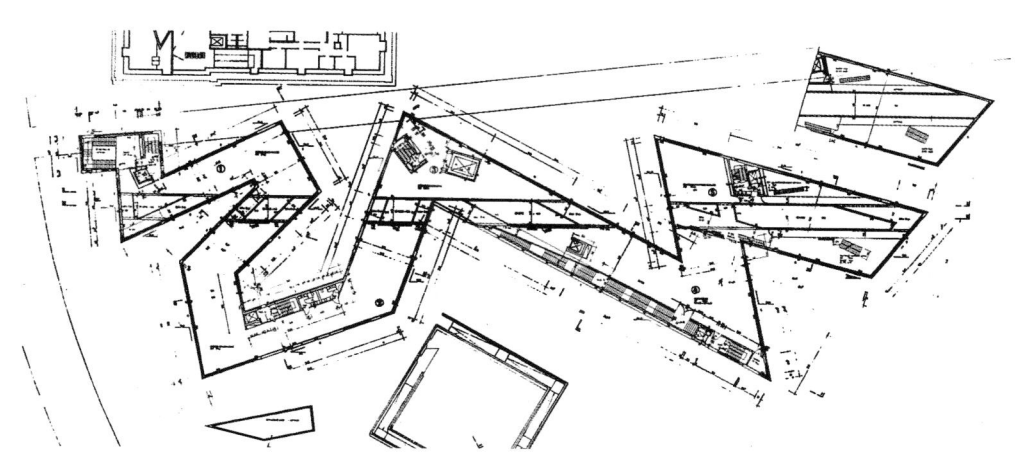

V. Os pacientes e impacientes catadores de novidades e suas perspectivas 213

Fig. 384-387. O Museu do Judaísmo em Berlim.

ZAHA HADID (1951-) deixa precocemente o Iraque, estuda em Beirute, na Suíça e na Architectural Association de Londres, e participa, por um período, do OMA (Office for Metropolitan Architecture) de Rem Koolhaas. Hoje é naturalizada inglesa; seu escritório, na King's Road, "está se agigantando".

A pesquisa de Zaha Hadid sobre a interpenetração das figuras espaciais — desenvolvida em um primeiro momento na pintura e na escultura — teria podido prosseguir de diversos modos se não tivesse sido trocada por uma linguagem arquitetônica já pronta, motivo de interesse midiático e de qualificação profissional. A aprendizagem da execução de alguns projetos mais relevantes — o Rosenthal Center for Contemporary Art, inaugurado em 2003 em Cincinnati, o Centro per le Arti Contemporanee, que está sendo construído em Roma — não corrigiu a gravitação em direção ao mundo "artístico", nem modificou de modo considerável seu repertório consolidado. Seus escritos e aforismos ("por que se ater ao ângulo de noventa graus, quando há outros 359 disponíveis?") preparam escolhas uniformes e previsíveis.

O obstáculo insuperável parece ser justamente o sucesso profissional. Os últimos projetos vencedores dizem respeito a temas os mais díspares, entre os quais a estação de trens de alta velocidade de Afragola, perto de Nápoles (concurso vencido em 2003), e o Olympic Aquatic Center de Londres (concurso vencido em 2005; espera-se sempre algum tema que se adapte ao seu modo de projetar, uma vez que não se pode esperar que ocorra o contrário). Em 2004, recebe o prêmio Pritzker com uma motivação instrutiva: os projetos de Hadid são julgados "o melhor argumento para afirmar a superioridade da arquitetura na produção de espaço". Superioridade, deve-se entender, em relação a outras atividades concorrentes, que produzem "espaço" de modo diverso? A comparação leva o julgamento para o mundo do entretenimento, e, até agora, seu trabalho permanece confinado nesse âmbito. Mas de sua iniciativa poderiam chegar resultados novos.

Fig. 388 e 389. O Rosenthal Center for Contemporary Art, em Cincinnati, e uma imagem do centro de serviços industriais em Wolfsburg.

V. Os pacientes e impacientes catadores de novidades e suas perspectivas 215

Fig. 390 e 391. A ampliação da Tate Gallery, em Londres.

HERZOG & DE MEURON estudam na Escola Politécnica de Zurique, com Aldo Rossi, e se formam em 1975. Seu escritório associado, fundado em Basiléia em 1978, adquire renome internacional quando, em 1995, é selecionado para projetar a ampliação da Tate Gallery, dedicada à arte contemporânea, na velha central elétrica de Bankside, no Tâmisa (fig. 390 e 391).

O edifício, concluído em 2000, dialoga de modo hesitante com o lugar e com o invólucro da estrutura precedente, e resulta agradável pela variedade original dos acabamentos. Essa combinação — cautela nas escolhas distributivas e construtivas, invenção inexaurível nos materiais e em seu uso — leva a um sucesso crescente (prêmio Pritzker em 2001), e ruma constantemente para a obtenção de um excedente de caracterização formal, que é o ponto fraco das obras seguintes.

Fig. 392. O Laban Centre de Londres.

Os detalhes inéditos inventados pelo escritório são amplamente apreciados tanto pelo mundo profissional especializado quanto pelo público. Os revestimentos externos — em policarbonato multicolorido no Laban Centre de Londres (fig. 392); em policarbonato enriquecido por serigrafias que marcam as aberturas no estabelecimento Ricola; formados por grandes gaiolas de pedra na adega vinícola de Napa Valley — obtêm uma vasta gama de efeitos visuais.

No último quarteirão da Diagonal de Barcelona — um grande complexo multifuncional conferido a Herzog & De Meuron em 2000 e executado na ocasião do Forum 2004 —, o invólucro volumétrico compacto, ditado pelo embasamento triangular, é enriquecido por uma fantasiosa combinação de rasgos e colorações, que imitam o toque caprichoso de um artista diante de uma tela. No interior, uma volubilidade análoga comanda a distribuição e o acabamento dos ambientes, que exibem numerosas variantes espaciais e cromáticas (fig. 393-395).

O projeto recente para uma sala de concertos a ser construída no bairro Hafencity de Hamburgo propõe um volume ondulante, içado sobre o bloco compacto de um antigo armazém portuário, com uma camada de policarbonato permeável à luz, enriquecida por um mosaico de aberturas diferenciadas incisas na profundidade do volume (fig. 396).

Pode ser que esses recursos se consolidem em breve como verdadeiras invenções, ou que sua dissociação permaneça. O futuro dirá.

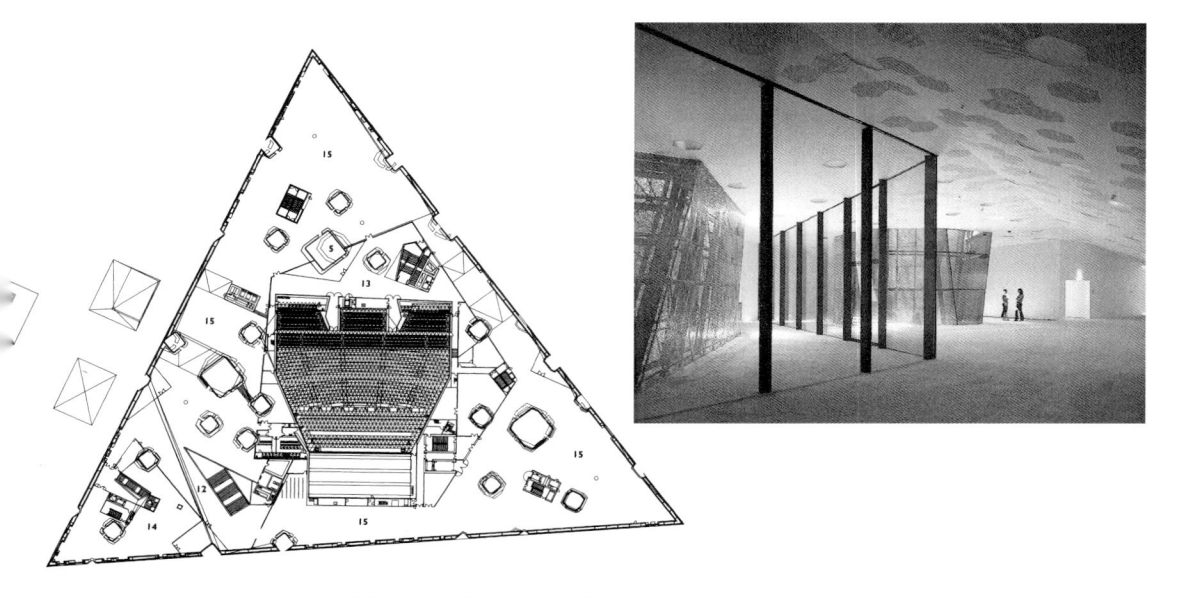

Fig. 393-395. O quarteirão multifuncional da Diagonal de Barcelona.

Fig. 396. Projeto para uma sala de música na Hafencity de Hamburgo.

Santiago Calatrava (1951-) é o último sucessor dos engenheiros estruturais — Alexandre G. Eiffel, Robert Maillart, Pier Luigi Nervi, Riccardo Morandi, Buckminster Fuller, Otto Frei — que nos últimos 150 anos realizam um vasto grupo de obras edilícias (torres, pontes, estações, complexos esportivos, mercados, salas de reunião, edifícios monumentais) e têm um lugar na história da arquitetura moderna.

Nascido numa aldeia perto de Valência, escolhe desde o início um campo de trabalho internacional. Desde muitíssimo jovem, estuda em Paris e Zurique; em 1968, depois de concluir os estudos secundários, inscreve-se na École des Beaux-Arts de Paris; em 1975, freqüenta o Instituto Federal de Tecnologia em Zurique, onde se forma em 1981 com uma pesquisa sobre estruturas espaciais dobráveis. Nas primeiras obras na Suíça, explora os recursos de diversos materiais — o aço, o alumínio, o cimento armado —, dos quais tira novas combinações construtivas e efeitos formais inéditos (fig. 397 e 398).

Fig. 397 e 398. A estação ferroviária Stadelhofen, em Zurique.

O primeiro organismo radicalmente criado é a BCE Place Gallery, em Toronto (1987-1992), cujas estruturas delicadas, repetidas em grande escala, contrastam abertamente com os edifícios circundantes. Seguem-se as experiências com estruturas móveis — o pavilhão flutuante em Lucerna, de 1989, o planetário de Valência (1991), o pavilhão do Kuwait para a Exposição de Sevilha de 1992, a *shadow machine* de 1992-1993, montada em Nova Iorque e em Veneza, a sala municipal de Alcoy (1992-1995). O sucesso profissional promove a série de peças de grande

V. Os pacientes e impacientes catadores de novidades e suas perspectivas 219

dimensão — a estação TGV de Lyon-Satolas (1989-1994), o planetário de Valência (1991-1993; fig. 399-401), a estação Oriente, de Lisboa (1993-1998; fig. 403) —, que adquirem a complexidade e a severidade de catedrais (em 1991, vem ainda o projeto para uma verdadeira catedral, a reforma da inacabada igreja de St. John the Divine, em Nova Iorque, que permaneceu no papel). Também fica sem execução o projeto para a reforma do Reichstag de Berlim, com um arranjo variável da sala que Calatrava não tem condições de dominar (fig. 402).

Fig. 399-401. (acima) Três vistas noturnas do planetário da Cidade da Ciência, em Valência.

Fig. 402 e 403. (à direita) O projeto para a reconstrução do Reichstag de Berlim e uma imagem da estação Oriente, em Lisboa.

Mais bem-sucedidas são as suas numerosas pontes, onde o arbítrio compositivo se restringe — a ponte Alamillo, para a Exposição de Sevilha de 1992 (fig. 404), a ponte para pedestres Oudry, a ponte para pedestres Volantin, em Bilbao, a quarta ponte sobre o Grande Canal de Veneza, desenhada em 1998 e atualmente em construção (fig. 407).

Fig. 404-406. A ponte Alamillo, em Sevilha. A torre das comunicações de Montjuic, em Barcelona. Uma escultura intitulada *Discerning eye*.

Fig. 407. A ponte sobre o Grande Canal, em Veneza.

No verão de 2004, Calatrava realiza perto de Atenas sua intervenção mais complexa e ambiciosa, o grupo de artefatos para as Olimpíadas: uma entrada cerimonial, o estádio, o velódromo, a "Ágora" (uma galeria curva em metal, acompanhada de um espelho d'água e de um cenário de árvores). O Monumento Olímpico, uma agulha de 350 metros de altura que deveria ter funcionado como gnômon[2] de um gigantesco relógio de sol, não é executado. O estádio tem uma cobertura de duas águas pré-fabricada em aço e plexiglas, suspensa em dois grandes arcos, cobrindo 25 mil metros quadrados. O velódromo é obtido acrescentando a uma estrutura existente uma cobertura, para eliminar a ação do vento, revestida com metal no exterior e com madeira no interior (fig. 408 e 409). Nesse ciclo de obras, reaparecem os defeitos e os talentos de Calatrava: a megalomania, a preferência por efeitos vistosos, o ecletismo estrutural, o interesse por estruturas móveis.

Fig. 408 e 409. Atenas: o parque Olímpico e um detalhe do estádio.

Sua carreira demonstra que a invenção construtiva não é um guia suficiente para as tarefas contemporâneas. Nos últimos cinqüenta anos, os resultados realmente maduros vieram da colaboração entre especialistas estruturais e arquitetos capazes de uma síntese abrangente (Kawaguchi, no Japão, com Tange, para os edifícios olímpicos de 1966, e com Isozaki, para o palácio de Barcelona, 1978; Ove Arup com Foster, Rogers e outros).

As experiências inovadoras de Calatrava estão subordinadas à busca, objetivamente datada, de um estilo pessoal, e sob esse aspecto ele se aproxima dos protagonistas da polêmica entre as tendências nos anos 80. Mas ele cultiva ambições diferentes, e sua obra torna-se um caso especial de pesquisa original refreada pelo preconceito estilístico: hoje, um dos tantos obstáculos à verdadeira invenção.

---

2. A haste, agulha ou ponteiro do relógio de sol. [N.T.]

Os projetistas até agora arrolados sofrem a sedução do sucesso rápido. Um número crescente de clientes públicos e privados quer de Gehry um projeto que tenha o mesmo prestígio do museu de Bilbao. Vários arquitetos mais jovens aspiram a uma condição semelhante, bordejando os canais da moda, do design, do espetáculo e do marketing, e freqüentemente buscam um atalho em direção a uma posição reconhecida, que os dispense da continuação da pesquisa.

Em 2003, duas autoras italianas, Gabriella Lo Ricco e Silvia Micheli, publicam um livro intitulado justamente *Lo spettacolo dell'architettura*[3] e propõem (copiando Rem Koolhaas) um apelativo munido de copyright, archistar©, que é atribuído aos arquitetos antigos e modernos de fama já assegurada, aos *testimonials* escolhidos para fazer propaganda das marcas mais famosas — Koolhaas da Prada, Mendini da Alessi, Calatrava da Mercedes, Fuksas da Renault, Nouvel da Vitra — e aos projetistas empenhados em fazer propaganda de si mesmos. "Esses projetistas se legitimam como parte de um sistema geral mais amplo. Um sistema, em última análise, que cresce às margens da arquitetura contemporânea, feita ainda, e felizmente, de projetistas que continuam a realizar obras valiosas, e que constitui um terreno ainda virgem para a conquista midiática."

Por fim, é preciso destacar a perturbação trazida por uma parte dos críticos, que se ocupam das "exposições de arquitetura" e manejam um tipo de arquitetura para ser exibida, similar às artes visuais. Germano Celant, em um texto publicado na revista *Lotus* em 2005, deseja uma arquitetura que "se liberte dos aspectos funcionais", ou seja, que "trabalhe sobre a pele e depois coloque lá dentro os serviços"; em suma, que se torne "um objeto plástico" análogo a uma escultura, isto é, "fisicamente puro".[4]

Esses discursos encontram crédito em um vasto e bem financiado campo. O próprio Celant dirigiu algumas manifestações importantes, que não dizem respeito ao nosso discurso. Os dirigentes do prêmio Pritzker dão crédito crescente a esses julgamentos. Depois do prêmio de 2004 — atribuído, como se disse, a Zaha Hadid —, o prêmio de 2005 foi concedido a Thom Mayne, líder do grupo americano Morphosis.

Tentamos agora selecionar um grupo de "aprendizes pacientes", que procedem de modo mais reflexivo e determinado, e estão se tornando ou podem se tornar os verdadeiros novos protagonistas do futuro. Em comparação com o populoso levantamento precedente, eles se apresentam como exceções em uma situação difundida, e distinguem-se não por uma escolha de princípios, mas por terem extraído em tempo, das mesmas ou semelhantes experiências, uma pesquisa capaz de crescer e de produzir criações verdadeiras, transmissíveis.

---

3. G. Lo Ricco e S. Micheli, *Lo spettacolo dell'architettura: profilo dell'archistar©*, Turim, Bruno Mondadori, 2003.
4. V. Gregotti, "L'architettura presa per la pelle", *La Repubblica*, Roma, 15 de fevereiro de 2005.

V. Os pacientes e impacientes catadores de novidades e suas perspectivas

Sua identificação, em um balanço provisório e limitado a um lapso de tempo curto, é naturalmente arriscada. Os mais numerosos e notórios pertencem à Holanda, que, em conjunto, é uma exceção no quadro europeu. Depois, encontraremos um grupo de jovens de posição geográfica incerta e, como veremos, outros projetistas inseridos em um país por muito tempo excluído da inovação arquitetônica: a França.

1. O debate holandês

O longo processo que liga Brinkman, van der Vlugt, van den Broek e Bakema chega até os nossos dias com HERMAN HERTZBERGER (1938-), anteriormente redator da revista *Forum* ao lado de van den Broek, Bakema e van Eyck. Hertzberger, como os arquitetos europeus mencionados no capítulo III, personaliza a continuidade da pesquisa moderna, e tem atrás de si a ininterrupta tradição holandesa desde Oud e Dudok até o presente. Ainda hoje se encontra ativo no mesmo nível, na Holanda e no exterior, e ultimamente realizou uma intervenção de grande relevo em Colônia: o quarteirão número 4 de um novo assentamento terciário, na área de uma doca desativada.

Em 1987, foi anunciado um concurso para o reaproveitamento da área, vencido pelo arquiteto Eberhard Zeidler com um famoso desenho semicircular com setores convergentes para uma praça central. Em 1991, Hertzberger vence o concurso para o quarteirão e decompõe o volume de Zeidler em cinco lotes que recompõem, do exterior, as margens viárias, enquanto no interior têm contornos circulares e criam um novo espaço urbano levemente sobrelevado (fig. 410-412).

Ele explica assim o seu propósito:

> Nosso projeto de Colônia toma o princípio tradicional através do qual se forma o quarteirão urbano, com suas fachadas de apresentação no exterior e os jardins privados no interior, e o inverte, colocando no interno a frente principal e o fundo dos edifícios fora. Normalmente é à frente que o arquiteto dedica grande parte de sua atenção: o fundo, lugar do desenrolar da vida cotidiana e de seu contínuo vaivém, acaba sendo somente uma consequência da ordem formal das fachadas principais. Se isso é verdadeiro na história da arquitetura, continua a sê-lo ainda hoje. Persiste, de fato, uma linha limítrofe invisível e subconsciente entre a arquitetura com A maiúsculo e sem.
>
> A invenção que tentamos em Colônia foi a de expor os fundos à vista. Graças a essa escolha, todos os lados do edifício se tornaram frentes, e o pátio interno volta a ser o reino da vida pública dos cidadãos. Desse modo, tornou-se indiferente a distinção entre interior e exterior.[5]

---
5. *Il Giornale dell'Architettura*, n. 27, Turim, março de 2005, p. 20.

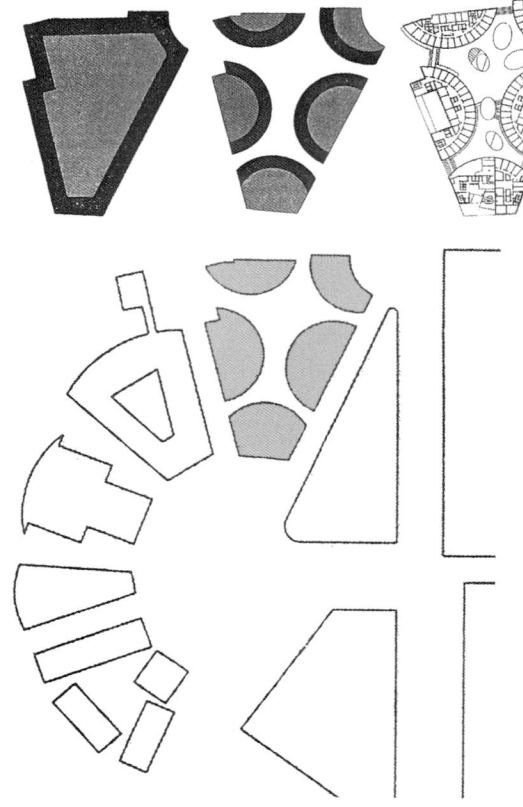

Fig. 410-412. A intervenção de Hertzberger em Colônia, para a conclusão do novo complexo Media Park.

"A melhor fatia de bolo no fim", dizem os panfletos publicitários do complexo imobiliário.

Da triste paisagem das fatias de bolo compactas, com os blocos edificados grandes demais e os habituais canais viários, passa-se a um cenário habitável, que redimensiona os volumes construídos em sete pavimentos e emprega os traçados curvilíneos prediletos do último van Eyck a fim de obter um espaço contínuo para pedestres. Uma variante intermediária ainda previa cobri-lo.

Uma nova fase de debate e de experimentações é aberta pela presença (com repercussão internacional) de REM KOOLHAAS (1944-) e de seu grupo, OMA, fundado em 1975 com Madelon Vriesendrop, Elia e Zoe Zenghelis.

Koolhaas é apenas seis anos mais jovem do que Hertzberger, mas pertence a um horizonte cultural completamente diverso: ele coloca em dúvida os próprios limites do trabalho arquitetônico e desconfia até hoje de ter encontrado um novo ponto de chegada.

Ele se apresenta desde o início como um "mestre" em uma pluralidade de campos. Começa no cinema, e ainda hoje está pendente entre a arquitetura, a urbanística, a crítica, o ensino e a animação cultural. Seu primeiro livro programático, *Delirious New York*, sai em 1978, roda o mundo e sugere uma nova avaliação do atual congestionamento urbano. Enquanto realiza, em parceria com seus colaboradores, o Teatro Nacional de Dança de Haia (1980-1987) e duas casas de pátio em Roterdã (1984-1988), Koolhaas inicia uma série de projetos de grande ressonância, pelas propostas teóricas aplicadas aos maiores problemas de hoje, mas que permaneceram, em sua maioria, no papel. Ao lado do OMA, institui a AMO (Architecture Media Organization), para desenvolver um trabalho sistemático em campo teórico e virtual. Depois da reimpressão, em 1994, de *Delirious New York*[6], ele publica, em 1995, seu segundo e mais importante livro teórico, *S, M, L, XL*[7], que impõe um novo standard para os livros de arquitetura e vence o Book Award do American Institute of Architects. Leciona nas universidades de Delft e de Houston e na Harvard School of Design, promovendo, entre outras coisas, a primeira análise aprofundada das últimas transformações territoriais na China, publicada em um livro coletivo de 2001 (sobre o qual falaremos no capítulo IX).

A sua influência na cultura arquitetônica atual — não apenas com as obras construídas, mas com as pesquisas sobre as relações entre a arquitetura e a vida contemporânea e com os muitos estímulos distribuídos aos outros, em todas as partes do mundo — fez com que merecesse, em 2000, o prêmio Pritzker. Para explicar a passagem entre a idealização e a execução, arrolamos suas contribuições, partindo dos projetos e das realizações que dependem deles.

1979. O OMA elabora para a administração de Roterdã o plano geral de reestruturação de Roterdã Zuid e os sucessivos planos setoriais. À medida que as atividades portuárias se deslocam para a foz do rio Maas, os cais são ocupados por usos urbanos e tornam-se um *pendant* do triângulo central reconstruído no pós-guerra. A nova ponte entre as duas áreas, Erasmusbrug, projetada por Ben van Berkel, foi terminada em 1996. Sobre o cais que fronteia o centro antigo, o plano de Koolhaas prevê uma fileira de edifícios diferentes entre si. Foram construídos o arranha-céu da autoridade portuária, projetado por Norman Foster, e o da KNP Telecom, de Renzo Piano, com a fachada fora de prumo instalada como uma grande tela. Ainda falta a torre MAB de Koolhaas, articulada como um volume complexo, que obterá o máximo destaque, apresentando-se na primeira fila, na margem do rio.

---

6. R. Koolhaas, *Delirious New York: Retroactive Manifesto for Manhattan*, Nova Iorque, Monacelli Press, 1994.
7. R. Koolhaas e B. Mau, *Small, Medium, Large, Extra-Large*, organizado por J. Sigler, Roterdã/Nova Iorque, 010 Publishers/Monacelli Press, 1995.

Fig. 413. A reestruturação de Roterdã Zuid.

1980. O OMA recebe o encargo para o reaproveitamento da área Ij Plein, em Amsterdã Noord. A área triangular maior é dividida em intervalos regulares para dar lugar a uma série de hastes residenciais baixas, de comprimento variável de acordo com sua posição; para uma parte delas, o OMA fornece o projeto de construção. Segue uma zona verde que assegura a ligação com o bairro vizinho, Vogel Dorp, e outra área residencial destinada a edifícios mais altos, alinhados de modo a liberar a vista para a cidade antiga. A variedade das soluções distributivas e a presença de serviços enriquecem gradualmente o cenário, concluído em 1989.

Fig. 414 e 415. A área Ij Plein, en terdã, antes e depois da reurban pelo OMA.

V. Os pacientes e impacientes catadores de novidades e suas perspectivas   227

1982. O OMA participa do concurso para o parque de La Villette, em Paris. Vence o projeto de Tschumi já descrito, mas desperta especial interesse o projeto de Koolhaas e seus colaboradores, que, ao invés de um design já fixado, propõe "um método que conjugue especificidades arquitetônicas e indeterminação programática"[8] (fig. 416-419). O lugar inteiro é subdividido em faixas paralelas orientadas de leste para oeste, com largura de cinqüenta metros, tratadas como áreas construídas, ou cobertas, ou livres, em proporções pré-fixadas. A elas se sobrepõem os elementos especializados de pequenas dimensões (quiosques, áreas de lazer, pontos de venda, áreas para piquenique), as vias de acesso e de circulção e, por fim, os *objetos* especiais de grandes dimensões, entre os quais o museu e a Grande Halle.

O controle quantitativo conseguido pela modularidade deveria ter permitido uma liberdade qualitativa indefinida.

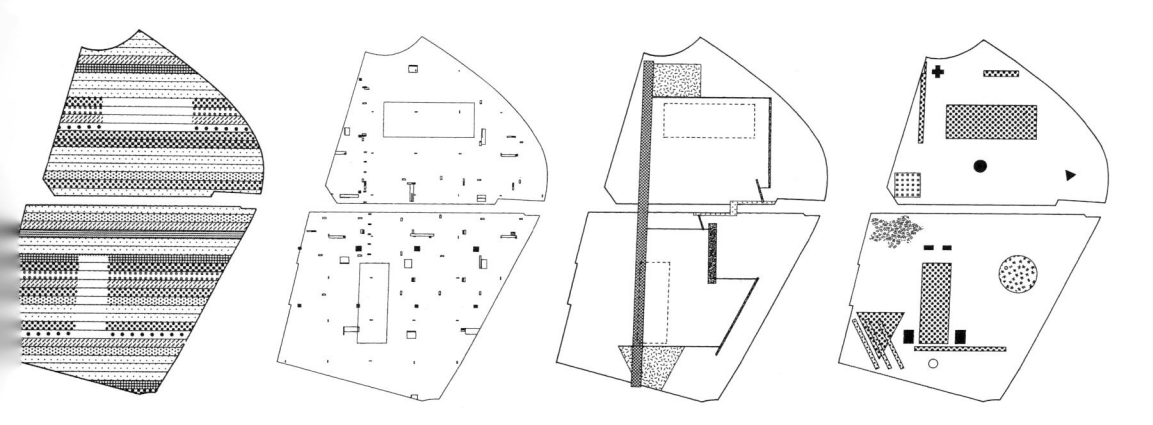

Fig. 416-419. Quadro das qualificações propostas pelo OMA para a área do parque de La Villette: as faixas paralelas, os elementos puntiformes, as vias de ligação e os objetos mais importantes, preexistentes ou acrescentados.

1986. O OMA participa do concurso para a nova prefeitura de Haia e novamente se empenha em extrair dos dados da área e do programa funcional uma intervenção arquitetônica original. A superfície útil exigida é cerca de dez vezes superior à área do lote, de modo que impõe uma construção maciça e desenvolvida em altura (até 23 andares). Esse volume está contido em um retângulo formado por três faixas paralelas de 240 x 14,4 metros, que permitem formar três filas de torres adossadas entre si, adaptadas para hospedar funções heterogêneas e para fracionar a escala da construção conciliando-a com o contexto existente. Fica livre uma porção triangular da área, rebaixada, que se torna uma praça de ingresso para os ambientes principais.

---

8. J. Lucan, *Oma. Rem Koolhaas*, Milão, Electa, 1990 e 2003, p. 86 e seg.

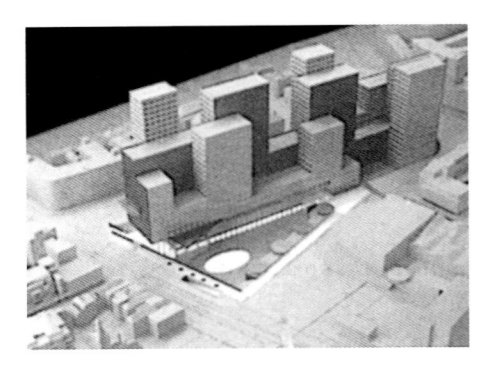

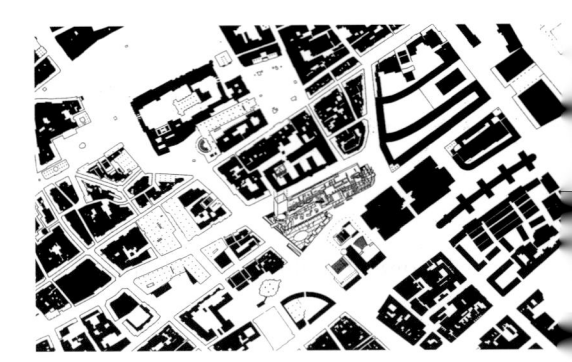

Fig. 420 e 421. O projeto para a nova prefeitura de Haia.

O projeto define elegantemente esse organismo inédito e, ao mesmo tempo, deixa entender a possibilidade de articulá-lo diferentemente, se os dados do programa tivessem de ser variados (fig. 420 e 421). A proposta não teve seqüência.

1987. O OMA participa do concurso urbanístico para a *ville nouvelle* de Melun-Sénart, e toma uma posição anômala sobre os recursos da planificação moderna nessa escala.

A relação exprime-se assim:

> A área de Melun-Sénart é bela demais para que se possa projetar impunemente uma *ville nouvelle* [...] Não menos ingênuo, por outro lado, seria crer hoje que se possa prever e controlar racionalmente o desenvolvimento urbano, o tecido construído. Muitas "visões" desse tipo revelaram-se um fracasso para que ainda se possa crer em quimeras arquitetônicas semelhantes. O edificado, o plano, já é incontrolável como terreno de ação de forças políticas, financeiras e culturais que o submetem a um perpétuo processo de transformação. Mas não é assim para o vazio. É este, talvez, o único campo remanescente em que ainda seja possível alguma certeza.
>
> O projeto consiste essencialmente em um sistema de vazios, as faixas, que se dispõem sobre o terreno como em um ideograma chinês. Nossa proposta se concentra na salvaguarda desses vazios [...] Alguns correspondem a zonas "protegidas" da paisagem existente, adequadamente localizadas para oferecer a máxima concentração de belezas naturais e de fragmentos de história. Outros seguem os traçados das ruas de escoamento rápido, para permitir a utilização em nível urbano. Outros servem para separar na área os principais componentes da *ville nouvelle*. Esse sistema de faixas garantiria à cidade de Melun-Sénart, independentemente das arquiteturas futuras, os desejados requisitos de beleza, serenidade, acessibilidade e serviços urbanos.

V. Os pacientes e impacientes catadores de novidades e suas perspectivas   229

As faixas definem um arquipélago de espaços residuais, as "entrefaixas", diferentes pela dimensão, forma, posição e relação com as faixas. Cada uma pode ser desenvolvida de modo quase autônomo. A extrema individualidade de elementos únicos contribuiria para reforçar a coerência do sistema. Cada quadra será delimitada com máximo cuidado, enquanto a projetação permanecerá livre.[9]

Os desenhos ilustram o sistema de vazios, enquanto as áreas construídas, nas simulações, são indicadas, ironicamente, por um amontoado de blocos (fig. 422-427).

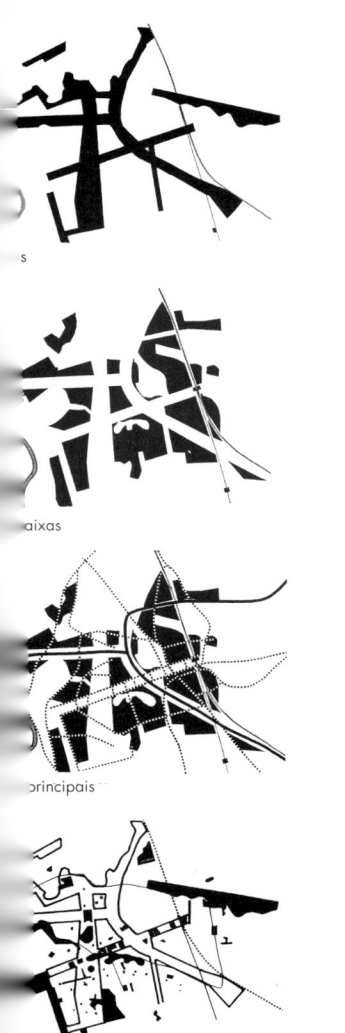

Fig. 422-425. (à esquerda) Os elementos do projeto para a *ville nouvelle* de Melun-Sénart: as faixas vazias, as áreas entre as faixas, os eixos principais e as atividades de lazer.

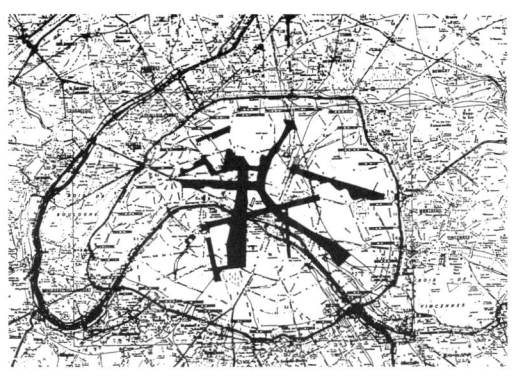

Fig. 426. O desenho das faixas comparado com o perímetro dos *boulevards extérieurs* de Paris.

Fig. 427. (abaixo) Vista da maquete.

---

9. Ibidem, p. 114.

1989. Rem Koolhaas é designado coordenador urbanístico do Euralille, o centro internacional de negócios a ser realizado em torno da estação do TGV Nord, perto do centro antigo de Lille.

Aos 44 anos, ele se encontra em seu ambiente "metropolitano" predileto, e dessa vez com amplo poder de decisão, que o confunde. Em uma entrevista publicada na *Architecture d'aujourd'hui*, de abril de 1992, declarava:

> No início do trabalho, devemos ter sofrido um choque. Nós que, falando da cidade, tínhamos minimizado o poder do arquiteto, mas também da arquitetura e da urbanística, e considerávamos que aquelas posições profissionais estivessem definitivamente minadas, nos encontrávamos na obrigação de criar uma ordem, de desenvolver um papel da urbanística no sentido mais tradicional, e estávamos pasmos que aquele papel ainda existisse. Tínhamos de enfrentar dados enormes e discordantes, em certo sentido poéticos, mas também realmente imponentes, com infra-estruturas muito pesadas e difíceis de manipular. Devíamos tratar uma situação complexa que acreditávamos totalmente ultrapassada. Estávamos estupefatos que nos confiassem coisas tão importantes. Experimentávamos um sentimento esquisito, uma mistura de diversão e angústia [...] Não buscávamos impor a priori uma estética ou uma poética do caos, mas nos encontrávamos diante de uma situação que o impunha.[10]

O organismo criado em nível urbanístico compreende uma série de episódios caracterizados de modos diversos e deliberadamente conflitantes: um parque urbano projetado por Yves Brunier entre 1990 e 1991; o *espace Le Corbusier*, um complexo nó de

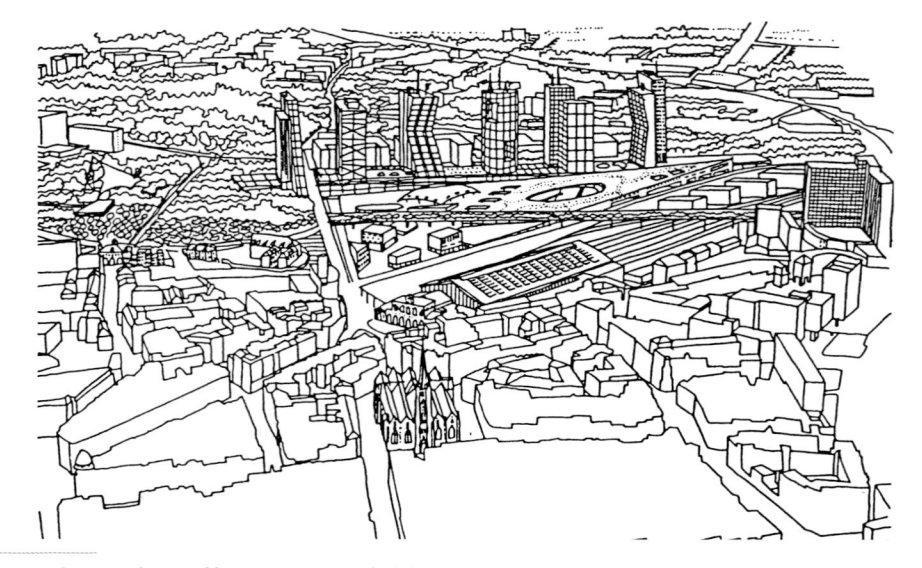

---

10. *L'Architecture d'aujourd'hui*, n. 280, Paris, abril de 1992, p. 162-166.

V. Os pacientes e impacientes catadores de novidades e suas perspectivas   231

infra-estruturas de transporte e de serviços ao redor de um grande centro comercial, o *Triangle*; o *espace piranésien*, para o qual convergem muitos níveis construídos; uma fileira de arranha-céus diferentes entre si, alinhados no horizonte e protagonistas das vistas a distância; o *Triangle des gares*, que liga as ferrovias com as rodovias.

Para a realização desse vasto programa, de 1989 a 1993, Koolhaas coordena um grupo de arquitetos notórios (Nouvel, Shinoara, de Portzamparc, Vasconi, Delhay) e reserva para si o projeto mais trabalhoso, o do grande edifício elíptico chamado Congrexpo, que compreende espaços de reunião e de exposições agregados em um único organismo (fig. 429-431).

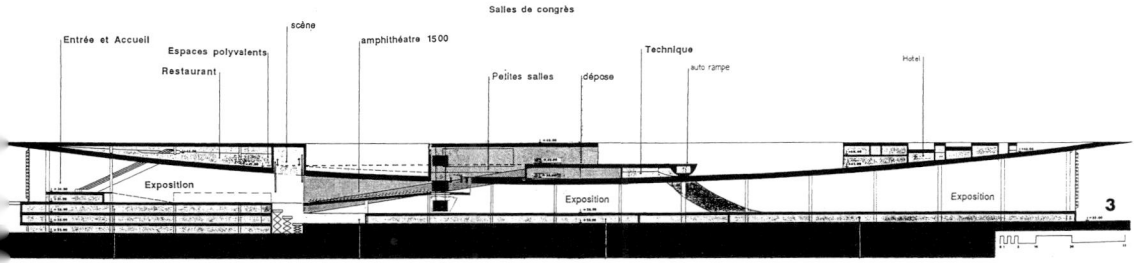

Fig. 428. (na página anterior)
Euralille: desenho do conjunto.

Fig. 429-431. (acima)
Euralille: três imagens do Congrexpo.

Fig. 432. O Congrexpo em construção.

Nos anos 90, amadurecem as poucas oportunidades derivadas dos planos urbanísticos, já lembradas: a MAB Tower de Roterdã, no cais do rio Maas, e o Congrexpo de Lille. Depois de 2000 e do prêmio Pritzker, chegam a encomenda para a nova embaixada holandesa em Berlim e, sobretudo, as obras americanas:

— o Museu Guggenheim de Las Vegas, formado por dois espaços internos criados na mixórdia da cidade, capital do *kitsch* americano (inaugurado em 2001). A nova fachada metálica fica apoiada em um edifício dos anos 30, em falso estilo veneziano. Segue um espaço expositivo de dois andares, revestido com austeridade por painéis modulares, sobre o qual as obras de arte são suspensas magneticamente. Um segundo ambiente, extraído de um pequeno pátio, serve para abrigar mostras mais livres (a primeira, em outubro de 2001, dedicada à "arte da motocicleta", era dividida por placas metálicas desenroladas);

— o Campus Center no IIT (Illinois Institute of Technology) de Chicago. O projeto do OMA vence o concurso em 1988; a construção desenvolve-se entre 2000 e 2003. É um vasto complexo de um único pavimento, de 8.500 metros quadrados, que inclui o Welcome Center, um restaurante, uma cafeteria, uma estação de rádio, um auditório, uma série de salas de reunião, uma agência postal, negócios e escritórios para as atividades estudantis (uma das variedades funcionais prediletas de Koolhaas). A ferrovia sobrelevada que atravessa a área é englobada em um tubo pousado sobre a cobertura da construção, para diminuir o barulho e as vibrações (fig. 433);

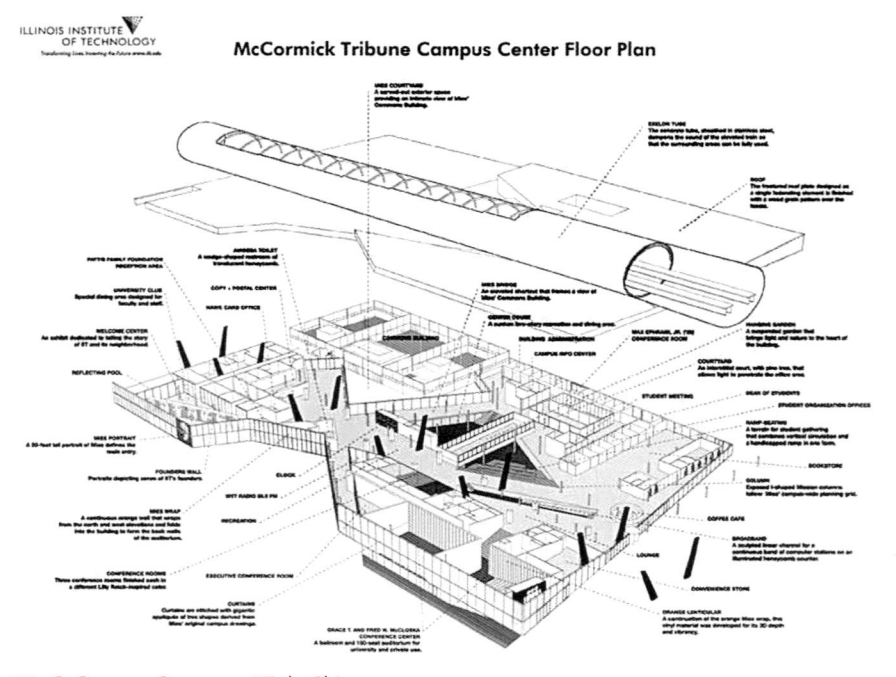

Fig. 433. O Campus Center no IIT de Chicago.

V. Os pacientes e impacientes catadores de novidades e suas perspectivas   233

— a Biblioteca Central de Seattle. A intervenção faz parte do projeto Libraries for All, aprovado em 1998 pela administração municipal e também financiado pelo casal Gates; compreende a reforma da biblioteca central e cinco novas bibliotecas de bairro (é a mais nobre destinação de fundos nesse campo jamais ocorrida nos Estados Unidos). Koolhaas ganha esse projeto depois de uma disputa acirrada com Steven Holl em 2001, e obtém de seus consultores estruturais, Ove Arup e Magnusson Klemencic, uma colaboração impecável. A execução começa logo, e o edifício é inaugurado em maio de 2004.

Fig. 434-438. A Biblioteca Central de Seattle. Duas vistas externas, dois ambientes internos e uma imagem noturna.

A caixa da edificação é determinada pelo incomum dispositivo interno, que compreende um revolucionário depósito (Book Spiral), capaz de abrigar em seqüência um milhão e meio de livros; o hall no pavimento térreo, aberto à população; a sala de leitura sobre o depósito; um grande número de ambientes especializados, entre os quais o Microsoft Auditorium, com 275 poltronas e um estacionamento próprio. As volumetrias e tessituras das fachadas reproduzem textualmente as anomalias distributivas (por uma escolha ideológica de equivalência entre partes internas e externas, ou por uma indiferença pessoal para rematar os dados funcionais?). O gosto pelas interferências diferencia fortemente o edifício dos imóveis do *downtown*, e enriquece as ruas ao redor com escorços incomuns, com resultados freqüentemente excelentes. A fachada inclinada ao longo da Fifth Avenue, por exemplo, abriga em seu interior a calçada da rua, assinalando a continuidade entre o espaço urbano e o grande hall interno (fig. 435). Dessa vez, o consenso da crítica e do público é quase unânime.

Na Europa, o OMA participa de muitos concursos, e quase sempre os perde. Remonta a 2001 a vitória no concurso internacional com carta-convite para o Centro de Convenções de Córdoba, a ser colocado na península de Miraflores, de frente para o centro antigo, em um lote de 22 mil metros quadrados ao longo do rio Guadalquivir. Os outros convidados são Cruz e Ortiz, Hadid, Toyo Ito e Moneo. A área proposta e a lista das funções — o centro para visitantes, o hotel, os auditó-

Fig. 439 e 440. Dois projetos apresentados no concurso de 2001 para o Centro de Convenções de Córdoba: o de Moneo (à *esquerda*), que respeita a área indicada pelo edital; o do OMA (à *direita*), que propõe uma nova disposição e vence o concurso.

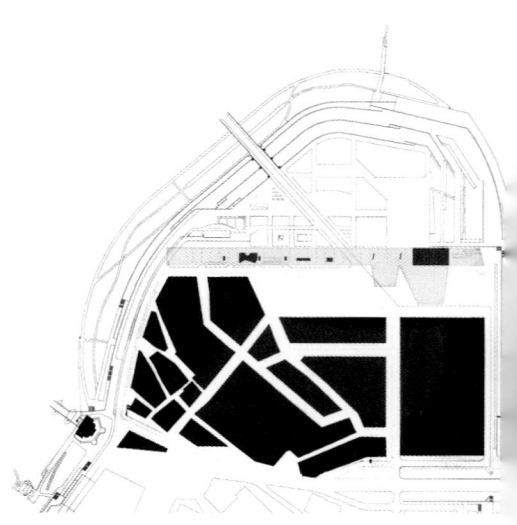

V. Os pacientes e impacientes catadores de novidades e suas perspectivas   235

rios, as salas expositivas — convidam a criar um bloco retangular compacto, que os concorrentes desenham tendo presente a comparação com a grande mesquita colocada na margem oposta. O projeto de Moneo (fig. 439) distingue-se pela elegância e pela eficiente habilidade compositiva. Mas o OMA contesta a distribuição determinada, e propõe alinhar os corpos edificados em uma faixa de trinta metros de largura e 360 de comprimento, de seção continuamente variável, que corta toda a península e, sendo erguida sobre pilotis, coloca em comunicação direta o bairro ao sul e o parque Miraflores, ao norte. O parque se amplia ao longo do bairro e a área indicada pelo edital permanece em boa parte disponível para outros usos (fig. 440). Essas vantagens funcionais e econômicas concretas persuadem os clientes e o júri. O concurso é vencido e o confronto se transfere para o campo urbanístico. A execução poderá fazer emergir também as vantagens arquitetônicas implícitas na nova impostação, uma vez que o centro de convenções gozaria de novas vistas da cidade e seria bem visível a distância.

Um outro concurso, vencido em 1999, produz, em 2005, a realização de um edifício notável justamente por seu valor arquitetônico: a Casa da Música do Porto, que coloca no coração da cidade um monólito isolado dentro do qual está contido um inteiro centro de equipamentos musicais.

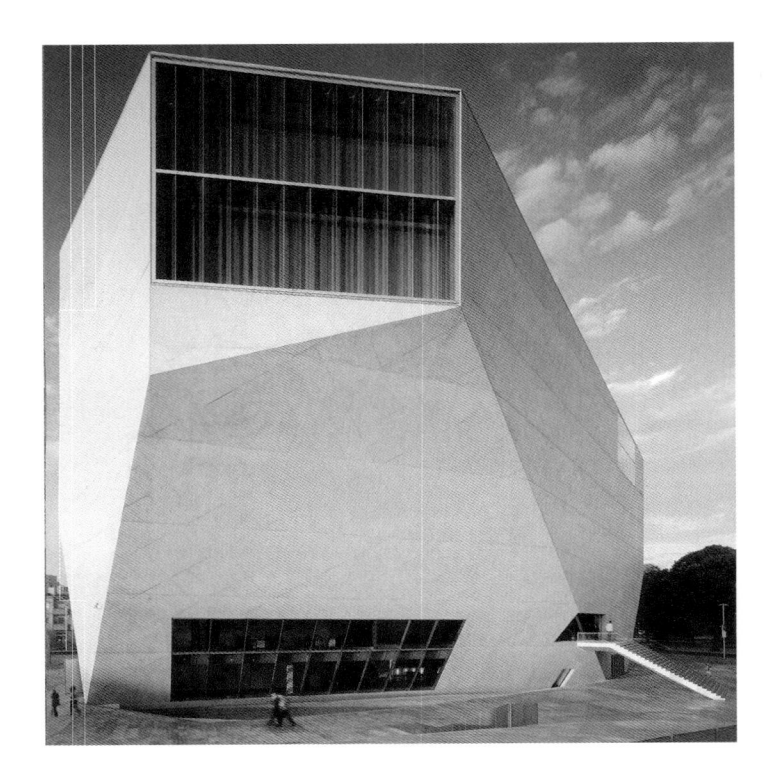

Fig. 441. A Casa da Música do Porto. Do misterioso invólucro afloram a entrada principal, a vidraça que ilumina a sala grande e a que marca os lugares dos músicos.

As duas salas são paralelepípedos perfeitos, que excedem largamente o resto do edifício e, portanto, esticam o invólucro em sua parte média e alta. Ao redor, acumulam-se os ambientes secundários e os serviços, que invadem também o subsolo. Essa montagem distributiva à vista, nas três dimensões, não é nova: aqui acontece na medida certa e é exibida em um grande espaço vazio, com uma alegre e desarmada satisfação. Com o mesmo espírito arguto são projetados os ambientes internos, fechados, semifechados ou abertos para o panorama da cidade. As escadas contornam os obstáculos com intromissões irônicas. Os acabamentos são cuidados: as paredes da sala grande são acabadas com folha de ouro.

Até agora, essa é a obra mais feliz da equipe holandesa. Nada mudou nos métodos: "Rem afirmou que nessa arquitetura não há nada de exclusivo valor visual. Cada elemento é parte integrante do edifício e de seu modo de funcionar, e somente depois se torna um valor estético" (Lucy Bullivant, entrevistada por Ellen van Loon).[11] Era preciso justamente uma mão mais leve.

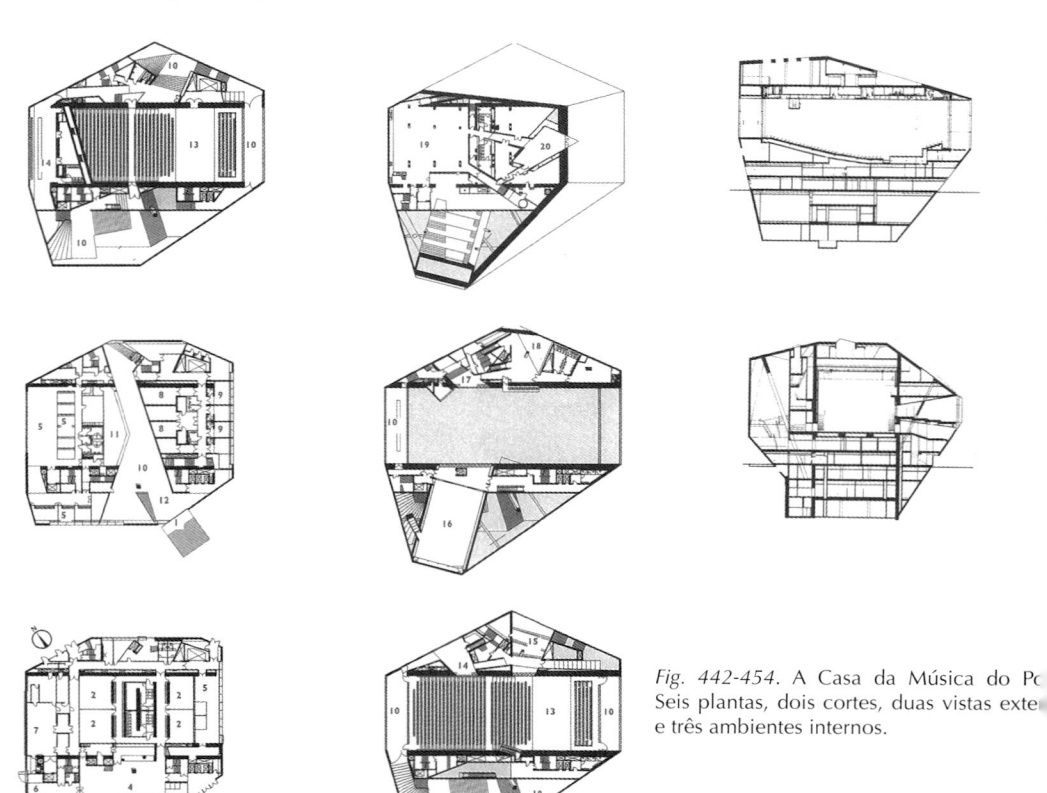

Fig. 442-454. A Casa da Música do Po Seis plantas, dois cortes, duas vistas exte e três ambientes internos.

---

11. *The Plan*, Bolonha, junho de 2005, p. 34.

V. Os pacientes e impacientes catadores de novidades e suas perspectivas   237

Desde essa ocasião e, em geral, desde a intensificação internacional da atividade do OMA, aguarda-se um esclarecimento ainda ausente: o caráter sumário da aparência visual é um expediente polêmico? Um resíduo da tendência chamada, por sua vez, de "des-construtivismo" e divulgada na época do início de Koolhaas? Uma queda do interesse pessoal, do projetista de sessenta anos e de seus colaboradores, pela afabilidade exterior? Ou ainda o efeito durável do diletantismo que presidiu seu início, quando Rem Koolhaas hesitou entre diversos ofícios e diversos instrumentos semânticos?

Parece que deixando imprecisa a imagem — nos desenhos e nos artefatos executados —, ele prefira apresentar, mais que o resultado final de suas projetações, o próprio processo de que derivam. Em janeiro de 2004, tendo de preparar uma mostra de seus trabalhos em Berlim, Koolhaas invade provisoriamente os espaços acolhedores da Galeria Nacional de Mies van der Rohe com uma enorme quantidade de objetos heterogêneos, onde os desenhos, as imagens e as maquetes são misturados com material de escritório, mobília, entulho, em um amontoado inextricável. Faz a mesma coisa ilustrando o seu livro de 1995, *Small, Medium, Large, Extra-Large*, sem se preocupar com a clareza, e gaba-se disso na nota introdutória:

A arquitetura é uma mistura arriscada de onipotência e impotência. Desejando "dar forma" ao mundo, para colocar em circulação seus pensamentos, os arquitetos dependem das provocações dos outros — clientes, indivíduos ou instituições. Por isso a incoerência, ou mais precisamente a casualidade, é a estrutura subjacente a todas as carreiras dos arquitetos; eles devem se confrontar com uma sucessão arbitrária de exigências, com parâmetros que não estabeleceram, em lugares que mal conhecem, com objetivos de que têm pouca consciência, colocados em confronto com objetivos que se mostraram intratáveis por mentes muito superiores às próprias. A arquitetura é, por definição, uma aventura caótica [...] S, M, L, XL é a busca de "uma outra arquitetura", sabendo que a arquitetura é como a bola de chumbo acorrentada à perna de um prisioneiro; para libertar-se, ele deve se livrar daquele peso, mas pode fazê-lo apenas raspando algumas lascas com uma colherinha de chá.[12]

O livro seguinte, de 2004, *Content*[13], que utiliza a experiência do OMA e da AMO, atualiza o diagnóstico do existente (o *junk-space*, o espaço-lixo), mas não a indicação do que fazer: a última máxima é "mudar o mundo sem ter uma cópia do programa".

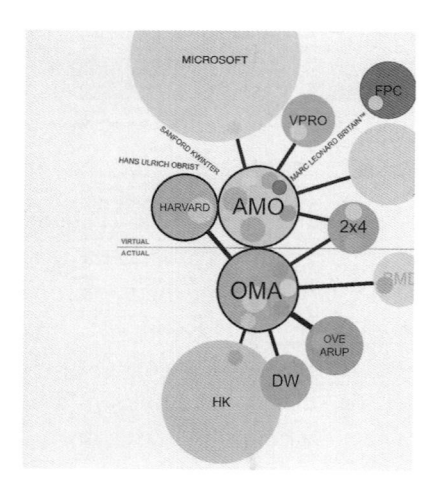

Fig. 455. Uma página do livro *Content* (nada escapa dos diagramas de Rem Koolhaas).

Vejamos os efeitos e as reações da presença do OMA na Holanda.
Koolhaas, deixando o ensino na Universidade de Delft, promove, em 1990, um encontro polêmico intitulado *How modern is Dutch Architecture*. Em 1991, Hans Ibelings apresenta em Roterdã a nova arquitetura holandesa em uma mostra intitulada *Modernism without Dogma*, que no mesmo ano foi transferida à Bienal de Arquitetura de Veneza.

---

12. R. Koolhaas e B. Mau, *Small, Medium, Large, Extra-Large*, op. cit., p. XIX.
13. R. Koolhaas e OMA, *Content*, Colônia, Taschen, 2004.

V. Os pacientes e impacientes catadores de novidades e suas perspectivas 239

Reconhece-se então a existência de um grupo de arquitetos — Arets, Benthem e Crouwel, van Berkel, Neutelings, van Dongen, os Mecanoo — já ativos no qüinqüênio precedente e solidamente inseridos na tradição moderna holandesa, mas opostos, de diversos modos, à geração precedente ainda em campo.

Os pressupostos comuns podem ser arrolados como se segue:

1) Diferentemente da superestrutura arquitetônica, os procedimentos estruturais da construção e da urbanística holandesa manifestam sua solidez também a boa distância de tempo da reconstrução do pós-guerra. As grandes transformações territoriais entre a água e a terra, o desenvolvimento das infra-estruturas, a conversão do aparato industrial, que exigem longos prazos, estão em andamento. Os resultados mais importantes — dois entre todos: a realidade metropolitana da *Randstad*, com o anel das grandes cidades (Amsterdã, Roterdã, Haia, Leiden, Haarlem, Utrecht) dispostas em torno de um núcleo verde; a coroa dos novos pôlderes (Markerwaard, Flevoland, N. E. Polder) obtidos pela drenagem do Zuiderzee — são universalmente apreciados, e suas modificações executivas estimulam um renovado interesse (ver adiante a fig. 494).

Nas cidades grandes e pequenas, estão em curso importantes programas de renovação. Acenou-se às transformações de Roterdã, das quais o OMA participou desde 1981. Em Amsterdã, a parte mais antiga dos cais portuários é reestruturada para usos urbanos, criando ainda, em Ijburg, uma série de ilhas artificiais; pensa-se em modificar o uso do solo nos grandes bairros da periferia sudeste; começa-se a intervir nas zonas mais antigas na margem da expansão de Berlage, onde a prefeitura programa a grande iniciativa do Zuidas (o eixo sul; fig. 456-459).

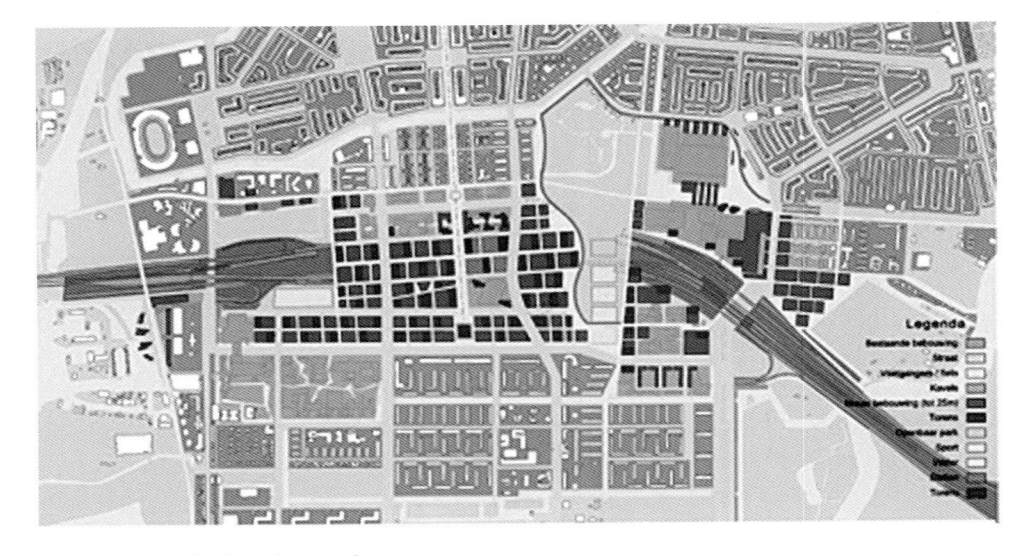

Fig. 456. Amsterdã. O projeto Zuidas.

Fig. 457-459. Outras imagens do projeto Zuidas. O terreno como se apresenta hoje, como se prevê que seja transformado e um *rendering* da área de pedestres, possibilitada pelo enterramento do tráfego mecanizado.

O feixe das infra-estruturas viárias e ferroviárias será levado para baixo da terra, e abrirá espaço para um novo centro urbano de elevada densidade (45% de residências, 45% de escritórios e 10% de estruturas de lazer, para um total de oitocentos mil metros quadrados úteis). A reestruturação das áreas vizinhas, para dois milhões de metros quadrados, será completada em 2025. O responsável pela projetação urbanística é o *urban planner* P. de Bruijn; as projetações da construção civil são coordenadas pelo grupo De Architekten Cie.

A preponderante gestão pública das áreas edificáveis torna racional o desenvolvimento urbano, coloca no mesmo nível os operadores edilícios, seleciona, por meio da concorrência, os mais aptos e sustenta a demanda por uma projetação cada vez melhor. A segurança nessa situação encoraja a inovação experimental nas intervenções arquitetônicas e fornece um critério para distinguir, num balanço final, as verdadeiras inovações.

2) Na pesquisa inovadora, criam-se mais uma vez as condições para uma aproximação entre a projetação artística e a arquitetônica. Nesse encontro, entra a comparação entre o mundo real e o mundo virtual, de cujos riscos já se falou. Mas nas circunstâncias holandesas pode-se imaginar uma nova integração dos dois termos, à semelhança do que já aconteceu em outras circunstâncias históricas. Aparece a tentativa de incorporar novamente na arquitetura o "efêmero", mais como enriquecimento realístico do que como substituição veleidosa.

3) O ensino de Koolhaas e o exemplo profissional do OMA produzem uma gama de reações discordantes, que colocam em discussão muitos aspectos do modernismo difundido e complicam a ordem disciplinar da cultura arquitetônica. Um dos efeitos — quase sempre artificioso e desviante — é o hábito de fazer com que a atividade prática seja acompanhada de uma posição teórica, que ilustra e de vez em quando substitui o trabalho especializado.

4) A base técnica dos trabalhos descritos nos parágrafos precedentes é a projetação feita em computador, e não é por acaso que a renovação holandesa coincide com a difusão da tecnologia digital nos escritórios de arquitetura. Os jovens holandeses estão convencidos de que o computador não é apenas um instrumento mais conveniente às operações tradicionais, mas que possibilita novas operações e novos percursos mentais. "Uma das características mais interessantes de um processo projetual conduzido pelo CAD é que as informações modificam o *output*, que por sua vez modifica o *input*, e assim por diante."[14]

Vejamos alguns dos protagonistas.

BEN VAN BERKEL (1957-). Ele também, como Koolhaas, começa através de uma série de experiências teóricas e programáticas internacionais. Gradua-se em 1978 na Architectural Association de Londres. Associa-se em 1988 com Caroline Bos (1959-), que estudou história da arte no Birkbeck College da Universidade de Londres. Em 1998, o escritório de van Berkel e Bos torna-se um grupo interdisciplinar, UN Studio, formado por especialistas em arquitetura e urbanística.

As tendências teóricas, confiadas a certo número de etiquetas verbais — a *assemblage* de partes em movimento recíproco; a mediação entre multíplices e variáveis *mobile forces*; o *deep planning* para confrontar as escolhas concomitantes; o uso do *diagram* redigido com os instrumentos informáticos[15] —, são colocadas à prova nos primeiros trabalhos do escritório: o túnel viário Piet Hein, na zona portuária de Amsterdã; a ponte Erasmus sobre o Maas, em Roterdã (1990-1996; fig. 461 e 462), inserida com êxito na transformação de Roterdã Zuid; uma outra ponte móvel em Purmerend (1995-1998).

---

14. Conversa entre van Berkel e Greg Lynn, *El Croquis*, n. 72, Madri, 1995. Conferir L. Negrini, *Ben van Berkel*, Roma, Edilstampa, 2001, p. 19.
15. Conferir o livro da UN Studio recentemente publicado: *Move*, Amsterdã, Goose Press, 1999.

Desde 1996, estão em construção a estação central de Arnhem, que prevê diversas fases de realização, em certa medida alternativas (fig. 460); desde 2001, a reestruturação do molhe Parodi, no porto de Gênova, que sobrepõe à antiga plataforma em cimento um conjunto de invólucros para várias instalações urbanas.

Fig. 460. A estação central de Arnhem.

Fig. 461 e 462. A ponte Erasmus, em Roterdã: uma imagem noturna vista do panorama do centro urbano (ver também a fig. 413, à p. 226)

V. Os pacientes e impacientes catadores de novidades e suas perspectivas   243

Os MECANOO. Os projetistas reunidos nesse grupo — Eric van Egeraat (1956-), Chris de Weijer (1955-), Francine Houben (1955-), Henk Doll (1956-) e muitos outros — passam diretamente dos estudos universitários em Delft à atividade profissional, sem um programa teórico pré-definido, e vencem em 1982, como estudantes, um concurso para um grupo de moradias em Kruisplein, em Roterdã. O nome do escritório deriva do jogo de construções Meccano, da revista *Mecano* de van Doesburg nos anos 20 e do mote OZOO daquele primeiro projeto. Nos anos 80, executam numerosas encomendas de construções residenciais. Nos anos 90, vêm algumas realizações mais importantes: os laboratórios botânicos de Wageningen (1986-1992), o colégio Isala, em Silvolde (1990-1995), uma biblioteca pública em Almelo (1991-1994), a Faculdade de Economia em Utrecht (1991-1995), a biblioteca da Politécnica de Delft (1993-1998; fig. 463-465), um centro cultural com teatro em Alkmaar (1998-2000), o museu inserido na floresta em Arnhem (1995-2000; fig. 466). Os projetos para a prefeitura de Nieuwegein (1996-1997) e para o edifício da BBC em Glasgow (2001) estão em fase de execução.

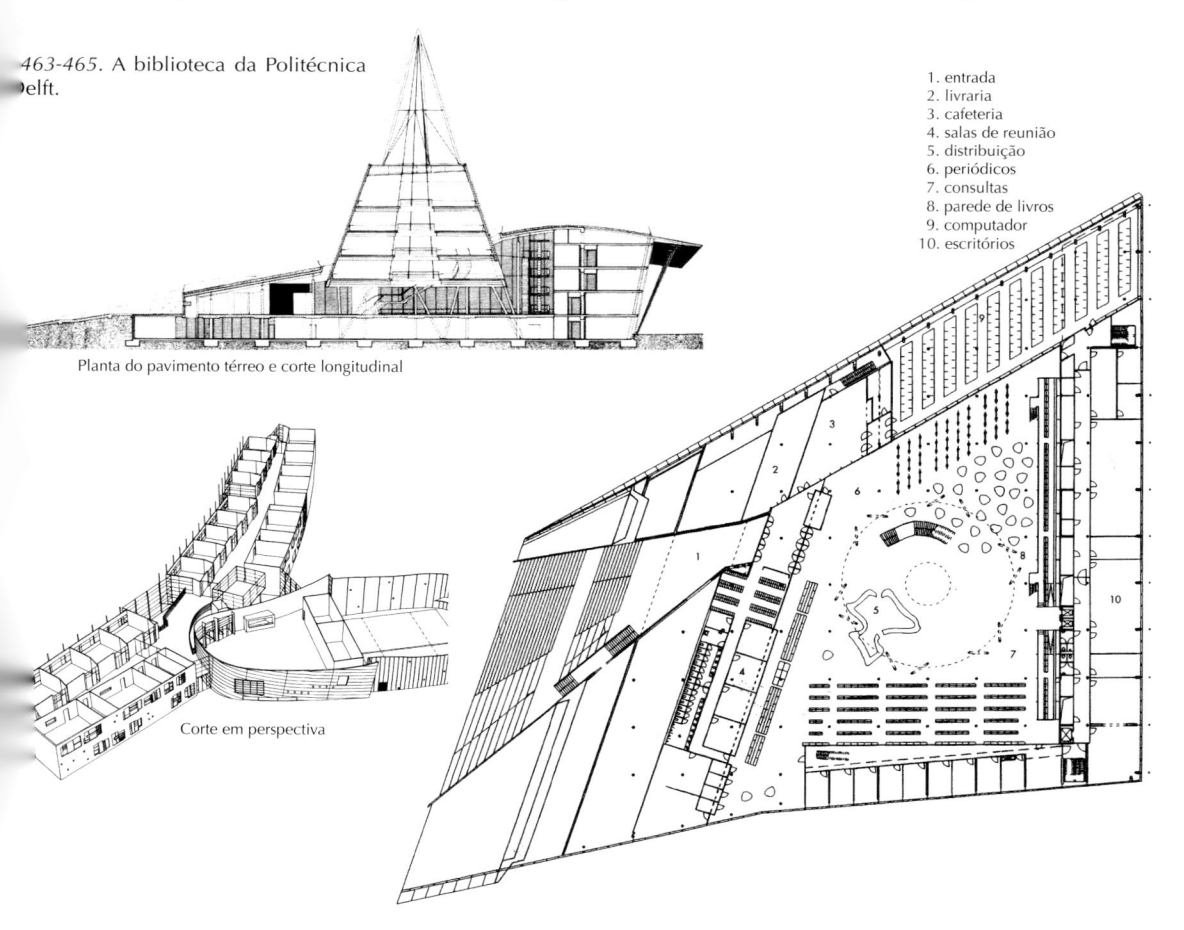

463-465. A biblioteca da Politécnica Delft.

Planta do pavimento térreo e corte longitudinal

Corte em perspectiva

1. entrada
2. livraria
3. cafeteria
4. salas de reunião
5. distribuição
6. periódicos
7. consultas
8. parede de livros
9. computador
10. escritórios

Fig. 466. O museu na floresta de Arnhem.

Na tradição moderna holandesa dos anos 20 aos 60, os Mecanoo encontram uma base consolidada e versátil, adequada às tarefas da sociedade contemporânea, a ser ampliada com cautela, para não perder o consenso adquirido. Afastam-se, por outro lado, das tendências das décadas seguintes, que julgam formalizadas demais (van Eyck, Bosch, Hertzberger), e empenham-se em um estudo obstinado dos temas distributivos e construtivos, para obter escolhas inovadoras. O escritório chegou a uma dimensão respeitável, que testemunha o consenso alcançado, sem perder, até este momento, a espontaneidade original.

Alguns dos membros tentam uma reflexão teórica sobre a experiência desenvolvida, que é, por sua vez, única, pela moderação, pelo tom dubitativo e pela aderência à realidade concreta. Há, sobre isso, um livro de Francine Houben.[16] Federico Bilò, em seu ensaio de 2003[17], reúne seis palavras de ordem: *Efetividade* (a atenção aos efeitos concretos), *Disjunção* e *Conjunção* (desmontagem e remontagem das partes de edificação), *Heterotopia* (busca de regras agregativas incomuns), *Consistência* (uso adequado dos materiais para obter solidez e durabilidade), *Experimentalismo* (pesquisa múltipla e não prevenida das possíveis soluções), *Koiné* (fidelidade ao "racionalismo realizado", próprio da tradição holandesa, sobre o qual se baseia o acordo entre projetistas, clientes e usuários). Por esta última referência, que inclui a primeira modernidade entre as duas guerras, os Mecanoo se distinguem da vanguarda rebelde ilustrada no livro de Bart Lootsma, *Superdutch: New Architecture in the Netherlands.*[18]

A qualidade "holandesa" perde importância em seu trabalho recente, enquanto se torna central a ancoragem histórica, a fidelidade a uma tradição de longa duração de importância mundial. De holandês permanece o toque leve, o gosto pela policromia festiva.

Em 1995, Eric van Egeraat deixa a Mecanoo juntamente com dezessete membros do staff e funda um novo escritório, que se dirige para uma atividade em grande estilo (abre um escritório em Londres em 1998 e outro em Praga em 1999), mas de tendência hesitante e, nos últimos tempos, inteiramente destituída de interesse.

Entre os mais jovens é imprescindível assinalar Winy Maas (1959-), Jacob van Rijs (1964-) e Nathalie de Vries (1965-), que fundam, em 1991, o escritório MVRDV. Os três provêm da Escola de Arquitetura de Delft; Maas e van Rijs trabalharam com o OMA; Maas e de Vries, no escritório de van Berkel. O grupo tem a sua excelente *design philosophy* devidamente descrita no site da Internet. Busca a diversidade e mistura as categorias disciplinares. Emprega no trabalho o maior número possível de contribuições e colaborações. Os limites encontrados são colocados à prova e voluntariamente radicalizados por meio de matrizes espaciais apropriadas. Nas primeiras fases de projetação, são envolvidos usuários e clientes em maior número possível. Para fazer coexistir um grande número de encomendas são criados grupos especiais (o escritório compreende hoje cerca de cinqüenta pessoas), assistidos por consultores científicos, tecnológicos, de condução e de economia das construções.

---

16. F. Houben, *Compositie, Contrast, Complexiteit*, Roterdã, NAi, 2001.

17. F. Bilò, *Mecanoo*, Roma, Edilstampa, 2003.

18. B. Lootsma, *Superdutch: New Architecture in the Netherlands*, Londres, Thames and Hudson, 2002.

O escritório está especialmente interessado em estudar novas relações entre a arquitetura e a água. Colaborou com as autoridades governamentais para construir tanques de expansão ao longo dos rios, para evitar as inundações. Em 2002, constrói em Amsterdã o Silodam, um grande edifício sobre palafitas, apoiado sobre uma plataforma de contêiner transformada em garagem (e idealiza também juntar, em Roterdã, 3.500 contêineres para realizar, sobre o Lloyd Pier, uma "Container City" por ocasião da primeira Bienal de Arquitetura de 2002). Propõe redesenhar os cursos d'água de Arnhem, para executar novas margens construídas. Está construindo em Hagen Island, próximo a Haia, uma série de casas elevadas sobre pilastras altas, para deixar livre a vista do cais. Prevê que no futuro alguns grandes portos — um no Mar do Norte entre a Holanda e a Dinamarca, outro na baía de Cingapura — se tornarão flutuantes.

Fig. 467. O Silodam de Amsterdã.

Por trás dessas experiências ainda está o antigo fascínio da comparação entre as arquiteturas navais e as plantadas em terra, cultivado também por Le Corbusier.

Sobre este tema estão trabalhando muitos outros arquitetos: Art Zaaijer, autor de um grupo de casas construídas em canteiro de obras e depois transportadas para a água em Ijburg, perto de Amsterdã; o escritório Neutelings-Riedijk, que cria um bairro de 150 moradias sobre o lago Gooi (também Herman Hertzberger constrói uma casa flutuante ancorada no molhe de Middelburg, mas transportável para outros lugares, se necessário).

É interessante que sobre o tema da água se empenhem também os portugueses do escritório MAP, que justamente em Amsterdã realizam, em 2000, um complexo residencial, ocupando inteiramente os dois molhes interrompidos da Borneo Dock (fig. 468).

Fig. 468. O complexo residencial do escritório MAP, em Amsterdã.

Na Holanda, tanto o impulso inovador quanto a continuidade dialética entre passado e presente têm provavelmente a mesma origem: a libertação da arquitetura da subordinação a outros interesses, que noutros lugares se tornam preponderantes. O mecanismo da urbanização coloca à disposição um grande espaço material e mental, aberto aos recursos da invenção arquitetônica. A imaginação não serve para compensar uma frustração operacional, e não alimenta utopias, mas experiências concretas, certas ou erradas. A projetação arquitetônica e a urbanística, habitualmente separadas, aqui se entrecruzam e se alimentam alternadamente. É instrutivo que Maas fale de custos não com contrariedade, mas com interesse profissional.

2. O grupo "Foreign Office"

O escritório com esse nome enigmático, fundado pela iraniana Farshid Moussavi (1965-) e pelo espanhol Alejandro Zaera-Polo (1963-), realiza, em 2002, uma intervenção notável: o novo terminal no porto de Yokohama.

O escritório vence o concurso para essa intervenção em 1995; a execução permanece suspensa por conta da crise econômica japonesa e é concluída somente em 2002, por ocasião da Copa do Mundo. A crise impõe um processo executivo austero e estritamente supervisionado, que convém à coerência da obra. O cliente pede um edifício simbólico e representativo, sobretudo para os navios de cruzeiro, e pede que uma parte da área, quinhentos metros quadrados, seja destinada a um jardim. Os arquitetos propõem uma estrutura metálica que cobre quase todo o lote, dobrada de modo a coligar-se gradualmente com todos os níveis externos e internos, e oferece na cobertura um espaço recreativo de quase dois hectares. É um artefato contínuo de lâminas pré-fabricadas em aço resistente ao fogo, dobradas por analogia à técnica do "origami" e dimensionadas no computador pelos consultores japoneses. Os acabamentos compreendem lâminas de pavimentação em madeira tropical e paredes de vidro estrutural translúcido. Algumas coberturas e declives revestidos por um manto de grama produzem a ilusão de que se trata de um solo ondulado, mais que de um edifício. Os ambientes internos, mais amplos do que o programa previa, oferecem espaço também a um grande salão para muitos usos (fig. 469-471).

V. Os pacientes e impacientes catadores de novidades e suas perspectivas   249

Fig. 469-471. Duas imagens e planta do terminal marítimo de Yokohama.

As obras anteriores da equipe, ilustradas no número 16 de 2000 da revista *2G*, são projetos não testados pelo processo executivo — outro terminal portuário em Santa Cruz de Tenerife, uma multissala em Teerã, um parque em Toronto — ou pequenas organizações de interiores em Londres e em Nova Iorque. O cotejo com o edifício terminado no Japão revela, além da fertilidade inventiva, a capacidade autocrítica do grupo. Os projetos dos anos 90 escolhem impostações deliberadamente assimétricas (também o projeto para Santa Cruz de Tenerife, de utilização análoga à do terminal de Yokohama). As primeiras versões do projeto de Yokohama fogem igualmente da simetria sugerida pelo retângulo do molhe; entretanto, a versão executada é simétrica, à exceção de alguns detalhes secundários. A mudança é imposta por boas razões: a impostação bilateral das estruturas e a conveniência de prever modalidades iguais de ancoragem dos navios nos dois lados compridos. Estava em jogo, ao que parece, a persistência de um campo de preferências formais que deviam ser devolvidas à realidade física dos lugares; e é um sinal de maturidade a renúncia a um preconceito neste caso inoportuno.

Também em virtude dessa trajetória, o terminal de Yokohama é um artefato inteligente, cujas características físicas incomuns oferecem desempenhos novos e racionalmente justificados, uma verdadeira invenção adaptada ao lugar. Essa obra irá tornar-se a fundadora de uma série ou será seguida por outras criações de igual valor?

As obras seguintes, também promissoras, pertencem a diversos gêneros: o Music Centre da BBC em Londres, projetado em 2003 e em construção[19], é um pequeno edifício desenhado quase como um ideograma teórico (fig. 472 e 473). A planta está contida em um perímetro quadrado, onde são reunidos dois grandes estúdios para concertos e seus locais de serviço. A elevação é formada por um invólucro contínuo que envolve os diversos ambientes, para permitir, do exterior, uma visão das orquestras trabalhando e proteger suas execuções.

Fig. 472 e 473. Dois desenhos para o Music Centre da BBC, em Londres.

A urbanização do parque litorâneo próximo às sedes do Forum 2004 em Barcelona interpreta a irregularidade do solo com uma combinação inteligente de artefatos e plantações (fig. 474).

Fig. 474. O parque litorâneo junto à sede do Forum de Barcelona.

19. Da web: http://architettura.supereva.com/architetti/estero/htm.

O edifício do centro de serviços em Logroño é envolvido por um sistema de trepadeiras que o fundem à paisagem circundante e criam sobre a cobertura um passeio panorâmico (fig. 474-477).

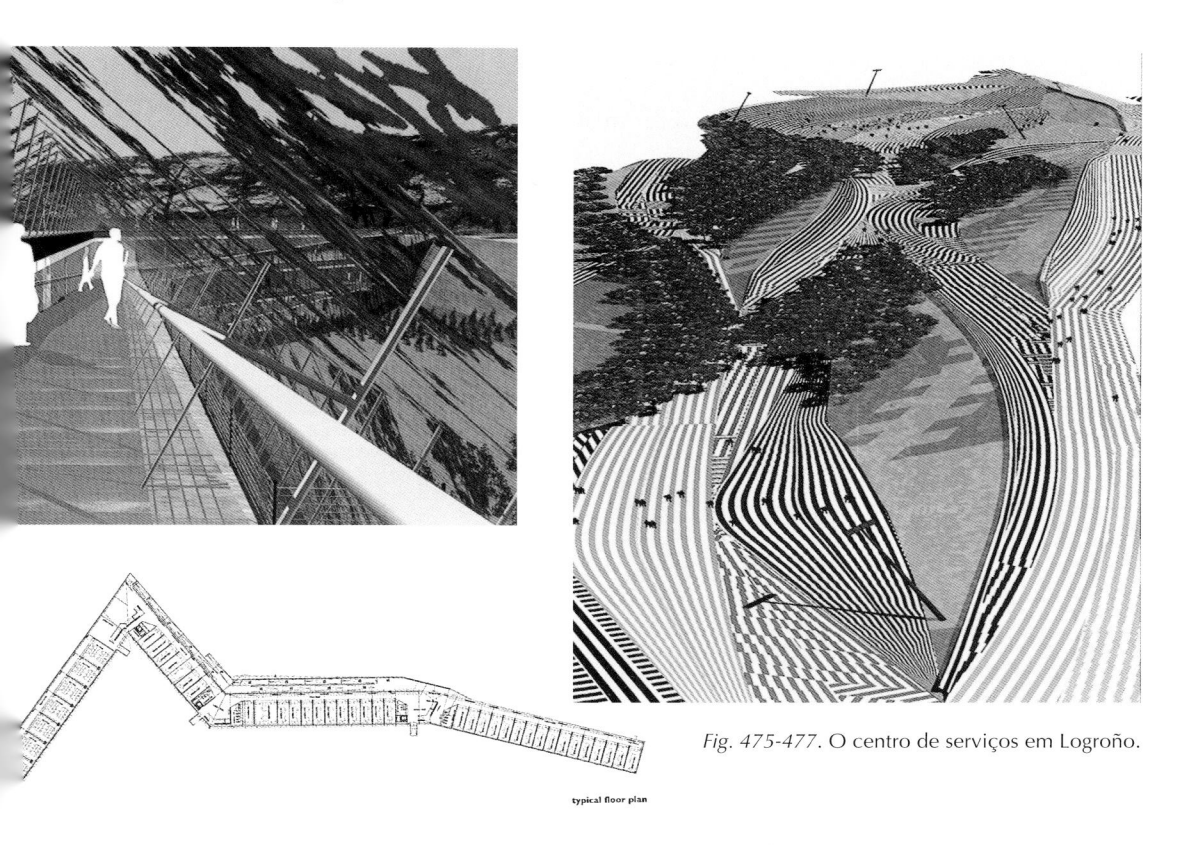

Fig. 475-477. O centro de serviços em Logroño.

3. A retomada da herança clássica francesa: Chaix e Morel

Philippe Chaix e Jean-Paul Morel, ambos nascidos em 1949 e associados desde 1983, aparecem tarde no debate profissional e atingem o sucesso mais tarde ainda. No difícil ambiente francês, eles saltam a discussão recente sobre as tendências, sobre escolhas visuais e sobre as correntes urbanísticas (*Storia dell'architettura moderna*, capítulos XXII e XXIII), e retomam o caminho mais longo da análise lógica das estruturas, que na França teve como último protagonista Jean Prouvé (1901-1984).

Participam sem sucesso de vários concursos em que se esforçam para representar sua pesquisa, e por fim, num breve intervalo de tempo, vencem dois concursos: o concurso para o Museu Arqueológico de Vienne, em 1988, e aquele para o centro educacional de Marne-la-Vallée, em 1989. Os dois complexos, realizados nos anos 90, dão finalmente a medida de seu valor.

Para o museu, o concurso deixava a escolha entre duas localizações, ao longo da rua que leva à ponte sobre o Ródano ou ao longo da margem do rio. Os projetistas escolhem ocupar ambas com edifícios de caráter diverso: o primeiro com um pavilhão comprido em cimento para os serviços gerais e os serviços oferecidos ao público, compreendidas as exposições temporárias, ligados por uma longa escada afunilada que leva a um terraço-mirante. O segundo edifício, acessível por meio de uma passarela, contém a exposição permanente, moldada sobre os restos arqueológicos subjacentes; é uma caixa metálica suspensa sobre quatro fileiras de pilastras delgadas que sustentam diretamente a cobertura, à qual se penduram as duas lajes subjacentes, deixando desimpedido o terreno escavado (fig. 478-483).

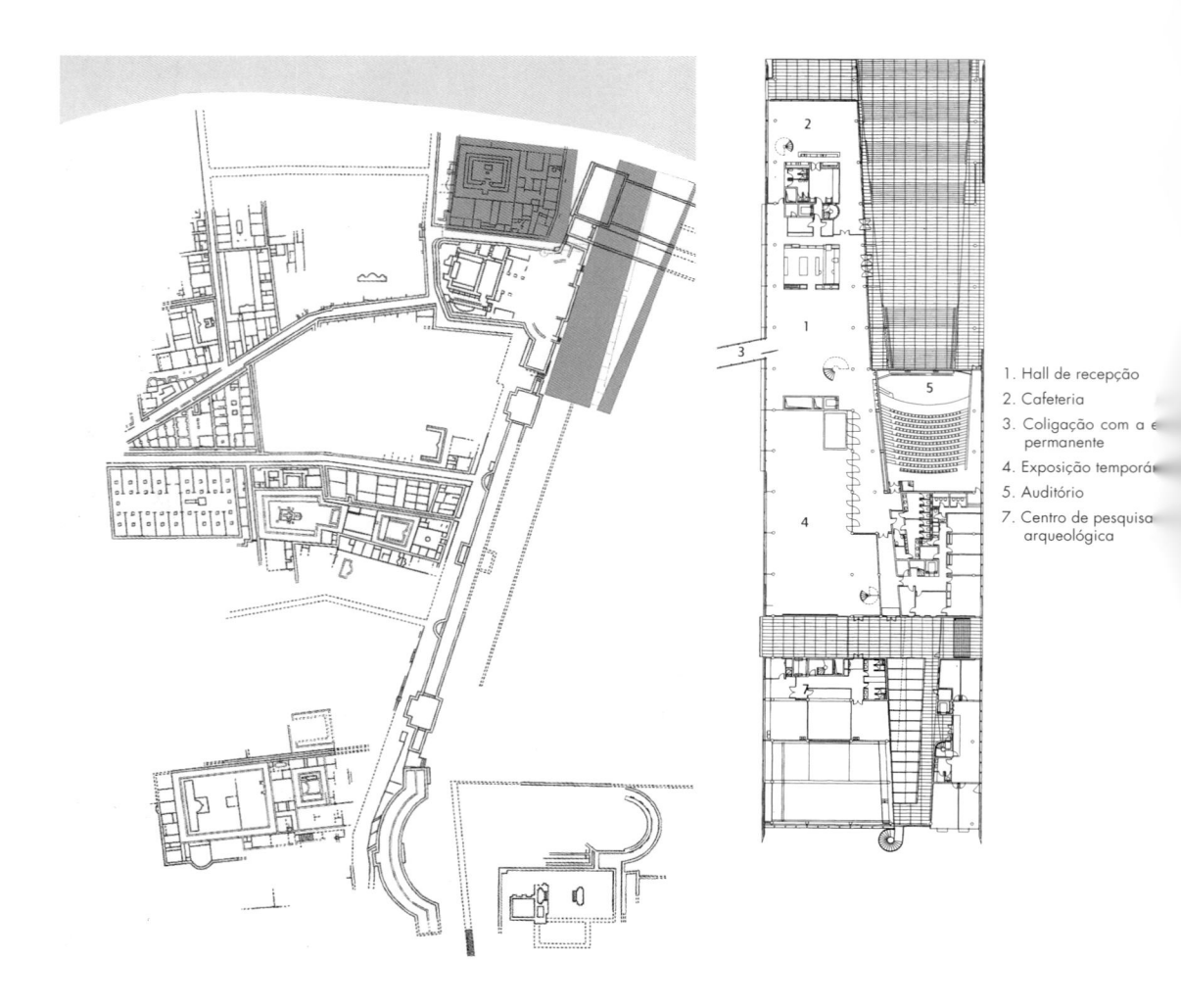

1. Hall de recepção
2. Cafeteria
3. Coligação com a e permanente
4. Exposição temporár
5. Auditório
7. Centro de pesquisa arqueológica

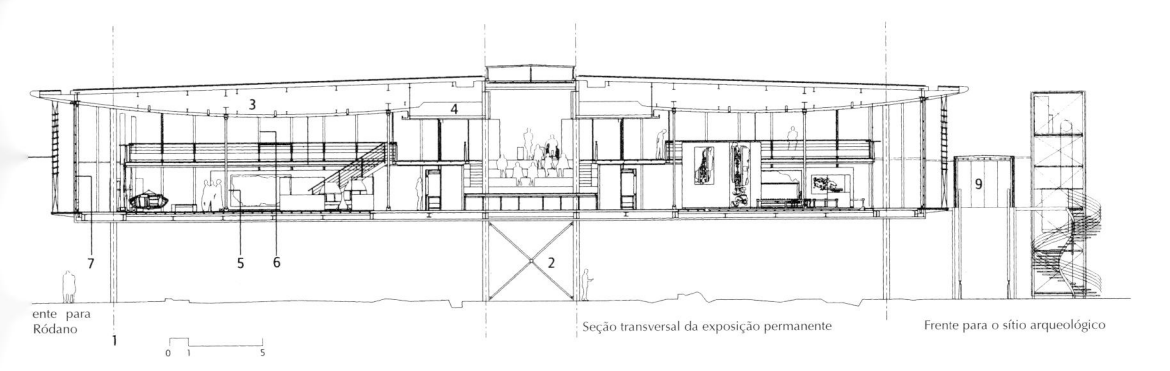

V. Os pacientes e impacientes catadores de novidades e suas perspectivas   253

Fig. 478-483. O Museu Arqueológico de Vienne.

Em Marne-la-Valée, a École Nationale des Ponts et Chaussées e a École des Sciences Géographiques são reunidas em um organismo unitário e rigoroso, onde os ambientes de menor porte são colocados em três corpos edificados, paralelos e mais altos, e os de maior porte — entre os quais um *foyer* coberto por uma abóbada arqueada — nas separações intermediárias. Nasce assim uma casuística de espaços abertos e fechados, fachadas externas e fachadas internas, impecavelmente resolvidas com estruturas adequadas (fig. 484-488).

A morfologia dos elementos é severamente simplificada; deixa à vista a concatenação estrutural lógica, que sozinha basta para caracterizar os organismos, e exclui toda escolha arbitrária. Os acabamentos obedecem à mesma exigência, e são calibrados exatamente para deixar perceber a hierarquia das partes complementares.

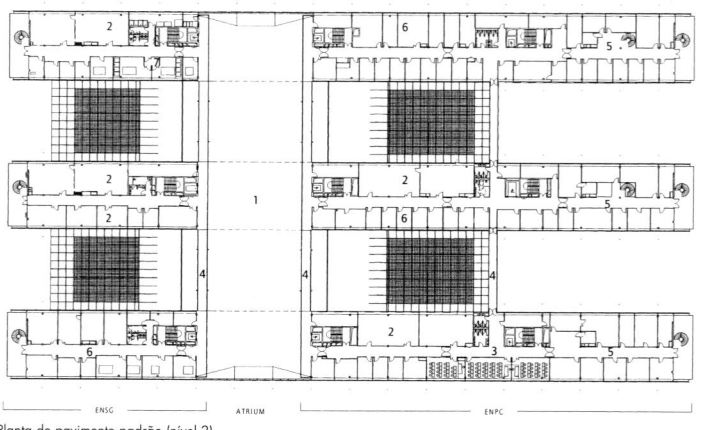

Planta de pavimento padrão (nível 2)

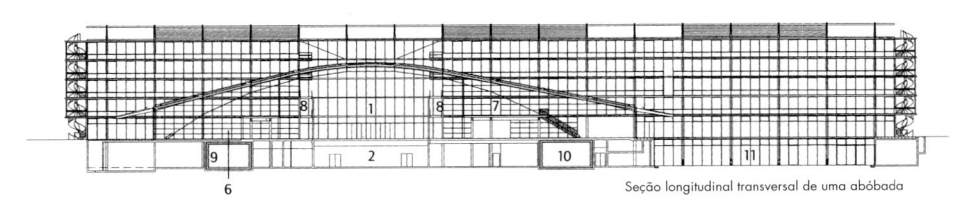

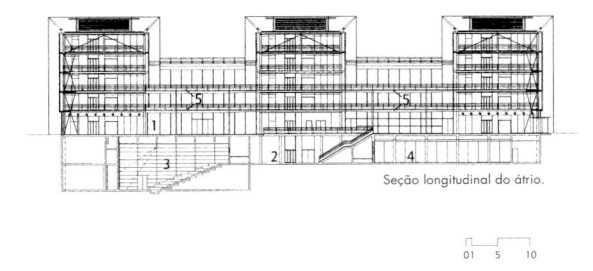

V. Os pacientes e impacientes catadores de novidades e suas perspectivas 255

Seção longitudinal transversal de uma abóbada

Seção longitudinal do átrio.

Fig. 484-488. A École des Ponts et Chaussées e a École des Sciences Géographiques em Marne-la-Valée.

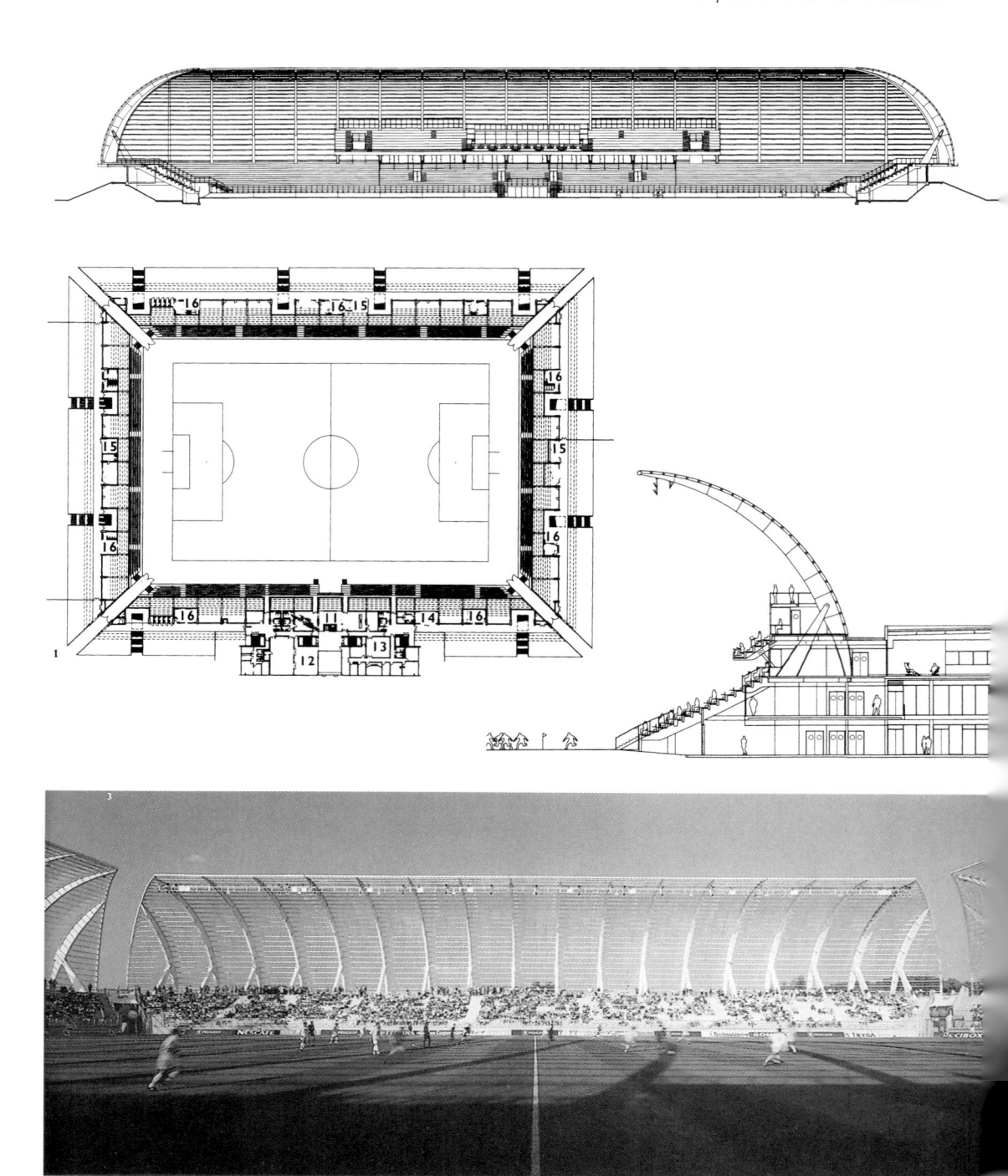

Fig. 489-493. O estádio de futebol de Amiens. Planta, duas seções e duas imagens com o público nas arquibancadas.

V. Os pacientes e impacientes catadores de novidades e suas perspectivas   257

O estádio de futebol em Amiens, de 1995, é um organismo muito simples, colocado com naturalidade em um ambiente suburbano tranqüilo (fig. 489-493). A dramatização da relação entre jogadores e espectadores, assumida conscientemente ou não pela maior parte das instalações do gênero, desapareceu. O retângulo da área de jogo é circundado por uma arquibancada baixa em todos os lados, e somente um gradil pouco elevado separa a primeira fila de espectadores do campo. Uma armação em placas de vidro elegantemente curvada protege e envolve todo o complexo, sem excluir a percepção dos arredores.

A simplicidade das relações, fundamentada na simplificação do tema funcional, coloca em plena evidência a concatenação lógica de todas as partes do artefato. Os elementos extraídos de um mesmo raciocínio permanecem iguais porque "il n'y a raison de faire autrement [não há razão para fazer de outro modo]".[20] Essa linha de conduta, embasada sobre uma motivação intelectual constante, tem suas raízes na tradição construtiva francesa — de Henri Labrouste a Eiffel, aos irmãos Perret e, por certos aspectos, a Le Corbusier (no Immeuble Clarté, de Genebra) —, mas, antes ainda, na clássica disciplina cultural francesa, além da arquitetura ("D'un mot mis à sa place enseigna la valeur [ensinou o valor de uma palavra colocada no lugar certo]"[21]), e contrasta vivamente com a extemporaneidade predileta dos projetistas contemporâneos holandeses. A presença dessas duas linhas de conduta demonstra a riqueza do interior europeu. Por recuperar as opções da geração seguinte à dos mestres, é instrutivo aproximar a proposta de Chaix e Morel — minoritária e por hora isolada — das múltiplas e celebradas inovações descritas nas páginas anteriores, que em parte começam a murchar.

O rigor estrutural e a predileção pela geometria cartesiana são, desde os anos 70, um dos componentes da experiência de Nouvel. É também convincente a analogia entre os resultados dos dois franceses cinqüentenários e os de Foster e Rogers quando tinham sua idade. De toda forma, é uma novidade *high-tech* temporã, desabrochada com atraso na França e enriquecida por invenções mais recentes no que se refere aos acabamentos e às instalações, que recupera o fio esquecido desde Perret até Prouvé, e pode abrir um itinerário sólido e promissor num futuro próximo.

---

20. Ver cap. III, nota 1.

21. Boileau, em *Art poétique*, falando de Malherbe.

Capítulo VI

A arquitetura européia na convalidação do planejamento urbano e territorial

A descrição de alguns arquitetos mais significativos, protagonistas da nossa época, além de ser temerária, corre o risco de fornecer uma idéia errada da situação européia em seu conjunto. As contribuições individuais, filtradas pelas organizações coletivas dos escritórios, testemunham, além dos talentos pessoais dos titulares e dos colaboradores, sua capacidade de inserção nas relações coletivas, públicas e privadas. A definição dos artefatos depende de numerosos condicionamentos técnicos e administrativos, dos quais nasce uma série de conteúdos projetuais em escala superior, determinantes em cada fase da projetação.

Aqui entra outro caráter específico da tradição européia: a distinção de duas ou mais escalas projetuais, ligadas entre si, que fazem intervir na preparação do cenário construído diversos comitentes e diversos temas técnicos. Seus nomes costumeiros são "arquitetura", "urbanística" e "planejamento do território", que para o futuro próximo estão evoluindo em direção a um quadro mais complexo.

É necessário um breve exame desse contexto. Contam, a propósito, as normas dos vários países e as experiências de diferentes tipos relativas a cidades inteiras, partes de territórios ou países inteiros. Nesta circunstância, não é preciso tentar um balanço geral, mas descrever as situações e as experiências mais úteis à compreensão do momento presente, que é o objetivo limitado deste livro. Recordaremos as experiências holandesas já descritas várias vezes e nos deteremos em dois países nos quais exatamente agora acontecem transformações de importância geral — a Alemanha e a Itália — e em duas grandes cidades de importância mundial — Londres e Paris —, para colher neles tanto a continuidade da história passada quanto os sinais de mudança.

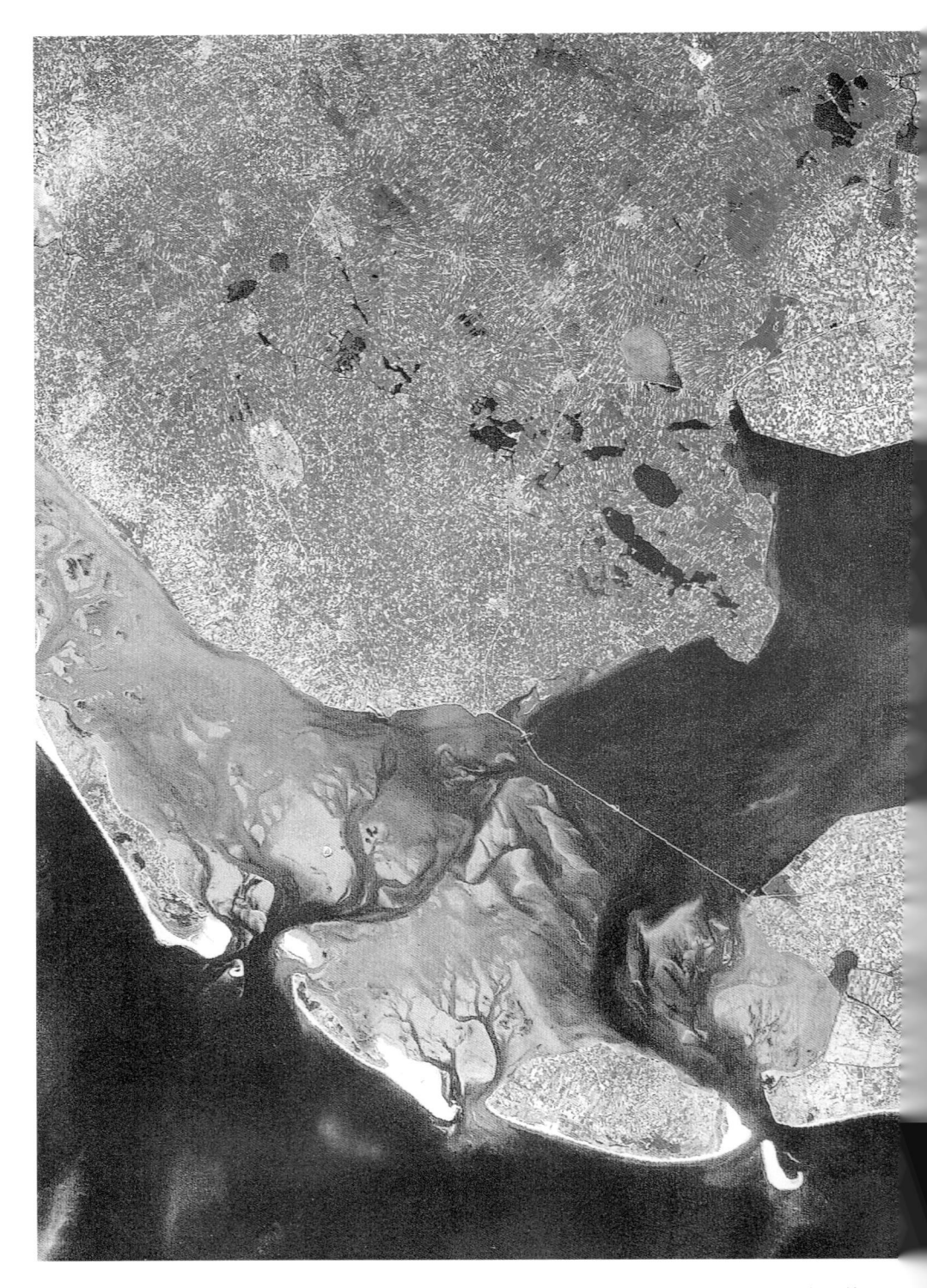

Fig. 494. A bacia do Ijsselmeer, separado do Mar do Norte por meio de um dique de 1932. O grande golfo do antigo Zuiderzee é ocupado pela metade pelos três primeiros pôlderes. Outro dique isola, à direita, o

VI. A arquitetura européia na convalidação do planejamento urbano e territorial 261

Markerwaard, em cuja extremidade está o porto de Amsterdã. Daí parte o canal portuário que leva ao mar e ainda o canal navegável que chega ao Reno, no alto, à direita.

1. A Alemanha

Das circunstâncias especiais do pós-guerra provêm os problemas que hoje, depois da reunificação do país, tornam-se emergências a resolver:
— a dificuldade de substituir as enormes destruições da guerra;
— a dispersão, após 1933, dos talentos emigrados para todas as partes do mundo, que empobreceu a arquitetura e a pesquisa científica, a literatura, o cinema e as artes;
— a natureza das reações sucessivas a essas anomalias, elas próprias anômalas e ainda persistentes depois de mais de meio século.

Na Alemanha, a guerra destruiu quase a metade do patrimônio edificado — mais que o dobro do que ocorreu nos outros países envolvidos — e na área central de Berlim, até 80%, colocando em grave risco o desenho geral dos cenários urbanos. A reconstrução, precipitada, foi apoiada em uma multidão de planos urbanísticos e edilícios, que, onde quer que fosse, sacrificava o rigor intelectual a um critério de convenção e de viabilidade executiva. Naqueles cenários depauperados, a nostalgia da excelência projetual quase sempre levou a considerar os temas arquitetônicos como objetos independentes. A fórmula do espaço aberto povoado de volumes soltos torna-se, assim, dominante nos anos 50 e 60, e desintegra posteriormente os cenários urbanos tradicionais, transtornando o que os bombardeios de guerra haviam poupado, o desenho dos parcelamentos cadastrais sobre o terreno. A preocupação com esse resultado — até então encoberta pelo empenho em restabelecer as condições elementares de vida — manifesta-se na Alemanha Ocidental a partir dos anos 70, e leva a acolher, como uma espécie de supercompensação pelo que foi perdido, a tendência internacional de revisão do modernismo, que reapresenta o desenho urbano fechado e a edificação por quarteirões fronteando as ruas. Enquanto isso, a Alemanha Oriental se atém burocraticamente, por outros vinte anos, ao modernismo dos volumes independentes nos limites dos lotes.

A reunificação, com suas expectativas e suas conseqüências materiais, faz explodir esse e muitos outros campos de trabalho.

A projetação espacial, quando abandona o suporte tranqüilizador da integração à paisagem natural, tem de encarar a degradação dos valores urbanos, à qual nenhum remédio provisório parece adequado. As documentações sobre as cidades alemãs antes de 1940, comparadas às atuais, levam a pensar em uma verdadeira perda de identidade, que ficou dramática por causa da concomitância com outras perdas substanciais da identidade coletiva, ocorridas nos fatídicos doze anos do Terceiro Reich: "despedaçou-se a costumeira interioridade alemã, todo o âmbito de satisfações do ser individual, com seus sonhos, sua felicidade afastada do mundo, sua nostalgia de uma política apolítica", escreve Fest em sua biografia de Hitler:

VI. A arquitetura européia na convalidação do planejamento urbano e territorial

Somente a geração seguinte — continua o historiador — concluiu a ruptura, cortou os vínculos com o passado, livre de sentimentos, de preconceitos, de lembranças [...] É uma geração que raciocina, num grau incomum para a Alemanha, em termos políticos, sociais, pragmáticos; exceção feita a alguns grupos marginais barulhentos e com tendência ao romantismo, livrou-se do radicalismo intelectual, a paixão anti-social pelas teorias grandiosas, renunciando definitivamente ao que foi por muito tempo peculiar ao pensamento alemão: sistematicidade, profundidade e desprezo pela realidade [...] Pela primeira vez, a Alemanha tentou fazer as pazes com a realidade; hoje ama as argumentações sóbrias, concretas; exercita-se em dimensões empíricas, é propensa à conciliação, atenta ao bem comum.[1]

Em um quadro histórico mais amplo, Hobsbawm afirma que a democratização da Alemanha na segunda metade do século XX é o resultado mais positivo do "século breve".[2] Mas a arquitetura, por si mesma vinculada à longa duração, reflete somente em parte a transformação social, e a recuperação da integridade urbana não pode acontecer tão rapidamente quanto na política ou na economia. Os vazios das destruições e seus preenchimentos apressados nas primeiras décadas do pósguerra, ainda evidentes, perpetuam a nostalgia do passado e a incerteza do presente. O movimento moderno alemão, nascido na República de Weimar e em sintonia com seus melhores protagonistas, esteve desde o início no centro do debate mundial, a ponto de tornar secundária a proveniência nacional. Depois da guerra, a qualidade medíocre das novas projetações renova a nostalgia de uma geração inteira de talentos arquitetônicos, os maiores que a Alemanha já teve, dispersos e depois mortos: Walter Gropius, Bruno Taut, Ludwig Mies van der Rohe, Marcel Breuer, Ernst May e muitos outros. A ressonância de algumas obras clamorosas realizadas na Alemanha por projetistas estrangeiros — Alvar Aalto em Wolfsburg, James Stirling em Stuttgart — e também o retorno tardio dos Estados Unidos de Mies van der Rohe, que deixa em Berlim sua última obra-prima, alimentam a insatisfeita aspiração pela excelência arquitetônica.

As experiências atuais movem-se entre esses dois extremos. A dissociação entre a disciplina coletiva proposta na projetação urbanística e a originalidade individual reivindicada na projetação edílica não está livre de acentos esquizofrênicos. As duas instâncias podem se combinar, mas também se paralisar alternadamente, tornando difícil uma abordagem equilibrada das tarefas de hoje. Hans Stimmann descreve

---

1. J. Fest, *Hitler, eine Biographie*, Berlim, Ullstein, 1973-1995. Edição italiana: Milão, Garzanti, 1999, p. 941. [Ed. bras.: *Hitler*, trad. Francisco Manuel da Rocha Filho, Ana Lúcia Teixeira Ribeiro, Antônio Nogueira Machado e Antônio Pantoja, Rio de Janeiro, Nova Fronteira, 2005-2006, 2 v.]

2. E. J. Hobsbawm, *Il secolo breve*, Milão, Rizzoli, 1995. [Ed. bras.: *A era dos extremos: o breve século XX*, trad. Marcos Santarrita, São Paulo, Companhia das Letras, 1995.]

com ênfase o seu programa: "avaliar o capital da edificação histórica [...] conservar os edifícios existentes como fragmentos de história, preservar e, quando possível, reconstruir a planta da cidade, recuperar sua estrutura fracionada a favor de um tecido urbano compósito".[3] Mas estaria ele em condição de evitar que o "quadro fornecido" possa ser inteiramente invertido na fase da projetação edilícia? A noção evanescente do plano urbanístico como "Konzept" é insuficiente. A questão técnica ainda não identificada e ponderada é o sistema das normas associadas ao plano urbanístico, que devem ser bastante precisas, para assumir um valor legal vinculativo, mas também bastante elásticas, para permitir diversas realizações físicas e diversas intenções expressivas: em suma, é o ponto de equilíbrio entre a coordenação pública e a espontaneidade das intervenções individuais, que é o princípio fundamental da tradição européia e também o único ideal de perfeição urbana ao alcance das sociedades democráticas atuais, e que permaneceu operante onde se apóia numa tradição ininterrupta, mas dificílimo de ser reconstruído depois de uma ruptura.

Hoje as cidades alemãs são pontos de rarefação em uma paisagem altamente integrada, que, no seu conjunto, parece ter saído ilesa da catástrofe bélica, pela beleza de seu suporte natural, pela distribuição razoável dos novos artefatos, pelo cuidado com os detalhes. O planejamento territorial é o orgulho da nova Alemanha, e o planejamento urbano não sustenta a comparação. A meio caminho entre os cenários estabilizados das outras cidades européias e aqueles das cidades americanas, dispostas a toda transformação, os cenários das cidades alemãs permanecem ainda hoje incompletos. A gestão urbana não sabe se confia completamente na projetação de conjunto ou se tutela as margens individuais da projetação dos artefatos singulares, e defende, enquanto isso, os costumes locais, dos quais reconhece os limites. A ambigüidade captada por Carlo Levi no balanço de sua viagem à Alemanha[4] ainda está presente, em formas menos dramáticas e goethianas, mas práticas e acessíveis à análise racional, como decorre do tom sempre moderado dos responsáveis. "No fundo — conclui Stimmann —, trata-se apenas de uma convalescença urbana."

Para tornar concreta esta análise, comparemos três cidades alemãs particularmente significativas: Berlim, Hamburgo e Frankfurt.

---

3. H. Stimmann (org.), *Berlin, Physiognomie einer Grosstadt*, Genebra, Skira, 2000.

4. C. Levi, *La doppia notte dei tigli*, Turim, Einaudi, 1959. [Ed. bras.: *A dupla noite das tílias*, trad. Liliana Laganá, São Paulo, Berlendis e Vertecchia, 2001.] O título vem de Goethe: "olhares de fogo lampejaram através da dupla noite das tílias. Agora, para não ver o interior deserto, uma outra noite se demora: a noite dos olhos fechados e das mãos laboriosas, onde, encerradas no sono razão e paixão, até o vazio se apartou" (*Fausto*, parte II, ato V, cena III). Levi acrescenta: "Talvez justamente a Alemanha tenha trazido consigo, nos séculos de sua história ilustre e na vida individual de seus habitantes, o caráter permanente (ou perigo, ou tendência, ou vocação) da falta de unidade, sobre a qual ganhou destaque gigantesco a harmonia 'olímpica' e unificadora de Goethe" (p. 14).

a) Berlim

Depois de ter simbolizado, um após o outro, o Segundo Reich, o Terceiro Reich e a oposição entre os dois sistemas mundiais no pós-guerra, Berlim se apresenta hoje, seguindo o seu destino, como ponto de convergência e campo demonstrativo dos problemas alemães.

Os acontecimentos de 1945 a 1989 voltam à memória como uma seqüência acelerada: as propostas de planejamento global da cidade, sem levar em conta a divisão em quatro zonas administradas pelos exércitos vencedores e depois pela divisão entre os dois Estados alemães. As iniciativas da construção civil nas duas metades urbanas: a leste, a demolição do palácio imperial, a restauração dos monumentos neoclássicos do centro antigo, o grande subúrbio em estilo soviético, nomeado em homenagem a Stalin e depois a Karl Marx, a torre descomunal no meio da Alexanderplatz, mas também — mais radical do que qualquer outra modificação — a extinção da malha imobiliária histórica, funcional à inserção dos novos blocos de edificação em uma vasta zona central; a oeste, o centro comercial realizado gradualmente ao longo da Kurfurterdamm, os objetos heterogêneos disseminados no Tiergarten (a coluna da Vitória, construída no século XIX, deslocada pelo regime nazista em 1938 para esvaziar a área do centro monumental criado por Albert Speer; o monumento ao soldado soviético projetado pelos russos; a sala para concertos de Hugh Stubbins, conhecida como *"ostra grávida"* e depois batizada de Casa das Culturas do Mundo), a reconstrução do Hansaviertel em conjunto com a Interbau de 1957, enfim, as iniciativas promovidas pela Internationale Bauausstellung (IBA), dirigida por J. P. Kleihues entre 1979 e 1987, que contrapõem ao *naive Funktionalismus* [o funcionalismo ingênuo] a *kritische Rekonstruktion der Stadt* [a reconstrução crítica da cidade]. Entre os dois mundos, corre o muro com as sentinelas armadas, o que não impede que o metrô corra por baixo.

A nostalgia da excelência atravessa toda essa trajetória, e o expediente mais óbvio, o de oferecer um trabalho eventual aos mais famosos arquitetos mundiais (à Interbau, à IBA), produz resultados medíocres em todos os casos, com exceção de um. Dois mestres dos anos 30 permanecem trabalhando ali, Otto Bartning e Hans Scharoun, e uns poucos outros, não os mais adequados para competir na classificação internacional. Gropius volta esporadicamente à Alemanha nos últimos quinze anos de sua vida, mas não vai além de uma contribuição didática e de um empenho nominal. Em 1946, Scharoun ocupa o cargo de *Stadtbaurat* por um curto período, e, como arquiteto, projeta, nos anos 60, dois importantes edifícios no novo Kulturforum, a Philarmonie e a Staatsbibliothek: produtos extemporâneos de uma tendência minoritária cultivada desde os anos 30. Ali ao lado, em 1969, Mies van der Rohe coloca finalmente na paisagem desintegrada de Berlim, bem perto do Muro, uma obra não menos importante que as suas obras-primas americanas, e dá a medida plena da

Fig. 495-497. O centro de Berlim em 1940. As ampliações feitas no século XVIII e os acréscimos guilherminos constituem, por pouco que seja, um conjunto compacto.

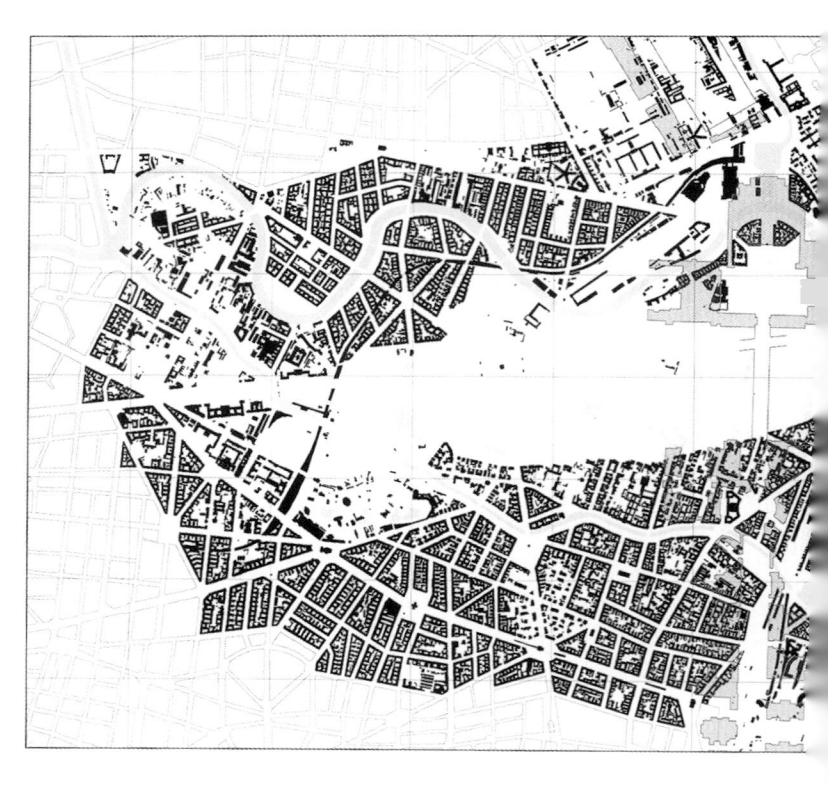

Fig. 498 e 499. O centro de Berlim em 1953, destruído pela guerra e repartido entre os vencedores.

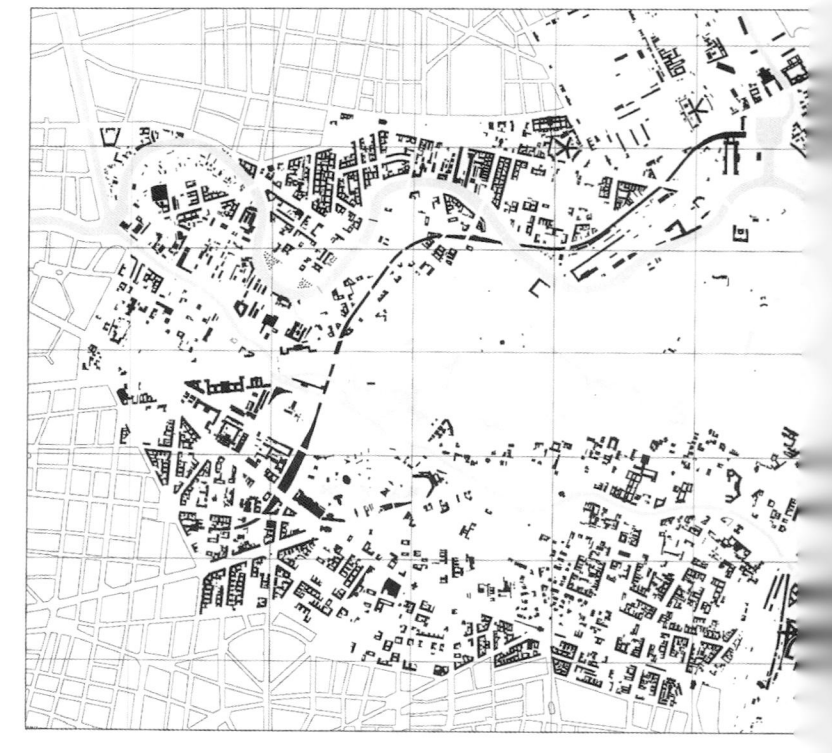

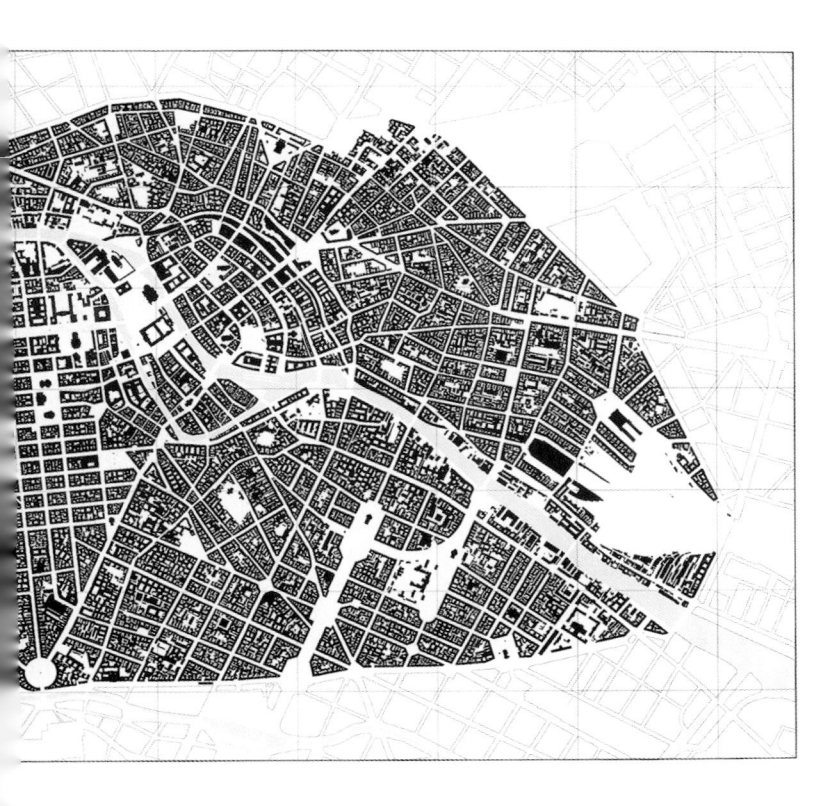

VI. A arquitetura européia na convalidação do planejamento urbano e territorial 267

268 A arquitetura no novo milênio

Fig. 500-501. O centro de Berlim em 1989, após as reconstruções parciais dos dois lados do Muro, que está para cair.

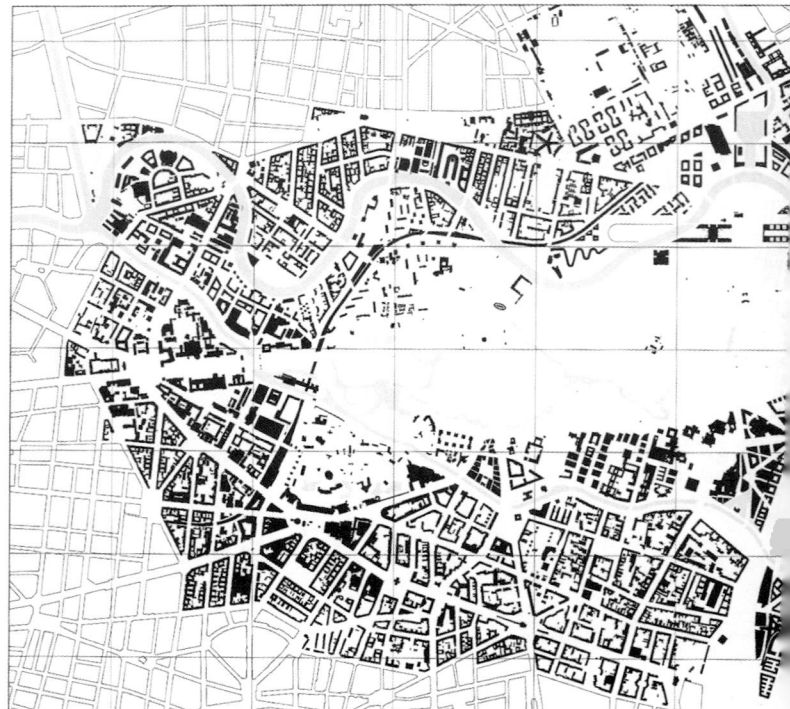

Fig. 502. O centro de Berlim conforme a reurbanização prevista até 2010.

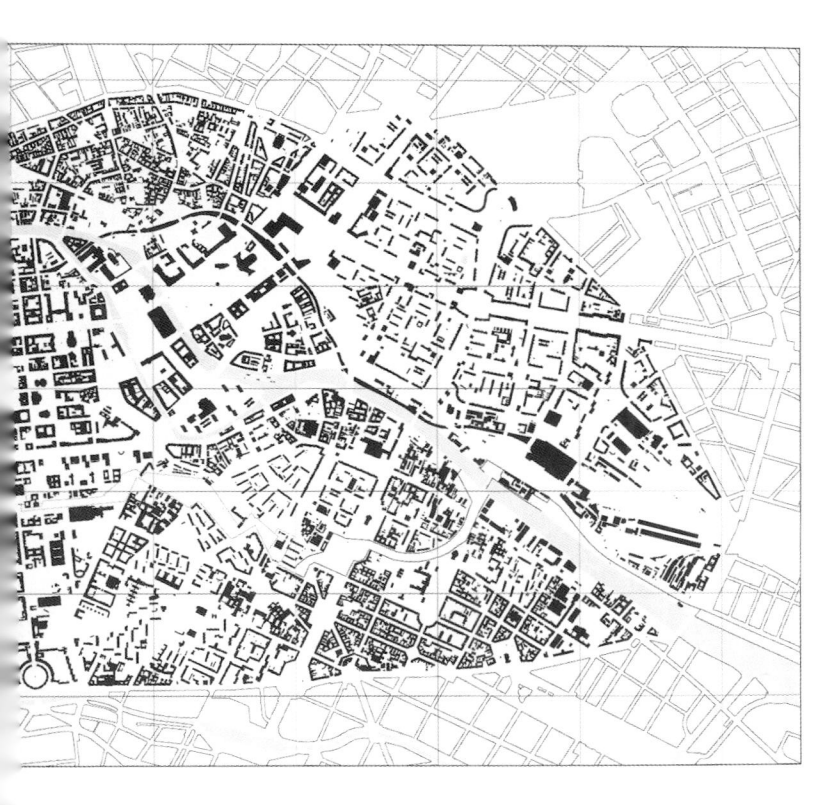

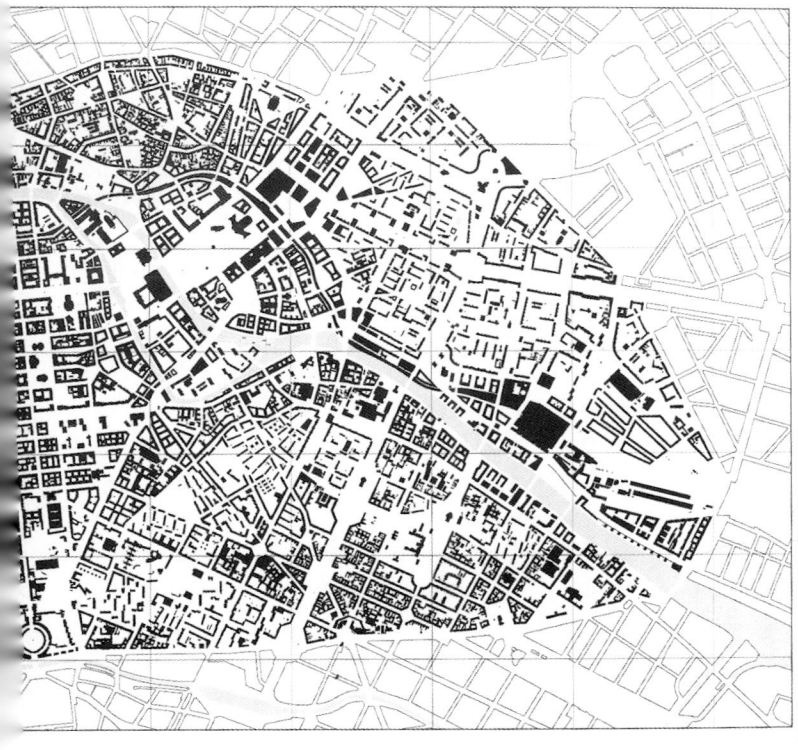

VI. A arquitetura européia na convalidação do planejamento urbano e territorial 269

excelência perdida em seu país de origem, mas cultivada em outros lugares e transformada, à distância de uma geração, em patrimônio mundial.

Depois da unificação das duas partes da cidade (1989), tornam-se factíveis um controle unitário e um programa concreto de planejamento da cidade. A recuperação do organismo urbano integral é uma tarefa gigantesca, até agora apenas começada. Serão necessárias muitas décadas para conseguir uma periferia comparável às das outras grandes cidades alemãs. Hoje os meios para agir estão concentrados na urbanização da área central, a Innerstadt, onde o objetivo mais urgente é a extinção do dualismo entre os regimes contrapostos no último meio século.

O Senado [governo local] de Berlim, para oferecer uma nova base ao desenvolvimento na metade oriental, vende os terrenos públicos aos grandes operadores privados, reservando-se o controle da edificação com um trâmite de planos parciais e de concursos, e, somente a partir de 1999, intervém com o mencionado plano abrangente da Innerstadt, dirigido por Hans Stimmann. Já em 1990 o Senado aliena a área ao redor da Potsdamerplatz, e em 1991 promove o concurso para sua reurbanização geral. O projeto vencedor, de Hilmer e Sattler, de Munique, propõe uma simples composição de quarteirões iguais, sabendo que o layout desenhado será substancialmente alterado, nas fases sucessivas, por "planos de setor" e pelos projetos edilícios, a serem atribuídos igualmente por meio de concursos sucessivos. Os desenhos em escalas superiores ficam como sugestões para o desenho planimétrico — "Konzepten", dizem os títulos das placas — e permitem, em escala arquitetônica, uma liberdade quase absoluta de criação. Os resultados são aceitáveis na área Daimler Benz, onde o tecido urbano é determinado com precisão pelo plano setorial de Rogers, depois pelos projetos do próprio Rogers e de Isozaki, Moneo, Kollhof e Piano (que atrai para o novo desenho também a acerba fachada posterior da biblioteca de Scharoun); são ruins na contígua área Sony, onde Jahn e Castillo assentam quatro quarteirões em torno de um pátio oval dominado por uma cobertura transparente que reluz na escuridão.

Com um procedimento análogo, no início dos anos 90 são escolhidos os planos urbanísticos para outros lugares ilustres — a Alexanderplatz, a ilha entre as duas ramificações do Spree, o complexo dos museus — dotados de amplas margens para os projetos sucessivos de edificações. O objetivo da "reconstrução crítica da cidade" é colocado em dificuldade pelo procedimento em cascata das projetações, que permanecem reversíveis até a última etapa. Nenhuma das escolhas iniciais, exceto a criação da rede de infra-estrutura, é considerada consolidada, e se prefere que os campos das projetações finais sejam de início independentes entre si, para preservar a liberdade — econômica, técnica, formal — do último trecho.

Para os edifícios do governo federal, ainda que destinados a uma demanda pública definida de antemão, decide-se proceder da mesma forma. Em 1992, é anunciado o concurso para o plano urbanístico, que determina acuradamente o programa das

VI. A arquitetura européia na convalidação do planejamento urbano e territorial   271

503 e 504. A área da Potsdamerplatz. O projeto ~~urb~~anístico de 1991, de Hilmer e Sattler. A urbanização ~~da~~ parte ocidental depois do projeto de setor de Rogers e a ~~pro~~posta arquitetônica de Piano.

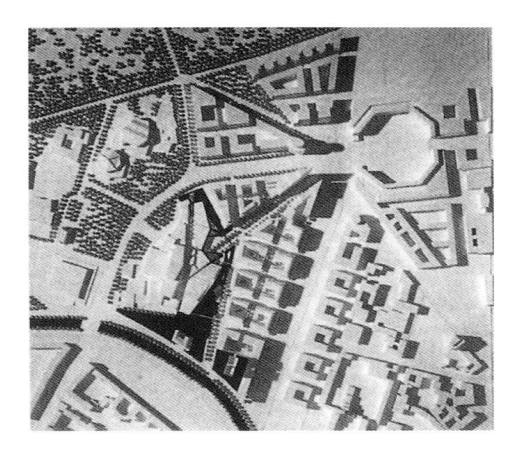

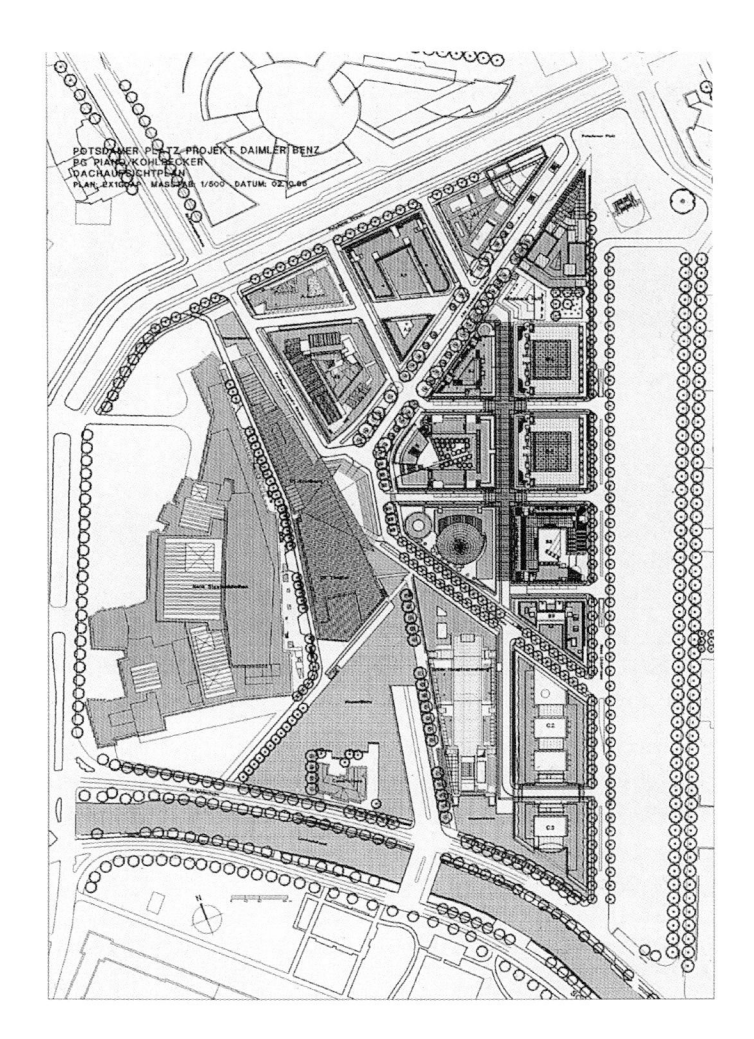

505. A urbanização executada ~~na ár~~ea da Potsdamerplatz.

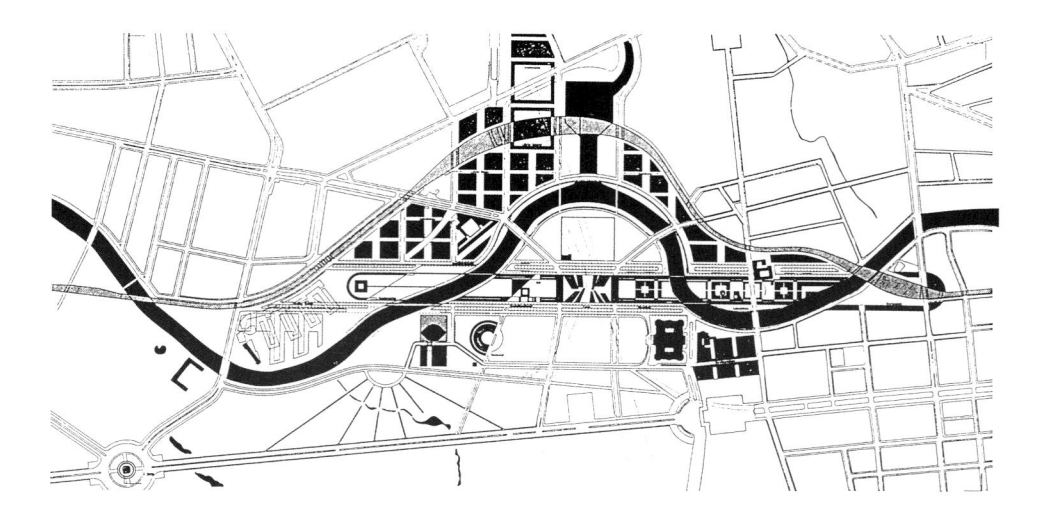

Fig. 506. O projeto vencedor do concurso para os edifícios federais.

construções na área do Spreebogen (o Bundestag [Parlamento] que fica no invólucro do antigo Reichstag; o enorme complexo — 185 mil metros quadrados úteis — de seus anexos; as novas sedes da Chancelaria e do Bundesrat [Câmara Alta]). O projeto vencedor de Alex Schultes e Charlotte Frank sobrepõe ao curso curvilíneo do rio uma grelha ortogonal independente dos traçados circundantes, metáfora da unificação desejada a priori e despreocupada com os obstáculos reais. Uma faixa longitudinal, que corta três vezes o Spree, é destinada aos edifícios federais e pode ser lida como um traço de junção entre o oeste e o leste, perpendicular ao eixo norte-sul idealizado por Speer para Hitler. O júri e a administração política apreciam esses símbolos, na falta de indicações mais precisas do palimpsesto urbano, que aqui tem a enorme lacuna do bairro guilhermino[5], destruído e julgado indigno de reconstrução. A faixa longitudinal é materializada por dois caminhos paralelos para pedestres, que encerram a seqüência de edifícios sem limitar sua conformação.

Em 1994, outros dois concursos premiam, para os edifícios da metade oriental (os anexos do Reichstag), o arquiteto municipal Stephan Braunfels; para os da metade ocidental (a Chancelaria e suas dependências), com igual mérito, Schultes e um grupo de jovens de Berlim Oriental. No fim, Schultes e Frank conseguem o encargo executivo e ainda modificam substancialmente o projeto de concurso. A Chancelaria torna-se um pastiche antigo-moderno, embelezado em vão por decorações sem graça na fachada (fig. 507). O resultado é tão desastroso quanto o percurso administrativo que o tornou possível. Aqui não havia muitos atores

---

5. "Guilhermino" aqui se refere ao estilo arquitetônico desenvolvido durante o reinado de Wilhelm Friedrich Ludwig (1861-1888). [N.T.]

Fig. 507. A fachada da nova Chancelaria.

Fig. 508. A cúpula de Foster sobre a cobertura do Reichstag.

desconhecidos, cuja liberdade futura fosse conveniente tutelar, mas poucas instituições públicas que poderiam ter-se pronunciado em colegiado sobre um projeto unitário desde a fase inicial. Dir-se-ia que o objetivo, verdadeiramente fútil, era o de subdividir um cobiçado encargo profissional, diferenciando por partes e por fases uma intervenção arquitetônica desmensurada. Hoje, com a execução avançada, a modéstia do resultado arquitetônico é evidente.

O empenho cultural adequado aos acontecimentos de 1989 é testemunhado por um único artefato arquitetônico de qualidade apropriada: o antigo Reichstag reestruturado por Norman Foster, com a cúpula que não é uma nova clarabóia da sala subjacente, mas um edifício autônomo erguido sobre um terreno artificial, a praça sobrelevada e pavimentada que cobre o corpo central do edifício. A estrutura em vidro e metal é desenhada com uma bravura sem igual em qualquer das obras berlinenses recentes.

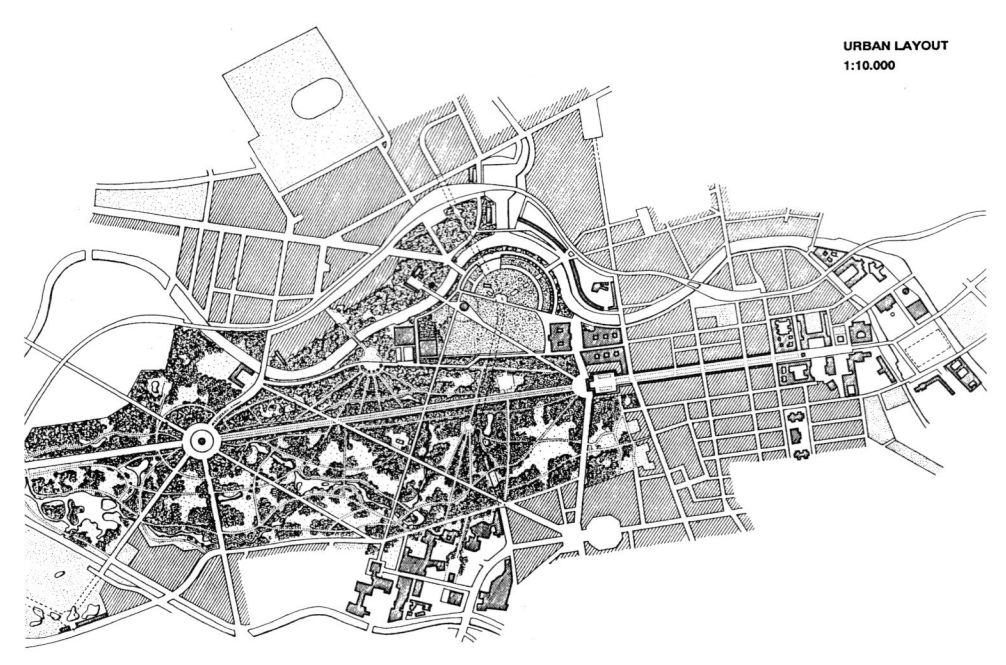

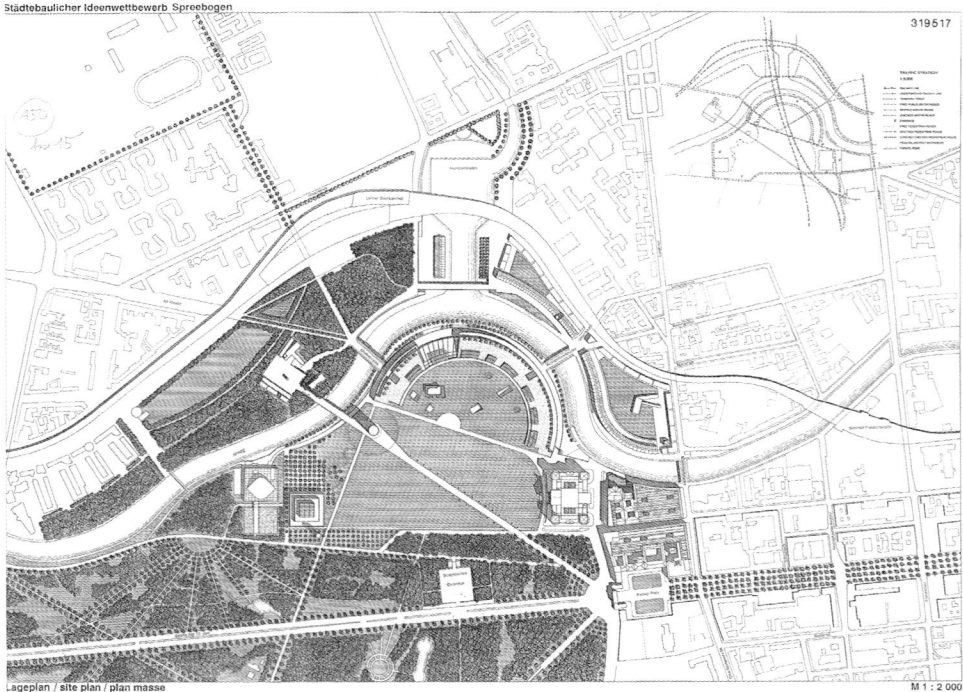

Fig. 509-515. Uma alternativa apresentada no concurso de 1992 para os edifícios federais (escritórios Architetti Benevolo e Associati-Associati). A cidadela federal é integrada no Tiergarten, e reproduz o Spreebogen, o arco fluvial preexistente.

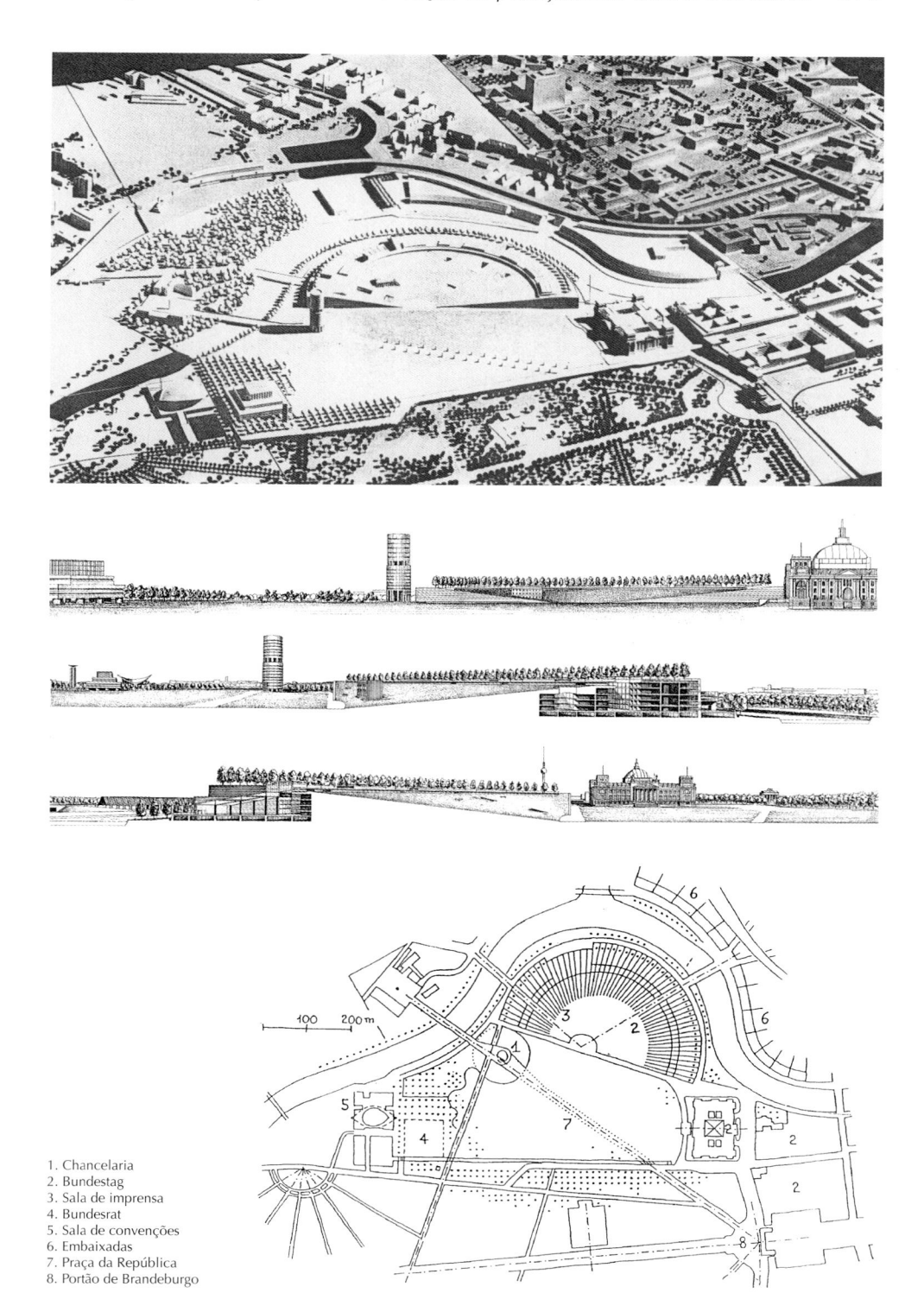

VI. A arquitetura européia na convalidação do planejamento urbano e territorial   275

1. Chancelaria
2. Bundestag
3. Sala de imprensa
4. Bundesrat
5. Sala de convenções
6. Embaixadas
7. Praça da República
8. Portão de Brandeburgo

Os objetivos anunciados no plano de 1999 parecem prometer um controle unitário mais atento das futuras intervenções. Será interessante ver como a coerência do desenho urbanístico e o desempenho criativo na fase de projetação das edificações poderão coexistir no futuro. A seqüência acelerada dos concursos em diversos níveis talvez sacrifique a continuidade da criação, por conta de um propósito sugestivo, mas irrealizável: conseguir logo, artificialmente, a variedade de construções uma vez confiada à lenta estratificação das iniciativas. Parece impossível conciliar a sutileza do objetivo final, a complexidade de uma ordem reconhecível no pluralismo das iniciativas, e a pressa de alcançá-lo em um tempo limitado, recuperando o tempo perdido. Ainda é um "sonho", um resíduo do antigo "radicalismo intelectual" implícito no destino excepcional dessa grande cidade? Uma última herança do dualismo original transferido ao plano político e intelectual?

De fato, o lugar em que a reconstrução de Berlim parece concluída com pleno sucesso não é o nó convulso em torno da Potsdamerplatz, mas a tranqüila rede da Dorotheenstadt, onde o desenho planimétrico do século XVIII e as regras altimétricas conseqüentes asseguram a coexistência dos fragmentos monumentais remanescentes e da posterior edificação várias vezes refeita. Em nenhuma grande cidade européia há um lugar central tão decoroso e tranqüilo, com um tráfego de veículos e de pedestres de intensidade aceitável, que eleva seu estilo na parte oriental de Unter den Linden, e poderia estender-se até a Alexanderplatz, se decidissem remover o degradado Palast der Republik, reconstruindo o Schloss [castelo] ou substituindo-o por um cenário verde.

Aguardemos os novos acontecimentos.

b) Hamburgo

Diferentemente de Berlim, Hamburgo não simboliza nada, e está prosaicamente presa ao seu papel técnico e econômico de porto primário do Mar do Norte. No pós-guerra, justamente pela proximidade da fronteira política com o Leste, perdeu esse papel, que foi passado a Roterdã, e a cidade foi reconstruída com parcimônia, reduzindo as ambições da direção técnica e administrativa anterior.

Os restos do compacto centro antigo foram eliminados sem hesitação, e toda a parte sul do contorno oval foi completamente redesenhada, com uma nova grande via diametral — Ludwig Erhard-Strasse e Ost-West-Strasse —, circundada por novos edifícios distanciados entre si, heterogêneos e desambientados. Alguns retalhos de edificações antigas remanescentes e um ou outro reconstruído nestes últimos anos não bastam para melhorar o novo cenário; ao contrário, no anel suburbano, onde o mosaico das urbanizações de área basta para caracterizar todo o cenário, o acesso direto aos raros volumes construídos torna-se secundário e plenamente aceitável.

VI. A arquitetura européia na convalidação do planejamento urbano e territorial   277

A reunificação, aumentando grandemente a importância da escala portuária, recoloca em movimento esse cenário. Em nosso campo, o procedimento para as iniciativas mais importantes — codificado também por lei — é a colaboração entre executores públicos e privados mediante o processo dos concursos, como em Berlim.

O concurso de 1998 para a Hafencity — a conversão urbana da área portuária adjacente ao centro antigo, sob a posse da administração municipal e das Ferrovias Federais — é uma iniciativa clássica confiada a duas clientelas seguidas, o executor fundiário público e os futuros executores públicos e privados das edificações.

16. Hamburgo, foto aérea. Em primeiro o estuário do Elba e as instalações portuárias antigas, que serão transformadas para rbanos. Ao fundo, a grande bacia lacustre ser, ao redor da qual se espalha a ampla e zada periferia.

7. O projeto vencedor do concurso para a :ity (1998).

O porto está sendo reorganizado e ampliado ao longo do estuário do rio Elba. A urbanização da parte mais próxima à cidade deve não apenas permitir a paridade da operação pública no local, mas também granjear um excedente de duzentos milhões de euros para financiar as novas instalações portuárias; por isso, a área útil edificável inicialmente fixada — um milhão de metros quadrados — foi aumentada para 1,5 milhão de metros quadrados. O novo bairro inclui a parte mais antiga das instalações portuárias, conservadas como monumentos históricos (a Speicherstadt), e pode ser considerado, sob vários aspectos, como uma ampliação do centro medieval, que se encontra a uma distância percorrível a pé. Mas para se tornar apetecível deve suportar a comparação com a periferia muitíssimo ampla, verde, bem servida pela rede de comunicações, que é hoje, sem a menor dúvida, o lugar mais agradável para se viver.

O projeto vencedor, de Peter Schweger, Horst von Bassewitz, Hans Moeller, todos de Hamburgo, e do holandês Kees Christiaanse, propõe uma plataforma racional de fundações, enquanto o aparato volumétrico parece uma simples simulação, destinada a mudar radicalmente na fase executiva. A execução, prevista em vários anos, permitirá julgar o resultado.

c) Frankfurt

No sistema policêntrico das cidades alemãs, Frankfurt é a capital financeira (ali têm sede o Banco Central Europeu e a bolsa mais importante), possui o principal aeroporto do país e abriga algumas das maiores instituições culturais. O centro antigo, quase completamente devastado, foi primeiramente reconstruído de modo apressado e, depois, repetidamente transformado em breves intervalos de tempo.

A modernização dos anos 30, dirigida por Ernst May, possuía o ambicioso programa de integrar a cidade aos arredores setentrionais. Essa diretriz foi confirmada e ampliada. O atual modelo de planejamento prevê um anel de áreas verdes protegidas em torno do núcleo central da cidade (Landschaftsschutzgebiet Grün Gürtel Frankfurt). Em direção ao exterior, uma retícula de ruas verdes (Regionalparkrouten) atravessa a periferia e leva às florestas do entorno, em ambas as vertentes do Meno. Os parques urbanos compreendem comumente uma área de vegetação protegida e uma área para lazer (fig. 518).

Os edifícios altos para as atividades terciárias amontoam-se na margem direita do rio, na borda do centro antigo e na região adjacente, em volta da estação ferroviária. Recentemente, sua distribuição foi planejada com um programa adequado (Hochhausentwicklungsplan; fig. 520 e 521), cuja execução está apenas começando. Agora o grupo dos arranha-céus mais próximos do rio já forma um conjunto

VI. A arquitetura européia na convalidação do planejamento urbano e territorial   279

Fig. 518. O plano dos parques ao redor de Frankfurt sobre o Meno.

agradável, em torno do volume dominante da sede do Commerzbank, de Norman Foster (1992-1997; fig. 519).

Também a Deutschherrenufer, na margem esquerda do Meno, é regulada por um plano urbanístico unitário, deliberadamente elementar, para o qual os projetos de construção dos edifícios isolados, os doze Solitären sobre a água e os seis quarteirões do fundo, trarão as variações necessárias.

Fig. 519. O perfil urbano de Frankfurt, dominado pelo arranha-céu de Foster para o Commerzbank.

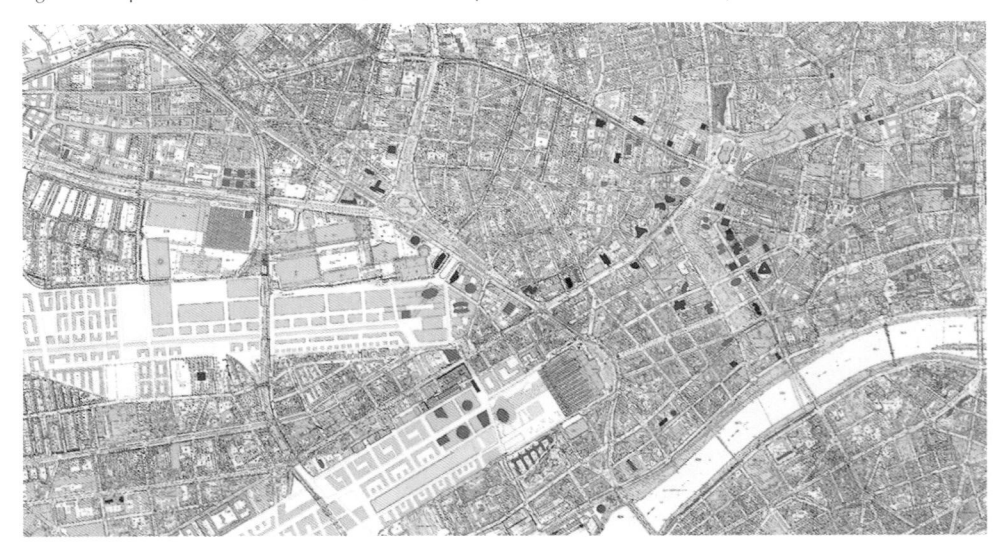

Fig. 520 e 521. O planejamento dos edifícios altos da cidade: o quadro geral e um detalhe da maquete vista do oeste.

A maior parte dos novos projetos é devida aos arquitetos locais. Alguns projetos são de boa qualidade (a torre do Deutsche Post, do escritório Murphy-Jahn, concluída em 2002, com as duas fachadas curvas separadas por um espaço de comunicação vazio, dividido por lajes de vidro a cada nove andares), mas a qualidade do resultado geral parece creditada à medida de quase todos os outros, que deixa emergir a exatidão e o equilíbrio do modelo urbanístico.

A nova sede do Banco Central Europeu, a ser construída a oeste da cidade, na margem do Meno, será, ao que parece, uma clamorosa exceção. A primeira fase do concurso selecionou em 2003, de trezentas candidaturas, um grupo de doze projetos. Entre esses, em 2004, o júri atribuiu o primeiro prêmio à Cooperativa Himme(l)bau, que apresenta um arranha-céu com um previsível aspecto desarticulado; o segundo, ao Atelier ASP Schweger Assoziierte, de Berlim, que propõe uma laje elevada a grande altura por três torres; o terceiro, ao grupo 54f Architekten (Alemanha-Malásia), que organiza o lote com edifícios baixos e algumas torres envidraçadas. O conselho diretor do banco escolherá um ou mais dos três, ao qual pedirá um desenvolvimento detalhado.

Na Alemanha de hoje, as vicissitudes que transtornaram o *townscape* estão contrabalançadas e, de certa forma, redimensionadas pela estabilidade do *landscape*. O espírito lógico da cultura espacial contemporânea confirma e desenvolve a herança da disciplina territorial anterior à Segunda Guerra Mundial, enquanto enfrenta com cautela as catástrofes e os riscos dos ambientes urbanos. Assim, os problemas urbanísticos descem de escala. O cenário visual da Alemanha, que foi o epicentro da guerra e o principal palco da sucessiva guerra fria, parece hoje pacificado, cuidado, e talvez possa enfrentar com sucesso as velhas e novas dificuldades locais.

2. A Itália

O quadro italiano é digno de nota por razões muito diferentes. Há a trajetória da alta cultura, de que se falou ao apresentar as obras recentes dos mais importantes arquitetos italianos (Piano, Gregotti, Valle, De Carlo), desenvolvida ininterruptamente desde o pós-guerra a um nível relevante em âmbito mundial. É instrutivo colocá-la em confronto com a deriva geral, que é de um gênero totalmente diverso.

Os danos causados pela guerra, muito inferiores àqueles alemães, lesaram um patrimônio de edificações mais antigo e precioso, para o qual toda avaliação quantitativa é inadequada. A reconstrução e o sucessivo boom da construção civil, paralelo ao desenvolvimento econômico, fizeram o resto, iniciando uma renovação radical, que cobre, em seu conjunto, um cenário geográfico e histórico de significado elementar na cultura mundial.

Fig. 522. Johann Jakob Frey; vista de Roma a partir da Camilluccia, 1858.

A cultura visual — a percepção simultânea e instantânea da realidade visível, e a gestão organizada de suas modificações — foi a principal contribuição da Itália à cultura européia e mundial; dominou após o século XV as "belas artes" e o estilo da vida em sociedade; batizou, no século XVI, a exploração do ambiente terrestre e, no século XVII, a descoberta das leis científicas subjacentes. A paisagem italiana é a imagem concreta dessa herança, e permanece desde então um ponto de referência reconhecido, universalmente acessível.

Vistos hoje, retrospectivamente, os termos dessa trajetória são claros. A coerência da paisagem italiana e sua riqueza de valores dependem da persistência do ponto de equilíbrio, herdado das épocas passadas, entre as iniciativas de edificação individuais e as regras coletivas. Outros países europeus criaram novos modelos de urbanização descritos no capítulo I e experimentaram em larga escala, no pós-guerra, o modelo da urbanização pública (as *new towns* inglesas, as *villes nouvelles* francesas, os vastos programas holandeses e escandinavos), que, abrangendo uma parte notável da nova produção, protegeu o equilíbrio geral.

VI. A arquitetura européia na convalidação do planejamento urbano e territorial 283

Na Itália, o isolamento de vinte anos e, sobretudo, o caráter discricionário da ação pública — a herança da ditadura fascista incorporada tacitamente nas instituições da área de arquitetura, entre as quais a lei urbanística de 1942 e a de 1939 sobre a tutela dos bens artísticos — tornam obscuros os termos da questão. A especulação fundiária é um aspecto irrevogável da economia moderna, que não deve ser apagado, mas devidamente limitado por ocasião das transformações, para que não comprometa as escolhas territoriais não intercambiáveis. A falta de consciência dessa distinção, na política e na cultura, foi suficiente para distorcer todo o processo da reconstrução. O patrimônio residencial italiano levantado pelo censo de 1951 chegava a 37 milhões de moradias para 47 milhões de habitantes. No censo de 1971, quando o número de habitantes chega a 55 milhões, o patrimônio já havia triplicado. As novas casas — não excluindo aí o maior programa de "casas populares" realizado de 1949 a 1963, o INA Casa — são construídas em terrenos privados, despendendo, para a compra das áreas, cifras próximas da soma dos custos da construção. Nos primeiros anos da década de 1960, o Instituto Lombardo de Estudos Econômicos e Sociais, ILSES, redige a primeira (e última) avaliação global da renda fundiária na Itália, e aponta cifras monetárias enormes. Os imensos interesses pelo potencial edificável das áreas primeiro paralisam os planos reguladores municipais, depois fazem com que suas previsões aumentem além de qualquer lógica: somente uma pequena fração casual do legalmente edificável será executada, e a desordem das localizações agiganta o impacto dos novos edifícios sobre as paisagens.

A cultura especializada, em vez de empregar melhor os instrumentos existentes, reivindica uma revisão jurídica do uso do solo e promove planos diretores onde a estruturação futura é representada independentemente dos procedimentos de execução. O plano de Roma, elaborado pelos melhores urbanistas italianos, Quaroni e Piccinato, fracassa completamente: suas previsões permanecem quase totalmente não realizadas, e em seu lugar nasce um cinturão de assentamentos abusivos (o maior que existe fora dos países do Terceiro Mundo) que, desde então, ainda que "legalizado", domina o cenário da capital italiana. Em outros lugares, trata-se de atrasos mais ou menos graves, mas os vínculos por tempo indeterminado previstos nos planos daquela época são censurados pela Corte Constitucional e tornam precários todos os planos do mesmo tipo. A polêmica sobre a "urbanística inconstitucional"[6] leva a propor uma "distribuição eqüitativa" dos direitos de construção; os interesses opostos percebem aí uma legitimação da renda e ao mesmo tempo uma invasão de campo importuna, que os encorajam a enrijecer a defesa de seus privilégios tradicionais.

---

6. G. Campos Venuti, M. Martuscelli e S. Rodotà, *Urbanistica incostituzionale*, Roma, Edizioni delle autonomie, 1980.

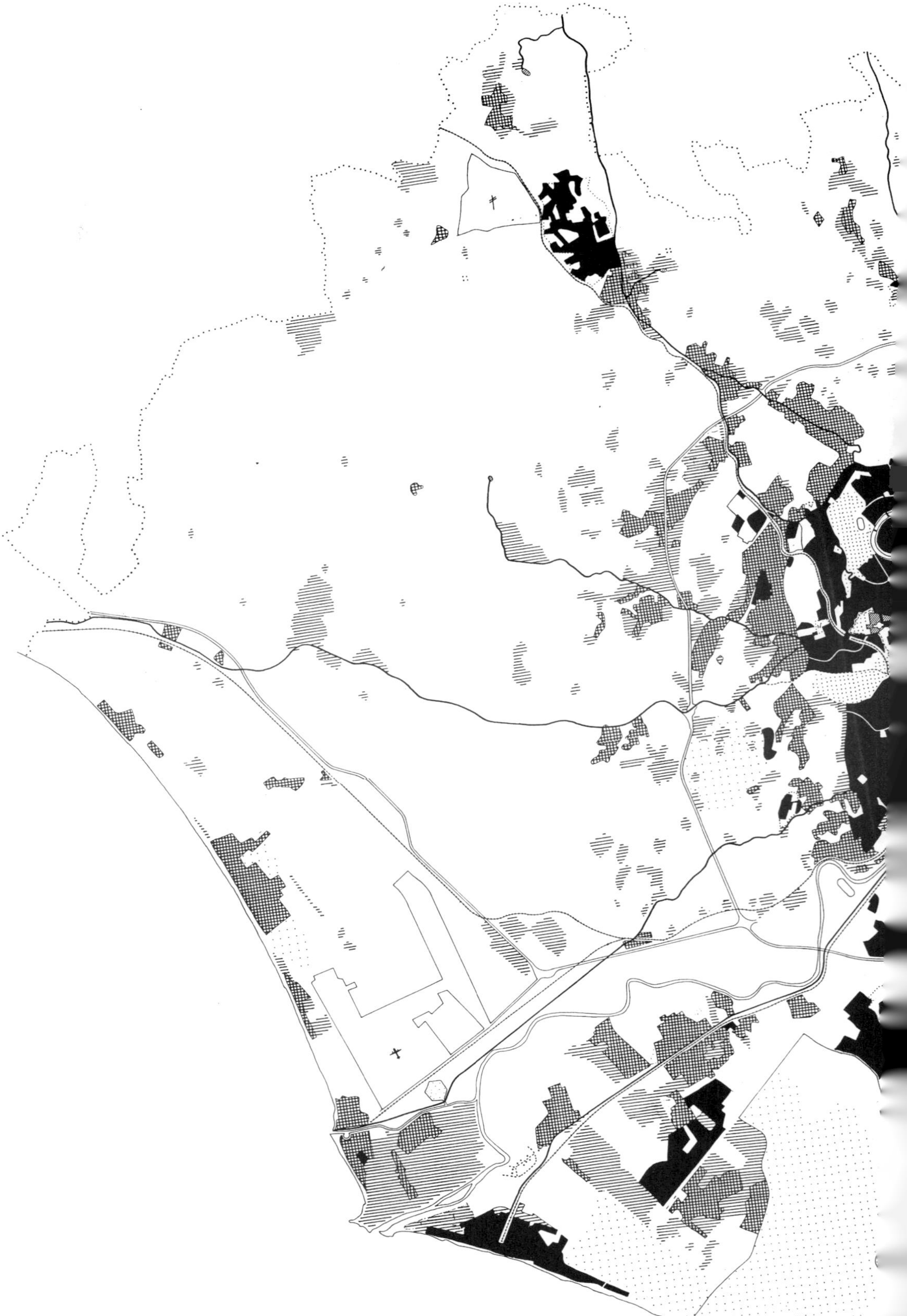

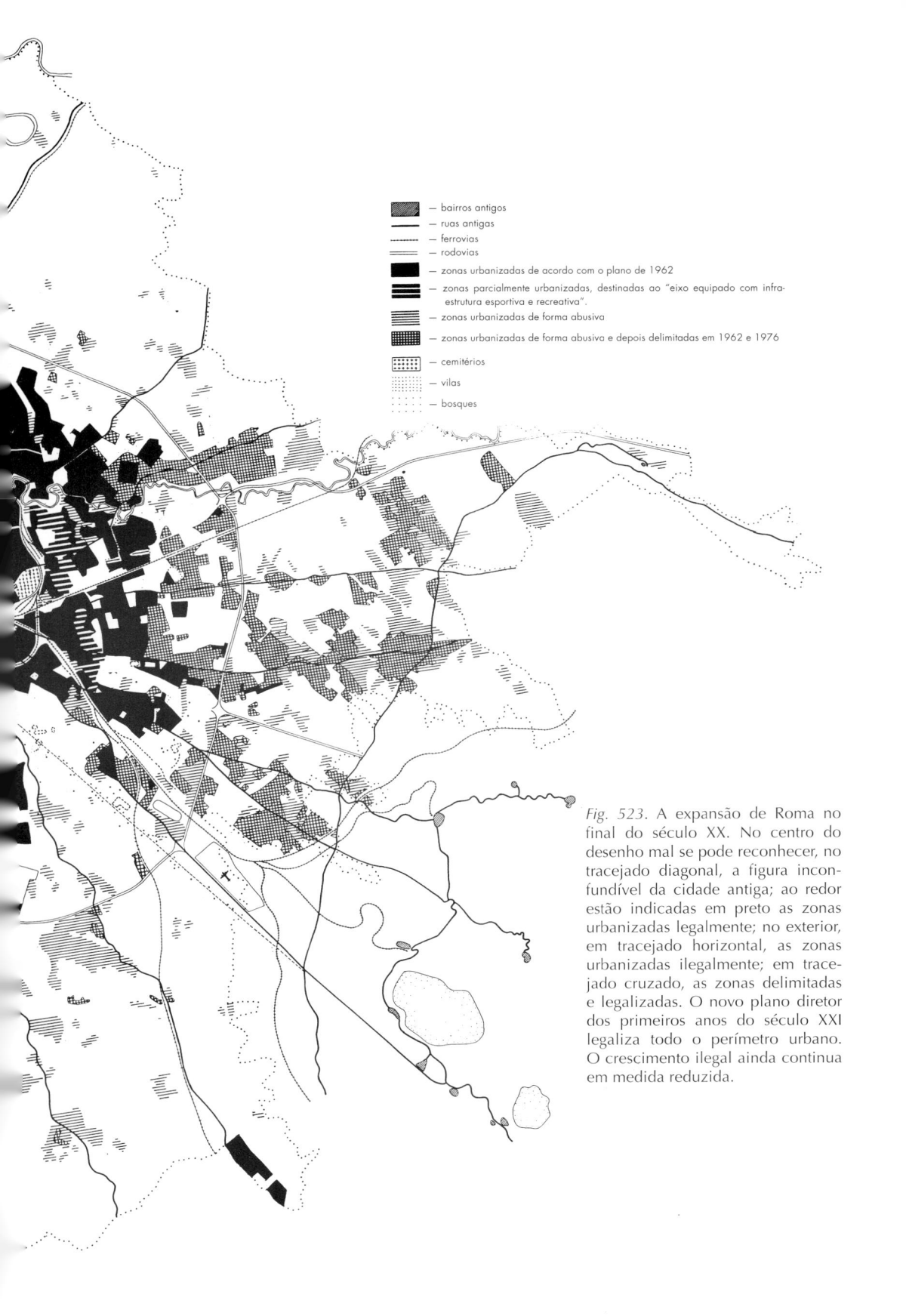

— bairros antigos
— ruas antigas
— ferrovias
— rodovias
— zonas urbanizadas de acordo com o plano de 1962
— zonas parcialmente urbanizadas, destinadas ao "eixo equipado com infra-estrutura esportiva e recreativa".
— zonas urbanizadas de forma abusiva
— zonas urbanizadas de forma abusiva e depois delimitadas em 1962 e 1976
— cemitérios
— vilas
— bosques

Fig. 523. A expansão de Roma no final do século XX. No centro do desenho mal se pode reconhecer, no tracejado diagonal, a figura inconfundível da cidade antiga; ao redor estão indicadas em preto as zonas urbanizadas legalmente; no exterior, em tracejado horizontal, as zonas urbanizadas ilegalmente; em tracejado cruzado, as zonas delimitadas e legalizadas. O novo plano diretor dos primeiros anos do século XXI legaliza todo o perímetro urbano. O crescimento ilegal ainda continua em medida reduzida.

Desses eventos nasce tardiamente uma cultura e uma prática séria em nosso campo. Uma lei de 1962 encarrega os prefeitos de adquirir os terrenos para a construção econômica e popular. As previsões para esse fim são cortadas dos planos superdimensionados de então, mas quando as administrações mais atentas redimensionam os planos, as previsões se transformam no grosso das novas expansões, e podem ser geridas a serviço não de uma utilização especializada (os destinatários da "construção popular"), mas da demanda geral. Assim, uma parte das cidades italianas redescobre — com um atraso de trinta anos — a tradição européia da gestão econômica em urbanização pública, que não exige privilégios legais, mas uma presença efetiva das administrações no mercado da construção civil. A recuperação dos centros antigos é enfrentada com o mesmo método, baseado na leitura de regras históricas a serem confirmadas e em programas públicos e privados de restauração e reutilização. Tudo isso produz uma série de novos planos diretores (Bolonha 1969, Brescia 1973 e 1977, Módena e Como 1975) detalhadamente executados.

Essas experiências contribuem para a definição das tendências européias, a partir do congresso do Conselho da Europa de 1975, em Amsterdã, mas não sobrevivem à crise de matriz política durante os anos 80. Em vez disso, a especulação imobiliária renova e reforça, nas atribuições políticas das últimas décadas do século, suas garantias legais e jurisprudenciais. A reutilização dos terrenos industriais abandonados nas margens das grandes cidades, que se torna preponderante dos anos 80 em diante, acontece, assim, quase somente através de contratos de compra e venda particulares, dos quais as administrações públicas conseguem indenizações insignificantes. A época das intervenções públicas em gestão econômica se fecha definitivamente.

Isso não é tudo. Nessa última fase, o planejamento urbanístico vai ao encontro da demolição da estrutura legal sobre a qual se apoiou até agora, a partir da lei nacional de 1942. Em 1970, a competência primária nesse campo passa do Estado às Regiões. O Estado desmantela suas instituições centrais. As Regiões emitem suas leis, que se pronunciam de modos muitíssimo diversos sobre questões de princípio, ignorando totalmente as peculiaridades de seus territórios. Uma lei-*quadro*[7] nacional tarda, e falta até agora. Também a impostação centralizada da tutela dos bens culturais, herdada das leis de 1939, é criticada com insistência crescente. Se a barreira dos poderes públicos cede em seu conjunto, a crise da paisagem italiana pode se tornar definitiva.

Essa longa trajetória, iniciada muito antes de nossa narrativa, foi contada porque o seu resultado final pertence aos grandes acontecimentos da época presente: foi destruído, em larga medida, o cenário acumulado por muitos séculos em nosso

---

7. Lei italiana que indica os princípios fundamentais relativos à organização de determinada matéria. [N.T.]

VI. A arquitetura européia na convalidação do planejamento urbano e territorial   287

Fig. 524. Vista parcial do centro antigo de Siena.

Fig. 525. Uma imagem do Val d'Orcia, declarado pela Unesco, em 2004, patrimônio da humanidade.

país, que teve um papel tão importante na cultura mundial. Algumas paisagens isoladas, marginais ao desenvolvimento recente, ou protegidas de algum modo pela iniciativa pública ou privada, formam um depósito restrito, por isso muitíssimo precioso: o Val Nerina, o Val d'Orcia, o Montefeltro, certo número de cidades médias e pequenas quase intactas, um número enorme de obras-primas de arte e de arquitetura. Aumenta a constelação dos lugares adquiridos e, portanto, definitivamente salvos, pelo FAI, o Fundo para o Ambiente Italiano. Todavia, a situação geral não deixa dúvidas: o quadro descrito pelos viajantes nos séculos XVIII e XIX, e que sobreviveu até a metade do século XX, não existe mais. O elemento de ruptura não é o aumento das construções e a negligência dos produtores e dos destinatários, mas o privilégio combinado com a desordem, que faz crescer as diferenças e provoca sua mercantilização. Dessa situação, a arquitetura sai derrotada, porque seus resultados não são economicamente comparáveis entre si e não são melhorados por seleção, como acontece com todos os produtos industriais. Sendo o percentual da renda quase sempre superior, e muito, àquele do lucro empresarial, o ganho determinante nasce da compra e venda do terreno, não da execução do artefato. O edifício torna-se um subproduto, e toda intervenção da construção civil é quase sempre uma piora.

O destino das melhores experiências, realizadas durante algumas décadas em certas cidades melhor administradas, ilumina de modo eloqüente as vantagens perdidas atualmente. As previsões urbanísticas concretizadas de modo preciso, em paridade econômica, estabilizaram a gestão política das administrações, realizando a aliança entre empreendedores e comerciantes de terrenos. Por outro lado, não houve tempo para que essa combinação produzisse uma seleção de resultados físicos. A novidade do processo urbanístico permaneceu encoberta por uma qualidade de construção quase sem variedade. A arquitetura, ligada a longos prazos, não tirou proveito disso.

Há uma lógica rigorosa em tudo isso. A ruína da paisagem italiana não aconteceu por acaso ou por descuido; foi paga em espécie. Seu correspondente monetário estanca-se na economia italiana atual; é um componente primário do setor financeiro que está ultrapassando o industrial, mesmo se falta interesse em calculá-lo com o empenho científico que mereceria.

A mutação ocorrida deixa poucas esperanças no futuro próximo, porque parece confirmada por um consenso coletivo preponderante sobre os julgamentos individuais. Há trinta anos, Bruno Zevi identificava, entre as "invariáveis" da linguagem arquitetônica moderna, "o inventário como metodologia projetual":

> Princípio genético da linguagem moderna, compendia em si todos os outros. Assinala a linha de demarcação ética e operativa entre aqueles que falam em termos atuais e os ruminantes de línguas mortas [...] O inventário implica a dissolução e a repulsa das regras clássicas, ou seja, das "ordens", dos a priori, das frases feitas, das convenções de qualquer origem e gênero. Nasce de um ato subversivo de anulação cultural que leva a rejeitar toda a bagagem das normas e dos cânones tradicionais, para recomeçar do início, como se nenhum sistema lingüístico jamais tivesse existido, e tivéssemos de construir, pela primeira vez na história, uma casa ou uma cidade.[8]

---

8. B. Zevi, *Il linguaggio moderno dell'architettura*, Turim, Einaudi, 1973, p. 13.

Pergunto-me o que Zevi diria hoje, quando o "inventário" está vitoriosamente realizado na paisagem urbana e rural e é reforçado na paisagem virtual, visual e auditiva, oferecida por meios de comunicação de massa. Uma e outra substituem as "regras" de todo tipo — e, em primeiro lugar as de origem antiga — pela sucessão casual e ultraveloz das imagens e dos sons. Os fatores de sustentação da paisagem existente, modelos e regras associativas, são esquecidos e removidos, deixando emergir não uma organização nova, mas a pluralidade desorganizada dos elementos individuais.

O fascínio dos modelos virtuais poderia ser de breve duração, quando diminuir a graça da novidade. Mas os efeitos, transplantados no ambiente real e incorporados em sua duração, continuarão por longo tempo a impedir a conservação e a correta criação da paisagem real. A perda dos valores e das conexões antigas, uma vez ocorrida, mesmo que por acaso e por um breve período, torna-se definitiva e muitíssimo difícil de remediar.

No quadro desse fenômeno e de seu resultado tão claro, convém avaliar os resultados excelentes da cultura arquitetônica italiana descritos nas páginas precedentes. Eles não se somam entre si e têm um efeito irrelevante no cenário geral.

O interesse pela grande arquitetura parece difuso como nunca. Costuma-se dizer que os arquitetos "assinam" suas obras, como os escritores e os artistas. Aquilo que acontece de fato é muito diferente, e analisando os procedimentos de atribuição e execução, compreende-se qual é a verdadeira consideração reservada na Itália à arquitetura.

É instrutivo o exemplo de Milão, epicentro da cultura profissional italiana e governada por uma administração voluntariosa. As principais transformações concernem à reutilização das grandes áreas industriais abandonadas. A trajetória da Bicocca permanece uma exceção isolada. Nas transformações das outras áreas, o processo de valorização fundiária deixa margens limitadas às escolhas projetuais, e a administração pública, intervindo somente em casa alheia, tem nessas margens uma tarefa subordinada, quase inexistente.

Ainda assim, são mobilizados para esses propósitos os arquitetos mais conhecidos do mundo.

Na área Garibaldi-Repubblica — para a Cidade da Moda, a nova sede da Região e a "biblioteca das árvores" — trabalham Ieoh Ming Pei, Cesar Pelli e um grupo de paisagistas holandeses. Da área Montedison ocupa-se Norman Foster (fig. 528); da área Ansaldo, David Chipperfield. Em Porta Vittoria coexistem a Biblioteca Européia de Peter Wilson e um parque confiado a Rafael Moneo.

Para a nova sede da Feira de Milão, em Pero, na área antes ocupada por uma refinaria da empresa petrolífera pública, despoluída à custa do Estado, foi anunciado um concurso para empreitada baseado em um projeto de escritório; Massimiliano Fuksas,

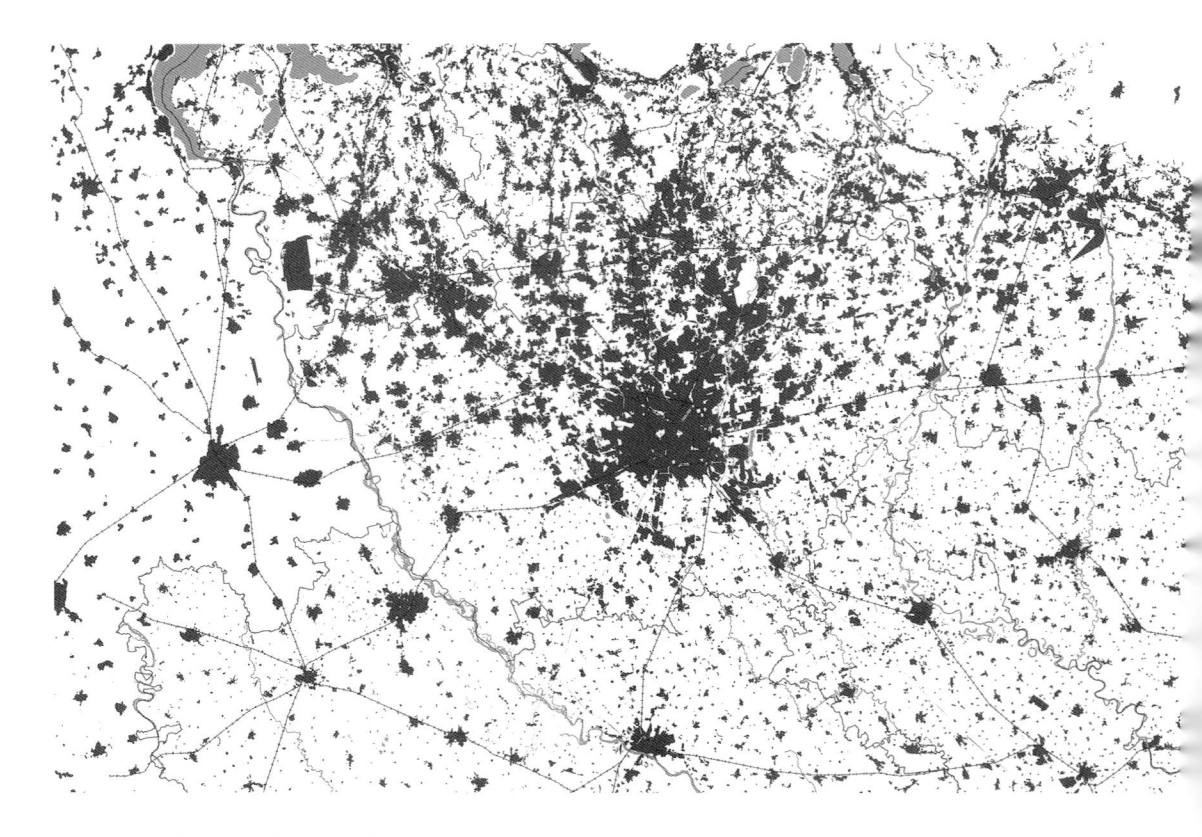

Fig. 526. Milão e seu hinterland.

chamado para uma operação de *re-styling*, confirma-se depois como único projetista. Enquanto isso, a entidade responsável pela Feira e a prefeitura fazem o acordo de exploração da velha área expositiva na cidade; metade é destinada a um parque público, a outra metade é destinada a uma construção de prestígio da qual se possa tirar todas as despesas e uma contribuição substancial para a nova sede. Em 2004, uma segunda empreitada-concurso seleciona três grupos de operadores imobiliários, financeiros e de empresas de construção: o primeiro com Zaha Hadid, Daniel Libeskind, Arata Isozaki e Pier Paolo Maggiora; o segundo com Renzo Piano; o terceiro com Norman Foster, Frank O. Gehry, Rafael Moneo e Cino Zucchi. Foram premiados os primeiros, que ocupam a área em 2006 e executarão as obras até 2014. O procedimento encarrega os executores privados, em troca das autorizações legais, da cessão das obras públicas e dos riscos da operação; subordina cada etapa aos procedimentos públicos, dificultando toda alteração de rota para enfrentar a mudança das circunstâncias; separa, a favor da administração pública, uma parte do lucro fundiário e legitima, antes reafirma, a centralidade da operação especulativa.

VI. A arquitetura européia na convalidação do planejamento urbano e territorial 291

Fig. 527. Na área municipal de Milão, Santa Giulia à direita e a área da antiga Fiera à esquerda.

Fig. 528. Milão: o assentamento de Santa Giulia.

Fig. 529. Milão: o projeto Fiere na área da antiga.

Era possível proceder de outra forma?

A prefeitura, descendo a campo, podia ter adquirido provisoriamente as áreas a serem transformadas e revendido aos executores os lotes edificáveis; somado os ônus e os rendimentos dessa e de outras iniciativas, ou seja, poderia ter ganhado a liberdade estratégica de projetar em escala urbana, e mantido o controle unitário dos prazos, sincronizando-os com a execução das obras públicas. O equilíbrio econômico do ciclo teria desvinculado a municipalidade da dependência dos provimentos externos e permitido um confronto igualitário das partes em um quadro de relações consensuais. Teria sido necessário um fundo de rotatividade inicial, mas a administração deveria tê-lo obtido dos bancos, onde residem os interesses antagonistas da renda fundiária.

Uma conseqüência da situação descrita é o obscurecimento da apreciação arquitetônica. Sendo impossível chegar à integridade dos valores em jogo, a arquitetura permanece um ornamento secundário, objeto de um interesse instrumental. O caso da antiga Feira é exemplar. Juntamente com uma relevante oferta econômica, ou até por uma preferência casual, foi escolhido, sem dúvida, o pior projeto. Três arranha-céus de coleção[9] fragmentam e inutilizam o parque previsto pelo programa. Isozaki limitou-se a clonar um precedente projeto seu (a ampliação da estação ferroviária de Ueno, em Tóquio, 1988), que aqui tem uma função modesta de eixo central. Libeskind e Hadid apresentam duas esculturas gesticulantes, que é difícil imaginar realizadas em tamanho natural (fig. 529).

3. As grandes cidades européias

Consideremos por último as cidades cuja importância extrapola o âmbito nacional. Berlim, sobre a qual pesam de modo preponderante as anomalias da situação alemã, tem, no momento, um lugar secundário. As duas capitais mais ilustres, Paris e Londres, que há muito têm figurado como modelos mundiais, hoje vão ao encontro de uma renovação, com a intenção de preservar seu caráter tradicional, mas também de ficar à altura das exigências técnicas e ecológicas hodiernas.

PARIS hoje se pergunta novamente sobre seu papel e sobre seu futuro. A execução do Schéma Directeur de 1965, do programa das *villes nouvelles* e da rede de transporte rápido regional RER ainda estão em curso (citou-se no capítulo V o concurso urbanístico de 1987 para a nova cidade de Melun-Sénart). O Schéma Directeur de la Région da Île-de-France, de 1994, coloca a hipótese de um crescimento futuro

---

9. Benevolo refere-se às refinadas características arquitetônicas dos três edifícios julgados isoladamente, mas critica sua incapacidade de funcionar de modo harmônico em conjunto e no ambiente. [N.T.]

da população entre doze e quatorze milhões, a maior parte no anel externo. As grandes intervenções de Mitterrand ofereceram à cidade novos e grandes serviços de prestígio mundial que, no entanto, em alguns casos somente — por mérito de Pei e de Nouvel — alcançam a qualidade desejada.

Em Paris, o prefeito Tibéri, no cargo de 1994 a 2001, busca justamente a qualidade arquitetônica, cuidando, antes de tudo, das urbanizações por área, que são, em boa parte, refeitas. Alguns lugares importantes da cidade — a avenue des Champs Elysées, Bercy, a Rotonde de Stalingrad — mudaram de cara; os estacionamentos foram colocados no subsolo, os arvoredos foram substituídos. O projetista ou supervisor dessas intervenções é Bernard Huet, que apontou os objetivos principais, a tutela do tecido edificado haussmanniano com alinhamento da edificação na testada do lote e a altura restrita, que desde então permanecem como características distintivas da cidade. Na zona central, renunciou-se a construir em altura, e os blocos edificados no século XIX mostraram-se bastante adaptáveis às funções contemporâneas.

Os lugares da inovação em grande escala são os assentamentos periféricos. Para a Copa do Mundo de 1998 foi construído um novo estádio perto de Saint-Denis, deflagrando a urbanização da planície ao redor (o projeto de Nouvel, descartado no concurso, havia proposto uma conexão direta entre o estádio e as funções contíguas, produtivas e residenciais).

O prefeito Bertrand Delanoë, reeleito em 2006, promove uma política de reforma gradual, com uma nova atenção para os graves problemas econômicos e sociais.

No interior dos *boulevards extérieurs* estão em curso várias intervenções para reparar os assentamentos mais problemáticos criados no passado recente. Entre esses, é significativa a reelaboração do bairro das Halles em Paris, para a qual foi anunciado um concurso em 2003. São admitidos à segunda etapa o OMA, Nouvel, o grupo holandês MVRDV e o grupo francês SEURA. O tema é um quebra-cabeça metropolitano que parece feito sob medida para Koolhaas. Depois da demolição das famosas marquises de Victor Baltard, deixou-se de lado a idéia de uma nova edificação, e o subsolo foi ocupado pelo maior entroncamento de comunicações da cidade, fechado no alto por um infeliz complexo comercial, já antiquado. O compacto tecido do século XIX ao redor inclui dois importantes monumentos, a igreja de Saint-Eustache e a Halle aux Blés. O OMA propõe um conjunto de torres em tronco piramidal, que mergulham as raízes no imenso subsolo e deixam desimpedido grande parte do nível urbano (nada além de uma boa idéia improvisada). Jean Nouvel desenha um grandioso sistema de espaços para pedestres — jardins em três níveis, novas *halles*, edifícios especiais, ruas e praças — que se espalham no centro de Paris, do Palais Royal ao Beaubourg, readaptando os monumentos do entorno e ligando-os a uma ampla gama de funções (esse modelo, se tivesse sido aceito, teria reorganizado uma parte notável do centro antigo; fig. 530). No final de 2004, soube-se que o grupo SEURA, dirigido por David Mangin, foi preferido por causa do esquematismo de seu projeto, que decompõe a intervenção em diversos artefatos — um jardim público do lado da Halle aux Blés, uma grande cobertura transparente sobre a cavidade do centro subterrâneo, os acessos ao entroncamento das comunicações nas vísceras da terra (fig. 531 e 532). Foi anunciado que muitos desses temas serão objeto de concursos posteriores, enquanto o grupo vencedor terá o papel de coordenador do canteiro de obras. Se para a urbanização de um único lugar o cliente público escolhe o procedimento dos concursos em cascata, como na Alemanha, e distribui as responsabilidades projetuais entre muitos, interrompe-se o circuito entre a projetação de qualidade e a gestão da grande cidade.

Fig. 530. O projeto de Nouvel apresentado no concurso para as Halles.

Fig. 531 e 532. O projeto vencedor, do grupo SEURA.

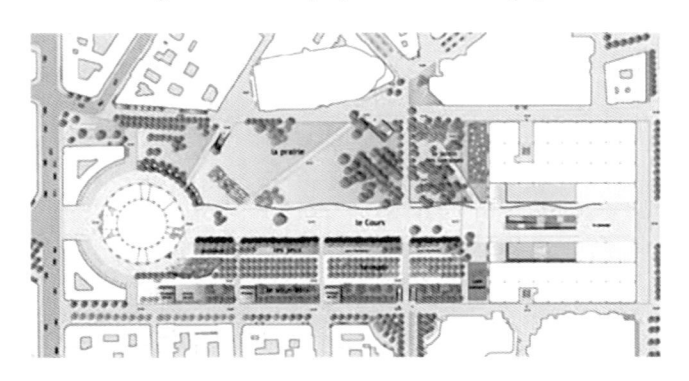

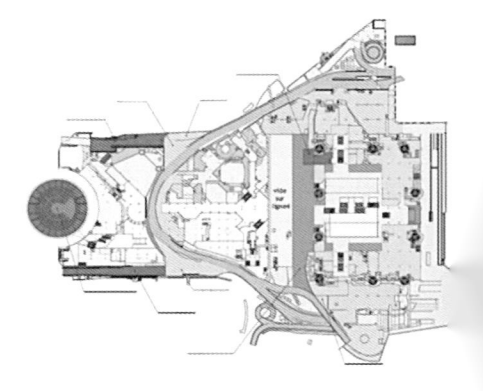

Mas, enquanto isso, em 2000, a lei SRU (Solidarité et Renouvellement Urbain) dá início à reforma da legislação urbanística francesa e institui o Plan Local d'Urbanisme (PLU), que vai substituir o Plan d'Occupation des Sols (POS). Para a capital, o PLU é discutido longamente nas prefeituras dos vinte *arrondissements*, e finalmente adotado pelo Conselho Municipal em fevereiro de 2005. Depois será transmitido ao Estado, ao Conselho Regional, às prefeituras limítrofes e à Câmara de Comércio, publicado no verão de 2005 e aprovado no primeiro semestre de 2006. Serão absorvidas no PLU as variantes precedentes do POS e ainda os 43 planos executivos das Zones d'Aménagement Concerté (ZAC); ficarão de fora apenas os dois Plans de Sauvegarde et de Mise en Valeur (PSMV) para o Marais e o VII *arrondissement*, confiados diretamente ao Estado.

Os objetivos do plano são três: melhorar a vida cotidiana dos habitantes, desenvolver a cooperação com os prefeitos da aglomeração e reduzir as desigualdades "para uma Paris mais solidária". As providências para o primeiro objetivo são a redução da poluição, uma nova política de transportes e um aumento dos espaços verdes. Há um programa em três fases: de 2005 a 2007, estabelecer uma zona protegida compreendendo a *rive droite* e as duas ilhas do Sena, onde será determinado um limite de velocidade de 30 km/h, fechar alguns entroncamentos da via subterrânea das Halles, fazer novas ciclovias e criar meios de transporte coletivo fluvial; de 2007 a 2009, prosseguir com o fechamento dos acessos para carros; de 2010 a 2012, incrementar a estação subterrânea do RER e proibir a circulação de ônibus turísticos e de automóveis de não-residentes.

LONDRES. A capital inglesa — a única na Europa à qual cabe o título de "cidade global", introduzido por Saskia Sassen em 1991 — está se reorganizando justamente nestes últimos anos, e é por várias razões a cidade européia mais avançada em nosso campo. As instituições públicas, os projetistas e uma parte considerável dos clientes participam de um sistema de valores compartilhados, que têm como objetivo uma qualidade difundida.

A área da Greater London (160 mil hectares divididos em 33 *boroughs*, com pouco mais de sete milhões de habitantes) teve, de 1965 a 1986, um governo unitário, o Greater London Council (GLC), depois extinto pelo governo Thatcher. Seguiu-se uma época de *deregulation*, na qual aconteceram transformações importantes: a conversão urbana da área das docas a jusante da cidade, a reconstrução dos aeroportos, a modificação da rede ferroviária com acoplamento nas linhas provenientes do túnel sob a Mancha e, enfim, a adequação da rede metroviária, baseada na nova Jubilee Line (assim chamada em 1977, na ocasião do jubileu da rainha), que começou a operar em 1999.

Justamente em 1999, uma lei instituiu a Greater London Authority (GLA), um organismo muito mais ágil, que, com 450 especialistas em vez dos vários milhares do

GLC, não tem deveres executivos, mas identifica e gere as principais questões estratégicas. O prefeito é assistido por uma assembléia eletiva de 25 membros (o primeiro prefeito, o independente Ken Livingstone, eleito em 2000, foi reeleito para um novo quadriênio em junho de 2004). Os *boroughs* autorizam as intervenções; o prefeito pode vetar as autorizações incompatíveis com os interesses gerais da cidade, mas não pode impor as que considerar conformes. O novo organismo está sediado desde 2002 no singular edifício projetado por Foster na margem do Tâmisa, já descrito, e que, com as dimensões contidas e a forma incomum, exprime de modo feliz sua nova função (fig. 250-252).

A GLA publicou de 2001 a 2003 oito instruções estratégicas para os vários setores de intervenção, entre as quais a instrução para o arranjo físico que nos interessa, o London Plan, que delineia o desenvolvimento da cidade até 2016. Está prevista uma nova fase de desenvolvimento, com um aumento de setecentos mil habitantes e de 636 mil postos de trabalho, sem, contudo, invadir ou ultrapassar o *green belt* instituído no pós-guerra. Os novos espaços serão conseguidos pela reutilização de áreas abandonadas.

Na escala superior, o renascimento do planejamento territorial parte da Perspectiva de Desenvolvimento Espacial Europeu (PSSE), elaborada nos anos 90. Dada a desconfiança nas regras provenientes da Europa, a Inglaterra e a Irlanda do Norte preferiram deixar de lado as expectativas em escala tão ampla, dando seqüência às Regional Planning Guidances (RPG), publicadas a partir de 1991 e rebatizadas Spacial Development Strategies (SDS). O País de Gales, em 2001, e a Escócia, em 2002, iniciaram a preparação de seus planos territoriais.

A recidiva dessas reformas organizacionais sobre o arranjo espacial de Londres acontece gradualmente, e nela a excelência das contribuições arquitetônicas tem um papel determinante. Para comemorar a chegada do ano 2000, foram realizadas, a cavalo entre a velha e a nova administração, algumas obras espetaculares: a Grande Roda, o Millennium Dome, de Rogers, a ponte de pedestres sobre o Tâmisa, de Foster, e a reforma do British Museum, também devida a Foster e da qual já se falou (aqui importa assinalar as suas conseqüências sobre o ambiente urbano: dotou a cidade de um novo grande espaço coberto de reunião, a sala anular em torno da rotunda central, sinalizada de longe pela evidência da cúpula envidraçada, visível a distância, especialmente quando é iluminada à noite; deu novos destinos às áreas circundantes, removendo os espaços para a circulação de automóveis e criando também nessa parte de Londres oportunidades de descanso e de encontro de pedestres).

Juntamente com essas obras, a circulação na área central foi revista. Foi transformada em zona de pedestres (ainda com base no projeto de Foster) uma vasta área em torno da Trafalgar Square.

VI. A arquitetura européia na convalidação do planejamento urbano e territorial   297

Fig. 533. O conjunto dos novos arranha-céus de Londres, visto do topo da cúpula de St. Paul.

Fig. 534. Vista noturna do Tâmisa, de St. Paul à nova Tate Gallery.

O cenário da bacia central, formada pelas duas margens que descem em direção ao Tâmisa, hoje é novamente percebido e discutido como um quadro abrangente. A imagem antiga, dominada pela grande cúpula de St. Paul e pontilhada pelas agulhas das igrejas menores, que as pinturas a partir de Canaletto imprimiram na memória coletiva, continua a ser um ponto de referência predileto, mas poderia ser sobrepujado pelo acúmulo dos edifícios altos que a iniciativa privada produz. O arranha-céu do National Westminster Bank, rebatizado Tower 42 e com cerca de 180 metros de altura, manteve-se, por algumas décadas, o edifício mais alto da *City*. Agora compete com outras duas torres de altura análoga: a Swiss Re, de Foster, recém-completada, e a Heron Tower, de Kohn Pedersen Fox, autorizada em 2002. Há ainda a London Bridge Tower, projetada por Renzo Piano, com mais de trezentos metros de altura e prevista para 2009 (fig. 534).

Em 2001, o governo publica um *Strategic Guidance for London Planning Autorities*, que se propõe a proteger dez *standing views*, oito na direção de St. Paul e dois na direção de Westminster. O esboço de 2002 do London Plan prescreve uma projetação cuidadosa dos novos edifícios altos, considerados inevitáveis por aumentar a densidade das áreas centrais e evitar o *sprawl*[10]; considera, porém, que nem sempre os edifícios altos sejam a melhor resposta para essas exigências e, em alguns casos, são preferíveis as soluções baixas de alta densidade. Em 2003, aparece um documento singular, *Guidance on Tall Buildings*, devido ao English Heritage e ao

---

10. O termo inglês *sprawl*, que o autor emprega reiteradamente (em especial no próximo capítulo), significa, no vocabulário do urbanismo, o espalhamento, o avanço da urbanização sobre as áreas periféricas das cidades e, principalmente, sobre as zonas rurais, acarretando novos problemas de infra-estrutura, além de novos impactos ambientais. [N.T.]

CABE, uma importante entidade supervisora da qualidade projetual; o documento entra no mérito dos critérios projetuais, recomenda que mesmo os edifícios altos sejam remetidos ao contexto e sugere identificar "os elementos que determinam o caráter local e os outros importantes lineamentos e vínculos":

> ...os ambientes das ruas, as medidas, as alturas, as tessituras urbanas, a topografia natural, as vistas importantes dos perfis urbanos, os edifícios e os lugares que funcionam como elementos de referência e as suas molduras, entre as quais os desníveis, as principais vistas locais, os panoramas. Deveriam ser colhidas as oportunidades onde os novos edifícios altos possam valorizar a paisagem urbana, ou onde a remoção dos erros passados possa produzir resultados semelhantes.[11]

Estão em curso várias intervenções privadas, que, com base em avaliações atualizadas de conveniência econômica, derrubam os edifícios terciários de altura mediana construídos na segunda metade do século XX e os substituem por edifícios mais baixos, porém com pavimentos térreos em boa parte acessíveis aos pedestres e dotados de instalações mais modernas. Uma dessas intervenções é a reconstrução do Tower Place, realizada por Foster & Partners de 1992 a 2002.

Continua, enquanto isso, a reorganização da área metropolitana, sustentada por uma modernização da rede de comunicações e das instalações urbanas. No campo ferroviário, a intervenção mais importante é a realização do Channel Tunnel Rail

---

11. *Guidance on Tall Buildings*, Londres, CABE, 2003.

Link, deliberado em 1996, a ser concluído em 2007. É a primeira linha de alta velocidade inglesa, que diz respeito às estações St. Pancras e King's Cross. Os estabelecimentos industriais, que ocupavam uma área de 35 hectares entre as duas estações, deixaram de funcionar há tempo; o programa de reorganização, parcialmente financiado pelo governo, é promovido por uma associação de cidadãos, a King's Cross Partnership. Para a estação ferroviária, está pronto o projeto de Foster & Partners, e a estação do metrô também será modificada.

Dessa combinação entre questões e respostas velhas e novas, a Londres do futuro assume lentamente suas feições.

Fig. 535 e 536. O novo estádio de Wembley, projetado por Norman Foster. As grandes instalações esportivas de Londres também entram na renovação arquitetônica da cidade.

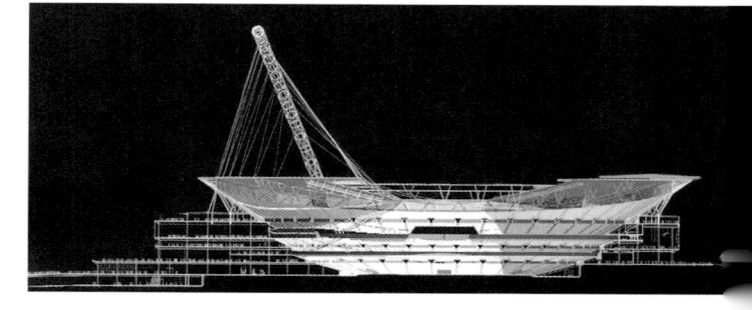

Capítulo VII   As pátrias européias
                                      fora da Europa

Naquelas que Braudel chama de "as novas Europas" — os países povoados pela Inglaterra na América do Norte e no continente austral —, o ambiente natural grandioso, quase intocado pelos indígenas e pelos colonizadores europeus antes do século XVIII, impõe-se ainda hoje com suas características dominantes. O sistema de assentamento, traçado com os métodos criados pela cultura iluminista européia sobre um suporte muitíssimo mais espaçoso, ainda tem vastas margens de desenvolvimento, pela baixa densidade geral e pela ampla reserva de espaços livres. Muitas circunstâncias — a solidez e a semelhança das instituições saídas da matriz britânica em diversas épocas, o uso coletivo da língua inglesa, o progresso econômico e tecnológico — favorecem uma cultura arquitetônica em certa medida comum, aberta às trocas internacionais e altamente desenvolvida.

1. Os Estados Unidos

Nesse cenário, os Estados Unidos diferem dos outros países, não apenas por seu papel mundial, mas também por uma situação única entre os países desenvolvidos: a população (hoje perto de trezentos milhões de habitantes) aumenta em um ritmo veloz e duradouro, que, juntamente com a resposta econômica — o crescimento da produção, do consumo, a inovação tecnológica — e com o aparato social — a sociedade multiétnica enquadrada nas instituições, testada por mais de dois séculos —, alimenta um dinamismo interno sem comparação no mundo atual.

Entre 1950 e 1997, a população aumentou 116 milhões, e nos próximos cinqüenta anos está previsto um aumento de outros 125 milhões. Nenhum outro país rico está enfrentando semelhante pressão demográfica. E nenhum outro país rico tem espaços vazios tão vastos para serem ocupados. A expansão pode ter seus perigos, mas se acontecesse nas cidades européias, com seu mosaico de quarteirões residenciais, lojas contíguas e transportes públicos, seria provavelmente mais letal e socialmente explosiva. A expansão americana não é uma ameaça: é um processo para adelgaçar esse país, como uma folha de ouro.[1]

Os números por si não dizem tudo. A composição da sociedade americana deriva, além do incremento natural, de uma imigração de toda parte do mundo, refreada, mas ainda em ação, e no século passado inclui uma seleção das melhores competências em todos os campos. Assim a nação está se assemelhando a um condensado do mundo inteiro, institucionalmente ordenado; e esse processo explica em última análise seu primado mundial.

Os métodos de controle territorial que precederam à colonização — em particular, o dispositivo geométrico da malha, generalizado e ancorado aos pontos cardeais, nos séculos XVIII e XIX — mostraram-se adequados para controlar, de modo satisfatório, também as transformações da era industrial até os nossos dias. Apesar da súbita elevação demográfica, a densidade populacional permanece baixa (cerca de trinta habitantes por quilômetro quadrado). A reserva de espaços vazios faz com que quase todas as intervenções ainda sejam primeiras ocupações de solo, e fogem dos problemas dos quais nasceram os métodos modernos de urbanização descritos anteriormente. À criação dos novos assentamentos corresponde a obsolescência dos velhos, e quando os primeiros sucedem os segundos, deve-se falar em substituição em muitos aspectos análoga à primeira ocupação de solo. A mutabilidade das estruturas e a sobrevivência de vastas áreas naturais intactas ajudam a considerar os assentamentos humanos como alterações leves e continuamente aperfeiçoáveis.

O cenário físico americano admite ainda hoje uma descrição simples deste tipo. Entre as margens dos dois oceanos estão colocadas duas tramas sobrepostas: a primeira é a grade ortogonal disposta pela Land Ordinance de 1785, que inclui a maior parte das fronteiras entre os estados, os condados, os grandes parques; a segunda é a rede das infra-estruturas, instalações e vias de comunicação (a mais complexa do mundo atual), que cresceu depois sobre aquela urdidura e se tornou preponderante. Sobre esse esquema estão apoiados os assentamentos de todo tipo, que acabam distanciados e interconectados o suficiente, sem necessidade de outros controles em escala superior. As cidades crescem sobre submúltiplos da rede territorial legal (Chicago) ou sobre desenhos planimétricos ortogonais especiais em escala urbana, traçados convenientemente antes e depois de 1785 e extensíveis conforme a necessidade. As partes mais antigas das cidades têm como elementos repetíveis os *blocks*, equipados para a construção mista de casas individuais ou corpos de construção contínuos com vários andares. O desenvolvimento sucessivo, porém, tornou minoritários esses núcleos, e tende a isolar novamente, nas periferias

---

1. É a conclusão de uma série de seis artigos sobre *urban sprawl*, publicados pela *Economist*, entre junho e agosto de 1999.

vastíssimas, os artefatos individuais da construção civil. As residências americanas são ainda hoje, em sua grande maioria, casas unifamiliares isoladas, de vez em quando realizadas em alvenaria, mas preferencialmente em madeira ou outros materiais leves. Os terrenos sobre os quais são construídas são identificados legalmente, mas, via de regra, não são cercados, de modo que os edifícios parecem simplesmente pousados, quase provisoriamente, sobre o terreno, sem deixar ali marcas importantes. Tudo isso gera uma semelhança entre as áreas urbanas e as naturais, e assegura ainda hoje a prevalência da natureza sobre as modificações humanas. O gigantesco empreendimento antrópico desse país, ocorrido em poucos séculos, permanece subordinado ao grandioso suporte geográfico e, em comparação com ele, parece paradoxalmente precário. Os edifícios comerciais respondem em dimensões maiores aos mesmos critérios. Empregam partes crescentes de território, que se tornam recintos especializados também relevantes em escala geográfica, mas permanecem ainda assim "pequenos" em relação ao suporte territorial. Somente algumas infra-estruturas — redes viárias, pontes, viadutos, linhas elétricas, diques — sustentam, com dificuldade, a comparação com as dimensões naturais.

Por conseqüência, cada nova intervenção é pensada espontaneamente como a criação de um organismo independente. A "urbanística" (a regra para fazer coexistir em um espaço limitado diversos artefatos projetados separadamente e que, por sua vez, exige uma projetação de conjunto que subjugue as outras) não entra diretamente nos poderes das administrações públicas, e não faz parte das expectativas gerais. O objetivo de obter de muitas intervenções diferentes um conjunto agradável e eficiente deve ser alcançado com uma combinação de estímulos e de desestímulos, por obra de várias entidades públicas e privadas, como se dirá mais adiante.

Sob esse ponto de vista, a dialética dos "modelos de urbanização" descritos no capítulo I parece uma prerrogativa européia, derivante de uma trajetória mais longa e de uma densidade mais elevada de assentamentos sobre o território. O desenvolvimento americano conseguiu de alguma forma prolongar até hoje o momento da primeira ocupação do solo, que na Europa pertence à fase neolítica, com as suas características de espontaneidade e de liberdade incondicionada, diante das quais as instituições se detêm.

Os melhores arquitetos americanos empregam da melhor maneira essa liberdade. Na reedificação incessante dos centros urbanos mais antigos, a construção contínua ao longo do perímetro dos lotes — que é o método tradicional de montagem dos edifícios, herdado da Europa — é progressivamente desmantelada, primeiramente pelo crescimento altimétrico independente do embasamento. Os novos edifícios são considerados preferivelmente objetos separados. Quando ocorre uma densidade elevada, tornam-se torres independentes, que se aglomeram em grupos fechados e caracterizam os *downtowns*, marcando-os de longe. Mas o corpo dominante das cidades é o mosaico muitíssimo extenso dos assentamentos circunstantes, formado quase que exclusivamente por artefatos separados, pequenos, grandes e enormes. A distinção entre território e cidade torna-se incerta, e depende da proporção entre as áreas edificadas e as áreas livres (de modo geral, disponíveis para uma edificação posterior). A principal característica das cidades européias — a medida contínua do cenário construído, avaliável a média distância — não existe, e torna aceitável qualquer aproximação de formas heterogêneas.

Um breve resumo dos seis fascículos sobre o *sprawl* publicados pela *Economist* em 1999 clareia os aspectos dinâmicos desse quadro.

1) Quando o Arizona se tornou um estado, em 1912, necessitava, segundo seu primeiro representante no Senado, de apenas duas coisas: "água e pessoas muito corajosas."[2] Assim aconteceu. Foi organizado o fornecimento de água no deserto, chegaram os homens e os postos de trabalho; as regras de assentamento permaneceram suaves e, na segunda metade do século, a ocupação do território foi mais veloz que em qualquer outro estado. Na última década, a população aumentou 21%. A capital, Phoenix, teve o maior crescimento entre as cidades americanas com mais de um milhão de habitantes; ganhou nesse período duzentos mil novos cidadãos e ocupa o deserto de Sonora a um ritmo de um acre por hora.

2) No Minnesota, comemora-se há quatro anos um *tour of sprawl* de bicicleta sobre uma ilha do Mississipi. Todavia, o crescimento urbano não está livre de inconvenientes. As duas cidades gêmeas de Minneapolis e Saint Paul crescem ocupando 64 acres por dia. O tempo perdido nos engarrafamentos de trânsito triplicou desde 1982, e duplicará em 2020. Às margens urbanas, formam-se bairros de casas caras sobre grandes lotes de terreno, e os alvarás de construção aumentam atualmente em 20% ao ano. De 1970 a 1990, 162 escolas foram fechadas nas zonas centrais e 78 foram abertas nos subúrbios. A separação entre as zonas habitadas por cidadãos ricos ou pobres produz um tráfego pendular de operários que vão trabalhar nos bairros ricos, onde não têm condições de morar. O Metropolitan Council de Saint Paul, que administra os transportes, os esgotos, as construções e o planejamento urbano, tenta controlar o processo fixando uma superfície máxima para os lotes residenciais (7.500 pés quadrados [696,75 metros quadrados]) e promovendo a formação de bairros mistos para diversas camadas sociais, mas as suas competências não se estendem aos condados mais externos já alcançados pelo desenvolvimento. O contraste entre iniciativas privadas e corretivos públicos torna-se um debate político entre os dois maiores partidos.

3) Em Issaquah, um subúrbio de Seattle, no estado de Washington, colidem as providências federais para a defesa do ambiente natural (até os salmões do rio homônimo são protegidos dos pescadores), as infra-estruturas da capital, agigantadas

---

2. *The Economist*, Londres, 17 de junho de 1999, p. 54.

pelo desenvolvimento econômico, e os efeitos da presença do novo gigante econômico — a Microsoft —, que não polui e não perturba, mas influi no território de muitos outros modos. Os encarregados dessa defesa — chamados *green collars* pelos ambientalistas locais — reciclam jornais e entulho, respeitam o ambiente no qual passam seu tempo livre, mas, ao mesmo tempo, exigem casas com cinco quartos, automóveis de mais de duas toneladas, serviços comerciais variados e abundantes, acarretando mais danos ao ambiente que amam do que a indústria pesada. A administração pública pouco pode influir sobre a nova indústria *high-tech*, que se instala por todos os lugares, também fora de sua jurisdição, e inutiliza um planejamento de transportes. Um remédio promissor é a difusão das residências em edifícios altos em Seattle e Bellevue, mas não bastaria se os clones da Microsoft se multiplicassem. O prefeito de Issaquah está desorientado pela freqüência e pela mobilidade das discussões. "Democracia à velocidade da luz e tráfego à velocidade de lesma podem produzir uma mistura interessante."[3]

4) Em 2020, a Califórnia, que já é o mais populoso dos estados americanos, terá 45 milhões de habitantes, um milhão a mais que agora. A superfície vastíssima é ocupada em grande parte por montanhas e desertos. As três áreas mais povoadas, a da baía de San Francisco e as de Los Angeles e San Diego, já estão explodindo. A partir de 1980, a população urbana cresceu 43%. A área construída cresce ainda mais rapidamente que a população, e não é facilmente calculável. Restou somente uma reserva consistente de espaço, o Central Valley.

Sacramento é um caso limite, onde está em curso o *disfunctional sprawl*. Enquanto os proprietários de Los Angeles e de San Francisco devem medir com cuidado a água que consomem, se quiserem evitar pesadas despesas adicionais, os de Sacramento dispõem de quantidade ilimitada para lavar seus carros, encher suas piscinas e manter verdíssimos os seus prados. Os loteadores empenham-se em reivindicações nas salas do governo. Há alguns anos, um deles prometeu trazer para Sacramento um dos maiores times de beisebol em troca do direito de lotear e irrigar uma área de pastagem. O ar em Sacramento já está mais poluído que nas cidades maiores. Condomínios e edifícios altos, ninguém os quer por perto. Não há como regulamentar de modo unitário os quatro condados urbanos, que se comportam de modo muito diverso. Falta uma legislação eficaz sobre as construções, e as administrações privilegiam as construções de luxo, das quais conseguem as maiores receitas fiscais.

5) Um movimento oposto ao *sprawl*, menor, mas significativo, é o repovoamento dos centros urbanos.

De acordo com uma pesquisa de 1999, que analisou 26 grandes cidades, cada uma delas prevê que a população do *downtown* crescerá nos próximos dez anos. Em

---

3. *The Economist*, Londres, 3 de julho de 1999, p. 45.

Houston, irá quadruplicar; em Cleveland, duplicar; em Chicago, irá aumentar em 1/3. Filadélfia, que perdeu quinhentos mil habitantes desde 1950, calcula um crescimento de 13%. Os jovens profissionais casam-se mais tarde e permanecem mais tempo na cidade. As áreas centrais são mais atraentes e tendem a se tornar "*24 hour cities*", nas quais se acumulam as instalações para cultura e lazer. Melhoram as condições de segurança. Nos centros das dez maiores cidades americanas, os crimes violentos diminuíram 34% desde 1991. Multiplicam-se, conseqüentemente, as iniciativas imobiliárias de reconstrução para residências e comércio; em Chicago, esse gênero de alvará cresceu de dez mil em 1993 para 25 mil em 1998. São ainda insuficientes os programas para as escolas, que deveriam ser oferecidos não apenas às classes pobres, mas a todos.

A vida urbana ainda não é para todos, mas determina um modelo voltado à totalidade dos cidadãos. Em perspectiva, a grande fuga para os subúrbios dos últimos cinqüenta anos poderia ser considerada a verdadeira aberração.

6) Uma reflexão conclusiva: o *sprawl* permanece um processo positivo com a condição de que seja reorganizado e corrigido. "Talvez as vítimas mais surpreendentes do *sprawl* sejam os próprios subúrbios." Algumas vantagens que motivaram a saída das cidades diminuem, e obrigam a uma migração posterior para mais longe. O *sprawl* "pode acabar sendo ineficiente porque se beneficia de subsídios que produzem uma dispersão maior que o necessário".[4]

Esses subsídios são:

— as políticas dos transportes. Sem a despesa pública para as *highways* — mais de um trilhão de dólares nos últimos dez anos —, o crescimento dos subúrbios não teria sido possível. Essa despesa é tão mais desproporcional em relação à construção quanto mais diminui a densidade. Todo programa viário e infra-estrutural pode ser considerado "uma forma insidiosa de autorização" para construir casas e edificações onde se quiser;

— a estrutura das administrações locais americanas. Quase toda área metropolitana é subdividida em dúzias, de vez em quando em centenas de unidades locais (265 em Chicago, 780 em Nova Iorque). Em quase todo lugar, exceto em Portland e Minneapolis, cada unidade local é livre para permitir ou não todo tipo de construção, e detém as indenizações que derivam disso;

— o sistema fiscal americano. Os juros para a compra de casas podem ser deduzidos dos impostos federais sobre a renda, e os lucros pela venda de casas podem ser isentados dos impostos sobre ganhos de capital. A magnitude desses benefícios é considerável — 58 bilhões de dólares em 1998 — e estimula a construção de casas grandes sobre amplos lotes de terrenos, excluindo assim os menos abastados da participação no *sprawl*.

---

4. *The Economist*, Londres, 21 de agosto de 1999, p. 41.

VII. As pátrias européias fora da Europa 307

Mas, apesar de tudo, não se pode concluir que o processo em curso seja prejudicial. Os inconvenientes são marginais e podem, em certa medida, ser corrigidos. "Para calculá-los, é preciso uma avaliação realista, não uma invejosa comparação com a Utopia."[5]

Desses comentários conclusivos transparece a dúvida de que a organização liberal do espaço, que dura mais de dois séculos, poderá entrar em crise em um futuro mais ou menos próximo. Por ora, todo discurso a respeito do sistema de assentamento supõe que as mudanças individuais sejam simples e possam ser avaliadas coletivamente, somando quantidades homogêneas.

Um problema complexo de revisão das relações espaciais em um contexto densamente construído nasce somente quando é necessário redesenhar uma parte considerável da cidade, por causa de uma improvável coincidência de conveniências públicas e privadas ou de um acontecimento excepcional. Esse é o caso atual da área chamada Ground Zero, em Nova Iorque, destruída pelo ataque terrorista de 11 de setembro de 2001. É útil contar como se desenrolou até agora esse episódio, que coloca em evidência os recursos e as dificuldades desse tipo de iniciativa.[6]

Fig. 537. A destruição das Torres Gêmeas em Nova Iorque, em 2001.

---

5. Ibidem.
6. Do web site do Lower Manhattan Development Corp.

Fig. 538. O local da destruição, que recebeu o nome de Ground Zero.

O Planning, Design and Development Department da Lower Manhattan Development Corporation (LMDC), que há tempo se ocupa das transformações da zona de Manhattan ao sul da Houston Street, juntamente com a Port Authority, proprietária da área, tomou a iniciativa de promover a nova urbanização do espaço. A extinção completa da malha viária antiga, ocorrida há quarenta anos dentro do perímetro do World Trade Center, parece hoje inaceitável, e se escolheu incluir na operação também os distritos adjacentes, com os quais se deseja reconstituir as ligações principais.

Em abril de 2002, foi publicado um documento programático, *Principles and Preliminary Blueprint for the Future of Lower Manhattan*. Em julho, foi promovida uma discussão pública junto ao City Hall. Em agosto, foi acertado o concurso de projetação, do qual participaram mais de quatrocentos candidatos do mundo inteiro. Em setembro, foram selecionados sete programas, aos quais foi pedido que se incluíssem algumas indicações vindas dos comentários públicos e das comissões: colocar um memorial do acontecimento sobre as marcas das Torres Gêmeas demolidas, reconstruir o World Trade Center na área ao redor com uma gama mais rica de funções públicas e privadas, realizar um *bold new skyline*.

Os sete projetistas prepararam nove projetos, que foram apresentados ao público em 18 de dezembro, expostos no Winter Garden, com uma afluência de mais de cem mil pessoas, e inseridos no web site da LMDC. Os projetos receberam oito milhões de visitas e quatro mil observações. Foram confirmadas as indicações precedentes e reunidos outros pedidos: um desenvolvimento vertical para reequilibrar o perfil da Lower Manhattan, uma maior dotação de instalações civis, culturais e de espaços recreativos, uma acurada integração com as comunidades circunstantes. Em 4 de fevereiro de 2003, a escolha foi restringida aos projetos de Libeskind e do grupo Think. As duas propostas, corrigidas, foram novamente expostas no Winter Garden a partir de 7 de fevereiro.

Nessa última fase, os dois projetistas e muitos comentadores se chocaram em uma polêmica inflamada, considerada, no entanto, "normal", como acontece na iminência de muitas outras competições públicas. A decisão final, favorável a Libeskind, foi anunciada em 27 de fevereiro, mas o produto técnico geral — o desenho arquitetônico executivo e o projeto final das infra-estruturas e dos transportes, coordenados entre si — ainda está em elaboração.

Para o memorial a ser inserido na marca das Torres Gêmeas, a LMDC formulou, em 8 de janeiro, um *draft mission statement and program* [esboço da missão e do programa], com a colaboração de duas comissões compreendendo os familiares das vítimas, os residentes, os sobreviventes, os que prestaram os primeiros socorros e o líder da comunidade, juntamente com um grupo de profissionais. O esboço recebeu comentários públicos até 2 de fevereiro, e foi incorporado ao edital de um concurso apropriado.

Esse processo superveloz e amplamente partilhado coloca em evidência a dificuldade de interromper uma rotina duradoura e sem dúvida adaptável, mas, justamente por isso, refratária às exceções. Na área, a ser reprojetada junto a uma parte significativa do *downtown*, a extrema complexidade das intervenções necessárias, a soma dos interesses econômicos, administrativos, culturais, políticos e simbólicos, a pluralidade dos consensos a ser adquirida ultrapassam o âmbito habitualmente reconhecido às escolhas arquitetônicas, e, todavia, podem ser integradas somente por meio de uma invenção projetual adequada. Nesse caso, a tarefa foi enfrentada seriamente e, como sempre, será concluída, mas à custa da qualidade do resultado.

Os projetistas selecionados no outono de 2002 eram:
1. Foster & Partners
2. SOM, SANAA
3. Think (Shigeru Ban, Schwartz, Ken Smith e Rafael Vinoly)
4. Meier, Eisenman, Gwathmey, Siegel e Holl
5. United Architects
6. Studio Libeskind
7. Peterson/Littenberg.

Sendo tão heterogêneos, mais parecem pertencer a uma pré-seleção eclética, com motivações políticas e de relações públicas. Dois deles — o segundo, que coloca a hipótese de uma improvável edificação variável no tempo e erguida sobre uma plataforma preparada, e o sétimo, que propõe um projeto desenhado segundo as regras acadêmicas do passado, com duas novas torres gêmeas simétricas — parecem figurar aqui por acaso.

Os outros cinco propõem conformações diversas do embasamento e dos edifícios altos: a mais simples e genial é a de Foster, que consegue uma multiplicidade de efeitos volumétricos por meio da aproximação angular de duas torres de tessitura triangular; o parque sobrelevado e as três torres de altura desigual do grupo Think; a elegante combinação de volumes ortogonais proposta por três dos "Five Architects" nova-iorquinos, Meier, Eisenman, Gwathmey, juntamente com Siegel e Holl; as "United Towers", devidas a um grupo numeroso de habitantes projetistas, inchadas na parte intermediária para criar uma espécie de cobertura do lugar; a composição dos volumes oblíquos de Libeskind, que culmina com uma torre de jardins sobrepostos atingindo a altura de 1.776 pés [541,32 metros].

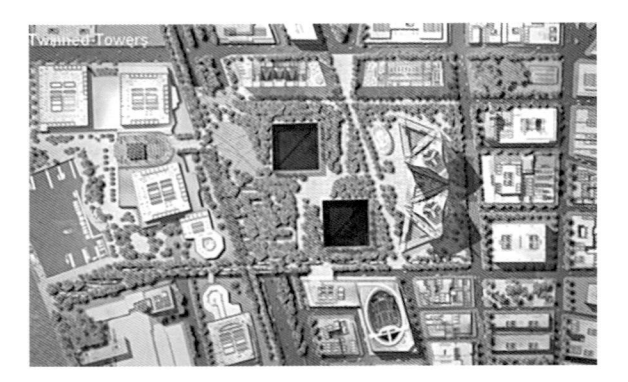

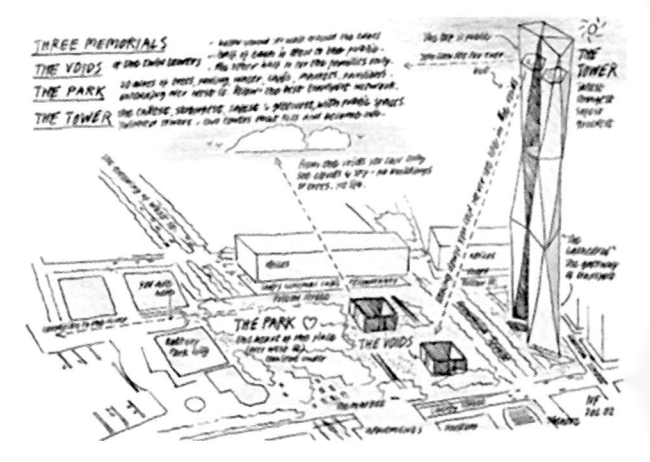

Fig. 539-541. O projeto de Foster & Partners (1). Esquema distributivo, planta e vista do leste.

VII. As pátrias européias fora da Europa   311

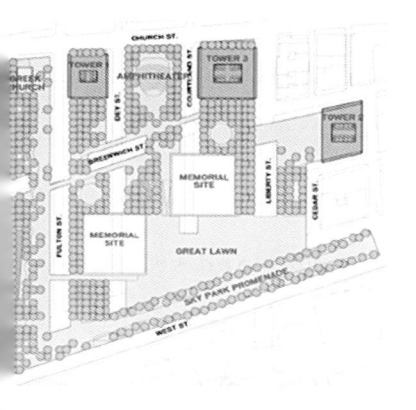

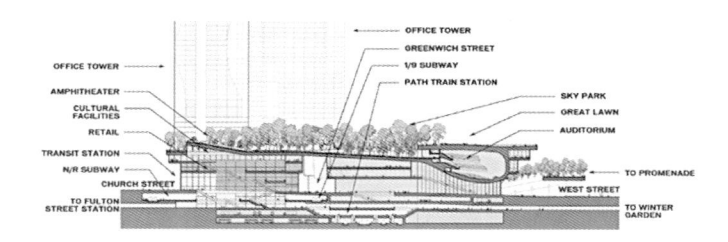

Fig. 542 e 543. O projeto do grupo Think (3). Planta e seção.

Fig. 544-546. O projeto de Meier, Eisenman, Gwathmey, e Holl (4). Vista de longe, vista aproximada e uma ação gestual.

Fig. 547. O projeto da United Architects (5).

Fig. 548 e 549. O projeto do escritório Libeskind (6). Elevação geral e seção do embasamento.

A arquitetura no novo milênio

VII. As pátrias européias fora da Europa   313

Fig. 550-553. As sucessivas transformações (para pior) do projeto para a reconstrução do Ground Zero. No alto, à esquerda, o projeto de Foster, descartado no concurso de 2002; todo o programa em elevação é concentrado nas duas esplêndidas novas torres gêmeas. Embaixo, à esquerda, uma das primeiras variantes do projeto vencedor de Libeskind (2003). No alto, à direita, uma perspectiva da futura Lower Manhattan com o edifício central, rebatizado Freedom Tower, com os mesmos 1.776 pés [541,32 metros] de altura, projetado por David Childs e Skidmore, Owings e Merrill (2004). Embaixo, à direita, um último afeamento da Freedom Tower, com um embasamento cúbico revestido de materiais refletores (2005). Em torno aparecem outras duas torres com a cobertura inclinada, que vagamente recordam o projeto de concurso de Libeskind.

O anúncio da vitória de Libeskind é acompanhado de um cronograma minucioso das sucessivas operações executivas, a serem iniciadas logo. No entanto, como era previsível, a controvérsia projetual permanece aberta. O grupo proprietário dos terrenos impõe a colaboração com um projetista de sua confiança, David Childs, *consulting design partner* do escritório Skidmore, Owings and Merrill. A Port Authority, por seu lado, chama Santiago Calatrava para projetar a estação ferroviária metropolitana.

Em dezembro de 2003, com uma solene cerimônia no Federal Hall, o prefeito Bloomberg e o governador Pataki apresentam um "projeto definitivo", corrigido nas características funcionais e econômicas. Especificam-se cinco casos de edificações a serem construídos em tempos sucessivos em torno do memorial, nas fundações das antigas Torres Gêmeas. O primeiro, com as principais destinações públicas, deveria ser construído em dois anos a partir de setembro de 2004 e estar pronto para a ocupação entre 2008 e 2009. O *developper* Larry Silverstein fala disso com entusiasmo: o elemento dominante é a torre com 1.776 pés de altura [541,32 metros], que agora tem uma conformação envolvente, culmina com uma agulha assimétrica, considerada um *pendant* visual da estátua da Liberdade na baía, e tem um sistema de hastes tensoras à vista, que evocariam os da vizinha ponte do Brooklyn. As outras quatro torres seguirão nos anos seguintes, de modo que todo o complexo possa estar completo em 2013. O projeto vencedor de Libeskind torna-se gradualmente um plano diretor, a ser implementado com uma pluralidade de projetos arquitetônicos elaborados por vários escritórios.

Esse resultado faz compreender melhor a lógica do concurso de 2002-2003. Dos sete, os dois melhores projetos, o de Foster e o de Meier, Eisenman, Gwathmey, Siegel e Holl, exigiriam um controle direto dos autores, o que os comitentes não desejam. Curva-se, assim, ao projeto mais fraco, cuja única característica constante — a conformação inclinada dos grandes e pequenos volumes — perde-se necessariamente pelo caminho.

Essa narrativa ajuda a entender outra característica enraizada na cultura americana. As invenções dos arquitetos europeus bebem em águas profundas, em uma longa história passada. Os arquitetos americanos, considerando-se isolados do passado remoto, levam muito mais a sério que os europeus as "tendências" emersas nos últimos trinta anos do século XX, e as cultivam com maior determinação. Os "Five Architects", que entraram em cena há trinta anos, ainda são os maiores protagonistas do presente; e, não por acaso, os três agrupados por escolhas afins, Meier, Eisenman, Gwathmey e o seu associado Siegel, reuniram-se para redigir, juntamente com Holl, um dos sete projetos selecionados nesse concurso. A abordagem intelectual dos mestres europeus contemporâneos apresentados no capítulo IV — para cada lugar, uma arquitetura diferente — não tem correspondente além do Atlântico. Em vez disso, os estilos pessoais adquirem um grau elevado de sofisticação, que produz a possibilidade de reconhecimento profissional dos titulares dos escritórios e dos principais colaboradores.

Descrevamos alguns dos personagens significativos desse vasto mercado, provenientes de várias partes do mundo e atuantes em escala internacional.

RICHARD MEIER (1934-). Entre os "Five" dos anos 60, Meier é o projetista mais organizado e merecidamente famoso. Convém começar por ele, que melhor representa as virtudes e características especificamente americanas.

Nascido de uma abastada família de Nova Jérsei, olha, desde o início, para a Europa. Depois de sua graduação em Cornell, em 1957, cruza o oceano e busca um contato direto com os mestres europeus de então. Encontra Le Corbusier, tenta entrar para o seu escritório da rue de Sèvres, não é aceito, como ele mesmo conta[7], e imagina que o mestre tenha se tornado hostil aos americanos depois das desilusões por conta dos edifícios das Nações Unidas e da UNESCO. Em vez disso, trabalha como estagiário em alguns escritórios americanos famosos: por um curto período, sob George Bunshaft, no escritório de Skidmore, Owings e Merrill; por três anos no escritório americano de Breuer.

A avaliação coletiva cunhada entre 1969 e 1972 por Rowe, Frampton e Wittenborn para ele e para Eisenman, Graves, Gwathmey e Hejduk[8] é de natureza refinadamente crítica e reflexiva. Os três escritores reconheceram nos cinco arquitetos a capacidade de retomar, com a devida elegância e maleabilidade, a herança da vanguarda européia de antes da guerra, descartando os revisionismos que no mesmo período se contrapunham e se anulavam alternadamente.

Essa linha foi mantida com firmeza e equilíbrio somente por Meier e Gwathmey. Eisenman e Hejduk acentuaram sua orientação excêntrica (ligada à interpretação dos respectivos modelos históricos: Terragni e van Doesburg). Graves, depois de algumas incertezas, adere decididamente à corrente pós-moderna. Passado algum tempo e em vista dos resultados, Meier e Gwathmey emergem entre os melhores profissionais americanos, em posse de um repertório amplo e flexível, capazes de desenvolver uma vasta gama de tarefas nos Estados Unidos e no exterior. Os outros caem no imenso grupo dos artistas americanos defensores de um estilo pessoal, que não pertencem à nossa narrativa. Fora dessa alternativa, não nasce nada novo. Depois dos antigos pioneiros e de Wright, o último criador absoluto foi Buckminster Fuller, que encontramos ao narrar o início da carreira de Foster e de Rogers. A seguir, enquanto os Estados Unidos se povoam de projetos vindos do mundo inteiro, assiste-se apenas à difusão e à fragmentação de um vasto ecletismo em escala internacional.

---

7. R. Meier, *Building the Getty*, Berkeley, University of California Press, 1997; edição em brochura, 1999, p. 8.

8. A. Drexler, *Five architects*, Nova Iorque, Wittenborn, 1972.

Destaca-se o constante enriquecimento das obras de Meier nos anos 70 e 80, nos Estados Unidos — em Atlanta (fig. 554), em New Harmony — e na Europa — em Frankfurt sobre o Meno. A composição dos edifícios, muito articulada, apóia-se sempre em uma grade geométrica, que faz a mediação entre os alinhamentos do contexto e o jogo dos volumes. Os detalhes construtivos e os acabamentos são gradualmente tipificados e unificados pela monocromia branca. Meier chega a uma espécie de *unité dans le détail* estendida a várias obras subseqüentes, que confere o máximo destaque às composições de conjunto sempre diversas, e acolhe, de bom grado, os complementos de planejamento do espaço, dos arvoredos, dos fundos naturais ou artificiais.

Dessa forma, o legado recebido da tradição moderna européia entre as duas guerras é, por assim dizer, emoldurado e adquire uma longa, mas ainda inconclusa, sobrevivência.

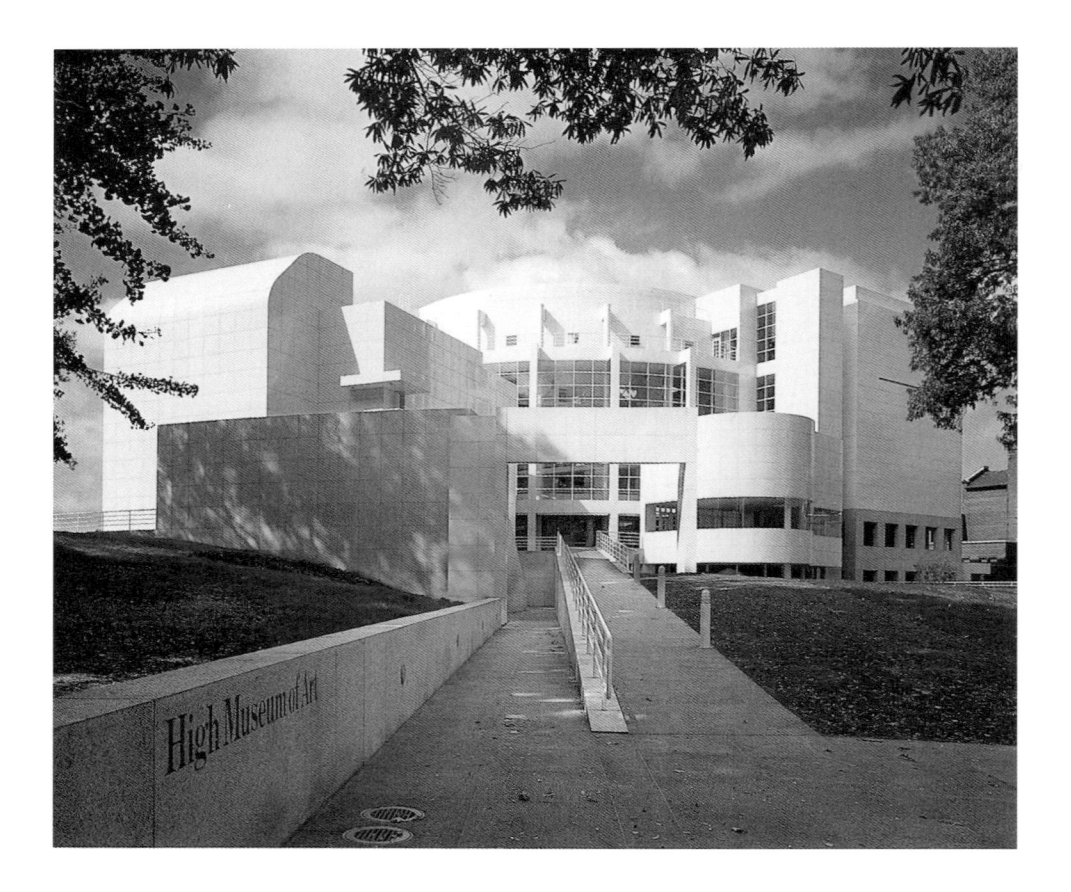

Fig. 554. O High Museum of Art de Atlanta, Georgia, projetado em 1980. Um dos excelentes resultados da linha de conduta de Meier, inflexivelmente unitária e aberta à variedade das oportunidades.

VII. As pátrias européias fora da Europa

Nos anos 80, Meier encontra sua grande oportunidade: o encargo de projetar não um edifício, mas uma colina inteira perto de San Diego, com os edifícios e os espaços abertos para as coleções e as atividades do Getty Trust, que administra o patrimônio de J. Paul Getty, morto em 1976. Forma-se um comitê apropriado, presidido por Bill N. Lacy, que avalia as candidaturas dos possíveis projetistas. Em 1984, um trio é selecionado: Richard Meier, Fumihiko Maki e James Stirling. Em outubro do mesmo ano, Meier é pré-selecionado e tem de se entender com um grupo de consultores. O contrato, que compreende alguns procedimentos não usuais, é assinado depois de uma negociação complexa.

É muito significativa a viagem à Europa realizada por Meier em 1985, antes de iniciar o trabalho. Em uma espécie de peregrinação, o arquiteto de cinqüenta anos visita os museus neoclássicos em Munique, o Museu de Castelvecchio em Verona, a Cartuxa de Florença (no rastro de Le Corbusier), depois os parques Tivoli, Bagnaia e Caprarola: obras-primas da jardinagem italiana (não francesa), construídas sobre terrenos em desnível.

Antes de mais nada, Meier estabelece o diálogo com o cenário paisagístico préselecionado. Em uma carta de 1984 a Lacy, escrita um pouco antes da atribuição, descreve confusamente o novo artefato sonhado e ainda não projetado:

> O local espetacular do Getty Complex convida o arquiteto a apostar numa topografia precisa e natural, que comporte harmonia das partes; procedimento racional; cuidado com a qualidade de proporção, ritmo, correspondência; precisão nos detalhes, integridade construtiva, adequação programática, e, por fim, mas não menos importante, respeito pela escala humana. Todos esses requisitos estão intimamente ligados à escolha dos materiais [...]

Além da forma topográfica, o atributo mais impressionante do lugar é a qualidade de sua luz natural, que é maravilhosamente bela. Essa clara, dourada luz californiana, devo dizer, é intoxicante para quem vem da costa leste. Gostaria de construir paredes que tenham aberturas para fazer entrar essa luz gloriosa, lançando sombras limpas, deliciosas. Estou ansioso para ver as estruturas construídas recortando-se contra o brilhante céu azul do sul da Califórnia. Posso entrever um conjunto baseado em traços horizontais de volumes interligados por pátios em diferentes níveis, ambientes internos grandes e pequenos abertos para a paisagem, uma série de espaços internos e externos adequados ao lugar e às características das coleções.

Além dessa inclinação americana para o ar livre, para o calor, para a flexibilidade e para a criação, minha visão arquitetônica inclui um ideal de permanência, especificidade e envergadura histórica derivado da Europa. Os materiais deveriam reafirmar essa imagem de solidez, de presença permanente na paisagem. A melhor arquitetura é uma integração entre a escala humana e a grandiosidade civil, entre a simplicidade decorativa e a riqueza material, entre o interesse pela inovação técnica e o respeito pelos precedentes históricos [...]

Em minha mente, vejo uma estrutura clássica, elegante e atemporal, emergindo, serena e ideal, do contexto natural; uma espécie de estrutura aristotélica no interior da paisagem. Às vezes penso que a paisagem a supere; às vezes, que a estrutura enfrente e domine a paisagem.[9]

Para passar desse sonho à realidade, Meier tem que enfrentar muitas complicações: usar como modelo planimétrico, em vez das habituais grades ortogonais, duas grades sobrepostas obliquamente (fig. 555); remodelar a colina para adaptá-la aos edifícios, ao planejamento do espaço e às conexões com os caminhos circundantes (o tráfego motorizado pára na base da colina, onde está previsto um grande estacionamento, enquanto um bonde chega até o largo de entrada, no topo). Meier corrige repetidamente o projeto para fazê-lo caber no orçamento fixado pelos administradores (seiscentos milhões de dólares), recorrendo ainda ao expediente singular de reduzir em escala todo o complexo, na mesma proporção (12%) do excedente a ser cortado. Sua arquitetura sustenta de forma notável essas vicissitudes, e persegue o desejado equilíbrio entre liberdade e regularidade.

Em 1990, Philip Johnson, visitando o modelo de canteiro, observa que estão previstas árvores demais: "As árvores são objetos diferentes das arquiteturas. Não existiam árvores na Acrópole de Atenas. Como será possível ver os edifícios?"[10] Meier reconhece ser apropriado o comentário, e reduz substancialmente as árvores no topo da colina.

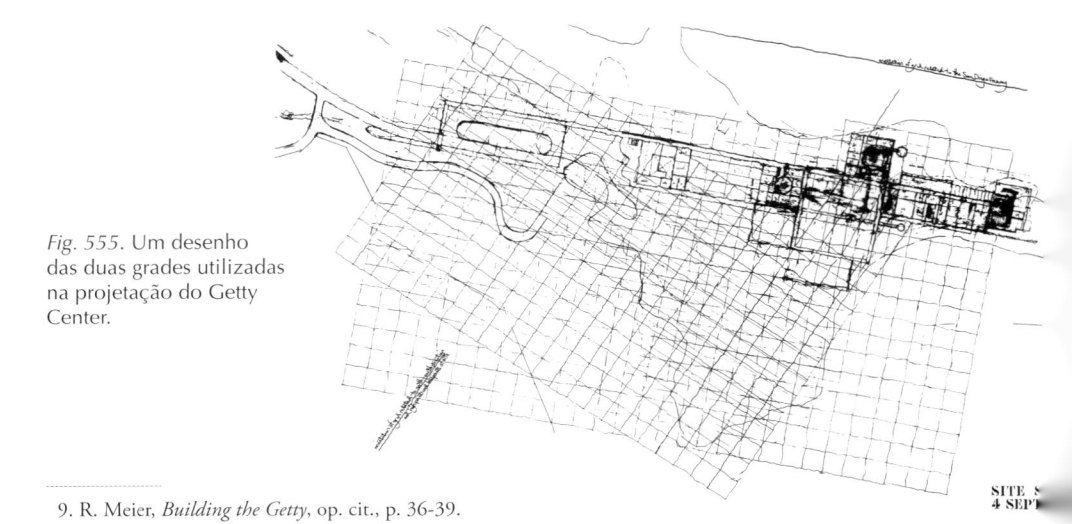

Fig. 555. Um desenho das duas grades utilizadas na projetação do Getty Center.

---

9. R. Meier, *Building the Getty*, op. cit., p. 36-39.

10. Ibidem, p. 89.

O acabamento da paisagem circundante revela-se, nessa escala, uma tarefa difícil. O antigo arquiteto paisagista, Emmet Wemple, é substituído em 1990 por Dan Kiley, que prefere plantações mais ordenadas, inseridas da grade geométrica geral, e em 1993, por Laurie Olin, trazido da Pensilvânia, e que concilia habilmente as exigências de todas as partes envolvidas.

O grande complexo é finalmente inaugurado em dezembro de 1997. O resultado premia a constância de Meier e a inteligência de seu estilo longamente testado, que sai substancialmente íntegro da difícil prova. Resta a questão da decoração das galerias de exposição, confiada pelos comitentes a Thierry Despont, um designer de interiores franco-americano da moda, e do mobiliário, que se quer encomendar a artistas e fabricantes locais. Meier se opõe aos dois perigos e, no fim, sai vitorioso.

Conta o arquiteto:

> Num domingo à tarde, em setembro de 1997, descobri que os edifícios não precisavam mais de mim [...] Todo arquiteto que se empenhou a fundo em um trabalho conhece os sofrimentos dessa separação. Inevitavelmente, chega um momento em que sua obra deve ser entregue a outros e se torna "deles".[11]

Essa é a sua principal obra realizada nos Estados Unidos, não um episódio em uma paisagem já formada, mas uma porção considerável de paisagem unitariamente projetada. As palavras escritas revelam a emoção do autor, que não terá mais tempo para repetir uma aventura tão absorvente.

Fig. 556. Meier fotografado em um dos terraços do complexo quase concluído.

---
11. Ibidem, p. 189.

Fig. 557. Meier diante da grande maquete do Getty Center, executada de 1991 a 1993. Por causa de suas dimensões incomuns (5,18 x 11,27 x 1,5 m), a montagem e as fotografias foram executadas em um dos estúdios da Paramount.

VII. As pátrias européias fora da Europa   321

Enquanto trabalha no Getty Center Complex, Meier projeta e constrói obras importantes. Nos Estados Unidos, a sede americana da Swissair em Melville, NY (1991-1994), o Tribunal de Justiça Federal de Islip, NY (1993-2000), o centro para os visitantes da Crystal Cathedral de Johnson, em Orange Grove, Califórnia (1996), e duas importantes residências particulares: a casa Rachofsky, em Dallas, Texas (1991-1996; fig. 561), e a casa Neugebauer, em Naples, Flórida (1995-1998): cenários conhecidos, nos quais se move sem problemas. Na Europa, a sede do Canal Plus, em Paris (1988-1992) e o Museu de Arte Contemporânea em Barcelona (1987-1995; fig. 558-560), em dois contextos urbanos importantes, mas de origem recente e suficientemente abertos, que não colocam problemas totalmente novos de ambientação. A unificação dos detalhes e a consumada engenhosidade nas composições de conjunto bastam a Meier para conseguir sempre resultados de alto nível.

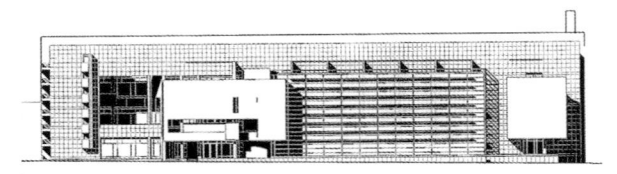

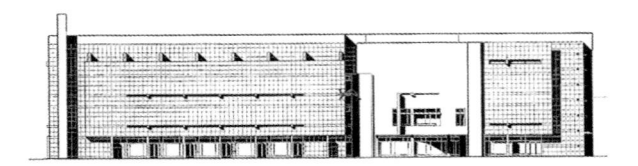

Fig. 558-560. Vista e duas perspectivas do Museu de Arte Contemporânea em Barcelona.

Fig. 561. A casa Rachofsky, em Dallas.

VII. As pátrias européias fora da Europa   323

Fig. 562 e 563. O Museu do Ara Pacis, em Roma.

O caso das duas encomendas recebidas em 1996 para Roma é diferente: o Museu do Ara Pacis, junto do Augusteo, e a igreja do Giubileo di Tor Tre Teste.

O Museu do Ara Pacis (fig. 562 e 563) fica no centro antigo de Roma: um quadro ambiental impositor e especificamente europeu, arruinado pela desastrosa intervenção de Vittorio Morpurgo, nos anos 30, para o "isolamento" do mausoléu de Augusto e mistificado pelo aberrante posicionamento do comitente. Para os técnicos da prefeitura de Roma, os edifícios de Morpurgo pertencem ao "racionalismo italiano" (não à "internacional dos bombeiros"[12], que era o adversário polêmico do movimento racionalista de então), e Meier é chamado como expoente de um fantasmagórico "racionalismo americano" para obter uma homogeneidade estilística completamente fora de lugar no palimpsesto da Roma moderna.

Como Meier terá percebido esses propósitos? O Ara Pacis de Augusto foi colocado nos anos 40 perpendicularmente ao mausoléu, sobre o socalco entre a via Ripetta e o *lungotevere* oitocentista, dentro de um pavilhão construído com os meios da "autarquia", já periclitante. A administração romana poderia ter exigido apenas uma nova urna, para proteger o monumento do modo mais próximo possível à sua situação original, ao ar livre. Em vez disso, decide fechar a praça novecentista com um quarto edifício, que contenha, além de uma sala para o Ara Pacis, uma longa série de ambientes exigidos pelas várias repartições municipais, destinados a depauperar o excepcional monumento antigo. O arquiteto americano aceita esse programa e, de modo inteligente, o atenua. Desenha um artefato elegante e leve — o exato contrário das toscas construções circundantes de Morpurgo — que é pouco mais alto que o socalco e se torna, na extremidade sul, uma intervenção na área com escadarias e terraços.

---

12. É o epíteto que Giuseppe Pagano aplicava, em 1940, aos acadêmicos classicistas de seu tempo.

O canteiro de obras caminha lentamente, em meio às polêmicas. Acostumado ao contexto americano, aberto e sem envergadura temporal, que é a matriz de sua linguagem arquitetônica habitual, Meier encontra-se em uma situação desconfortável, em um ambiente circunscrito e datado, onde seria preciso inventar uma linguagem nova, como aprenderam a fazer os melhores arquitetos europeus nas últimas décadas.

Ainda em Roma, enquanto está deslocado no quebra-cabeça ambiental da piazza Augusto Imperatore, encontra-se, ao contrário, à vontade na periferia desestruturada, onde, em 2003, termina de construir a igreja encomendada pelo cardeal Camillo Ruini. Trata-se de um enérgico mecanismo espacial, compreendendo a sala de reunião e os ambientes acessórios cobertos e descobertos; surge entre os volumes espaçados do novo bairro, a leste, e os grandes espaços livres nas outras direções, e agüenta muitíssimo bem a pressão desse entorno heterogêneo. Os acabamentos, executados com perícia tecnológica incomum na Itália — os volumes alvos em cimento armado pigmentado e os diafragmas transparentes, ligeiramente perceptíveis pelas leves armações —, dão destaque máximo a esse talento vindo de além-mar (fig. 564-566).

Fig. 564-566. A igreja do Giubileo di Tor Tre Teste, em

VII. As pátrias européias fora da Europa

A ponte projetada em 1996 para a cidadela de Alessandria (fig. 567), cuja conclusão está anunciada para 2006[13], será um outro exemplo de probidade e moderação, distante dos extremismos que hoje se multiplicam nas obras públicas do nosso país.

Fig. 567. A ponte para a cidadela de Alessandria.

A aventura italiana pertence à florescente atividade de Richard Meier & Partners nestes últimos tempos. Suas obras mais recentes são a sede central Richmers, em Hamburgo (1998-2001), o museu para a Coleção Burda, em Baden Baden (2001-2004), o departamento de história da arte e a ampliação da Biblioteca de Arte da Universidade de Yale (2001-2006). A esses se acrescenta, em 2002, uma fantasia audaciosa: o projeto apresentado, juntamente com Isozaki, para o concurso de reforma do Avery Fisher Hall, no Lincoln Center de Nova Iorque (depois foi preferido o projeto de Foster). Sua experiência, há muito estabilizada, permanece como um sólido ponto de chegada da cultura arquitetônica americana.

GWATHMEY E SIEGEL. O escritório associado abre em 1965. De sua produção sobressai uma série de apreciáveis residências individuais — as casas Cogan e De Menil, em East Hampton, NY (1970-1977 e 1981-1983), a casa Opel, em Shelburne, Vermont (1985-1988), a casa sobre o mar em Malibu (1988-1992) e a casa San Onore, em Pacific Palisades (1993-1997), ambas na Califórnia — onde a análise distributiva da unidade habitacional leva a uma articulação complexa de vários corpos de edificação.

Essas casas, juntamente com as residências recorrentes na lista das obras de Meier (a última é a casa Neugebauer, em Naples, Flórida, 1995-1998), continuam a tradição americana de Frank Lloyd Wright e de Richard Neutra, por trás da qual está,

---

13. Pelas informações do site do arquiteto, http://www.richardmeier.com, a obra permanece inconclusa. [N.E.]

junto à preferência universal pela casa unifamiliar isolada, a ambição moderna de transformá-la num monumento específico de nossa época, também cultivada, em seu tempo, por Le Corbusier e Mies van der Rohe. A herança estilística escolhida pelos "Five" adapta-se de modo feliz a esse tema, uma vez que as partes componentes de uma moradia opulenta, que pertencem a um único cliente, permitem um jogo espacial complexo que pode ser submetido a um controle total.

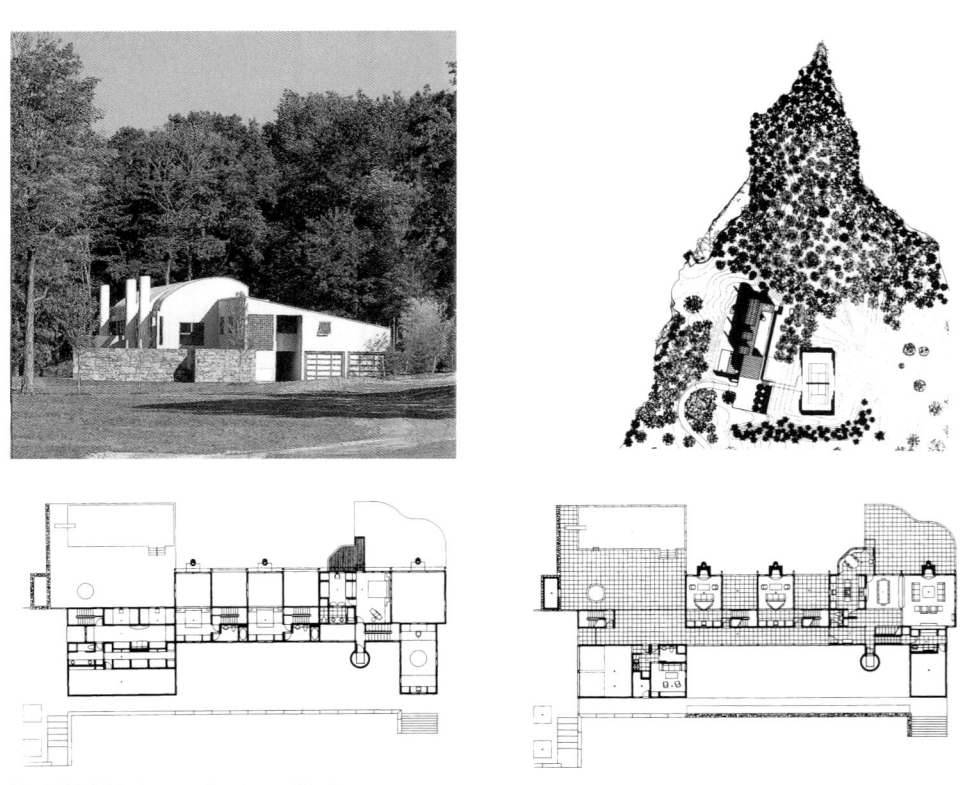

Fig. 568-571. A casa Opel, em Shelburne.

A partir dos anos 80, Gwathmey e Siegel realizam uma gama de edifícios públicos e empresariais que não possuem uma unidade estilística absoluta, como os de Meier, e colocam em campo uma maior variedade de materiais e de formas: os escritórios do centro de distribuição da IBM, em Greensboro, Carolina do Norte (1985-1987), o arranha-céu da Morgan Stanley Dean Witter Co., em Manhattan (1985-1990), o Walt Disney World Contemporary Resort Convention Center, em Buena Vista, Flórida (1989-1991), e uma série de edifícios acadêmicos: três inseridos no campus da Cornell University, em Ithaca, NY (1984-1990), o Politécnico Nanyang, em Ang Mo Kio, Cingapura (1992-1999), o Lewitt Center for University Advancement, Universidade de Iowa (1993-1998).

VII. As pátrias européias fora da Europa

Fig. 572 e 573. (à esquerda) Os escritórios do centro de distribuição da IBM, em Greensboro.

Fig. 574. (acima) A sede central da Morgan Stanley Dean Witter, em Nova Iorque.

Comportam um novo esforço de integração em contextos prestigiosos a Biblioteca de Ciência, Indústria e Negócios, inserida na Biblioteca Pública de Nova Iorque (1991-1996); o Werner Otto Hall, sede do Museu Busch-Reisinger, acrescido à Biblioteca de Belas Artes de Harvard (1988-1991), que compete com o edifício neoclássico do Museu de Arte Fogg e com o vizinho Carpenter Center for Visual Arts, de Le Corbusier; e, sobretudo, a intervenção de reestruturação e ampliação do Museu Guggenheim, de Wright, em Nova Iorque (1982-1992). Aqui Gwathmey e Siegel reúnem os novos locais sob uma grande laje uniforme atrás do edifício antigo, sobre a qual, da Fifth Avenue, o complexo volume wrightiano se destaca como um alto-relevo. No corpo em espiral, eles refazem a cúpula envidraçada e corrigem o itinerário dos caminhos, conseguindo um movimento mais racional do público e uma adequação aos padrões dos museus modernos. Os novos corpos edificados são revestidos em pedra calcária, para conferir evidência às paredes rebocadas do corpo original.

A recente reestruturação e ampliação da Henry Art Gallery da Universidade de Washington, em Seattle (1993-1997), respeita cuidadosamente o modesto cenário circundante, e compacta com elegância um canto do campus.

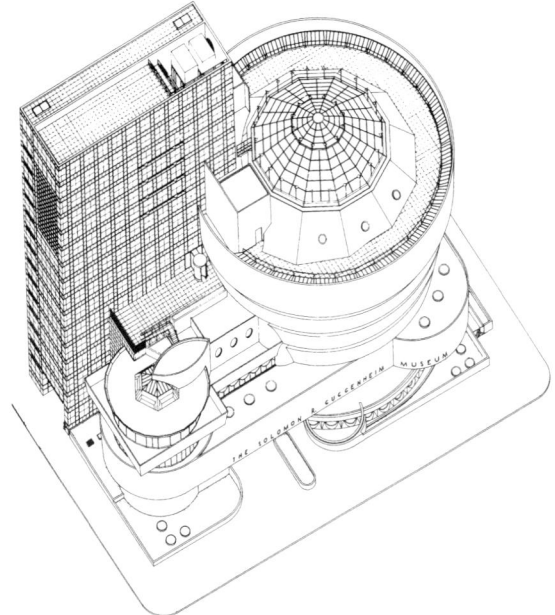

Fig. 575 e 576. A reestruturação e ampliação do Museu Solomon R. Guggenheim, em Nova Iorque.

Fig. 577 e 578. (na página ao lado) A ampliação da Biblioteca de Belas Artes, no Museu de Arte Fogg, de Harvard, a reestruturação da Henry Art Gallery, na Universidade Washington, Seattle.

VII. As pátrias européias fora da Europa   329

Com menor empenho e refinamento que Meier, mas com maior versatilidade, Gwathmey e Siegel trazem uma nova contribuição à fortuna da abordagem estilística coletivamente identificada nos anos 70 e que sobreviveu com sucesso às trajetórias seguintes. Em termos europeus, essa trajetória assemelha-se às retomadas individuais operadas com sucesso pelos antigos mestres do Velho Mundo, examinados no capítulo III. Mas a dimensão coletiva dessa escolha, a firmeza em continuá-la e a variedade dos resultados são prerrogativas diversas, e objetivam a "perfeição conquistada, tipicamente americana", que Le Corbusier, durante sua viagem de 1936 a Nova Iorque, admirava nas ordens sobrepostas dos arranha-céus mais antigos de Wall Street.[14]

Peter Eisenman e John Hejduk, como se disse, conduzem experiências isoladas que entram no catálogo das tendências figurativas e ideológicas atuantes tanto nos Estados Unidos quanto na Europa, e que excluímos do nosso discurso. Mas mostram outro possível desdobramento do acordo tácito dos anos 70.

A seqüência da aventura dos "Five", com seus desdobramentos, permanece assim um episódio central, ainda não igualado na cultura arquitetônica americana de hoje.

O projeto apresentado por Meier, Gwathmey, Siegel, Eisenman e Holl no concurso de 2002 para a reconstrução do Ground Zero, em Nova Iorque, pode ser considerado o monumento retrospectivo da trajetória cultural descrita nas páginas anteriores (fig. 579).

A proposta dos cinco americanos e a do Foster Associated — descartadas, como se disse — têm em comum uma planta muito simples, que circunda em "L" a marca vazia das duas torres demolidas e simplifica intensamente a conexão com o solo. A elevação de Foster é dominada pela gaiola estrutural em reticulados triangulares, um dos temas característicos da sua última fase de atividade, que aqui é audaciosamente amplificado. Encaixilha pacotes com vários andares cada um, e assim chega muito mais alto do que os arranha-céus ao redor (fig. 539-541). A elevação dos americanos é uma grade ortogonal, também ela composta por uma pluralidade de planos, que permanece um pouco mais baixa do que as construções atuais, mas ganha destaque por sua forma inusitada, que compreende volumes de construção verticais, e também horizontais, isolados no ar. É um dos poucos projetos que abandonam o difundido propósito de restituir ao *downtown* um pináculo de arremate e, em vez de uma marca quantitativa, insere uma marca qualitativa: o logotipo da geometria ortogonal privilegiada em diversos modos pelos cinco arquitetos (fig. 544-546 e 579).

---

14. Le Corbusier, "La catastrophe féerique", *L'Architecture d'aujourd'hui*, n. 1, Paris, 1939, p. 15.

VII. As pátrias européias fora da Europa   331

Fig. 579. O projeto de Meier, Gwathmey, Siegel, Eisenman e Holl para o Ground Zero deveria ter se mostrado como uma miragem precisa no quadro heterogêneo de Manhattan.

Outros protagonistas da arquitetura americana são os personagens internacionais vindos de várias partes do mundo e que adquiriram o espírito cosmopolita da sociedade americana e dali estenderam sua atividade a muitos países.

A primeira onda desses protagonistas compreendia os mestres europeus vindos para o Novo Mundo por causa das perseguições nazistas e da Segunda Guerra Mundial, falecidos há muito tempo: Gropius, Mies van der Rohe, Breuer, Neutra, Kahn, que integraram ou até mesmo formaram a cultura arquitetônica desse país. A nova geração compreende: Pei, Giurgola, Pelli e Vinoly, aos quais se acrescenta Libeskind, que se estabelece definitivamente em Nova Iorque após ter vencido o concurso para a reconstrução do Ground Zero. Depois desse processo, pode-se falar de uma cultura arquitetônica americana somente de modo retrospectivo. Em seu lugar existe agora uma convivência de talentos internacionais, baseada, como ocorre em outras áreas, no papel hegemônico desse país.

O mais velho, IEOH MING PEI (1917-), é talvez o mais versátil entre os protagonistas que atualmente trabalham nos Estados Unidos, capaz de mudar a resposta arquitetônica de acordo com os problemas dos lugares e das funções, como os mestres europeus examinados anteriormente.

Fig. 580-582. O arranha-céu do Bank of China, em Hong Kong, e duas imagens do novo acesso ao Louvre.

Pei chega aos Estados Unidos em 1935, ainda rapaz. Sua formação inicia-se na Universidade da Pensilvânia, no MIT e em Harvard, os lugares ilustres da cultura americana. De 1948 a 1960, trabalha para William Zeckendorf, um dos mais arrojados construtores americanos. De 1964 em diante, projeta e reprojeta a Biblioteca John Kennedy, e avança no estudo de geometrias planimétricas complexas, que sabe manejar com suprema elegância. De 1968 a 1978, realiza a ampliação da National Gallery de Washington, cujo sucesso faz com que granjeie a encomenda de Mitterrand para a reestruturação do Museu do Louvre (1983-1989). De 1979 a 1982, constrói na China um primeiro edifício moderno importante, o Fragrant Hill Hotel. Em 1989, ambienta em Hong Kong o esplêndido edifício do Bank of China. Depois, impressionado pelo massacre da praça Tian-An-Men, abandona o campo em sua pátria de origem e cultiva com seus parceiros habituais, Cobb e Freed, numerosas oportunidades no resto do mundo.

VII. As pátrias européias fora da Europa   333

O romano ROMUALDO GIURGOLA (1920-) transfere-se para os Estados Unidos assim que se gradua, logo após a guerra. Estabelece-se em Filadélfia, associa-se a Ehrman B. Mitchell e utiliza do modo mais inteligente o encontro com Louis Kahn, imitando não a atitude profética e o tom visionário do mestre europeu, mas sua ampliação do repertório geométrico — a combinação das tessituras ortogonais e diagonais — e seu sábio emprego dos materiais.

Depois de ter realizado um bom número de obras excelentes em Filadélfia, em Seattle, Washington e outras cidades americanas, o escritório Giurgola-Mitchell encontra uma grande oportunidade ao vencer, em 1980, juntamente com Richard Thorpe, o concurso para o novo Parlamento australiano, em Canberra. O principal recurso é a conexão com o traçado urbano regulamentado pelo desenho de Griffin de 1913. Desse desenho, os projetistas retiram, além da orientação planimétrica e dos eixos de simetria, o volume altimétrico da colina, liberado a leste e oeste por dois muros de sustentação parabólicos, para alojar no plano os principais corpos de construção do edifício, contidos na mesma curva. Para o norte e para o sul, ao contrário, a encosta gramada sobe até o topo em que se abre o vão do pátio central, coroado por uma gaiola metálica que reproduz o contorno da pirâmide criada por Griffin. A execução prolonga-se até 1988; Giurgola fica muito tempo na Austrália para dirigi-la, sacrificando suas oportunidades de trabalho em Nova Iorque e nos EUA.

Fig. 583. O Parlamento australiano de Canberra.

O argentino CESAR PELLI (1926-) transfere-se para os Estados Unidos em 1954, trabalha dez anos no escritório de Eero Saarinen e, em 1977, funda o escritório Cesar Pelli & Associated: ainda hoje um escritório de tamanho médio (oitenta pessoas), situado em New Haven, Connecticut, que desenvolve ampla atividade em várias partes do mundo, adaptando de maneira pragmática suas escolhas às oportunidades locais.

Nos anos 70, Pelli realiza uma grande intervenção na valorizada área em frente ao World Trade Center de Nova Iorque, conseguindo com elegância o objetivo de deixar em segundo plano, vistas do Hudson, as duas torres gêmeas de Yamasaki. No Japão, constrói o arranha-céu do NTT, em Tóquio, e o hotel Sea Hawk, em Fukuoka (1995; fig. 586). Em Kuala Lumpur, na Malásia, executa, em 1997, as Petronas Towers, consideradas, durante alguns anos, as mais altas do mundo, tentando a absurda experiência de incorporar em uma estrutura tão grande alguns emblemas formais "asiáticos", de acordo com o desejo dos comitentes (fig. 584-585).

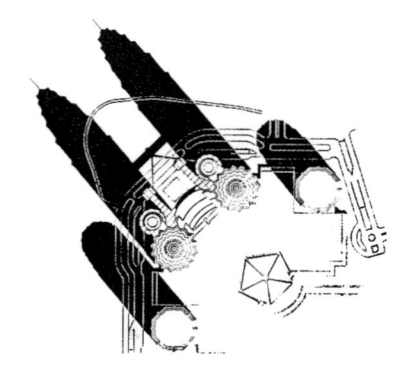

Fig. 584-585. (acima) As Petronas Towers, em Kuala Lumpur.

Fig. 586. (à direita) O hotel Sea Hawk, em Fukuoka.

VII. As pátrias européias fora da Europa   335

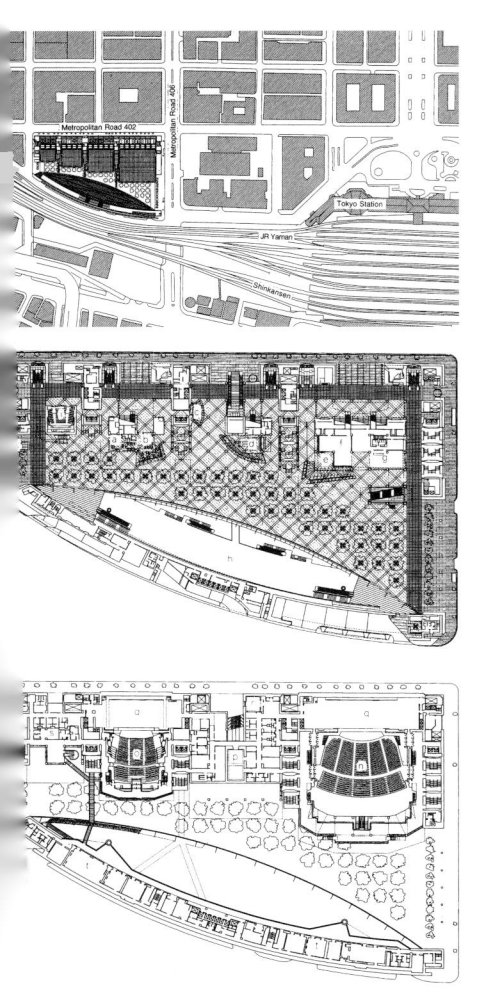

Fig. 587-590. O Tokyo International Forum.

O uruguaio RAFAEL VINOLY (1944-), educado em Buenos Aires, chega a Nova Iorque em 1979 e funda o escritório Rafael Vinoly Architects em 1983. Sua grande oportunidade é a encomenda para construir o Tokyo International Forum (um imenso conjunto de salas multifuncionais), depois do concurso de 1989 do qual participaram Rogers e outros entre os arquitetos mais notórios do mundo. O edifício, concluído em 1997, ocupa um terreno trapezoidal perto da estação central de Tóquio; nesse perímetro estão reunidos os blocos sobrelevados de quatro salas de tamanhos diferentes, uma praça coberta em vidro e voltada para um jardim interno, e uma sala de exposições no plano inferior. O denso programa funcional desejado pelos japoneses é habilmente reorganizado pelo projetista sul-americano, com uma adequada conformação dos espaços coletivos (fig. 587-590).

Nos Estados Unidos, a inovação não vem apenas dos vértices profissionais, e deveria ser procurada no ilimitado campo das experiências e das invenções que servem o dinamismo do imenso país.

Uma exploração desse gênero sai dos propósitos deste livro. Limitar-nos-emos a algumas indicações.

1) *A invenção dos tipos de construção*. Um mérito da arquitetura americana é a desenvolta criação dos novos modelos exigidos por uma demanda de novo tipo e factíveis por obra do progresso tecnológico: o *skyscraper* [arranha-céu] para multiplicar as superfícies terciárias nos centros urbanos, tornado possível pelas estruturas metálicas e pelo elevador nas últimas décadas do século XIX; o *shopping plaza* [praça de conveniência] para servir à população espalhada após a difusão do automóvel, por volta da primeira metade do século XX; o *mall* [shopping center] fechado e envidraçado para todo tipo de atividade *indoor*, possibilitado pela instalação de ar-condicionado a partir da segunda metade do século XX.

Esse último tipo se presta a muitas variações construtivas e a muitos usos funcionais. Um exemplo recente é o State of Illinois Building, em Chicago, que ocupa um quarteirão do Loop entre Randolph, La Salle, Lake and Clark Streets (Murphy-Jahn e Knight and Associated, 1985). Para essa área central, os projetistas consideraram diversas soluções tradicionais: um arranha-céu diante de uma *plaza*, um volume compacto em torno de um *mall*. Enfim, escolheram uma *plaza* contida em um volume, para a qual se voltam todos os acessos públicos aos ambientes individuais de trabalho; uma "arquitetura otimista, na qual todos os escritórios governamentais são expostos simultaneamente aos visitantes".[15] Os acabamentos são sumários, bem distantes daqueles sofisticados dos átrios hoteleiros e dos estabelecimentos comerciais. O interesse

VII. As pátrias européias fora da Europa   337

dos projetistas está concentrado no mecanismo distributivo, e os movimentos das pessoas — cidadãos e funcionários — formam, eles mesmos, um espetáculo.

Fig. 591 e 592. O State of Illinois Building, em Chicago.

15. J. Zukowsky, *Chicago architecture and design, 1923-93*, Munique, Prestel, 2000, p. 346.

2) *As mil inovações nas pequenas intervenções e nos pequenos edifícios espalhados.* O número 1269 da *The Architectural Review*, de novembro de 2002, dedicado às "american frontiers", abre-se citando uma observação de Alexis de Tocqueville, escrita após uma visita de nove meses aos Estados Unidos e incluído em seu ensaio *Democracia na América*, de 1835:

> "Individualismo" é uma nova palavra gerada por uma nova idéia [...] É um sentimento maduro e calmo que torna cada membro da comunidade disposto a se separar da massa de seus concidadãos, e a arranjar-se sozinho com sua família e seus amigos.[16]

Os Estados Unidos de hoje ainda são um país não densamente povoado: somente dois por cento da superfície são classificados como "construídos". Em muitos lugares permanece a convicção de que um assentamento é somente a primeira onda de uma ocupação provisória; o terreno é ocupado de modo casual, os edifícios são considerados instrumentos de curta duração, destinados ao abandono depois de um breve tempo. O hábito do oeste americano de colocar-se sobre um terreno virgem ainda está enraizado na mentalidade comum. Essa orientação refere-se tanto aos artefatos projetados um a um quanto àqueles produzidos em série pelas grandes indústrias, a serem transportados ou montados em qualquer lugar: as casas Lewittown, os modelos estudados no pós-guerra pelo Case Study House Programm, e por fim, as *mobile homes*, que são veículos transportáveis ou ainda para serem colocados estavelmente em terrenos adequados e equipados. É também difundida a contaminação entre os dois extremos da gama de possibilidades, proporcionada pelos bem abastecidos setores de bricolagem dos supermercados. Essas ofertas se comunicam entre si e com as experiências culturalmente emergentes já descritas. Os fascículos da *AR*, n. 1249 (1991) e 1269 (2002) apresentam alguns dos resultados desses encontros:

— duas obras em Wyoming projetadas por um escritório de Massachusetts, Charles Rose Architects, com a consultoria de Ove Arup: o Paint Rock Camp, um pequeno estabelecimento de temporada em um rancho de 110 mil acres para estudantes provenientes da área central de Los Angeles, e um estabelecimento residencial estável. No primeiro, os edifícios comuns, os alojamentos, os serviços e os caminhos sobrelevados para pedestres estão colocados sobre palafitas de aço para reduzir ao mínimo o impacto sobre o terreno (fig. 593-596); no segundo, as estruturas em aço sustentam os tetos de várias formas, enquanto as vedações são de materiais comuns, madeira e vidro;

— o centro escolar Camino Nuevo, em um subúrbio pobre de Los Angeles, projetado por Daly Genik para o Pueblo Nuevo Community Group, incorporando

---

16. *The Architectural Review*, n. 1269, Londres, novembro de 2002.

VII. As pátrias européias fora da Europa
339

edifícios precedentes e pequenas partes de terreno. Os corpos de construção são unificados por uma vistosa grade de materiais recompostos, que funciona como cerca e como anteparo (fig. 597 e 598);

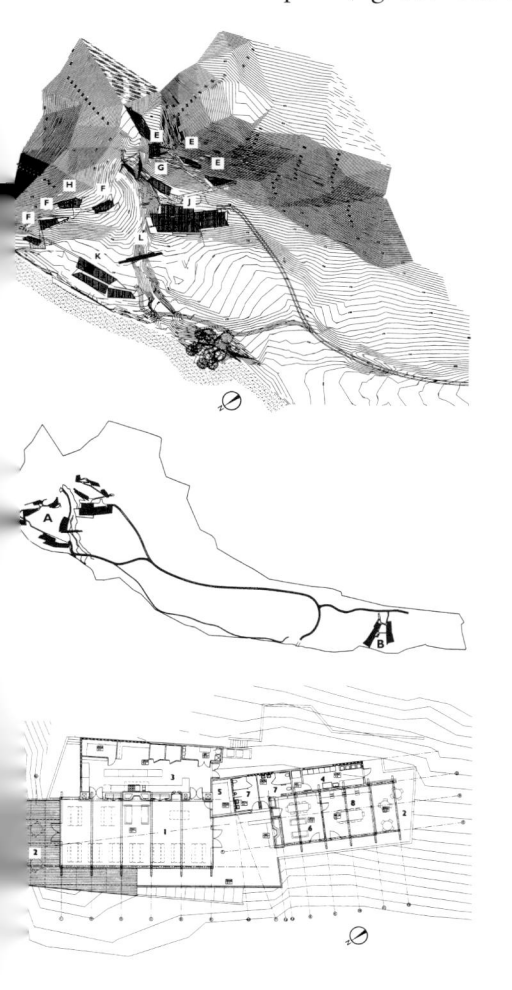

Fig. 593-596. (à esquerda e acima) O Paint Rock Camp, em Wyoming.

Fig. 597 e 598. A escola Camino Nuevo, em Los Angeles.

— as realizações do Rural Studio, fundado em 1992 por Samuel Mockbee, um professor da Faculdade de Arquitetura, Design e Construção da Universidade de Auburn, no Alabama, projetadas e executadas pelos componentes do escritório: um conjunto de residências e ateliês em Newbern, um pequeno centro para crianças em Greensboro, um centro comunitário em Hale County, um clube para rapazes e moças em Akron e as residências para algumas famílias numerosas de Mason's Bend. Essas obras são caracterizadas pelo uso de materiais reaproveitados (as paredes em lona da Yancey Chapel, 1995; a tenda feita de vidros de pára-brisa de automóvel do Mason's Bend Community Center; 2001). Desde a morte de Mockbee, em 2001, o Rural Studio é dirigido por Andrew Freear e Steve Hoffman.[17]

Fig. 599-601. Edifícios do Rural Studio, no Alabama: Akron Boys and Girls Club, Lucy's House.

a) As cidades maiores e o território

As grandes cidades americanas, que cobrem territórios vastíssimos, vão ao encontro de transformações lentas, das quais somente após um longo tempo emergem novas configurações perceptíveis.

Em Nova Iorque, a transferência do porto para um outro lugar do estuário do Hudson, na margem direita, pertencente ao estado de Nova Jérsei, desencadeou uma série de conseqüências radicais: as instalações portuárias nas duas margens de Manhattan foram abandonadas, os píeres estão sendo demolidos ou adaptados para

---

17. *Il Giornale dell'Architettura*, n. 9, Turim, julho-agosto de 2002, p. 18.

outras funções; a tradicional hierarquia dos usos — as funções principais na parte intermediária da ilha, as subalternas ao longo das margens — foi gradualmente invertida. A transformação irá durar muito tempo, e as partes transformadas (a margem do Hudson entre o World Trade Center e Battery Park, os novos centros recreativos e comerciais ao longo do East River) são as novidades mais notáveis. A reconstrução do Ground Zero — a intervenção mais excepcional em Manhattan, que é a parte mais excepcional de Nova Iorque, que, por sua vez, é a cidade mais excepcional dos Estados Unidos — parece, nesse quadro, um pequeno detalhe, que se torna secundário por sua própria raridade. A renovação continua também na área central de Manhattan, com o habitual acúmulo de substituições e modificações dos edifícios existentes.

A ponte coberta projetada pelo escritório SHoP (Sharples, Holden, Pasquarelli), que atravessa a West Street por cima e liga a área do World Trade Center ao recente desenvolvimento ao longo do Hudson — não muito diferente dos artefatos do oeste americano — é uma das primeiras intervenções executadas após os acontecimentos de 11 de setembro de 2001, e insere na paisagem do *downtown* um artefato pensado para proteger a movimentação dos pedestres do tráfego motorizado (fig. 602).

Enquanto isso, as periferias a leste, Brooklyn, Queens, Bronx, se equipam inteiramente com serviços de elevado tom urbano. A última iniciativa importante é a nova urbanização do litoral do Queens ao longo do East River, que poderia ter abrigado a vila olímpica se Nova Iorque tivesse sido escolhida como sede das Olimpíadas de 2012, mas que, de qualquer modo, oferecerá residência e serviços para dezoito mil habitantes, bem em frente ao quartel-general da ONU, em Manhattan. O concurso de projetação foi vencido em 2004 pelo escritório californiano Morphosis, e prevê ainda um novo parque de dezessete hectares sobre a água. A realização está aos cuidados da Queens West Development Corporation, com a contribuição do Estado, da cidade e da autoridade portuária.[18]

Fig. 602. A ponte para pedestres sobre a West Street, em Manhattan.

18. *Il Giornale dell'Architettura*, n. 20, Turim, julho-agosto de 2004.

Fig. 603. Nova Iorque à noite, vista por satélite. As luzes identificam a área habitada.

As conseqüências do *sprawl* são melhor apreendidas em outra grande cidade, Chicago, onde as fronteiras da expansão são limitadas apenas pela costa do lago; a periferia, que cobre em 180 graus a imensa planície do Illinois, cresce livremente sobre a trama da grade jeffersoniana.

Também aqui o governo do território provém da sobreposição de muitas escolhas públicas e privadas. Mas permanece a lembrança da época entre os séculos XIX e XX, quando a extraordinária fase de desenvolvimento depois do incêndio de 1871 foi coroada pela Exposição Colombiana de 1893 e pelo "plano regulador" de Daniel Burnham, de 1909 (que, por sua vez, foi uma iniciativa privada excepcionalmente ambiciosa, promovida pelo Commercial Club e pelo Merchant's Club), que propunha um desenho integrado para a cidade e para o seu território, em um raio de sessenta milhas [96,56 quilômetros].

VII. As pátrias européias fora da Europa 343

Fig. 604-606. Chicago: três representações do *urban sprawl*: em 1915, hoje e por volta de 2020.

Em 2001, o mesmo Commercial Club, juntamente com a American Academy of Arts and Sciences, apresenta um novo plano intitulado *Chicago Metropolis 2020*.[19] É um documento de discussão e debate, publicado pela University of Chicago Press, que pretende acabar com a "competição destrutiva" entre as 267 autoridades municipais e os 1.276 organismos de governo local, inclusive da área da grande Chicago. Os temas tratados são o desenvolvimento econômico, a educação, a administração pública, o uso do solo e a habitação, a tributação e os transportes.

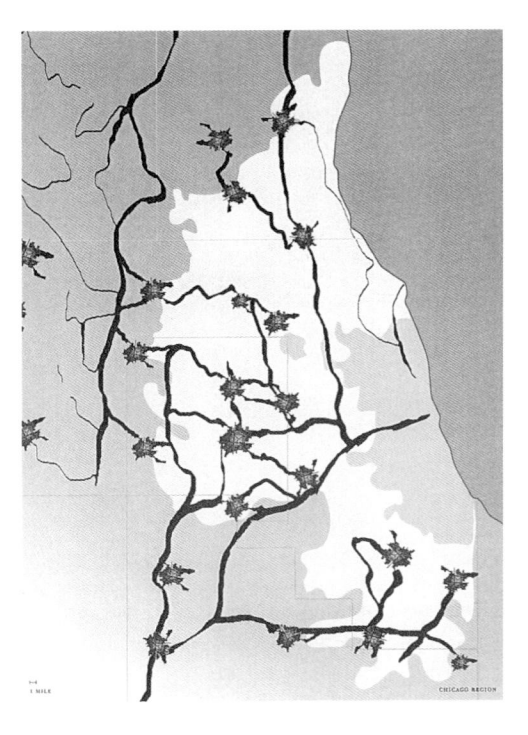

Fig. 607. Os programas de intervenção para melhorar o *sprawl*: esquema conceitual dos núcleos urbanos integrados em torno dos centros dos transportes, coligados por uma rede de *greenways* contínuas. Os sombreados de fundo indicam, a partir da direita, a cidade de Chicago, as periferias existentes e o território aberto.

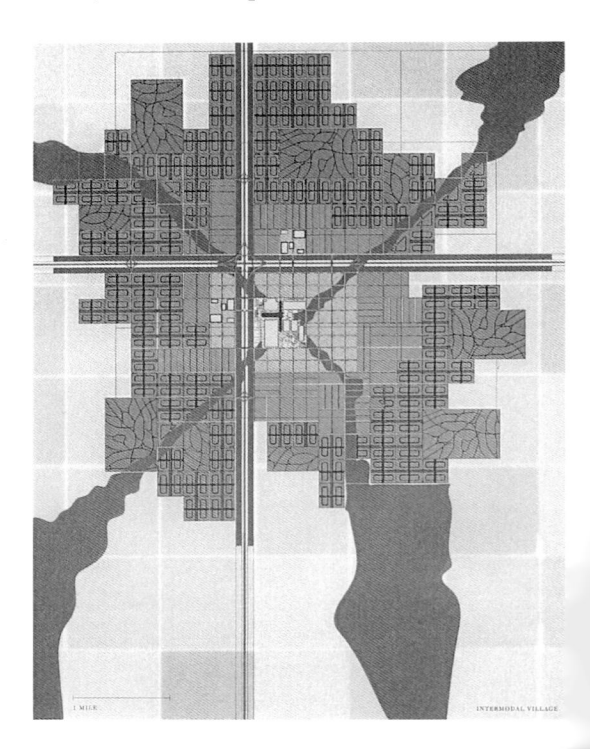

Fig. 608. A possível estrutura de um núcleo urbano integrado centro, onde as *greenways* se cruzam, a plataforma de ped com a grande distribuição comercial. Ao redor, as áreas re ciais de alta densidade (de 1 a 1,5 milhas quadradas para mil habitantes, com os principais serviços), de média de de (3-4 milhas quadradas para 30-45 mil habitantes) e de densidade (12 milhas quadradas para 60-80 mil habitante

A introdução explica que "o plano não tem valor oficial e nem caráter obrigatório para ninguém. É, antes, um convite aberto aos residentes na região para que se empenhem em um diálogo público e encontrem soluções embasadas nas análises e recomendações do presente documento".[20]

Interessam ao nosso discurso sobretudo as propostas para "enriquecer a qualidade de vida" (cap. X) que concernem à mobilidade, ao uso do solo e à tutela ambiental.

VII. As pátrias européias fora da Europa 345

Para a mobilidade, é previsto um desenvolvimento paralelo do transporte público e privado. O equilíbrio entre os dois comporta necessariamente uma avaliação financeira dos trânsitos viários. O transporte público deve compreender veículos de tipos variados, nem sempre vinculados a percursos fixos.

Para o uso do solo, o objetivo ambicioso é a formação de um sistema diferenciado de assentamentos e áreas livres, em alternativa ao crescimento compacto dos atuais *suburbia*, também mediante a transferência dos direitos de construção. Atualmente o

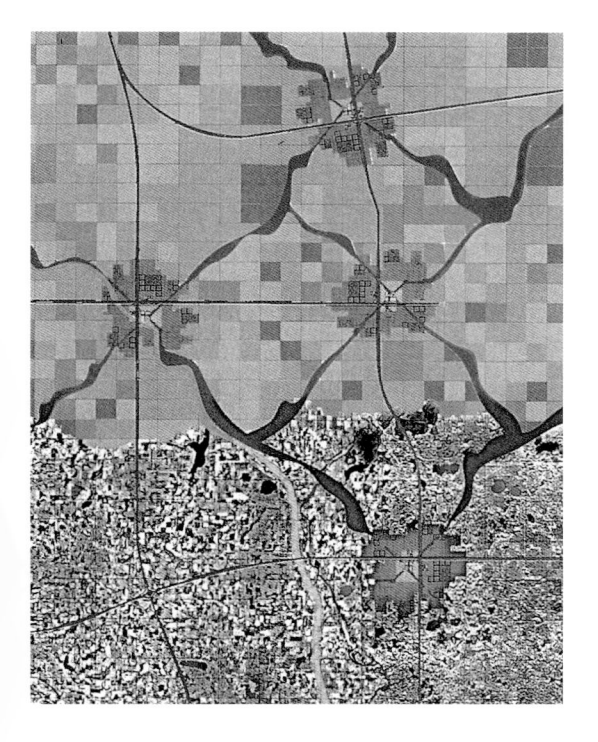

Fig. 609 e 610. Em escala maior, a rede de núcleos urbanos, circundados por espaços abertos com assentamentos limitados, que interfere gradualmente nas periferias existentes. Ao lado, a fotografia aérea de Riverside, uma comunidade projetada por Frederick Law Olmstead em 1869.

programa *Chicago Wilderness*, promovido pelo Chicago Region Biodiversity Council, já protege o riquíssimo patrimônio natural do Northwest Illinois. O Regional Greenways Plan, sustentado pela Northeast Illinois Planning Commission[21] e pelo Open Lands Project, visa realizar uma rede de corredores verdes, para um total de quatro mil milhas [6.437, 38 quilômetros].

O novo plano propõe acrescentar a esse desenho uma série de *intermodal villages*, para os quais convirjam tanto as *greenways* quanto os trajetos dos transportes. Cada núcleo urbano terá um centro de serviços suficientemente equipado e 150-200 mil

---

19. E. W. Johnson, *Chicago Metropolis 2020*, Chicago, The University of Chicago Press, 2001.

20. Ibidem, p. 1.

21. A entidade de planejamento urbano da área metropolitana, instituída em 1957.

habitantes distribuídos sobre uma área de 16-18 milhas quadradas [41-47 quilômetros quadrados]. A maior parte das periferias atuais poderá continuar a crescer segundo as regras atuais, mas aos habitantes será oferecida uma colocação alternativa. No centro, a grade tradicional permanece em condição de sustentar ordenadamente as transformações futuras da construção civil.

O redesenho da área à beira do lago, ainda em curso, é representado em um esboço aéreo (aqui embaixo).

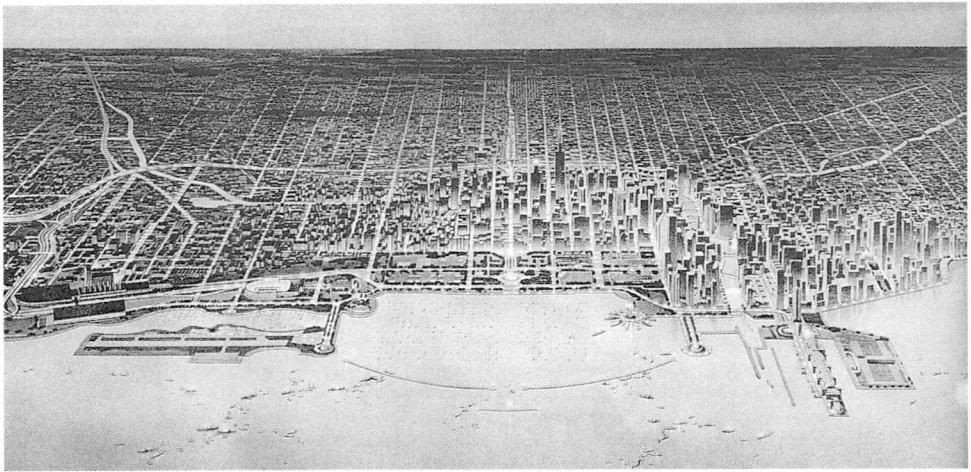

Fig. 611 e 612. Dois panoramas do centro de Chicago, como se apresenta hoje e como poderá estar amanhã.

b) As intervenções no território

A realidade territorial americana é objeto de inúmeros estudos, mas não de ações públicas gerais comparáveis ao planejamento europeu. As intervenções nesse campo têm antes a finalidade de proteger e preservar o estado atual dessa realidade, onde estão em jogo valores naturais e históricos excepcionais. Alguns desses lugares são designados com a palavra "monuments", que exprime bem a intenção inicial.

A conservação das áreas de valor natural, em diversas escalas, é confiada à intervenção pública ou também privada, sustentada por um vasto aparato científico e por um consenso muito amplo. A cultura naturalística americana, tão relevante no campo teórico (o livro de Barry Commoner de 1971, *The Closing Circle*, está na base do movimento ecológico moderno), é continuamente colocada à prova na prática, e alimenta importantes realizações concretas.

Os parques nacionais americanos existem há um século e meio — Yellowstone, instituído em 1872, é o mais antigo do mundo —, e alguns, por sua dimensão, protegem algo de similar à autonomia da natureza, quase sempre perdida na Europa e no resto do mundo. As catástrofes de origem natural, incêndios, inundações, furacões, são regularmente incluídas nos ciclos a serem preservados, e não são combatidas, mas monitoradas. Recentemente, quando Yellowstone sofreu um vasto incêndio, foi demonstrado que seus efeitos "renovaram" o ecossistema, e estão na base de seu renascimento.

Para nós, são muito interessantes as discussões e as providências concernentes à interferência entre a tutela pública e os outros usos do território. Pela extensão geográfica das paisagens tuteladas e pela persistência secular do equilíbrio entre os interesses públicos e privados, estão aqui colocados à prova os próprios fundamentos da sociedade americana.

Atualmente, são dois os casos em cena.

Está em perigo a sobrevivência do parque nacional dos Everglades, instituído em 1947 para proteger um milhão e meio de acres na parte meridional da Flórida. As águas que saem do lago Okeechobee e correm em direção ao Golfo do México formam um rio paradoxal, com a largura de algumas centenas de milhas e pouco profundo, onde cresce um singular *river of grass*, que abriga um riquíssimo patrimônio vegetal e animal (na margem oriental há uma estreita faixa urbanizada que vai de Palm Beach até Miami). Também aí os incêndios e furacões estão incluídos no ciclo natural; eles abrem os caminhos para que se formem ilhas de vegetação mais consistente, que diversificam o ambiente, e fazem parte da história do território, mesmo antes da recente antropização.

As dificuldades dizem respeito às providências de tutela a montante — as três áreas de conservação da água e a reserva nacional do Big Cypress Swamp —, que não asseguram um fluxo suficiente e constante de água doce e limpa. Assim está

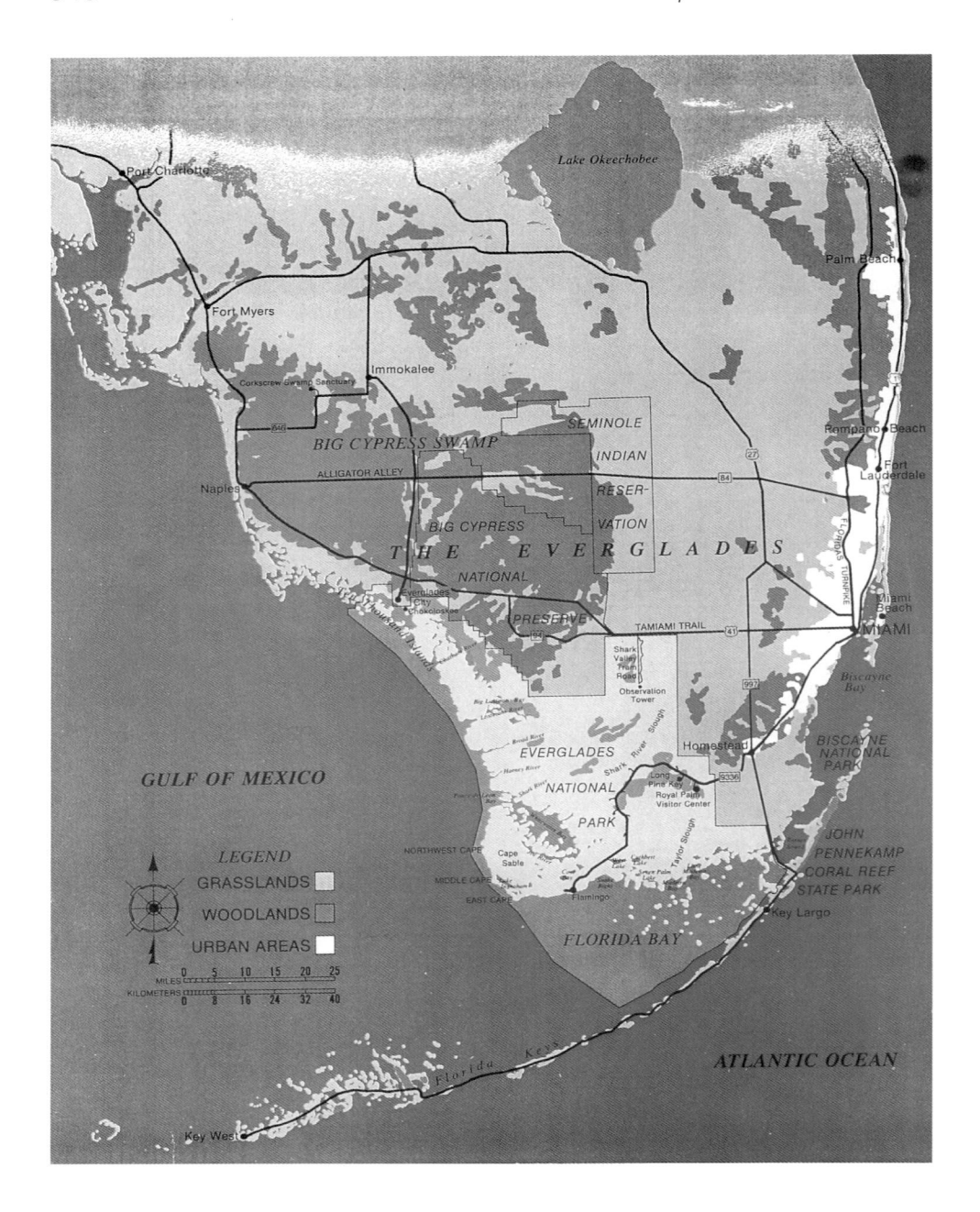

Fig. 613. Mapa do parque nacional dos Everglades. No alto, o lago Okeechobee. No território abaixo, o tom mais escuro indica as *woodlands*; o intermediário, as *grasslands*; e o tom mais claro, as áreas urbanas.

Fig. 614. (*página seguinte*) Uma fotografia de satélite dos Everglades. À direita (em tom claro), a aglomeração de Miami.

VII. As pátrias européias fora da Europa

sendo alterado o equilíbrio com a água salgada do Golfo do México, que sobe da costa para o norte e poderia colocar em perigo a própria sobrevivência do ecossistema. Para evitar esse risco, está em estudo o gradual desmantelamento da área agrícola ao sul do lago, a ser adquirida para a propriedade pública e transformada novamente em pântano para restaurar a continuidade da corrente do lago até o mar.

Fig. 615. As áreas de propriedade pública nos Estados Unidos e no Canadá (o mapa tem cinqüenta anos). Em preto, os parques nacionais, estaduais e municipais. Em tracejado, as florestas nacionais e estaduais.

VII. As pátrias européias fora da Europa 351

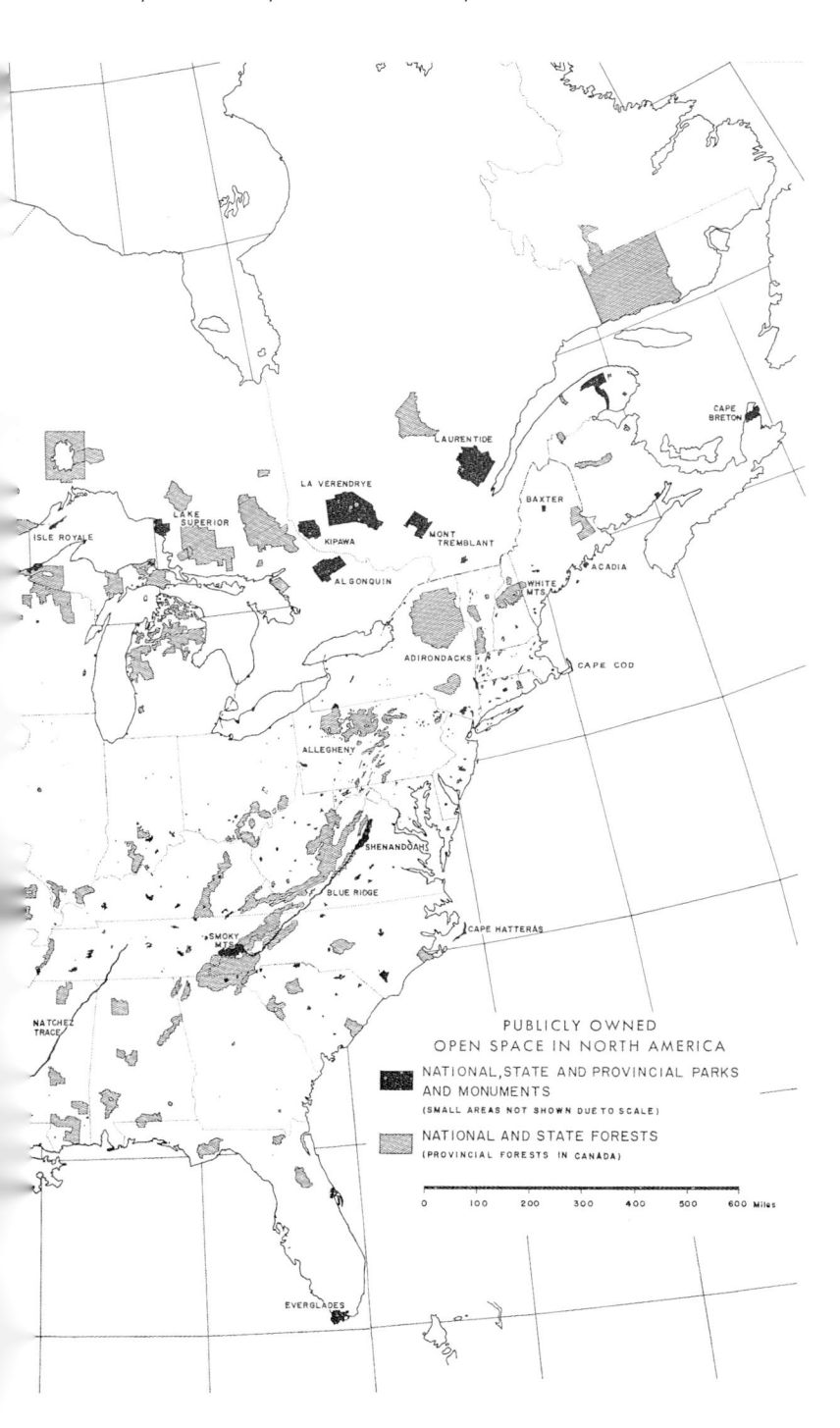

PUBLICLY OWNED
OPEN SPACE IN NORTH AMERICA

NATIONAL, STATE AND PROVINCIAL PARKS
AND MONUMENTS
(SMALL AREAS NOT SHOWN DUE TO SCALE)

NATIONAL AND STATE FORESTS
(PROVINCIAL FORESTS IN CANADA)

0 100 200 300 400 500 600 Miles

Está em curso uma intervenção colossal para restaurar o equilíbrio ecológico do rio Colorado, símbolo da epopéia do Far West. Trata-se de reconstituir o leito do rio ao longo do Grand Canyon para salvar as espécies animais e vegetais, comprometidas em 1963 pela construção do dique do Glen Canyon. Uma tentativa similar já fracassou em 1996. Agora, o U. S. Geological Survey formou uma equipe de cientistas que depositou ao longo do leito do rio cerca de oitocentas mil toneladas de sedimentos naturais compatíveis com o ecossistema original e as distribuiu com turbinas de alta potência, capazes de emitir jatos d'água de 1.169 metros cúbicos por segundo. A operação se desenvolveu em noventa horas e custou 3,7 bilhões de dólares. Agora os cientistas irão precisar de dezoito meses para monitorar os resultados.

O governo federal apóia a intervenção. Bennet Raley, vice-secretário das águas no departamento do Interior, admite as incertezas do empreendimento e declara: "Querer assumir o papel do Pai Eterno é mais difícil do que pode parecer."[22]

Em um país tão relutante em intervir como autoridade nos direitos privados, somente a proteção da natureza justifica tais propósitos. Ao suporte geográfico é atribuído um tipo de prioridade política que passa à frente de tudo. Logo depois vêm os sinais da primeira ocupação humana, que são objeto de estudo e de amplo interesse; os nomes indígenas dos lugares têm, há muito tempo, uma bem conhecida precedência na toponomástica do país, e agora também os restos materiais dos assentamentos mais antigos são protegidos e escavados. A paisagem produzida pelos colonos europeus e por seus descendentes, com seu irresistível dinamismo, prevalece sobre ambos os substratos; mas a percepção de uma dívida para com eles contribui para aquela espécie de precariedade de que se falou no início deste capítulo.

Uma última notícia. Em 1987, o Congresso votou a lei que escolhe a Yucca Mountain, em Nevada, como depósito de todo tipo de lixo radioativo dos Estados Unidos e, ao mesmo tempo, financia uma rede ferroviária reservada ao transporte do lixo de Atlanta, Chicago, Salt Lake City e Kansas City a Caliente, em Nevada. O depósito e as ferrovias estarão operantes em 2010. Ficou acertado que o lugar oferece as melhores garantias de estabilidade geotectônica; mas também se reconheceu que uma conservação confiável não pode ser feita sem vigilância contínua, e foi questionado por quanto tempo o governo federal poderia garantir essa vigilância. O quesito coloca à prova, em contexto técnico, a confiança no futuro dos Estados Unidos. O Estado federal existe há mais de duzentos anos e se pode razoavelmente confiar que continuará a existir por um tempo comparável. Portanto, foi respondido: "Por duzentos anos."

A mentalidade comum, que não possui, como na Europa, a referência a um passado histórico contínuo, compara esse intervalo a longuíssimos tempos pré-

---

22. Citado em *Specchio*, 11 de dezembro de 2004.

históricos e geológicos e — nesse caso — aos tempos igualmente longuíssimos de atividade dos materiais radioativos (dois pensamentos de que a Europa alegremente se abstém). Por isso o Novo Mundo é diferente do nosso.

2. Os Estados do Commonwealth

Nos Estados que permaneceram até uma época recente sob a coroa britânica, e que agora estão inseridos no Commonwealth, mas são, de fato, independentes — o Canadá, a Austrália, a Nova Zelândia —, a dominação inglesa deixou uma forte marca cultural e institucional, particularmente visível em nosso campo: nos modelos de construções e de urbanização do espaço, no cuidado dos ambientes circunscritos, na atenção aos detalhes. As novas características derivam da presença de imensos espaços vazios, que oferecem em todo lugar o confronto esmagador com uma natureza não cultivada: desertos, florestas, áreas geladas.

a) O Canadá

No Canadá, "a arquitetura prosperou durante a última década":

> A população crescente e a economia cada vez mais forte, que deixou para trás o resto do mundo desde os últimos anos da década de 1990, produziram mudanças significativas e fizeram surgir a demanda por novos edifícios, projetados para uma ampla gama de usos. Ainda que freqüentemente representado por imagens de paisagens naturais quase vazias, o Canadá tem-se tornado cada vez mais urbano, com 78% da população concentrada nas cidades. Suas cidades são amplamente reconhecidas como lugares adequados para se viver; Vancouver é constantemente classificada nos primeiros lugares entre as cidades mais desejáveis, e, ao lado de Calgary, Ottawa e Montreal, foi recentemente incluída entre as dez cidades do mundo com os melhores padrões de higiene.[23]

As principais cidades, encostadas, por razões climáticas, na fronteira com os Estados Unidos, conservam traços eloqüentes do passado colonial e, em certa medida, acolhem os modelos das cidades americanas vizinhas, mas, sobretudo, se confrontam com cenários naturais particularmente imponentes e sensacionais: os Grandes Lagos, o rio São Lourenço, as costas recortadas dos dois oceanos.

Os programas de transformação edilícia, diferentemente dos americanos, dão grande importância à proteção ambiental (sob esse aspecto, o Canadá é o quarto na

---

23. B. Carter e A. Lecuyer, *The Architectural Review*, n. 1292, Londres, outubro de 2004.

classificação mundial de 2002, enquanto os Estados Unidos estão em 45º lugar, e a Inglaterra, em 91º). Recentemente, a administração de Vancouver prescreveu que todos os edifícios públicos com uma área útil superior a cinco mil pés quadrados [465 metros quadrados] observem os padrões mais altos da classificação corrente.

Vancouver é hoje a cidade canadense mais admirada, pela magnificência do lugar — a costa do oceano Pacífico, circundada pelo panorama das montanhas nevadas —, pela qualidade da arquitetura e pelo planejamento urbanístico inteligente. É também uma cidade em rápido crescimento, que emula o dinamismo das metrópoles americanas. Em apenas cinco anos, de 1987 a 1992, a população cresceu 17%.

Fig. 616. Vancouver e sua paisagem circunstante vistas do satélite.

Fig. 617. O perfil do *downtown*, de acordo com as diretrizes da administração.

O centro comercial, que no passado ocupava uma pequena península, está se expandindo para os bairros vizinhos a sudoeste. Vista da água, sua imagem era caracterizada por um número limitado de balizas afastadas entre si, mas, a partir dos anos 90, assumiu gradualmente o aspecto de um volume compacto, formado pelo acúmulo de muitos edifícios de altura média com o topo aplainado. Os responsáveis pelo planejamento urbano se propõem a modificar esse *skyline*, promovendo a construção de alguns arranha-céus mais altos na parte mediana (fig. 617). Um desses, atualmente em construção, projetado pelo Bing Thom Architects, é o Georgia Tower, adjacente ao hotel de mesmo nome dos anos 20. Seus 52 andares,

Fig. 618. Vancouver: o Georgia Tower.

Fig. 619. O metrô de Vancouver.

que de baixo para o alto abrigam estacionamentos, quartos de hotel e residências, têm um envoltório recortado, que no topo se estreita com a finalidade de esvaecer gradualmente no céu.

A pequena cidade satélite de Richmond, no delta do rio Fraser, tem agora uma nova prefeitura, projetada pelo Hotson Bakker Architects, que compreende uma torre para os escritórios administrativos, a sala do conselho circular, transparente, e a Meeting House, uma longa galeria em madeira contornada por espaços públicos abertos e fechados que a ligam à paisagem.

O arquiteto canadense Arthur Erikson (1924-), autor dos melhores edifícios urbanos nas últimas décadas do século XX, ainda está ativo. Construiu recentemente em Vancouver, com Noel Best, o Lui Centre for Studies of Global Issues da Universidade da Colúmbia Britânica, em uma área de boscagem perto de Nitore Gardens; e, com os Nick Milkovich Architects, o Waterfall Building, um edifício para residências, escritórios e lojas caracterizados por invenções distributivas e paisagísticas originais. Mas sua obra mais significativa é o Museu do Vidro em Tacoma, perto dali, no estado americano de Washington, realizado juntamente com o escritório Thomas Cook Reed Reinvald. Essa intervenção — assim como o centro cívico de Vancouver, desenhado há 25 anos, que compreende a Corte de Justiça e os edifícios governamentais — está em pleno *downtown*, mas se livra de seu movimento por meio de um atento estudo dos níveis de circulação de pedestres. A desenvoltura volumétrica e a acentuação do dispositivo estrutural adquirem hoje um sabor comovente, retrospectivo, e aumentam o fascínio dessa elegante intervenção (fig. 620-622).

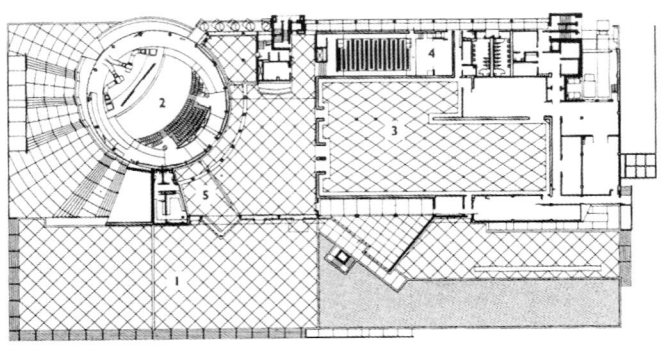

1. Praça
2. Grande cone
3. Galerias
4. Sala de conferências
5. Entrada

VII. As pátrias européias fora da Europa 357

Fig. 620-622. (nas duas páginas) O Museu do Vidro em Tacoma.

Em Montreal, depois das intervenções por ocasião dos Jogos Olímpicos de 1976, estão em curso outras transformações importantes, projetadas após o referendo de 1992 que, por poucos votos, evitou a separação do Quebec do Canadá. O Bairro Internacional (fig. 623), que ocupa sete quarteirões no velho centro, recostura o espaço aberto nos anos 60 pelas demolições realizadas para dar lugar à Ville-Marie Expressway e ao metrô mediante um conjunto de novas edificações, restauros, espaços públicos e infra-estruturas que levam em conta a herança histórica e as novas necessidades. Há uma praça antiga de caráter francês — Victoria Square —, redesenhada por Claude Cormier, que incorpora uma cópia da entrada parisiense do metrô criada por Hector Guimard, e uma nova praça, de desenho mais livre, batizada em homenagem ao artista local Jean Paul Riopelle (fig. 627 e 628). Na área dos três quarteirões seguintes foi realizado, em 2002, o Palácio dos Congressos, desenhado pelo consórcio Tétrault (Dubuc, Saia e Associados), que inclui o Convention Centre, de 1980, envolvendo-o em um alegre invólucro envidraçado. Entre as duas praças, surge a sede da Caixa de Depósitos e Investimentos do Quebec (CDP, projetada por outro grupo de arquitetos locais, Gauthier, Daoust Lestage Inc., Saia e outros), formada por um bloco de onze andares voltado para a praça Riopelle e por dois blocos de nove andares dispostos ao lado de outros dois preexistentes. Os cinco edifícios são unificados por uma espetacular galeria de passagem climatizada que abriga também o acesso ao metrô (fig. 624-626). Por causa das condições climáticas e dos costumes canadenses, esse tipo de espaço público coberto, que combina as características de espaços internos e externos, torna-se freqüentemente o núcleo principal da cena urbana.

Os ambientes públicos do Bairro Internacional são rematados com a sinalização, com as luzes, com os pontos de ônibus e os banquinhos desenhados por Michel Dallaire.

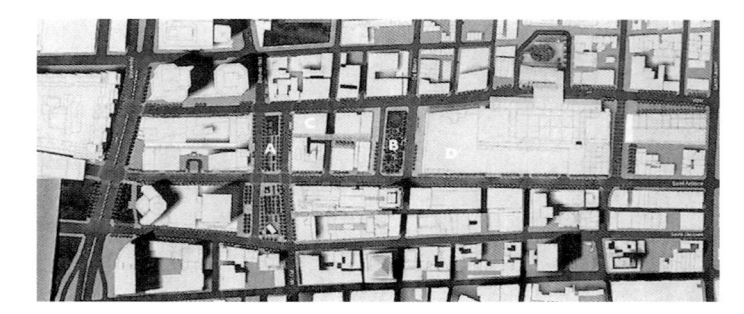

Fig. 623. O Bairro Internacional de Montreal.

Em 2002, a administração e a Société Immobilière du Québec promovem um concurso (com Bohigas e Toyo Ito no júri) para a realização de um centro cultural e administrativo de cem mil metros quadrados úteis perto da Place des Arts, onde já existem o Museu de Arte Contemporânea e os teatros mais importantes.

Fig. 624-626. A galeria de ligação entre as duas praças.

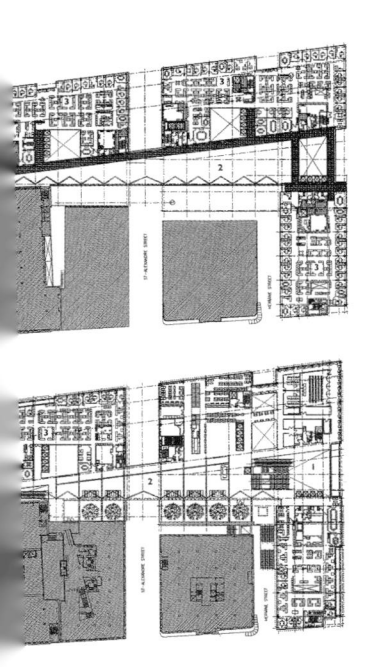

Fig. 627 e 628. As duas praças renovadas: Victoria Square e praça Riopelle.

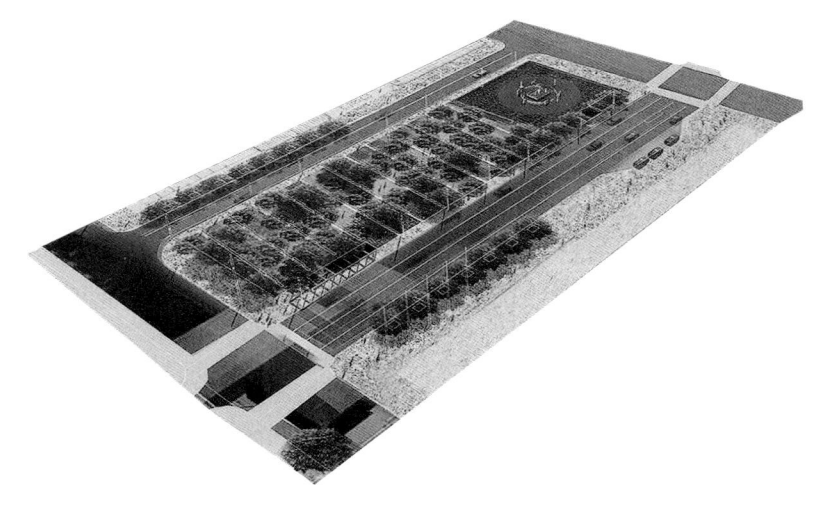

Em Toronto, que é o principal centro econômico, a renovação da construção civil começou antes. A cidade, que se expande sobre uma vasta planície ao norte do lago homônimo, alcançou uma população de 2,5 milhões de habitantes, e se prevê que chegará a sete milhões de habitantes em 2031.

O centro de negócios compreende um dos mais importantes complexos terciários de Mies van der Rohe — o Dominion Centre (1963-1969), que, com sua presença, unifica e torna aceitáveis os edifícios representativos das tendências em voga do pós-guerra até hoje, às quais se acrescentam aquelas atualmente em prática: o novo pavilhão da Art Gallery of Ontario, de Frank Gehry, e a ampliação do Royal Ontario Museum, de Daniel Libeskind, ambos em construção (fig. 629 e 630).

O principal recurso natural, a margem do lago com as ilhas, está escondido pela auto-estrada litorânea e pelos edifícios portuários desativados. A administração urbana prepara-se para reordenar essa área e inserir em sua faixa externa um aparato de parques e serviços culturais.

Fig. 629 e 630. Toronto: as obras dos dois arquitetos da moda, Gehry e Libeskind.

O resultado mais importante da arquitetura canadense não é, todavia, a renovação urbana, mas o sábio cultivo das imediações que formam a fronteira setentrional do continente americano, e a introdução ao consecutivo e vastíssimo espaço ártico.

Nas imediações de Montreal, os Botanical Gardens penetram em duas florestas protegidas, anteriormente territórios de duas populações aborígines, com as quais, em 1701, os franceses ajustaram um tratado de paz. Para lembrar esse acontecimento, foi recentemente construído o First Nations Garden Pavillon. Os projetistas Saucier+Perrotte Architectes e os paisagistas William Asselin Ackaoui et Associés escolheram guarnecer um caminho existente com um longo pórtico ondulado em metal, ao longo do qual se encontram as vitrines dos objetos e o estabelecimento comercial, enquanto os laboratórios e depósitos ficam no subsolo (fig. 631 e 632).

VII. As pátrias européias fora da Europa 361

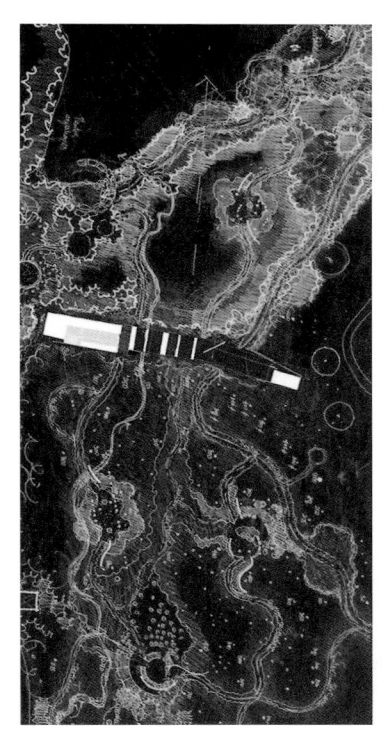

Fig. 631 e 632. (*acima*) O First Nations Garden Pavillon, perto de Montreal.

Fig. 633 e 634. (*à direita*) Gleneagles: o Community Centre.

Em Gleneagles, um subúrbio de Vancouver, um trecho de rua abandonado depois de uma correção de alinhamento ofereceu espaço para um Community Centre, cujos três níveis são reunidos sob uma grande cobertura de madeira (fig. 633 e 634). Os projetistas, os Patkau Architects, autores, nos anos 90, do Museu da Cerâmica e do Vidro em Waterloo (Ontário) e da escola elementar de Strawberry Vale (Colúmbia), venceram recentemente o concurso para a Grande Bibliotèque du Québec, que está sendo construída em Montreal.

Em Merritt, Colúmbia Britânica, o Nicola Valley Institute of Technology, projetado pelos Busby Associated Architects, está colocado numa floresta na margem norte da cidade (fig. 635-637). É uma das escolas canadenses especializadas em receber estudantes nativos e não nativos, observa desempenhos energéticos avançados e utiliza ao máximo a iluminação natural. As modificações do terreno para dar lugar a um edifício tão grande foram atentamente estudadas, e levaram a uma vasta reorganização da floresta, usando as mesmas espécies arbóreas.

Fig. 635-637.
Merritt, Nicola Valley Institute of Technology.

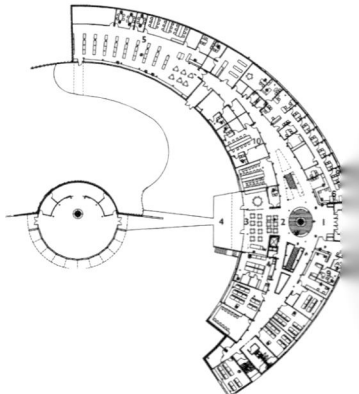

VII. As pátrias européias fora da Europa   363

O arquiteto Brian Mackay-Lyons cultiva um repertório arquitetônico adequado ao território da Nova Escócia, caracterizado por tipos e processos de construção tradicionais, simplificados e idealizados (fig. 638 e 639).

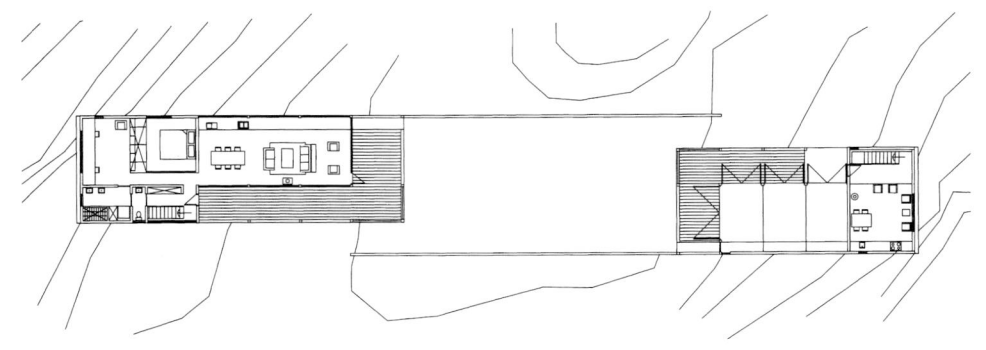

Fig. 638 e 639. Dois edifícios de Brian Mackay-Lyons, na Nova Escócia.

b) A Austrália

A Austrália forma um continente por si só, caracterizado pelo isolamento geográfico, pela população limitada e por uma pluralidade de zonas que são diferenciadas pelo clima, pela história, pela economia e pelas tradições, mas comunicantes pelos vínculos administrativos e culturais, que incluem o campo da arquitetura.

Bastará nesse contexto considerar a recente metamorfose de Sydney, que compreende os trabalhos para as Olimpíadas de 2000, mas se estende à cidade inteira, como em Barcelona em 1992, e ainda mais significativa, pela vastidão das mudanças territoriais, que adquirem uma importância mundial.

Fig. 640. Sydney e seus arredores vistos do satélite. A cidade é a mancha clara no alto, circundando a baía. Atrás, entre as duas margens montanhosas e cobertas por florestas (mais escuras), abre-se a grande planície (em cinza), coberta pelo *bush* australiano.

Fig. 641. A área de Homebush, no limite entre o aglomerado urbano e o *bush*, onde, em 2000, foi concentrada a maior parte das instalações olímpicas.

VII. As pátrias européias fora da Europa   365

Sydney não possui uma estrutura compacta e consolidada comparável a Barcelona; está a ponto de se transformar em uma conurbação articulada sobre um território vasto, e talvez o principal centro urbano de toda a Austrália.

A administração preferiu manter separadas a reurbanização do núcleo tradicional e a estratégia de desenvolvimento da área periférica e externa. Uma boa parte das novas instalações esportivas foi concentrada sobre uma única área: Homebush, no centro de uma ampla periferia existente. Essa concentração anômala de serviços de um único tipo pode tornar-se um foco urbano importante, distante do centro atual, na baía, e tomar o aspecto de um parque paisagístico multitemático, elevando o nível civil de uma parte importante da futura cidade.

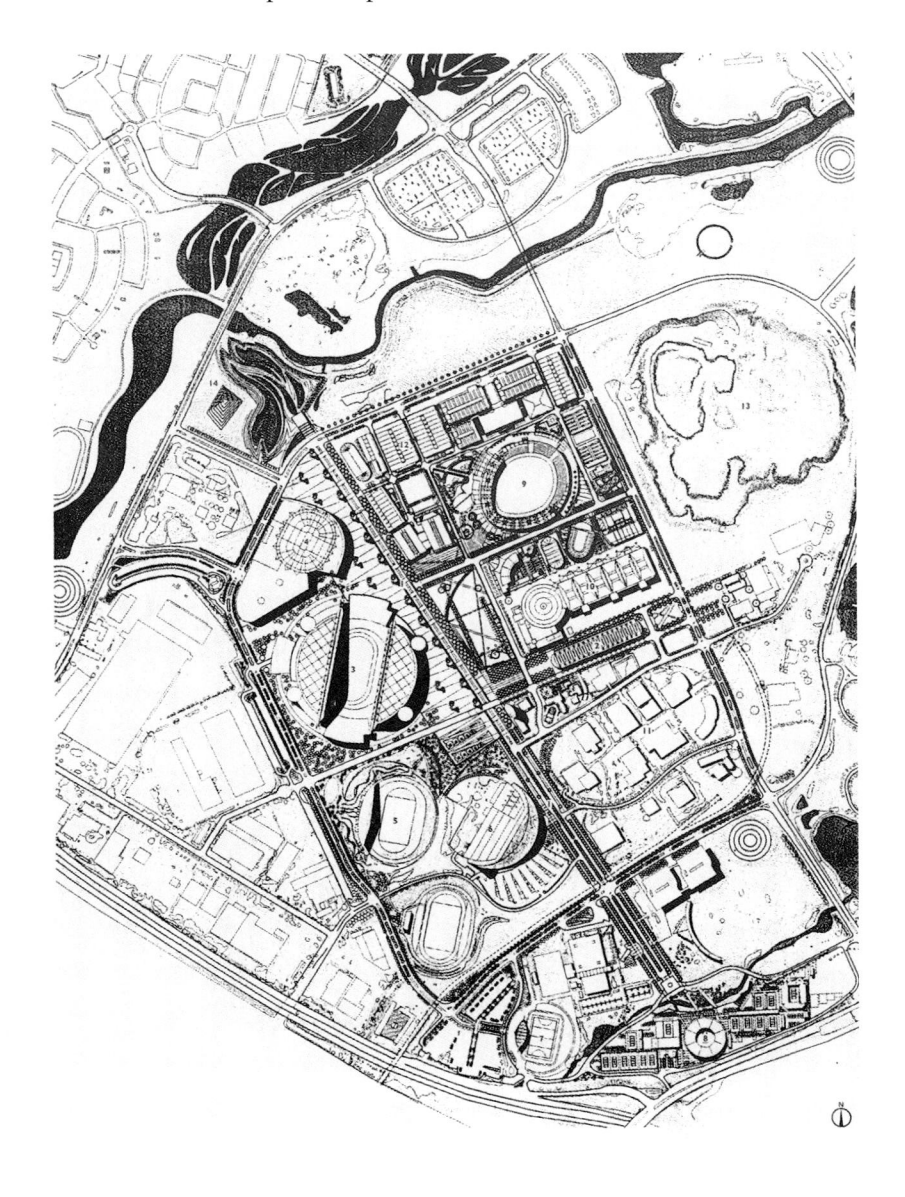

O estádio projetado por Hok e Lobb é um edifício complexo, de planta circular. Compreende dois semicírculos contrapostos, com três andares, cobertos por um teto de policarbonato, que abrigam trinta mil espectadores cada um, e, no vão entre os semicírculos, duas arquibancadas descobertas para 25 mil espectadores cada, a serem redimensionadas após as Olimpíadas, reduzindo a capacidade total de 110 mil espectadores para a cifra mais plausível de oitenta mil (essa complicada impostação é apenas parcialmente corrigida pela engenhosidade distributiva e pela tecnologia avançada: uma série de galerias circulares, servidas por quatro torres redondas em escada, liga confortavelmente todos os setores e os serviços relacionados; a ventilação natural das áreas cobertas é otimizada, para reduzir o consumo energético e as emissões de gás).

VII. As pátrias européias fora da Europa 367

Fig. 642. (à esquerda) As instalações principais: o estádio, o campo de beisebol, o Superdome.

Fig. 643 e 644. (acima e à direita) O interior e uma seção do estádio.

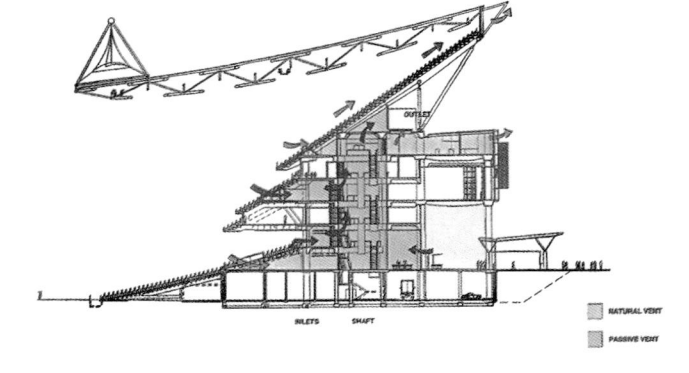

As instalações de Homebush são ligadas entre si por uma longa avenida transversal arborizada que, na extremidade norte, encontra uma fonte paisagística e, na extremidade sul, o cone invertido do estádio de tênis (desenhado pelo projetista de todo o complexo, Lawrence Nield), que pertence ao New South Wales Tennis Centre, o epicentro do esporte mais popular do lugar. A ampla arquibancada circular, muitíssimo simples, é protegida por uma elegante cobertura.

Dos dois lados da avenida estão colocados, além do estádio, as instalações de beisebol, de hóquei, dos esportes aquáticos, os campos de treinamento, e também o Sydney Superdome (um grande espaço coberto polivalente), numerosas salas de exposição e um recinto para os animais. Em uma transversal da avenida fica a estação de metrô, que é o único meio de acesso coletivo; não são previstos estacionamentos, para preservar a qualidade pedestre do "parque".

Outras instalações esportivas estão mais distantes, e vão enriquecer os amplos parques regionais a oeste da cidade. A 44 quilômetros, aos pés das Blue Mountains, são criados, a partir de uma série de cursos d'água, os setores para a canoagem e o percurso de corredeiras para as canoas. No *bush* natural ou recuperado, no interior do território, noventa hectares são equipados para o centro eqüestre, que compreende um amplo local coberto para os exercícios de equitação, treze quilômetros de pistas e um centro dedicado à herança dos aborígines. Nessas localidades, as infra-estruturas construídas tornam-se simples e essenciais, para perturbar o mínimo possível a solene paisagem natural (fig. 645 e 646).

A unilateralidade da destinação ao esporte, que nesse país "parece uma espécie de religião"[24], torna-se o pretexto para um importante e ambicioso empreendimento: criar antecipadamente uma estrutura de espaços verdes para a futura expansão da cidade. O próprio complexo esportivo de Homebush faz parte de uma área muito maior, o Millenium Park, que é a primeira etapa desse processo planejado.

Fig. 645. A instalação pa canoagem, aos pés das Mountains.

Fig. 646. A instalação pa competições de *canoing* e *ting*, na extremidade sul d terior.

---

24. *The Architectural Review*, n. 1244, Londres, outubro de 2000, p. 50.

VII. As pátrias européias fora da Europa   369

Em escala urbana, uma realização contemporânea significativa é o Sydney Hinge, projetado por Lawrence Nield e pela arquiteta paisagista Elizabeth Mossop. É um novo parque urbano, o primeiro dos últimos cem anos, que unifica as ocorrências verdes existentes na península escolhida para o primeiro assentamento: os Royal Botanic Gardens, atrás da Opera House, o Domain (o local da primeira feitoria fundada no continente), o Cook and Phillip Park, a Beaux-Arts Avenue, na crista do promontório, até os monumentos oitocentistas, a catedral católica e o Museu Australiano. Ao longo da última parte do itinerário, encostado nas avenidas urbanas, foi realizado um complexo esportivo com quadras e piscinas. A água está presente em dois níveis: na superfície encontram-se duas fontes decorativas e, em uma cavidade subjacente, duas piscinas, para adultos e crianças (fig. 647).

Ao longo da Sydney Cove, a localidade The Rocks será animada pela construção do Moving Image Centre. O projeto de Francis-Jones Morehen Thorp compreende uma praça para pedestres percorrida por barbatanas de metal e vidro, que levam ar refrigerado a duas salas de cinema acima. A cobertura abriga outras duas salas ao ar livre.

Enquanto isso, Sydney se enriquece com novas e importantes arquiteturas privadas. Juntamente com o arranha-céu de Renzo Piano, já mencionado, lembramos dois notáveis edifícios altos de Harry Seidler (1923-), o arquiteto vienense que se transferiu para a Austrália em 1948: o Capita Centre, de 1991, e os Horizon Apartments, de 2001, que inovam as tipologias difundidas pelo mundo adaptando-as ao clima subtropical do lugar (fig. 649-651). As intervenções da administração pública tendem, em vez disso, a formar nada menos que uma nova cidade reconciliada com o território, que pode se tornar a mais importante da Austrália, não apenas pelo crescimento, mas também por sua nova qualidade.

Fig. 647. O novo parque urbano no centro de Sydney.

Fig. 648. A maquete da instalação cinematográfica Moving Image Centre.

Fig. 649-651. Três imagens dos Horizon Apartments, em Sydney.

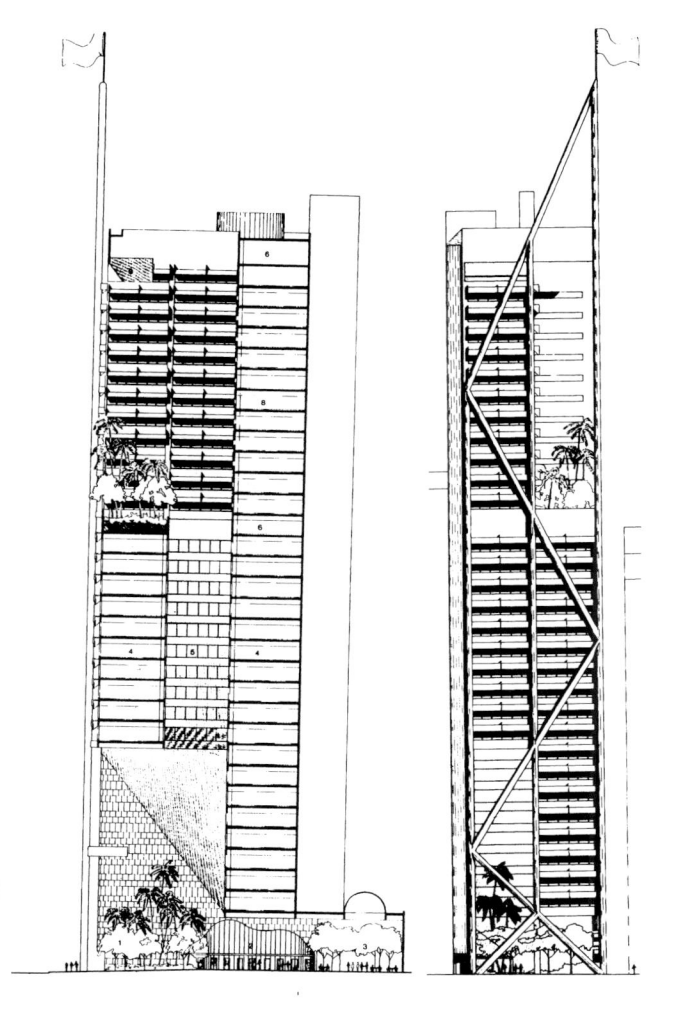

Fig. 652-660. O Capita Centre, em Sydney. Perspectivas, plantas e uma imagem da galeria descoberta no térreo.

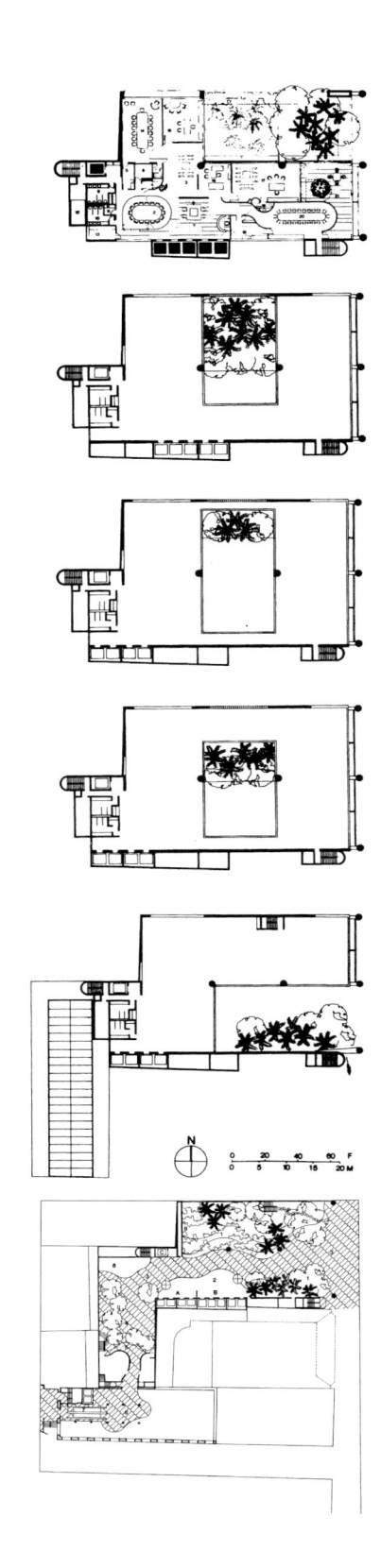

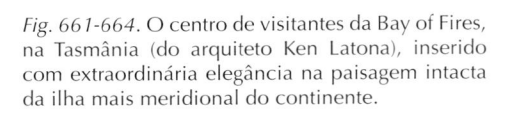

Fig. 661-664. O centro de visitantes da Bay of Fires, na Tasmânia (do arquiteto Ken Latona), inserido com extraordinária elegância na paisagem intacta da ilha mais meridional do continente.

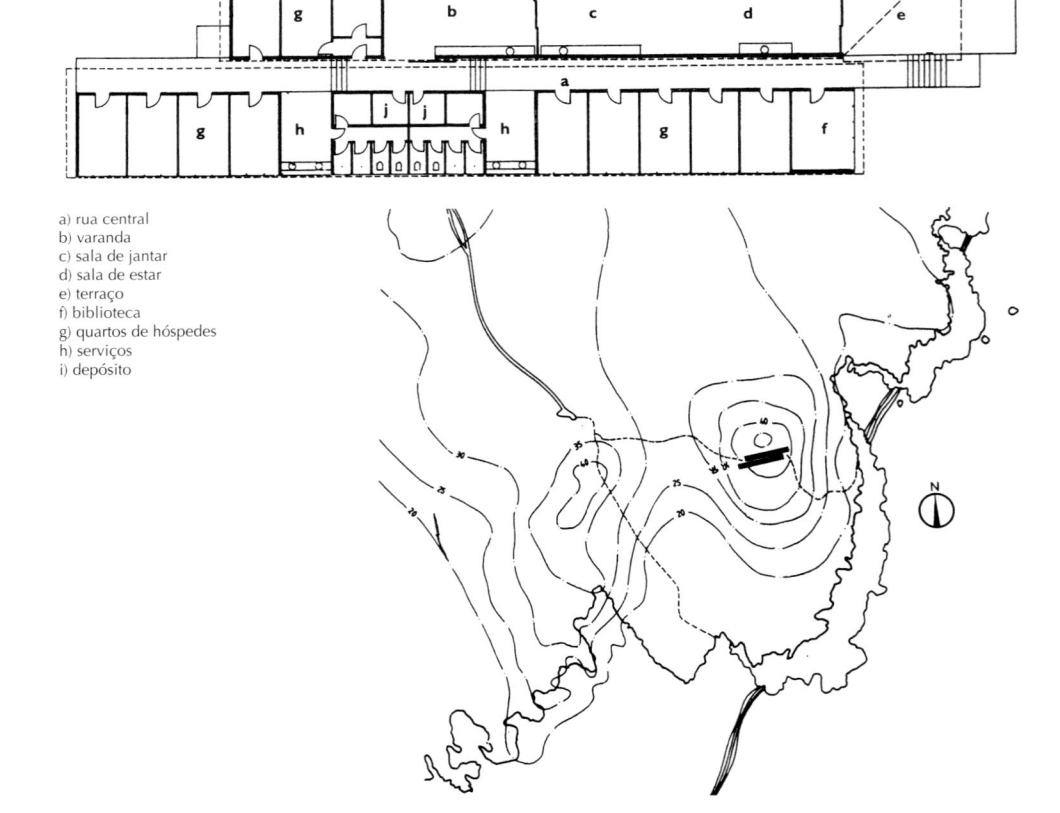

a) rua central
b) varanda
c) sala de jantar
d) sala de estar
e) terraço
f) biblioteca
g) quartos de hóspedes
h) serviços
i) depósito

Capítulo VIII   O Japão

No mundo contemporâneo, o Império do Sol Nascente é um enclave especial, distinto do contexto asiático, porque a modernização iniciou-se há mais de um século e meio e por causa de sua posição hodierna de segunda potência econômica mundial. Em uma superfície restrita, o Japão conserva uma gama completa de climas e características, de nórdicas a tropicais, que fazem dele um espaço geográfico autônomo, unificado por uma rede de infra-estruturas e vias de comunicação entre as mais modernas do mundo.

Essas circunstâncias lhe dão um destaque especial também em nosso campo. A trajetória da arquitetura moderna japonesa tem uma parte relevante no contexto mundial. Até a Segunda Guerra Mundial, a continuidade da cultura arquitetônica tradicional e a imitação dos modelos europeus coexistiam como experiências distintas. A lição do movimento moderno, e em particular o ensino de Le Corbusier (levado à pátria por dois jovens que trabalharam com ele em Paris entre 1929 e 1936, Junzo Sakakura e Kunio Maekawa), rompe esse eclético dualismo e, no pós-guerra, permite a uma nova geração de arquitetos, capitaneados por Kenzo Tange (1913-), inserir-se entre os protagonistas da nova arquitetura mundial.

Na seqüência, o próprio Tange, Kisho Kurokawa (1934-2007) e outros que dirigem escritórios demasiadamente numerosos não mantêm esse papel. Emergem, ao contrário, os titulares de escritórios menores, que manifestam uma destacada vivacidade intelectual: Fumihiko Maki (1928-) e Arata Isozaki (1931-).

FUMIHIKO MAKI formou-se durante uma longa permanência nos Estados Unidos. Ao voltar à pátria, mantém uma linha equilibrada justamente enquanto acontece o confronto entre as tendências estilísticas internacionais. Sua coerência o conduz ao sucesso profissional no Japão nos anos 70, mas o reconhecimento internacional tarda até os anos 90 (o prêmio Pritzker é de 1993).

Sua habitual sensibilidade aos ambientes urbanos coloca-o em sintonia com a renovação mundial do fim do século e lhe oferece recentemente uma oportunidade clamorosa. De fato, vence, em 2004, juntamente com Skidmore, Owings e Merrill, o concurso para a ampliação do quartel general das Nações Unidas em Nova Iorque, que será realizado de 2005 a 2008 (outros concorrentes, de total respeito, eram

Foster e Roche). O novo edifício, destinado aos funcionários, ocupará um campo de jogos contíguo, de cinco mil metros quadrados. Para compensar, a ONU se empenha para realizar um passeio público de dez mil metros quadrados ao longo do East River. Maki exprime sua admiração pela silhueta do edifício original criado por Le Corbusier ("sua lâmina sutil é algo realmente único") e declara: "A ONU pediu que respeitássemos a sede existente e que não pensássemos em uma ampliação agressiva demais e autônoma, mas antes amigável e pacata."[1]

ARATA ISOZAKI passou por muitas experiências heterogêneas, que, somando-se entre si, fizeram com que ele se tornasse um dos mais ativos protagonistas da arquitetura mundial. No pós-guerra, fez parte do grupo Metabolism, com Kiyonori Kikutake e Kurokawa, e colaborou com Kenzo Tange no plano de 1960 para o desenvolvimento de Tóquio sobre as águas da baía. Em 1970, Isozaki apresentou na Exposição Internacional de Osaka seus robôs autopropulsionados; em 1980, na Bienal de Veneza, participou com os mais famosos pós-modernistas da iniciativa da "strada nuovissima"[2] criada por Paolo Portoghesi; suas obras daqueles anos, sofisticadas e muitíssimo vivazes — a biblioteca e o Museu de Arte de Kitakyushu, em Fukuoka (1972-1974) e o centro cívico de Tsukuba (1978) —, tiveram grande ressonância no debate internacional.

Nos anos 80, Isozaki mantém um pequeno escritório com não mais que vinte colaboradores, e tutela assim uma autonomia fora do comum. Emprega sua fantasia combinatória na invenção de organismos edificados adaptados aos lugares, de modo não diverso daquele dos melhores arquitetos europeus, como Rogers, Piano e Nouvel, e compete com eles em termos de maturidade e segurança de escolhas.

De 1985 a 1986, amplia o Museu de Arte de Kitakyushu com um novo corpo de construção, fechado em um volume mais simples, mas reconhecidamente variado no seu interior (fig. 665).

Entre 1987 e 1988 constrói o Museu Ark, sede descentralizada do Museu Hara de Tóquio, em uma remota localidade serrana: um simples organismo simétrico, construído em madeira e caracterizado pelas coberturas inclinadas dos tetos que marcam a hierarquia entre os locais grandes e pequenos. A madeira é tratada de acordo com as tecnologias modernas, para conseguir um fundo neutro para os antigos objetos em madeira expostos. As paredes verticais não têm janelas, e a luz desce das clarabóias dos tetos. Esse modesto artefato, justamente por sua sobriedade, se sai muito bem na comparação com a vasta paisagem montanhosa (fig. 666).

---

1. *Il Giornale dell'Architettura*, n. 17, Turim, abril de 2004, p. 14.

2. A "strada nuovissima" aberta por Paolo Portoghese foi uma espécie de consagração internacional do pós-modernismo, consagração facilitada pela primeira bienal internacional acontecida em Veneza, cujo tema foi a "presença do passado", com destaque para a reconsideração da continuidade histórica em arquitetura. [N.T.]

VIII. O Japão

Fig. 665-667. Três obras de Isozaki dos anos 80: a ampliação do Museu de Arte de Kitakyushu, o Museu Ark e o auditório no monte Tateyama.

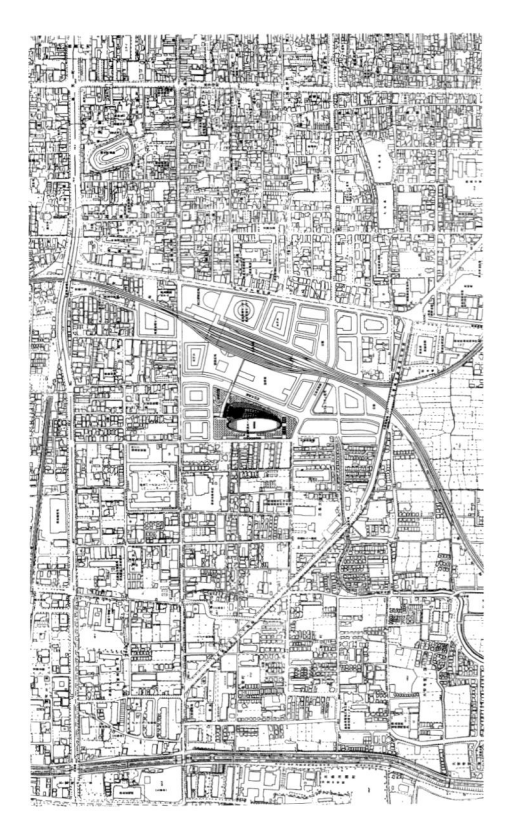

Fig. 668-670. O Palácio dos Congressos, em Nara.

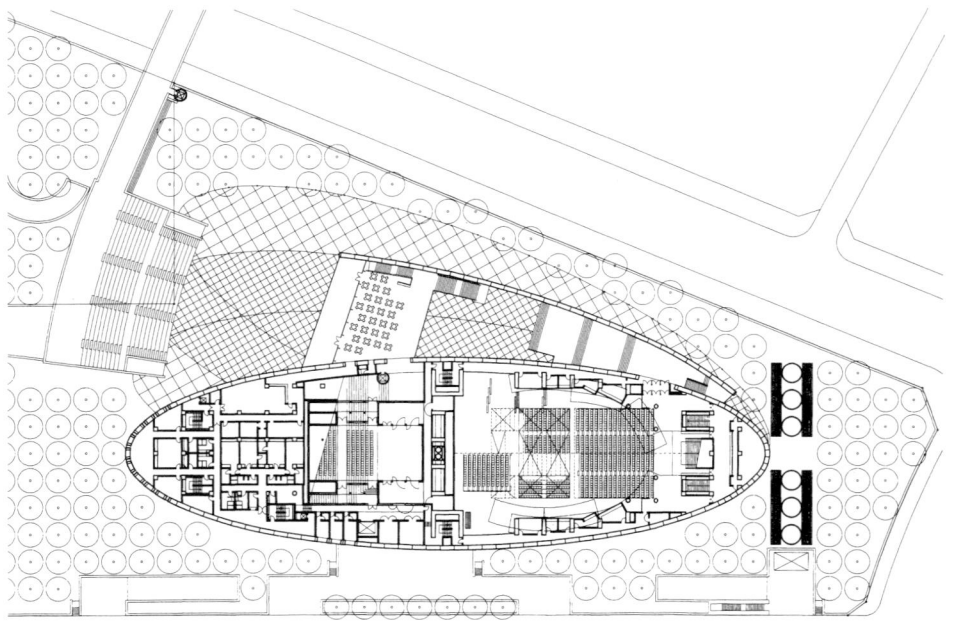

VIII. O Japão 377

Entre 1989 e 1991, Isozaki executa no monte Tateyama um grande auditório conectado ao santuário budista Ashikuradera, coberto por um grande telhado em madeira em forma de casco de navio que o distingue no bosque fechado (fig. 667).

Após 1989, Isozaki participa da projetação da cidade-jardim científica de Harima, que desde 1998 abriga um grande reator nuclear. Dentro do parque urbano, ele projeta, em 1992, um outro auditório, encerrado em um volume simétrico e inserido em uma elevação. A partir de 1991, executa um grande auditório em Kyoto, baseado na interpenetração de um volume paralelepipedal e outro cilíndrico, e de 1992 a 1998, o Palácio dos Congressos de Nara, impecavelmente composto em um invólucro ovóide. As difíceis ambientações desses grandes sólidos nos cenários desintegrados das duas cidades são auxiliadas pelos corpos secundários livremente recortados (fig. 668-670).

O desafio ambiental se complica nos trabalhos no exterior, que marcam a evolução recente de sua experiência. O Museu de Arte Contemporânea em Los Angeles (1981-1986; fig. 671 e 672) é uma paisagem vivaz de volumes diversos e multicoloridos, e convive sem dificuldade com as construções heterogêneas da imensa cidade.

Os escritórios Disney, inseridos no parque recreativo de Orlando, Flórida (11.300 hectares), cobrem, por sua vez, quase quatro hectares, circundados por um lago artificial e por imensos estacionamentos. Isozaki escolhe um volume uniforme animado por uma articulação central composta por volumes interpenetrados em cores vivas (fig. 673).

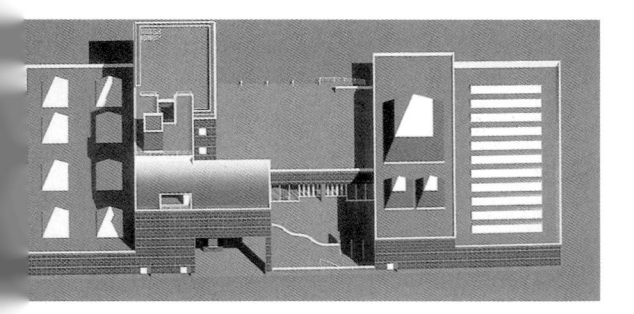

Fig. 671 e 672. O Museu de Arte Contemporânea, em Los Angeles.

Fig. 673. Os escritórios Disney, em Orlando.

Em Barcelona, para as Olimpíadas de 1992, Isozaki executa o Palácio do Esporte, que possui uma forma simétrica forçada pela estrutura de Kawaguchi pré-fabricada no terreno. O imenso volume, com uma base de 100 x 130 metros e uma altura de quarenta metros, está ligado ao terreno de Montjuic por meio de corpos secundários e de hábeis acabamentos perimetrais (fig. 674 e 675).

O Museu de La Coruña (projetado em 1991; fig. 676 e 677) ocupa acrobaticamente um local singular, uma faixa de terreno entre o perímetro urbano e o mar. O edifício é limitado, na direção do mar, por uma parede curva e inclinada — quase um fragmento dos muitos invólucros conectados já construídos em outros lugares — e, em direção à cidade, por uma parede vertical recortada, que afasta as desordenadas construções adjacentes.

O projeto de 1993 para o Museu de Arte Moderna de Munique vai buscar o árduo confronto com a Alte Pinakothek e com outros monumentos do bairro neoclássico. No lote quadrado, o perímetro circular cria oportunos espaços verdes de destaque, e as volumetrias internas ao círculo compõem um cenário alongado, de altura limitada (fig. 678 e 679).

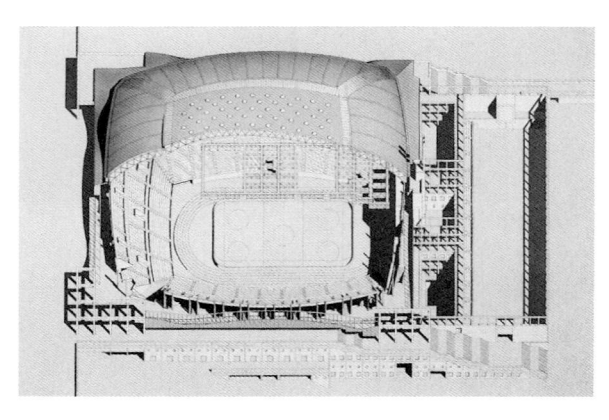

Fig. 674 e 675. (acima) O Palácio do Esporte de Barcelona.

Fig. 676 e 677. (à direita) O Museu de La Coruña.

VIII. O Japão 379

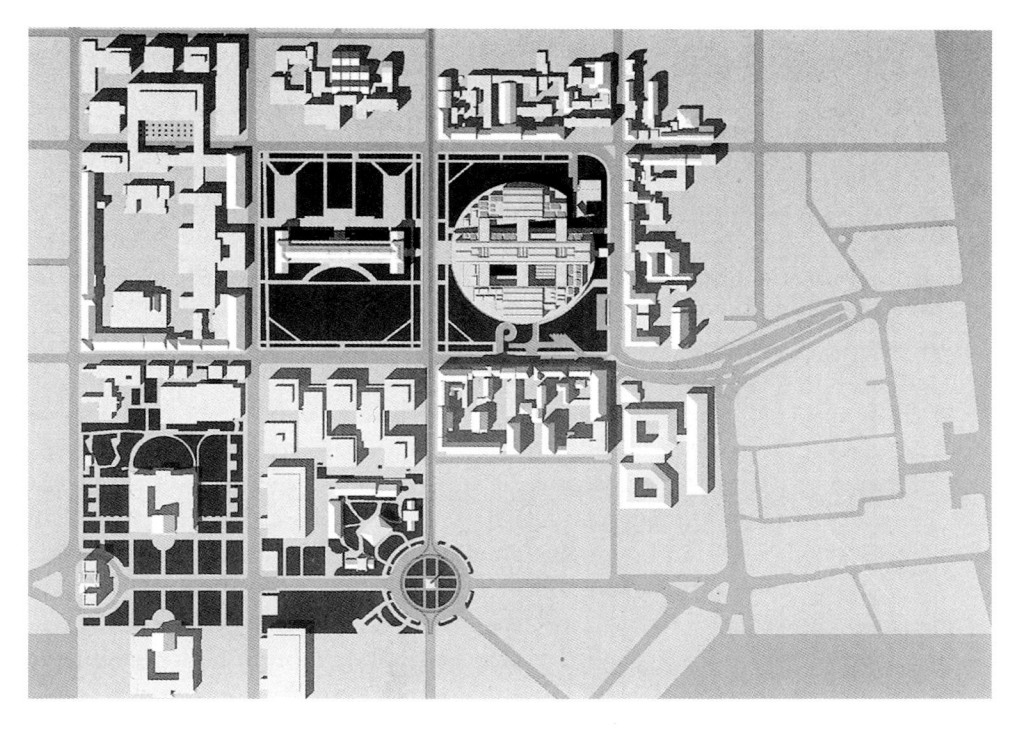

Fig. 678 e 679. O projeto para o Museu de Arte Moderna de Munique.

Depois, há os projetos na Itália: em Florença, a vitória no concurso de 1999 para a porta de saída posterior dos Nuovi Uffizi; em Turim, a encomenda para o Palácio do Hóquei sobre Gelo, construído para as Olimpíadas de inverno de 2006, que funcionará depois como grande sala polivalente para exposições, concertos e espetáculos.

Isozaki demonstra uma sabedoria que se mostra raríssima ao interpretar os contextos também em campo europeu, e a demonstração mais extraordinária desse dom vem do projeto de Florença, que está em um cenário dificílimo, em pleno centro medieval, onde uma alteração recente criou, há cinqüenta anos, um cenário incompleto. É o vazio atrás do edifício dos Uffizi, de Vasari, produzido pela demolição de dois pequenos quarteirões — um trecho da cortina edilícia a oeste da via de' Castellani e um núcleo isolado adjacente à encruzilhada formada pela via de' Castellani, via della Ninna, via dei Leoni e via dei Neri. Todos os edifícios circunstantes, à exceção de um, pertencem à antiga forma urbana. Sua reconstituição é impossível porque fronteiam a extremidade moderna entre a via de' Castellani e a via del Castello d'Altafonte, que incorpora a Loggia dei Grani. Para esse espaço, a função apropriada é justamente o novo acesso ao corpo de construção vasariano, hoje inteiramente ocupado pelo museu, visível, do fundo, até o chão. O volume original, necessário à leitura do contexto, é evocado por um telhado perfeitamente horizontal, ligeiramente suspenso sobre os telhados dos edifícios antigos, que cobre exatamente o vazio e o transforma em um interior, como acontece nas antigas galerias florentinas. A forma trapezoidal sugere um feixe de nervuras divergentes que deixam passar a luz. Para sustentá-la, bastam duas pilastras delgadas e muito distantes, totalmente heterogêneas em relação aos severos volumes circunstantes. Para as estruturas acrescentadas, reduzidas ao mínimo, como se vê na seção, o projeto prevê uma estrutura metálica revestida em *pietra serena*[3], talvez para abrandar os comitentes locais. A coexistência com o contexto antigo é obtida por contraste, como no átrio do Louvre, de Pei, e no edifício de Foster adjacente à Maison Carrée, de Nîmes. Os elementos acrescidos e o cenário tradicional, incomparáveis entre si, não se perturbam mutuamente e são ligados pela complementaridade na recomposição do tecido antigo (fig. 680-682).

A sutileza provada por Isozaki pressupõe a bem conhecida sofisticação da história artística japonesa, mantida viva no Japão moderno inclusive porque as antigas arquiteturas em madeira e os antigos jardins exigem uma contínua e extraordinária manutenção, para a qual existem escolas adequadas e adequados aparatos executivos. Melhor do que todos, ele conseguiu isolar o núcleo intelectual dessa herança, e consegue aplicá-la em um contexto diverso, como o severo e pedregoso cenário florentino. Enquanto escrevo, a execução do projeto de Isozaki está suspensa, e poderá ser bloqueada pelas objeções de funcionários e peritos.

---

3. Pedra italiana muito presente na arquitetura toscana medieval e renascentista. Dependendo das características de sua granulação, podia ser empregada ainda na pavimentação de ruas e na escultura. [N.T.]

VIII. O Japão   381

Fig. 680-682. O projeto para a entrada posterior dos Uffizi, em Florença.

Como para os mestres europeus do capítulo III, a maturidade criativa de Isozaki, que está com 75 anos [em 2006], baseia-se numa reflexão pessoal sobre a longa vicissitude da segunda metade do século XX. Essa vicissitude, vista hoje com o recuo do tempo, parece uma hibridação feliz entre a tradição antiga jamais interrompida e as repetidas contribuições provenientes do Ocidente: o interesse exótico unilateral de uma parte dos artistas ocidentais, de Wright a Taut, a colaboração efetiva iniciada por Le Corbusier, a reorganização civil e cultural depois da rendição do Japão em 1945. Essa complexa vicissitude foi reelaborada com proveito por alguns dos protagonistas — Maekawa, Isozaki, Maki —, idosos o suficiente para tê-la vivido pessoalmente.

Ao contrário, os arquitetos da geração seguinte, excluídos por motivos de idade, estão em busca de novas experiências e se movem com muita cautela. Da herança antiga escolhem, por agora, os ensinamentos opostos à coragem dos inovadores europeus, ou seja, a autolimitação e a voluntária restrição do campo de trabalho, e aproximam-se muito lentamente da gama das tarefas modernas.

Os que já deram medida de suas capacidades, e poderiam ampliá-las, são Tadao Ando e Toyo Ito, ambos nascidos em 1941. Os que estão descobrindo, a partir da abordagem técnica, oportunidades inéditas, em um campo ainda limitado, são Shigeru Ban (1957-) e Shuhei Endo (1960-).

Tadao Ando é um autodidata desprovido de educação acadêmica e capaz de construir para si uma cultura pessoal, obtida em igual medida pela tradição japonesa e pelas viagens empreendidas para o estudo retrospectivo dos grandes mestres europeus: Le Corbusier, Aalto, Mies van der Rohe. Impôs-se uma severa limitação de temas projetuais para alcançar um alto grau de controle dos artefatos, que emula a relação dos artistas com as suas obras executadas manualmente, mas não chega à escultura, como acontece freqüentemente na Europa, atendo-se rigorosamente ao manejo dos elementos arquitetônicos (sobretudo, no início, do concreto bem liso).

Tadao Ando abre seu escritório em Osaka em 1969, e torna-se conhecido por algumas casas cuidadosamente projetadas em Somiyoshi (1975), em Osaka (1981) e em Kobe (1983). Em seguida, realiza a igreja sobre a água de Hokkaido (1988) e uma série de outros pequenos edifícios públicos de especial importância cultural: museus, bibliotecas e salas para usos diversos.

O Museu Funerário de Kamoto, Kumamoto (1990-1992), completa a infra-estrutura de uma importante zona arqueológica, que compreende uma grande tumba em forma de buraco de fechadura e oito túmulos menores. Ando coloca o museu a certa distância do complexo arqueológico e o estacionamento ainda mais longe, de modo que os visitantes percorram antes, a pé, um denso bosque. O edifício do museu inclui um pátio circular embutido no terreno, e é marcado por duas torres que enquadram uma grande escadaria (fig. 683).

VIII. O Japão 383

Fig. 683. Uma vista tomada do alto do Museu Funerário de Kamoto. Em primeiro plano, as antigas tumbas do período Kofun.

O Museu de Arte Contemporânea em Naoshima, Kagawa (1990-1992), está sobre um promontório à beira-mar. A galeria de exposição principal e a galeria do anexo elíptico, construído mais tarde, estão abaixo do nível do terreno, e deixam à vista o jogo dos outros corpos de construção — o hotel, os terraços e a cafeteria — sobre o terreno íngreme diante do mar (fig. 684).

A medida e a impecável ambientação dessas duas obras são admiradas pelo mundo, e lhe granjeiam as primeiras encomendas no exterior: a galeria para os biombos e cerâmicas japoneses no Art Institute of Chicago, Illinois (1991-1992); o pavilhão japonês na Expo 1992 de Sevilha.

Seguem-se em seu país outros museus: o museu histórico em Minamikawachi, Osaka, dedicado à cultura Kofun daquela região (1991-1994); o Museu Suntory em Osaka (Museu da Água), na beira do mar (1992-1994; fig. 685); o Museu da Madeira, em Mikata, Hyogo (1993-1994; fig. 686); o Museu Nariwa, em Kawakami, Okayama, que celebra a cultura daquela região, caracterizada pelo trabalho com o cobre (1993-1994; fig. 687-689); o museu das obras do pintor Hiroki Oda, iluminado exclusivamente por luz natural (1997-1998); o Museu Sayamaike em Osakasayama, que incorpora uma instalação hidráulica medieval do período Kamakura (1997-2001). A biblioteca cívica de Toyosaka (1997-200) também emprega um modelo compositivo utilizado outras vezes, a associação de um volume cilíndrico e um paralelepípedo quadrado, iluminados do alto. Todas essas obras têm um desenho elaborado, reduzido a dimensões modestas, que talvez evoque a tradição local do bonsai, e é repetido em alguns trabalhos no exterior (o edifício para a Pulitzer Foundation, em Saint Louis, 1997-2001).

VIII. O Japão   385

4. (à esquerda) O Museu de Arte Contemâ, em Naoshima.

5-689. O Museu Suntory, em Osaka, o da Madeira, em Mikata, e três imagens do Nariwa, em Kawakami.

Em 1992, Ando inicia a projetação da complexa intervenção para a Benetton em Catena di Villorba, executada em etapas até 2000. Aqui ele inclui com discrição uma série de edifícios antigos — a *villa*, a igreja, os feneiros —, colocando boa parte dos novos volumes no subterrâneo (fig. 690-692).

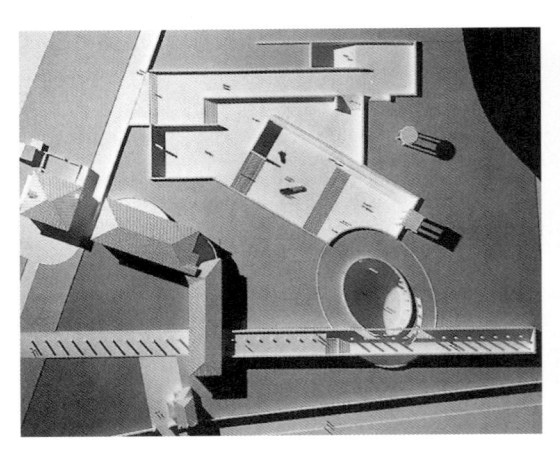

Fig. 690-692. O complexo executado para a Benetton em Catena di Villorba.

Uma encomenda de maior escala chega após o terremoto de 1995. Em Kobe, Ando decide reconstruir o *waterfront* da cidade, ocupando a área desativada de uma indústria siderúrgica. A Municipalidade encomenda a Tadao Ando um grande parque à beira-mar, e a Prefeitura encomenda um enésimo museu de arte, dessa vez em um contexto plenamente urbano (1997-2001; fig. 693).

VIII. O Japão

387

Fig. 693. A reurbanização da orla marítima de Kobe, com o novo museu de arte.

O Museu de Arte Moderna de Fort Worth (1999-2002) está colocado no centro de um grande parque, de frente para o Museu de Arte Kimbell, de Louis Kahn. Os cinco corpos edificados destinados às exposições e aos escritórios são unificados por uma estrutura em cimento armado que aflora de um tanque artificial e recebe, pela reflexão na água, um excesso de evidência (fig. 694).

Fig. 694. O Museu de Arte Moderna de Fort Worth.

Na recente atividade de Tadao Ando tem particular destaque a reconstrução do templo budista Komyo-ji, em Saiko. O templo precedente, do século XVIII, devia ser refeito. O clero, que pertence à seita moderna Pure Land, aceitou que fosse projetado em formas novas. Ando escolheu uma estrutura de traves de madeira encostadas, permeável à luz, distribuída de modo que se parecesse com a tipologia histórica, e articulada na cobertura com refinadas alusões às formas antigas. O cenário ao redor é o mesmo de antes, ou seja, o recinto povoado por antigos pavilhões secundários. Nele, o novo edifício central, que adquire uma nova espacialidade interna, pela amplidão do intervalo entre as paredes e o oratório central, apresenta-se com simplicidade, como um tipo de organismo autônomo (fig. 695-697).

A "regeneração" da Biblioteca Nacional do Parlamento, em Ueno, de 1906, é obtida com a inserção de alguns novos corpos de construção envidraçados, apoiados no chão ou suspensos, que deliberadamente se contrapõem à austera edificação de cem anos antes, equipando-a de modo moderno (fig. 698 e 699).

VIII. O Japão

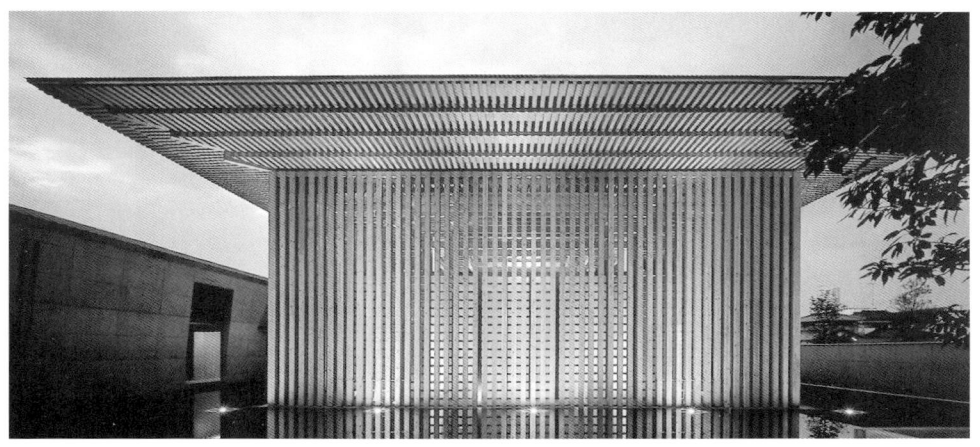

Fig. 695-697. A reconstrução do templo budista Komyo-ji, em Saiko.

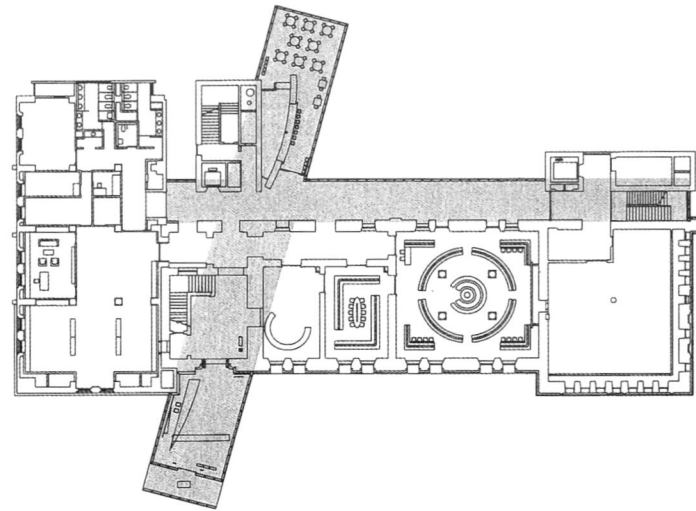

Fig. 698 e 699. A reforma da Biblioteca Nacional do Parlamento, em Ueno, Tóquio.

VIII. O Japão

Toyo Ito, depois dos estudos na Universidade de Tóquio, desenvolve um trabalho de colaboração no escritório de Kiyonori Kikutake, um membro do grupo Metabolism dos anos 60, e somente em 1971 abre um escritório pessoal, chamado Urban Robot e, desde 1979, Toyo Ito & Associated. Torna-se conhecido com a singular Torre dos Ventos em Yokohama (1986) e uma série de edifícios públicos para a cidade de Yatsushiro, na ilha de Kyushu: um museu municipal (1989-1995), uma casa para idosos (1992-1997) e um quartel de bombeiros (1992-1995). No fim do século, algumas obras de grande liberdade estabelecem sua fama: o Odate Jukai Dome Park (1995-1997); o Nagaoka Lyric Hall (1995-1997); o centro cívico com teatro e biblioteca, em Taisha (1995-1999; fig. 700, 701 e 702).

Fig. 700. O Odate Jukai Dome Park.

Fig. 701 e 702. O Nagaoka Lyric Hall e o centro cívico de Taisha.

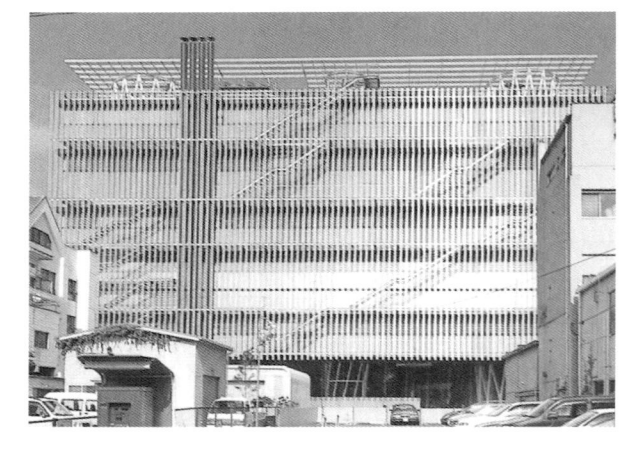

Fig. 703-705. A Mediateca de Sendai. Os grandes ambientes do corpo leste, vistos do interior e do exterior, e a fachada oeste.

A Mediateca de Sendai (resultado de um concurso vencido em 1995, com um júri presidido por Isozaki) apresenta-se em 2000, com a execução já realizada, como um bloco urbano de sete andares, sustentados por treze colunas formadas por feixes de tubos metálicos dobrados de modo variado (fig. 703-705). A vedação em vidro da fachada principal torna o interior completamente visível de fora, sobretudo com a luz artificial. Na *Architectural Review*, que comenta o edifício em 2001, narram-se as dificuldades derivadas dos regulamentos anti-sísmicos japoneses e do acúmulo insólito dos objetos a serem protegidos. Com a ajuda de seus consultores para as estruturas (Sasaki Structural Consultants), para as instalações (Sogo Consultants, ES Associated, Othaki E & M) e para a iluminação (Lighting Planners Associated), Ito resolve pacientemente os problemas executivos, preservando os valores de seu organismo inovador.

VIII. O Japão

Na Europa, depois do abrigo construído em Eckenheim, perto de Frankfurt, de 1988 a 1991, Ito é chamado em 2001, juntamente com outros arquitetos ilustres — Skidmore, Owings e Merrill, o Foreign Office, o OMA, Graves, Vinoly —, para construir um edifício no novo eixo sul de Amsterdã, e projeta uma torre para escritórios elegantemente articulada, com jardins pênseis (fig. 706 e 707).

Diferentemente de Ando, Ito adquire já nos anos 90 o domínio das várias escalas de projetação, mas demora para exercitá-lo fora da paisagem protetora das pequenas e médias cidades japonesas. A assiduidade internacional pode fazer com que ainda evoluam as suas excepcionais capacidades.

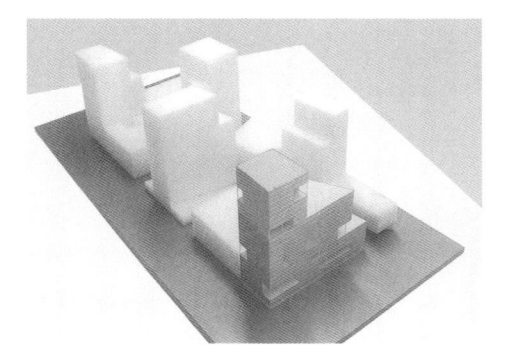

Fig. 706 e 707. O edifício encomendado a Ito para o eixo sul de Amsterdã (ver também fig. 456-459).

SHUHEI ENDO forma-se na Universidade de Tóquio, e em Tóquio abre seu próprio escritório em 1988. Suas primeiras obras são um pequeno depósito para bicicletas na estação ferroviária de Maihara-cho, Shiga (1993-1994), e uma casa-escritório para duas famílias em Takatsuki, Osaka (1994-1996). Em ambos os casos há uma chapa metálica ondulada, dobrada no sentido das caneluras segundo uma curva policêntrica, que envolve todo o artefato, tornando-se, no primeiro caso, uma cobertura e um sinal de identificação; no segundo caso, um invólucro protetor que isola a casa das outras adjacentes e defende a pequena porção aberta de seu terreno.

Fig. 709. A casa-escritório em Takatsuki, Osaka.

Fig. 708. O depósito de bicicletas na estação de Maihara-cho.

Outro tema, ligado ao precedente apenas pela analogia de intenções, é o planejamento de um pequeno parque em Fukui, com tanques de água e colinas, onde se produz um caminho principal sinuoso, resguardado por muros curvos em cimento (fig. 710).

Fig. 710. O parque em Fukui.

Shuhei Endo repete essas operações muitas vezes na década seguinte, e adora (infelizmente) classificá-las de acordo com uma casuística morfológica:
— *Springtextures*, combinações de chapas que se movem livremente no espaço: pavilhão de serviço em Shingu-cho, Hyogo (1997-1998; fig. 711); projeto de concurso para um museu de arte (fig. 712); projeto de concurso para um terminal de balsas em Sasebo, Nagasaki (fig. 713);
— *Rooftextures*, artefatos determinados pela forma das coberturas: praça equipada em Fukui (1996-1997); centro cultural em Shimizu, Fukui (1996-1998; fig. 714); marquise para revenda de automóveis, Minou, Osaka (2000-2001; fig. 715);
— *Halftextures*, ou seja, artefatos apenas parcialmente envoltos pelas chapas curvas, de forma que se torna incerta a distinção entre espaço interno e externo: empório agrícola em Biwa-cho, Shiga (1998-2000; fig. 716); marquise ferroviária em Fukui (1996-1997; fig. 717).

Várias vezes ele tenta a projetação de espaços abertos de dimensão limitada, não reconduzíveis a semelhantes tipologias; em um caso, abre mão das habituais estruturas em cimento e em chapa e opta por acabamentos em madeira, mas custa a liberar-se de um mundo de intenções abstratas que se sobrepõem à realidade. As tentativas para sair desse âmbito de experiências, participando de concursos ou trabalhando em outros países, ainda não tiveram êxito.

VIII. O Japão

Fig. 711-717. Exemplos da classificação morfológica de Endo: *Springtextures* (S), *Rooftextures* (R), *Halftextures* (H).

Alguns dos artefatos de Endo encontraram acolhida nas revistas do mundo todo, e são apreciados como criações singulares (algumas figuram entre as *emerging architectures* que receberam os ar+d awards). A documentação completa de suas obras, recolhida por Hiroyuchi Suzuki e teorizada em seu conjunto como "arquitetura paramoderna"[4], produz uma sensação de claustrofobia, e coloca em dúvida a possibilidade de uma evolução.

4. H. Suzuki, *Architettura paramoderna — Shuhei Endo*, Milão, Electa, 2002.

SHIGERU BAN tem um talento diferente e uma formação internacional. Estuda no Southern California Institute of Architecture de 1977 a 1980, depois na Cooper Union de Nova Iorque, com John Hejduk, de 1980 a 1982. Trabalha no escritório de Isozaki de 1982 a 1983 e, por fim, abre seu escritório em Tóquio em 1985. Começa extraindo da tradição japonesa um fio condutor de natureza tecnológica: o estudo das características dos materiais, tanto antigos quanto modernos, e a subordinação voluntária da liberdade projetual a esse processo.

No livro que ele mesmo planejou juntamente com Matilda McQuaid para apresentar suas obras, os capítulos são intitulados a partir dos materiais — o papel, a madeira, o bambu —, de um procedimento executivo — a pré-fabricação — e da função protetora de uma vasta gama de semimanufaturados — a pele. Algumas obras aparecem várias vezes, em seções diferentes.[5]

O papel tem um lugar importante na tradição japonesa também como complemento da construção civil tradicional. Ban (com a ajuda de um engenheiro estrutural, Gengo Matsui) propõe empregá-lo como estrutura de sustentação, de três modos: tubos, painéis em casa de abelha e membranas. A primeira estrutura provisória é um pavilhão na World Design Expo de Nagoya (1989). O primeiro edifício permanente é a "biblioteca de um poeta", em Sushi, Kanagawa (1991): um pavilhão em que as prateleiras são usadas como elementos de sustentação perimetrais, mas exigem um revestimento externo em madeira (fig. 718 e 719).

Fig. 718 e 719. Biblioteca de um poeta: vista diurna e noturna.

---

5. M. McQuaid, *Shigeru Ban*, Boston, Phaidon, 2003.

VIII. O Japão

Em 1993, as estruturas em papel são autorizadas no Japão pela lei de padrões da construção civil, encontrando aplicação nas casas provisórias para vítimas de terremotos no Japão (1995), na Turquia (2000) e na Índia (2001). O Alto Comissariado da ONU para os Refugiados emprega os modelos de Ban para um acampamento em Byumba, em Ruanda (1995-1996; fig. 720 e 721). Enquanto isso, Ban realiza uma casa de veraneio em papel no lago Yamanaka (1995), uma igreja de papel em Nagata, Kobe (1995; fig. 722), e outros edifícios sempre caracterizados por esse material: um museu de arte para crianças em Kakegawa, Shizuoka (1999), o pavilhão japonês na Expo de Hannover (2000) e uma cenografia provisória no jardim do Museu de Arte Moderna em Nova Iorque, que atraem para ele as atenções internacionais. O pavilhão de Hannover é construído em papel reciclado recolhido na Alemanha, previsto para ser desmontado e pode, por sua vez, ser reciclado (fig. 723 e 724).

720 e 721. Construções provisórias em
da.

Fig. 722. Uma igreja em Nagata.

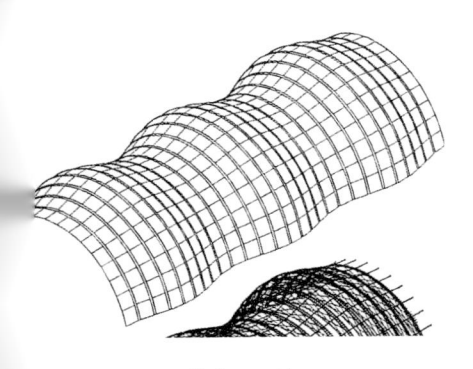

23 e 724. O pavilhão em Hannover.

A madeira, em forma de lâminas trançadas, é empregada para realizar um ambulatório no hospital Imai de Odata (2000; fig. 725) e no Atsushi Imai Memorial Gymnasium (2002; fig. 726 e 727). As coberturas em madeira devem, por sua vez, ser protegidas por invólucros em metal e policarbonato, para funcionar em diferentes condições e permitir a iluminação dos locais subjacentes. A casa Wickerwork em Chiyo, Osaka (2001-2002), é coberta por uma casca de madeira trançada em lâminas mais largas, impermeabilizada diretamente por uma camada borrifada de espuma uretânica e por uma camada seguinte de plástico com fibra de vidro. Nessa construção, Ban inicia sua colaboração com Ove Arup.

Fig. 725. (acima) O ambulatório para o hospital Imai.

Fig. 726 e 727. (à direita) O ginásio em Odata (perto do ambulatório do hospital Imai).

VIII. O Japão

O bambu é um material tradicional, usado há muito tempo na Ásia e na África. Ban o emprega em forma de compensado em diversas obras americanas: a casa Schwarz, em Sharon, Connecticut (2001-2002), e nas coberturas em grade de faixas trançadas na Art Gallery da Universidade Rice (2002) e no Forest Park Forever de Saint Louis (2004; fig. 728).

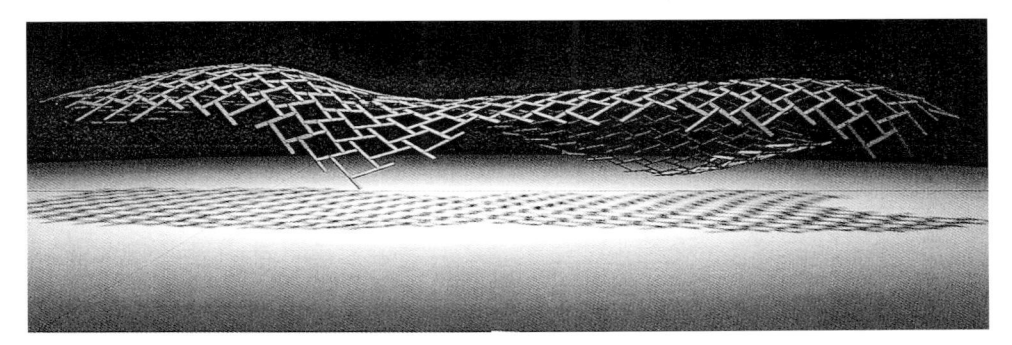

Fig. 728. Uma grade em bambu para o Forest Park Forever de Saint Louis.

No campo da pré-fabricação, Ban cria a possibilidade de usar a mobília como elemento estrutural na série das *furniture houses*. A primeira delas é a casa de papel no lago Yamanaka, já mencionada, à qual seguem a Nine Square Grid House de Hadano, Kanagawa (1997), o Centre d'Interprétation du Canal de Bourgogne, em Pouilly-en-Auxois (2003), e a casa Sagaponac, em Long Island, Nova Iorque (2004).

O sistema denominado Concrete Piles é usado tanto em uma casa individual (Susono, Shizuoka, 1992) quanto na estação ferroviária de Tazawako (1997; fig. 729).

Fig. 729. A estação ferroviária pré-fabricada de Tazawako.

O capítulo sobre a pele compreende uma série de casas individuais na área metropolitana de Tóquio, nas quais um invólucro relativamente livre da estrutura edificada oferece novas possibilidades de empregar os espaços circunstantes como complementos da habitação: a Curtain Wall House, em Itabashi (1995; fig. 730 e 731); a Shutter House, para um fotógrafo, em Minato; a Glass Shutter House, em Meguro (2003).

Em outras obras — a extraordinária Wall-less House (fig. 734 e 735), a Naked House, em Kawagoe, Saitama (2000; fig. 732 e 733), o Paper Art Museum, em Mishima, Shizuoka (2002), a Picture Windows House, em Izu, Shizuoka (2002; fig. 736-738) —, o invólucro independente serve para obter desempenhos ambientais especiais; na última, para utilizar ao máximo os excepcionais recursos panorâmicos do lugar.

Fig. 730 e 731. Curtain Wall House, em Itabashi, Tóquio.

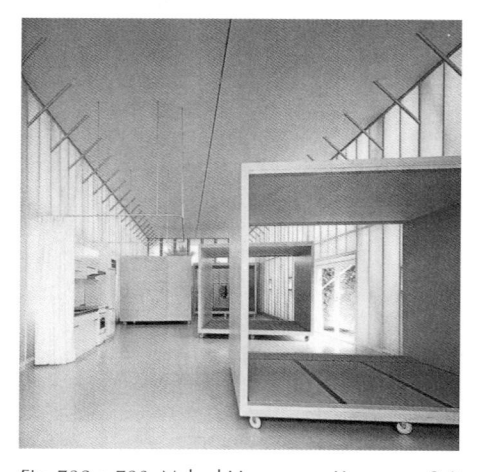

Fig. 732 e 733. Naked House, em Kawagoe, Saitama.

VIII. O Japão

As contribuições técnicas e organizativas de Shigeru Ban são indubitáveis, mas até agora pouco relevantes para as finalidades da projetação arquitetônica, para a invenção dos organismos da construção civil e para a adaptação aos lugares. As grades estruturais em tubos de papel ou faixas de madeira compensada, se empregadas para médios ou grandes ambientes, produzem necessariamente abóbadas de seção circular, e para obter ambientes variados, obrigam a variar o diâmetro de base (no pavilhão japonês em Hannover, 2000). O sistema de pré-fabricação das *furniture houses* permite entrever novas possibilidades ainda desconhecidas. As *skins* (peles) acrescentam novos recursos ao moderno conceito da *façade libre*, e há pelo menos um caso, a Picture Windows House, na qual Ban as emprega em modo propriamente arquitetônico, adequado ao organismo e ao contexto.

Fig. 734 e 735. Wall-less House.

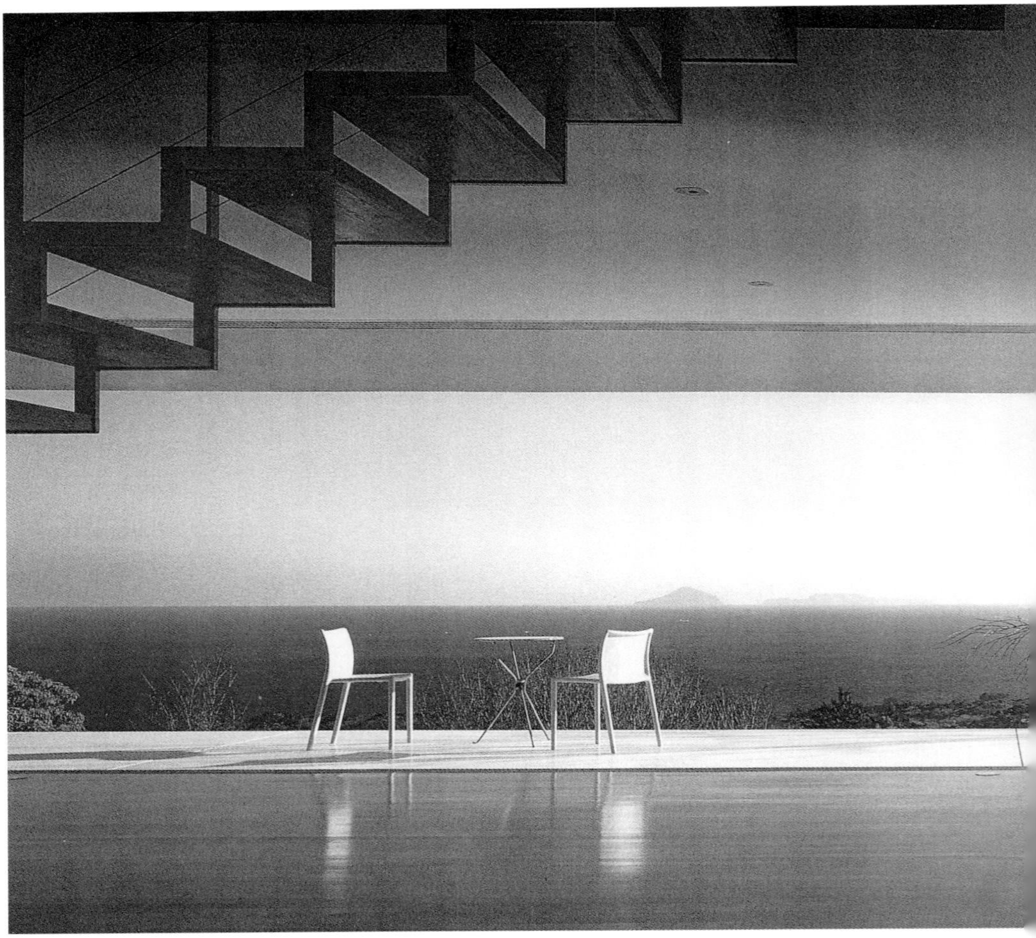

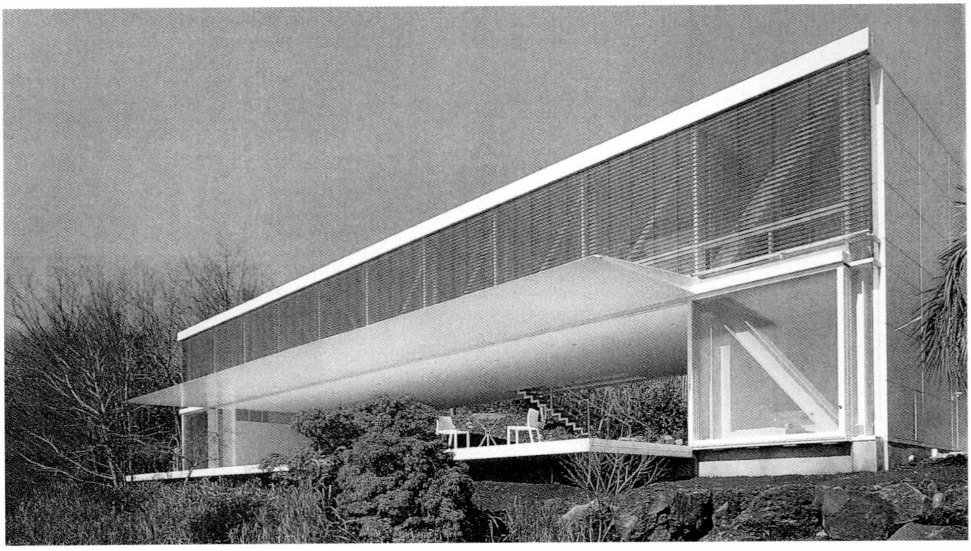

Fig. 736-738. Picture Windows House, em Izu.

De Shigeru Ban, podemos esperar muitas novidades. A colaboração habitual com Ove Arup e a participação no grupo Think, com Schwartz, Smith e Vinoly, no concurso de 2002 para o Ground Zero, podem ter diminuído seu isolamento cultural. Em 2004, chegou para Ban, para o anglo-armeno Philip Gumuchdjian e para o francês Jean de Gastines, a vitória no concurso para o novo centro Pompidou de Metz, onde está previsto um enorme chapéu reticular que unifica os três corpos de construção do museu. As próximas experiências darão a medida de seu valor.

Tanto Endo quanto Ban não são provenientes dos escritórios e da prática da engenharia, mas da formação arquitetônica e artística tradicional. Identificaram e cultivam, em alguns nichos especiais no universo tecnológico atual, os instrumentos para explorar novas oportunidades formais, e permanecem ligados a essas oportunidades. Poderiam entrar em um campo de trabalho mais amplo e significativo, mas por ora confirmam a tradicional fragmentação da cultura japonesa.

Seus contemporâneos — Kengo Kuma (1954-), Katsufumi Kubota (1957-), Satoshi Okada (1962-) — produzem experiências similares. Esperemos a contribuição dos mais jovens.

No Japão do século XXI, está em curso uma ampla transformação da rede infraestrutural: ferrovias, ruas, pontes, túneis, aeroportos. Para esses trabalhos, o país possui uma gama de competências de todo tipo, entre as mais avançadas do mundo. Os muitos e muitíssimo qualificados engenheiros não se misturam aos arquitetos locais e, quando muito, colaboram com alguns estrangeiros (Piano projetou o aeroporto de Kansai com Noriaki Okabe, e a ponte de Ushibuka com a Maesa Engineering Co.).

Para as obras da construção civil, a cultura técnica japonesa distingue desde sempre um grande número de especializações diferentes, que concernem à manutenção dos artefatos antigos — templos, teatros do No, banhos públicos, jardins, etc. —, à reapresentação das mesmas tipologias tradicionais ou à criação, também ela tipificada, das novas tipologias contemporâneas. Os restauradores são uma categoria diversa da dos projetistas de novas construções, e provêm de escolas diversas.

Alguns projetistas especializados têm uma reputação internacional. Encontramos um dos mais inteligentes estruturalistas do nosso tempo, Mamoru Kawaguchi. Yoshio Tanuguchi, como Ando, é um especialista dos museus, e nesse papel projetou a ampliação do Museu de Arte Moderna de Nova Iorque, em colaboração com o escritório americano Kohn Pedersen Fox, concluída em novembro de 2004.

Nessas experiências está em jogo um critério fundamental, que, no Extremo Oriente, reconhece na raiz o apreço dos valores daquilo que é habitual para nós. A qualidade do resultado não é baseada no resultado material, mas no ato da construção. A restauração dos edifícios antigos coincide com o que nós chamamos de manutenção extraordinária — a substituição cadenciada das estruturas em madeira, de durabilidade limitada — e chega à reconstrução completa, na qual se exige a

VIII. O Japão

exatidão reprodutiva e a repetição ritual dos processos executivos. O templo mais sagrado do Japão, em Ise, criado no século VIII d.C., é destruído a cada vinte anos em seu recinto e reconstruído em um recinto contíguo de forma idêntica, segundo um rito prefixado (fig. 739-741). Essa operação já aconteceu sessenta vezes, e a cada vez produz o mesmo artefato novíssimo, indistinguível dos precedentes, porque a extrema minúcia dos trabalhos programados não deixa margem à distinção (nossa regras, em vez disso, obrigam, em um restauro, a assinalar as partes introduzidas *ex novo*). Daí nasce a incansável tentativa de controlar até o fundo todos os aspectos e o desempenho dos objetos projetáveis (os rangidos dos pisos de madeira no palácio seiscentista do Shogun em Kyoto; a queda das folhas outonais nos jardins das casas de campo imperiais).

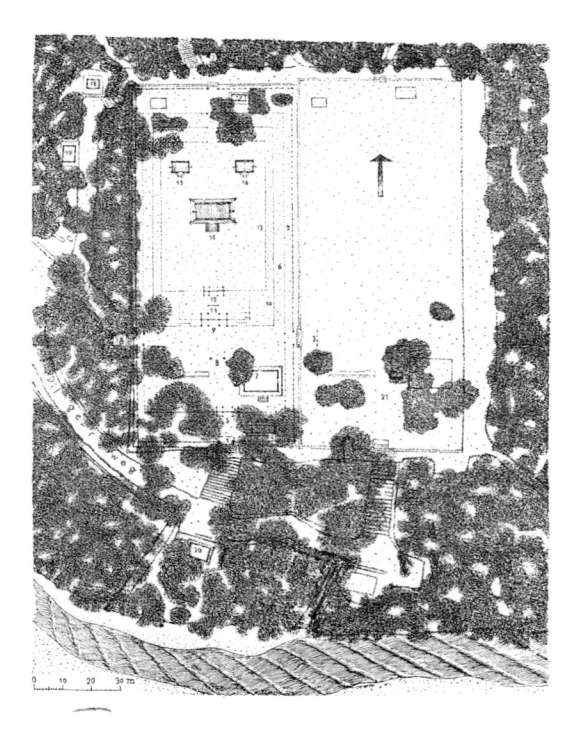

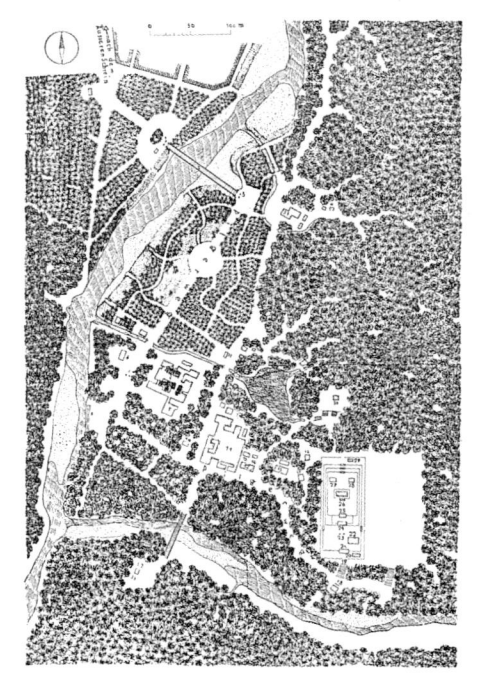

Fig. 739-741. O templo de Ise, com os dois recintos lado a lado.

É preciso destacar o significado cultural e moral dessa metodologia. Conta a qualidade das operações humanas de execução e de percepção. (Nós temos a comparação certa no campo musical: existe um conjunto de instruções incompletas, que formam a "partitura"; a obra de arte que se materializa por um instante na execução exige uma contribuição subjetiva posterior, individual ou coletiva.) Deve-se notar a afinidade com as tecnologias digitais modernas, que elaboram e conservam as matrizes magnéticas dos objetos, das quais derivam os processos de construção.

Essa impostação, conectada aos instrumentos avançados da comunicação imaterial, merece ser integrada em escala mundial, para corrigir as contrastantes fechamentos da tradição ocidental em nosso campo.

A nova geração de arquitetos japoneses poderá contribuir para isso se conseguir arquivar o próprio dualismo temporário entre tradição e criação, empregando com plena vantagem a modernização avançada e o nível econômico e tecnológico atual. Adrian Geuze observa: "em uma sociedade assentada sobre uma porção tão pequena de terra, isolada do resto do mundo e obrigada a reconstruir continuamente, formou-se uma estrutura sofisticada e complexa, cheia de rituais".[6] Depois da crise econômica japonesa do anos 90, uma revisão parece ser necessária. Uma parte dos rituais, que pesam demais, pode ser simplificada, mas outros devem ser confirmados e talvez inventados em proveito do mundo, utilizando os dotes nativos desse país.

---

6. *The Architectural Review*, n. 1256, Londres, 2001, p. 42.

Capítulo IX   Os países em desenvolvimento

No mundo atual, a velha e as novas Europas — juntamente com o Japão, que se moveu com grande antecipação e teve tempo de se igualar às instituições e aos níveis de vida europeus — formam uma parte privilegiada, não tanto pelo nível de desenvolvimento, quanto por terem chegado antes a esse nível, seguindo um percurso exclusivo e inacessível aos outros países.

Esses últimos estão em diferentes fases de transformação. Alguns, como os pequenos países industrializados do Extremo Oriente, alcançaram um nível econômico que não está distante daquele dos países de matriz européia, mas isso há pouco tempo, tendo decolado na segunda metade do século XX. Outros, que obtiveram em um passado mais longo certa igualdade, perderam-na em época recente; as travessias para os países sul-americanos e a difícil reorganização para os que vieram do bloco comunista tornam irrelevantes os "desenvolvimentos" anteriores, relegados ao passado. Outros ainda, como os países islâmicos, estão impedidos por persistentes fatores culturais. Enfim, um grande número, na África e na Ásia, move-se agora, lenta ou velozmente, em direção a uma modernização colocada no futuro, com diferentes graus de probabilidade. Esses fatores pesam os resultados atuais e os diferenciam.

A arquitetura é um campo onde a renovação, sempre lenta, não depende imediatamente dos indicadores econômicos. Por isso, parece plausível empregar a expressão "países em desenvolvimento", num sentido diferente do habitual, considerando como critério distintivo não o nível de desenvolvimento econômico, mas a circunstância de encontrar-se "a caminho", distantes de uma estabilização.

Todos esses — os países mais numerosos e mais povoados do mundo — sofrem hoje, em tempos acelerados, as grandes transformações do aumento demográfico, da redistribuição das atividades produtivas, do confronto com o progresso tecnológico, das migrações e dos novos assentamentos. A seqüência dos acontecimentos que dizem respeito à arquitetura descrita nas páginas precedentes não vale mais para eles. A ordem e a dimensão dos problemas exigem novas respostas. Aqui está, no mundo atual, o principal limite da inovação. Em nosso campo, esse é o desafio mais importante, para uma cultura que queira conservar a própria coerência interna e a fidelidade, de acordo com as definições de William Morris citadas no início da *História da arquitetura moderna*: "A arte para a qual trabalhamos é um bem de que todos podem participar; se nem todos participam, ninguém poderá participar." (1879)[1]

1. A América Latina

A arquitetura dos países latino-americanos, que saíram ilesos da Segunda Guerra Mundial, teve, até os anos 60, um lugar importante na trajetória mundial. A lição de José Villagran Garcia nos anos 20 no México, baseada em escritos teóricos de Le Corbusier, as viagens de Le Corbusier, em 1929 ao Brasil e à Argentina e em 1947 à Colômbia, deixam uma série de estímulos que encontram um ambiente propício nas iniciativas públicas e privadas do pós-guerra.

O'Gorman e Candela, no México, Villanueva, na Venezuela, Lucio Costa, Burle Marx e Niemeyer, no Brasil, também Barragan, no México, nos anos 60, figuram e entre os mais importantes projetistas de seu tempo. O plano de Le Corbusier e José Luis Sert para Bogotá, de 1953, e o de Lucio Costa, de 1957, para a nova cidade de Brasília, tiveram uma ressonância mundial.

Dos mestres que no século XX se distinguiram mundialmente, está vivo Oscar Niemeyer (1907-), e projetando algumas últimas obras, entre as quais o novo auditório em Ravello. Estão trabalhando os projetistas das gerações seguintes, que ensinam nas universidades, promovem as revistas e seguem atentamente o que acontece no resto do mundo. Algumas administrações municipais — em Montevidéu, em Buenos Aires, em Santiago do Chile — melhoram os ambientes de vida locais, em grande medida imitando o que acontece na Europa e no resto do mundo.

Em nossa narrativa, as experiências mais relevantes são as que não correspondem ao que se faz noutros lugares, mas enfrentam de modo criativo as dificuldades peculiares e os recursos ambientais de seus países.

A responsabilidade pelas gigantescas periferias irregulares e o estudo das intervenções para corrigir em parte suas deformidades formam um tema importantíssimo, com uma história de mais de meio século. Aqui, mais que nas obras preocupadas em acompanhar as tendências da atualidade, voltam a se manifestar a seriedade e a autenticidade da tradição sul-americana.

No Brasil, as experiências iniciadas pelo educador Anísio Teixeira e pelo arquiteto Hélio Duarte na Bahia e, depois, em São Paulo, a partir dos anos 40, prosseguem até hoje, com os mais diversos resultados. As realizações mais recentes são os Centros de Educação Unificados (CEUs), promovidos pela Prefeitura do Município de São Paulo (PMSP), pela secretaria municipal de Serviços e Obras (SSO) e pelo

---

1. W. Morris, conferência de 19 de fevereiro de 1879, in: *On Art and Socialism*, op. cit., p. 47-48.

IX. Os países em desenvolvimento

departamento de Edificações (EDIF). A projetação parte de um projeto-tipo que é adaptado ao lugar e utiliza as áreas livres disponíveis. Os exemplos publicados por *Casabella*[2] reproduzem em contextos diversos os elementos construtivos e distributivos amplamente aprovados pelo tempo, e acrescentam a eles uma nova atenção aos espaços abertos (fig. 742-748). É espantosa a naturalidade com a qual os protótipos e os modelos da primeira revolução moderna são repropostos no novo século, como se o tempo não tivesse passado. A seriedade da relação com a comunidade dos usuários age como freio intelectual contra toda divagação.

Fig. 742. São Paulo. Detalhe de uma favela onde se insere um dos Centros de Educação Unificados (CEUs).

2. Ver o n. 727, Milão, novembro de 2004.

A arquitetura no novo milênio

IX. Os países em desenvolvimento 411

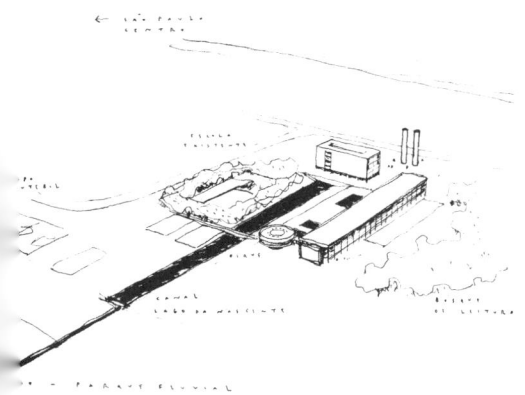

Fig. 743-748. Vistas aéreas, feitas de helicóptero, de doze CEUs, quatro imagens feitas em terra e o esboço do estudo para um dos centros.

A exploração arqueológica do imenso patrimônio precedente à colonização européia, conduzida no passado sobretudo por especialistas estrangeiros, continua agora também com instituições e especialistas de cada país. Os sítios mais vistosos — no México, nas cidades maias, nas cidades incas — são também destinos turísticos de primeira ordem, e as exigências do turismo entram freqüentemente em conflito com a correta conservação (outro aspecto do "desenvolvimento dependente" que aflige essa parte do mundo). Em outros lugares, a colaboração entre as instituições estrangeiras e locais acontece corretamente, distante dos itinerários mais lotados.

A revista peruana *Arkinka* tem o mérito de publicar lado a lado as informações sobre distantes obras-primas arquitetônicas mundiais, uma seleção das arquiteturas locais consideradas as melhores e uma ilustração das escavações arqueológicas em curso, onde se entremostra o legado esquecido das civilizações remotas.

O número 83, de outubro de 2002, documenta a escavação em curso do templo de Chupan, no vale do Marañón: uma das extraordinárias construções em pedra realizadas pelos exploradores do território, como proteção metafísica para seu confronto com as forças naturais (fig. 749).

O número 90, de maio de 2003, contém um balanço amplo dos trabalhos iniciados em 1991 para consolidar as superfícies arquitetônicas da Huaca de la Luna, no distrito de Moche, por iniciativa da Universidade Nacional de Trujillo e da Fundação Ford. O delicado trabalho para estabilizar os volumes no solo e seus frágeis revestimentos traz à luz as decorações em relevo e pintadas, que caracterizavam, em escala paisagística, as plataformas do santuário (fig. 750).

Fig. 749 e 750. Escavações arqueológicas em curso no Peru.

IX. Os países em desenvolvimento

2. Os antigos países comunistas

A desintegração dos regimes comunistas transtornou de modo radical a encomenda das experiências arquitetônicas, e será preciso tempo para ver surgir novas experiências significativas. As intervenções dos projetistas de outros países, na seqüência das iniciativas estrangeiras, preenchem em parte o intervalo. É preciso esperar. A durabilidade das paisagens construídas torna particularmente longa e desconfortável a "assimilação crítica do passado"[3], e até mesmo muitíssimo distante uma renovação geral. Os modelos provenientes dos países ocidentais são agora de domínio comum, mas, a despeito disso, inalcançáveis.

Vejamos uma das situações nessa parte do mundo.

Em Moscou, a concentração de poder e riqueza possibilita um debate e abre um certo número de oportunidades concretas. Irina Korobina, que dirige um centro de arquitetura contemporânea, identifica duas tendências arquitetônicas fundamentais: o "pseudo-historicismo", predileto das administrações estatais e municipais, e o "modernismo comercial", difundido no setor privado, que geralmente "desemboca em uma imitação da *high-tech* realizada em condições *low-tech*".[4]

A mesma revista assinala alguns projetistas emergentes. Um deles, Mikhail Khazanov (1951-), tem uma posição eminente: dirige um laboratório com cinqüenta projetistas em um instituto onde trabalham mais de quatrocentos técnicos, e possui um escritório particular com vinte colaboradores. Outros projetistas de idade variada e percursos diversos — Aleksandr Skokan (1943-), Evgenij Asse (1946-), Sergej Skuratov (1955-),

Fig. 751 e 752. Dois edifícios do escritório Ostozenka, para um cliente público e um privado.

---

3. É a fórmula comumente empregada pela tradição comunista. Ver *Abitare*, n. 444, Milão, novembro de 2004.

4. Ibidem, p. 27-28.

o escritório Meganom, fundado em 1999 por um grupo de jovens — arranjam-se até agora de modo não muito diferente entre as vantagens e as desvantagens da clientela pública e privada e não encontram espaços para uma inovação real.

3. Os países muçulmanos

O quadro geral é dominado pela repetição deprimente dos modelos passados aos quais se atribui um significado de identidade nacional ou religiosa, esporadicamente interrompida por experiências novas quase sempre eliminadas. Após a morte de Hassan Fahti, os ensinamentos desse mestre franco-egípcio encontram um séqüito limitado e todavia significativo no Egito atual. As numerosas iniciativas da construção civil promovidas pela dinastia Pahlevi no Irã, com apoio dos projetistas estrangeiros de então, foram interrompidas em grande parte depois da queda da monarquia.

Continuam, com resultados importantes, as iniciativas arqueológicas, não apenas por obra das missões e dos especialistas ocidentais, mas também das instituições e dos arqueólogos locais, que, nesse meio-tempo, atingiram um nível reconhecido, sobretudo no Egito e na Turquia.

Os palácios, os mausoléus, as gigantescas mesquitas, os monumentos celebrativos dos ditadores repetem, em medida agigantada, a mesma banalidade da produção corrente. Algumas grandes intervenções edilícias de relevância internacional, para as quais não faltam recursos econômicos, assumem o aspecto de monumentos excepcionais, propositadamente fora do comum. São oportunidades oferecidas à cultura arquitetônica internacional, com o procedimento dos concursos, e produzem quase sempre artefatos estranhos ao território, de formas intencionalmente insólitas.

Os dois mais importantes encontram-se no Egito.

Para a nova Biblioteca de Alexandria, em homenagem à famosa biblioteca helenística, foi anunciado um concurso em 1988, vencido, entre 524 participantes, pelo grupo Snohetta, um consórcio de jovens arquitetos noruegueses, americanos e austríacos. O edifício foi inaugurado no final de 2002 e publicado por revistas do mundo inteiro com comentários positivos. A maior parte dos locais é encerrada em um cilindro de diâmetro de quase 140 metros, coberto por uma clarabóia semi-transparente e inclinado na direção do mar para ser visto de longe. Sob a clarabóia,

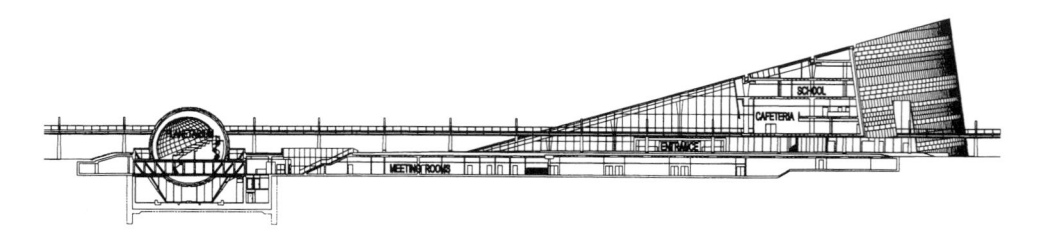

IX. Os países em desenvolvimento

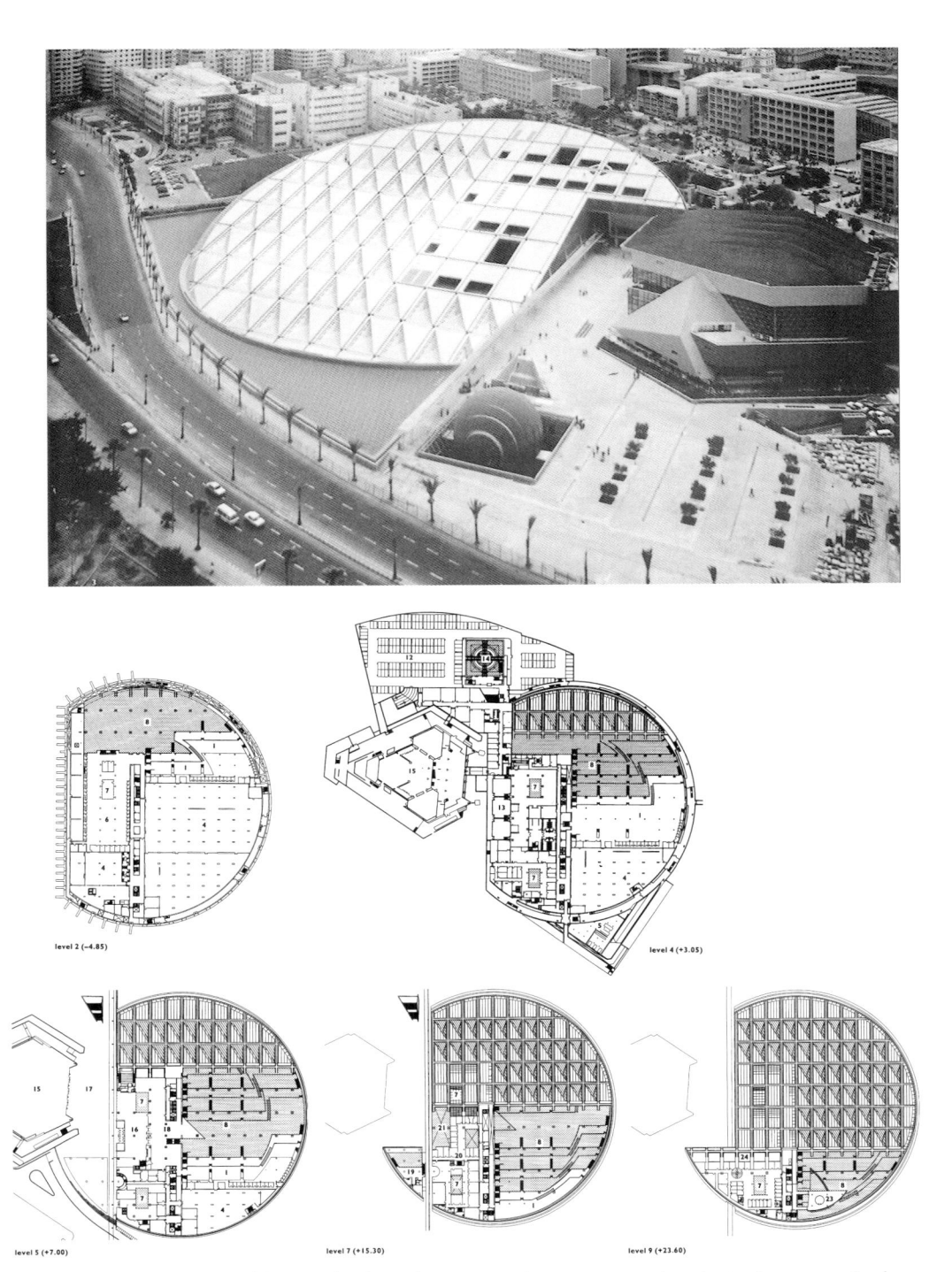

Fig. 753-759. A nova Biblioteca de Alexandria: seção, vista externa geral e plantas (a numeração das plantas indica os pavimentos, do segundo ao nono).

os espaços de leitura e consulta são escalonados como ao ar livre, em diversos níveis, enquanto os depósitos ocupam os volumes subjacentes. Os estacionamentos para o público e um centro de conferências preexistente ocupam dois corpos de construção circunstantes (fig. 753-761).

Fig. 760 e 761. Duas vistas internas da Biblioteca de Alexandria.

Para a realização do novo Grande Museu Egípcio foi escolhido um terreno em Gizé, diante das pirâmides e na beira do deserto. O concurso, anunciado em 2002, tinha no júri dois egiptólogos (um egípcio e Sergio Donadoni), a museóloga Françoise Cachin, e cinco arquitetos, entre os quais Peter Cook e Gae Aulenti.[5] Participaram 1.577 projetistas; foram selecionados vinte deles, dentre os quais, em 2003, foram escolhidos o vencedor (o escritório irlandês Henegan Peng, com Ove Arup e Buro Happold), o segundo (a cooperativa austríaca Himme(l)bau) e o terceiro, o italiano Renato Rizzi. Todos propõem enterrar parcialmente o volume no desnível do altiplano, fazendo emergir um motivo emblemático, que, para o vencedor, é um volume translúcido de geometria fractal (fig. 762).

---

5. Os membros do júri: Galal Abada, arquiteto egípcio; Gae Aulenti, arquiteto italiano; Françoise Cachin, museóloga francesa; Peter Cook, arquiteto inglês; Sergio Donadoni, egiptólogo italiano; Gaballa A. Gaballa, egiptólogo egípcio; Jong Soung Kimm arquiteto coreano; Salah Zaki Said, arquiteto egípcio; e Ana Maria Zahariade, arquiteta romena. [N.E.]

IX. Os países em desenvolvimento

Na biblioteca, o motivo da clarabóia circular tem uma justificativa funcional e um impacto paisagístico que não é infundado. Para o museu, a singularidade arquitetônica parece um fim em si mesmo, de um modo não muito diferente do que acontece com muitos outros museus contemporâneos, que contrapõem aos objetos expostos um invólucro edificado com um destaque próprio que não foi solicitado.

A Aga Khan Foundation desenvolve um trabalho relevante e meritório no campo da restauração edilícia e urbana. Promove diretamente, através do Aga Khan Trust for Culture, algumas intervenções mais importantes, e assinala, com os seus *Awards*, as melhores realizações executadas por outros sujeitos.

Fig. 762. O projeto vencedor do concurso para o Grande Museu Egípcio, em Gizé.

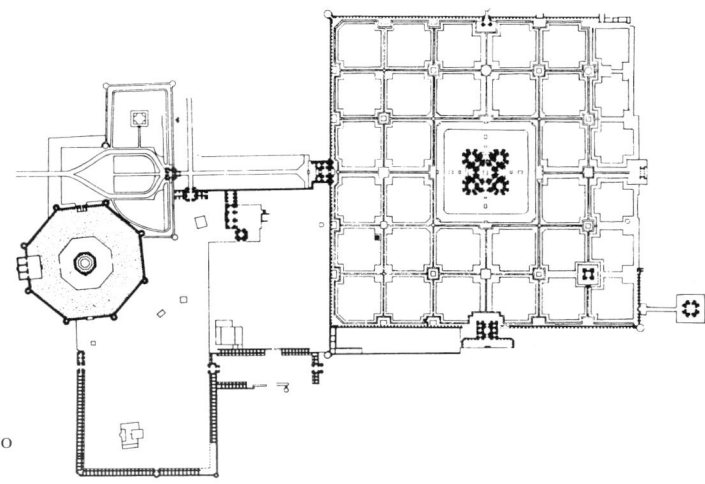

Fig. 763. Planta dos jardins ao redor do mausoléu de Humayun, em Déli.

Entre as primeiras, destacamos as mais recentes:

— a restauração dos jardins que circundam o mausoléu do século XVI do imperador Humayun, perto de Déli, concluída em 2003. A obra foi criada e executada em colaboração com o Archeological Survey of India e o National Culture Fund. É um grande jardim de modelo persa — *chahar-bag* — já declarado patrimônio da humanidade, que foi reconstituído de acordo com as prescrições originais. Foram refeitos o abastecimento de água, a rede de canais e doze hectares de prados. Foram plantadas 2.500 plantas, segundo as indicações dos tratados de jardinagem da época Moghul (fig. 763);

— o Conservation and Development Plan para a cidade de Mostar, na Bósnia, semidestruída durante os anos 90. O Aga Khan Trust for Culture já tinha concedido à administração urbana, em 1986, o *Award* pela conservação exemplar e pela renovação da cidade velha. A guerra de 1992-1995 destruiu em boa parte esses resultados e demoliu ainda a célebre ponte otomana de 1566, outro monumento inscrito no patrimônio da humanidade. Os novos trabalhos, também patrocinados pelo World Monuments Fund, começaram em 1998 e estão em curso. Além da ponte, foram restaurados ou reconstruídos os edifícios públicos mais importantes, o jardim Bascine, a antiga escola feminina e certo número de casas. O plano compreende a "reconstrução tipológica" dos modelos antigos de construção, sobre lotes de terreno originais ou mesmo em novas localizações;

Fig. 764. Vista aérea da área histórica de Mostar em 1986, antes das últimas destruições.

IX. Os países em desenvolvimento

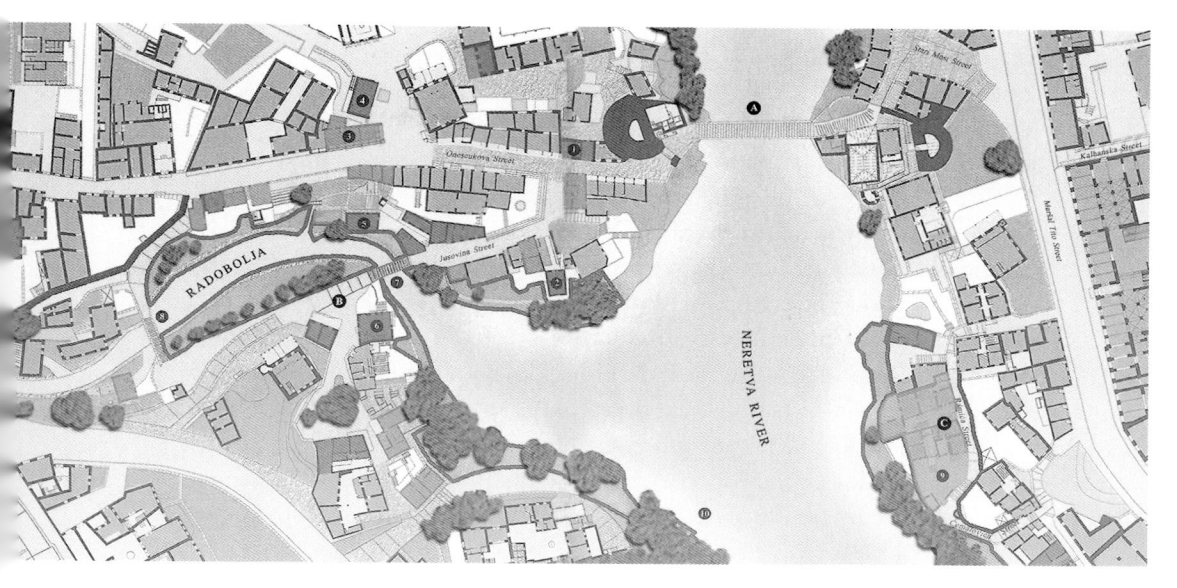

Fig. 765. Mostar: os lugares e os edifícios, em cinza mais escuro, compreendidos no último ciclo de intervenções, de 1999 a 2004.

e *767*. A ponte do século XVI
ar, reconstruída recentemente.

— as intervenções no Cairo, sob os cuidados de Francesco Siravo, que compreendem a restauração da muralha Ayyubid, a reurbanização em torno da porta Bab-el-Mahruk e uma recuperação geral do bairro de Darb-el-Ahmar, situado logo atrás. A iniciativa mais recente é a realização do novo parque Al-Azhar, numa área de quarenta hectares fora dos muros e que nos últimos quinhentos anos serviu de depósito de lixo da cidade, acumulado, afinal, em mais de 45 metros de altura. O Aga Khan's Historic Cities Support Programme empregou como projetistas Maher Stino e Leila el-Masry, do escritório egípcio Sites International. É um parque moderno em terreno ondulado, com plantações diferentes de acordo com as características do solo. Os sistemas de abastecimento e de escoamento de água foram realizados *ex novo*, no difícil contexto da imensa e caótica metrópole. O parque inclui dois restaurantes, projetados pelo egípcio Rami el-Dahan (um aluno de Hassan Fahti) e pelo francês Serge Santelli (fig. 770).

Fig. 768. Cairo. O lugar fora do
do século XII que serviu, desde
como depósito urbano e hoje
transformando em um parque p

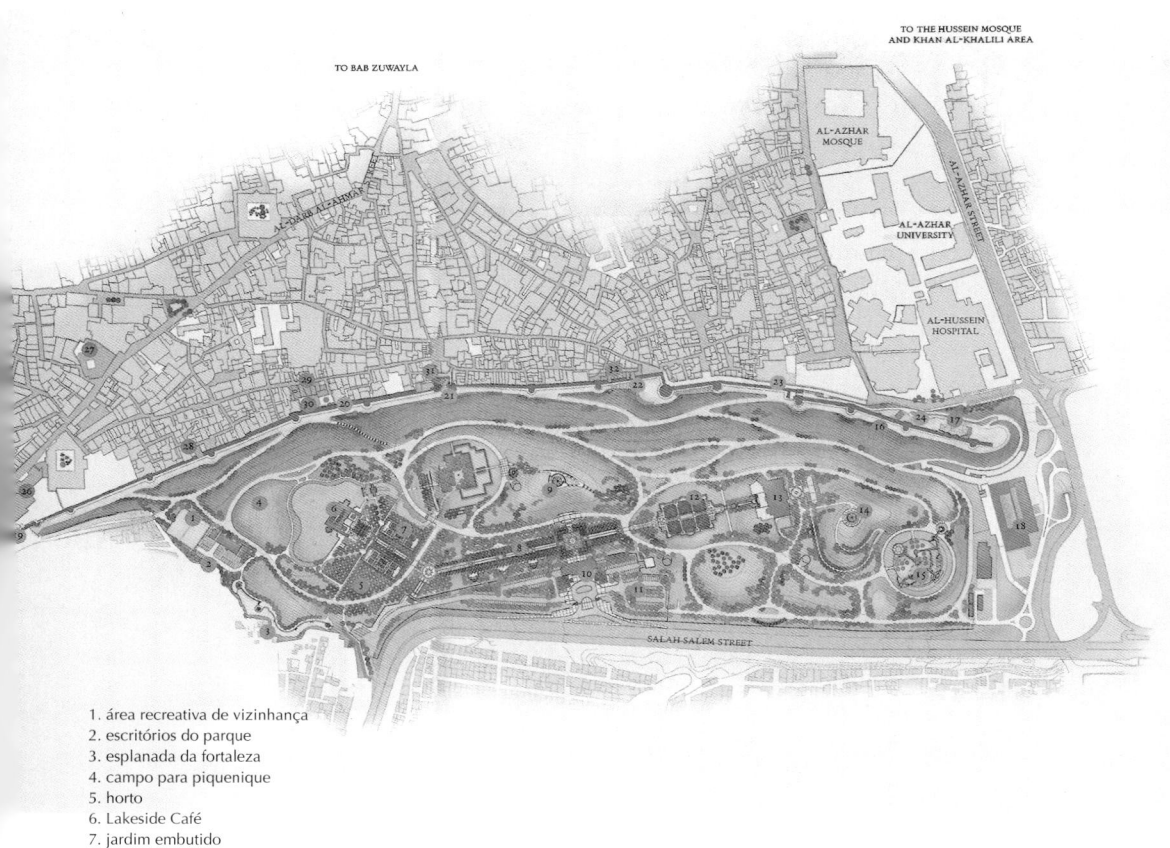

IX. Os países em desenvolvimento   421

1. área recreativa de vizinhança
2. escritórios do parque
3. esplanada da fortaleza
4. campo para piquenique
5. horto
6. Lakeside Café
7. jardim embutido
8. itinerário com palmeiras para procissão
9. mirante sul
10. entrada principal

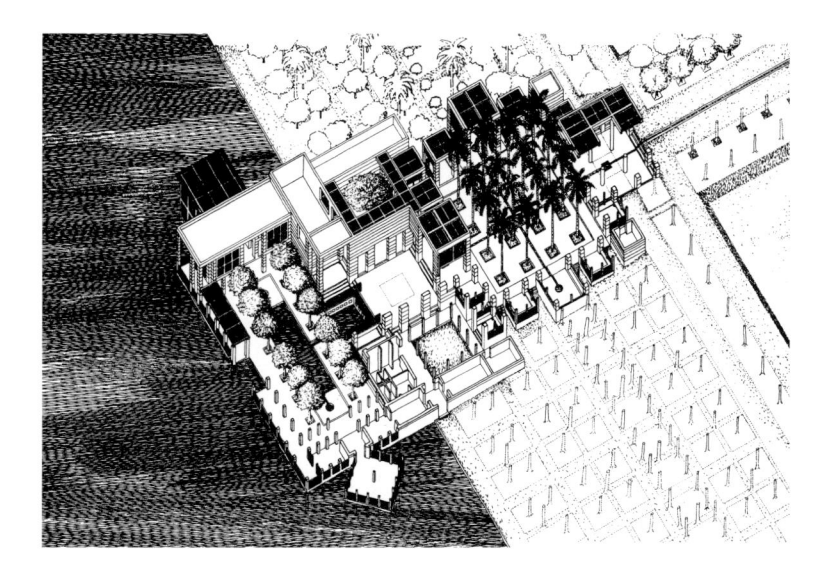

69 e 770. O projeto do novo parque e a axonometria do Lakeside Café, desenhado por Serge Santelli.

Fig. 771. O parque Al-Azhar em construção. No fundo, os principais monumentos, a fortaleza e a mesquita El A

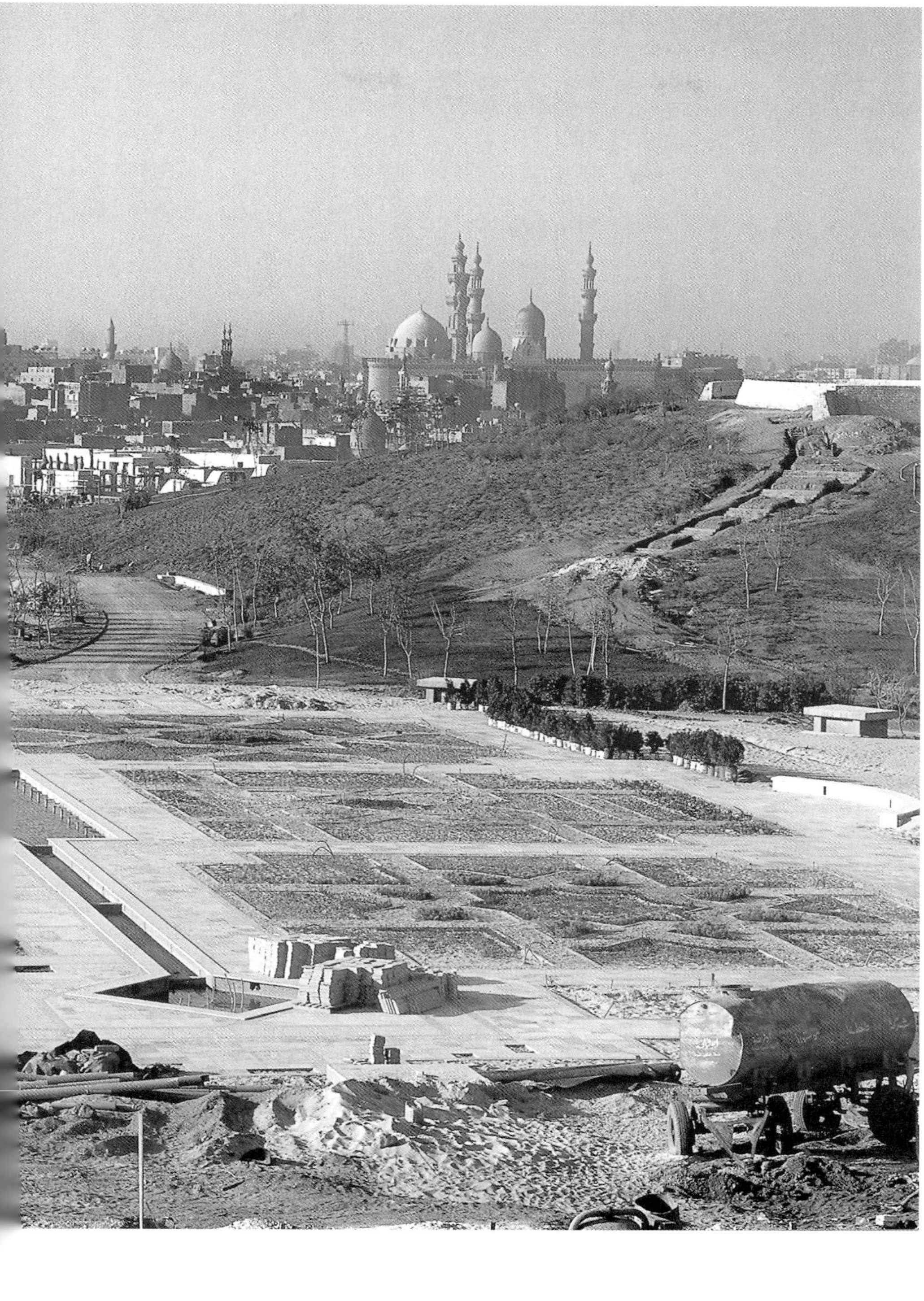

Fig. 772 e 773. Cairo, bairro Darb-el-Ahmar. Os trabalhos de restauração e saneamento no interior dos muros e uma representação do resultado a ser obtido.

IX. Os países em desenvolvimento

A desproporção entre essas intervenções limitadas e os enormes problemas da cidade, que é a maior metrópole do mundo islâmico e tem dezesseis milhões de habitantes amontoados em 350 quilômetros quadrados, alimenta uma viva discussão. A densidade paralisa o tráfego em boa parte do dia; a poluição aumenta. As tentativas de descentralização nos anos 80 criaram bairros-satélites para dois milhões de habitantes, não adequadamente servidos, que atraíram sobretudo os recém-imigrados do território, criando um deslocamento em vaivém cada vez maior em relação à cidade principal, que tem sete universidades, 3.600 escolas, 460 hospitais, o aparato de serviços próprio de uma capital e centenas de sítios arqueológicos visitados por turistas do mundo inteiro. A criação de uma nova capital administrativa, promovida por Sadat nos anos 80, não funcionou, e agora é novamente proposta por um dos urbanistas locais, Abbas El-Zaafarani. Outros — Hamad Abdallah e Mahmud Yousri — sustentam que não há mais tempo e que é preciso reformar a centralismo estatal.

Entre os últimos *Awards*, devem-se lembrar aqueles conferidos em 1998 aos programas de "revitalização" de outras cidades islâmicas: Indore, na Índia, Hebron, na Palestina, e, em 2004, a cidade velha de Jerusalém (fig. 774).

Fig. 774. O plano das intervenções programadas pelo Historic Cities Support para a cidade murada de Jerusalém, que exclui o bairro hebraico, ampliado por iniciativa do governo israelense.

4. O Extremo Oriente

a) A China

Pela grandeza de sua população e de seu território, a importância de sua cultura antiga — ainda que duramente abalada nos dois últimos séculos —, o impulso de uma direção política unificada que promove um crescimento econômico de dimensões jamais vistas, a China é o lugar em que hoje está em curso a mais grandiosa transformação do cenário físico.

Essa transformação mudou o passo há não mais de vinte anos. Aos fatores precedentes acrescenta-se uma velocidade extraordinária, sem par no mundo. Um julgamento abrangente sobre os últimos acontecimentos está fora do alcance deste livro. Descreveremos o desenvolvimento planejado da extremidade sul do continente, a transformação da área produtiva ao longo do rio Azul, em torno de Xangai, e a revitalização em andamento de Pequim.

A revalorização da área meridional inverte o arranjo consolidado no país nos últimos quinhentos anos, e está claramente relacionada à abertura para o mundo externo. Aqui estão colocadas duas das cinco *special economic zones* (SEC) promovidas pelo poder central.

Para o Pearl River Delta (PRD) — que compreende os dois assentamentos comerciais concedidos no passado aos portugueses e aos ingleses, Macau e Hong Kong — existe o estudo promovido em 1996 pela Harvard Design School, organizado por Chuihua Judy Chung, Jeffrey Inaba, Rem Koolhaas e Sze Tsung Leong, e publicado em 2001 com o título de *Great Leap Forward*. Está em andamento a realização das *special economic zones*, Shenzen e Zhuhai, dos dois lados do delta, destinadas a acelerar o crescimento em até 27% ao ano. Está previsto que os atuais doze milhões de habitantes se transformem em 34 milhões em 2020. Hoje, dois terços dos habitantes são transientes, que não têm ainda uma posição legal, uma residência e uma ocupação, mas formam uma reserva de trabalho flexível, indispensável para sustentar a velocidade do processo.

Rem Koolhaas escreve na Introdução:

> No último terço do século XX houve um grande aumento de compreensão da cidade tradicional. Empregamos para esse propósito as costumeiras inteligência e improvisação, e desenvolvemos um tipo de urbanística elástica, cada vez mais capaz de realizar uma condição urbana livre. Mas, nesse meio tempo, a Ásia está tomada por um impiedoso processo de desenvolvimento da construção civil, em uma escala que provavelmente nunca tinha sido vista antes. Um turbilhão de modernização está destruindo as situações existentes e criando uma realidade urbana completamente nova. A ausência, por um lado, de doutrinas universais plausíveis e a presença, por

IX. Os países em desenvolvimento

outro, de uma intensidade produtiva sem precedentes criaram uma condição única e premente: a urbanidade parece ser menos compreendida justo no momento de sua apoteose [...] A disciplina inteira não possui uma única terminologia adequada para discutir os fenômenos mais pertinentes e cruciais em seu âmbito, nem qualquer estrutura conceitual para descrever, interpretar e entender exatamente as forças que poderiam modificá-la. O campo está abandonado a "eventos" considerados indescritíveis, ou à criação de um idílio artificial em memória da cidade. Não há espaço entre o caos e a celebração [...]. *Great Leap Forward* é baseado no *fieldwork* desenvolvido pelos formandos da Harvard School of Design nos campos da arquitetura, da paisagem e do desenho urbano. Consiste em uma série de estudos inter-relacionados que, juntos, tentam oferecer um primeiro balanço das condições urbanas emergentes no PRD.

Esse estudo descreve uma nova condição urbana, que chamamos "city of exacerbated difference" (COED), e introduz uma série de termos *copyrighted*, como esboço de uma grade conceitual para descrever e interpretar a condição urbana contemporânea. A aparição do PRD, repentina como um cometa, e a atual "nuvem de incompreensão" que envolve sua existência e seu funcionamento provam a existência de universos paralelos e contradizem a equivalência entre globalização e conhecimento global.

Fig. 775. Uma das ilustrações iniciais do livro *Great Leap Forward* (2001).

Fig. 776. O primeiro plano para a Shenzen Economic Zone, redigido pelo Guangzhou Planning Institute em 1982: prevê um crescimento da população de trinta mil para oitocentos mil habitantes e o crescimento da área de três para sessenta quilômetros quadrados.

Fig. 777. O segundo plano, redigido pela China Academy of Planning de Pequim em 1985: prevê em quatro anos um crescimento da população para um milhão de habitantes e um crescimento da área para 122 quilômetros quadrados. As duas estimativas foram aumentadas em 1989 para 1,5 milhão de habitantes e 150 quilômetros quadrados.

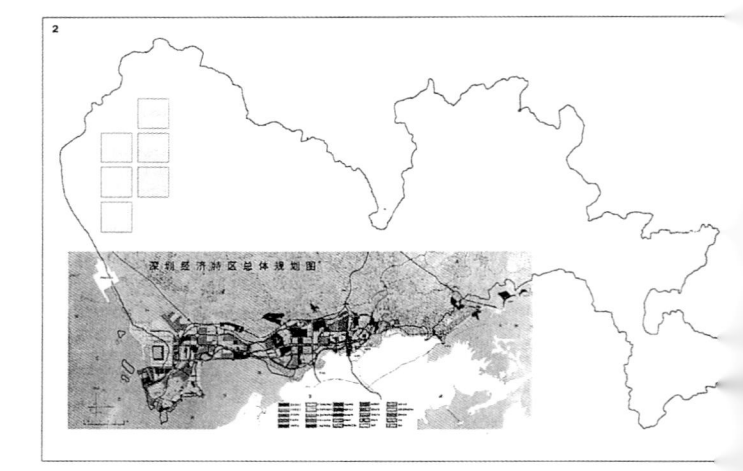

Fig. 778. O terceiro plano, preparado pelo Shenzen Institute of Urban Planning em 1996: a zona se torna uma "cidade", que em 1997 cobre 2.020 quilômetros quadrados e tem 3,8 milhões de habitantes. Os quadrados sobrepostos medem cada um vinte quilômetros quadrados.

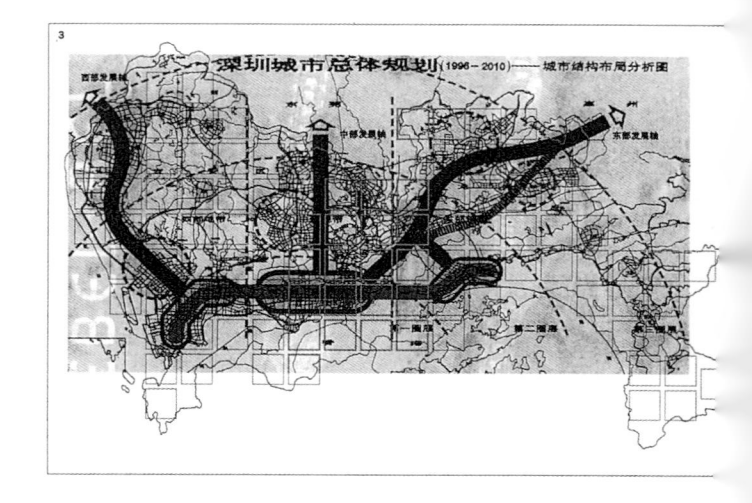

IX. Os países em desenvolvimento 429

O capítulo de Mihai Craciun sobre ideologia subdivide a trajetória chinesa em duas fases:

— *Red* até a morte de Mao Tsé-tung, em 1976. Em nosso campo se sucedem três tendências: *urbanism* até a ruptura com a URSS, em 1958, *de-urbanism* e *anti-urbanism*, durante a revolução cultural e a campanha anticonfuciana.

— *Infrared* sob Deng Xiaoping. A Open Doors Strategy abre-se à economia de mercado e às relações com a comunidade mundial. A dialética marxista é modificada por contribuições da doutrina filosófica e estratégica antiga: *ambiguity*, *merge* (fusão dos opostos), *streamlining* (fluidificação dos obstáculos), *bankrupt* e *corruption* incorporadas ao desenvolvimento como oportunidades de transformação.[6]

O capítulo de Nancy Lin sobre a arquitetura descreve o processo que emprega a precedente marginalidade dessa área (*neglect*), a inverte (*neglect reversal*) e constrói uma nova realidade de assentamento, caracterizada por algumas noções inovadoras: *chinese suburbia* (urbanização sem uma doutrina da cidade); *thinning* (cobertura da máxima extensão territorial com o mínimo de intervenções necessárias para gerar uma condição urbana); *scape*, nem cidade nem campo, mistura de elementos contrastantes, como na jardinagem histórica chinesa; o *picturesque* generalizado, que na percepção simultânea corrige e desmancha os conflitos exacerbados. Nessas condições, cresce a variedade e a redundância dos artefatos: em um mesmo edifício alternam-se doze tipos de *curtain wall*, em uma única sala empregam-se cinco sistemas de iluminação, multiplicam-se por todos os lados os restaurantes giratórios e os campos de golfe.

Todo o processo é sustentado pela extraordinária velocidade (*Shenzen speed*). A própria noção de arquitetura, exercitada sob uma pressão inédita de tempo e quantidade, é transformada, e inclui aquelas, habitualmente marginais, de abastecimento, de comodidade, lucro e status social. As grandes quantidades são percebidas como um valor (*more is more*), mas conduzem a deficiências de todo tipo (*more is less*). Os arquitetos chineses, que são um quinto dos americanos, projetam um volume de construções cinco vezes maior e recebem uma compensação dez vezes menor. Os arquitetos estrangeiros são empregados para as tarefas mais importantes, mas também para deixar no lugar modelos a serem imitados.

As grandes infra-estruturas necessárias para unificar a área do PRD, descritas no capítulo de Bernhard Chang, estão em curso desde os anos 90: uma nova rede de estradas, pontes e túneis, o raio de percursos navegáveis, sete aeroportos internacionais (fig. 779).

---

6. Também a noção e os métodos do Feng Shui, a doutrina geomântica tradicional, são reciclados no contexto do *Infrared*.

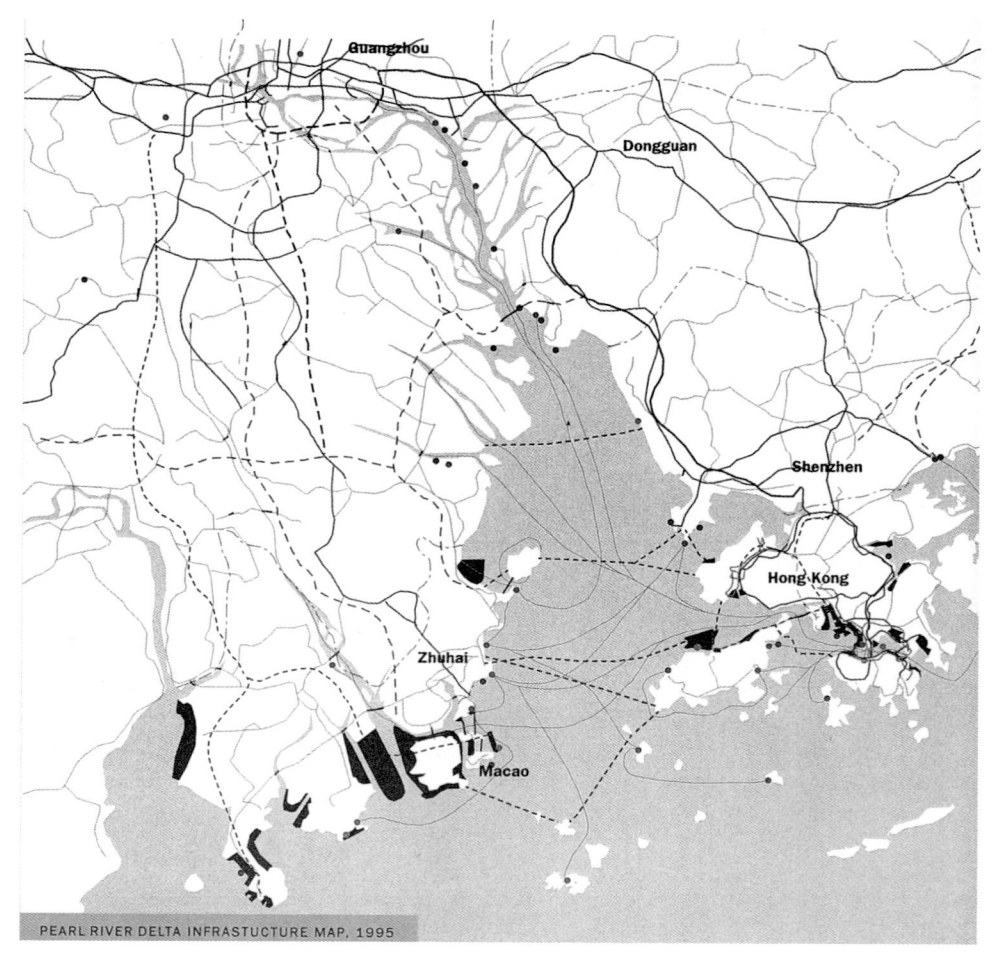

Fig. 779. As novas infra-estruturas do Pearl River Delta. Em preto, as áreas de *land reclamation* do mar.

No livro da Harvard School não é fácil distinguir a inteligente compreensão da nova realidade chinesa e o interesse em verificar o pensamento teórico inovador de Koolhaas e de seus alunos. Somente quando a urbanização do PRD estiver suficientemente avançada será possível um julgamento — provisório, em princípio — sobre sua natureza. Dos próprios chineses, não de seus hóspedes encantados ou desencantados, espera-se um esclarecimento confiável (não se devem esquecer alguns pareceres entusiasmados dos ocidentais para experiências anteriores claramente desastrosas, como a "revolução cultural" dos anos 1965-1969).

Na zona intermediária percorrida pelo rio Azul, que é a principal área produtiva chinesa há 1.500 anos, estão em curso outras transformações dramáticas. Na área acima das Três Gargantas, está sendo construída uma enorme represa, que irá mudar completamente a geografia dessa região da China. Logo abaixo, Chongqing, uma antiga capital, cresce excessivamente, e alcançou 32 milhões de habitantes. Perto da foz, Xangai, a metrópole costeira que se desenvolveu do final do século XIX em diante, se expande e se transforma, com a contribuição determinante de projetistas do mundo inteiro, e já se torna a interface entre a China e o resto do planeta. A aceleração do desenvolvimento, com as modalidades já descritas para a área meridional, combina-se aqui com uma multiplicidade caleidoscópica de componentes heterogêneos, e essa pluralidade, intencionalmente ligada às diversidades do ambiente mundial com o qual a nova China entra em competição, poderia se tornar outra característica original.

A cidade ocupa uma superfície de 6.340 quilômetros quadrados, e no início do século possui uma população de 14 milhões de habitantes. Um índice da transformação é a difusão dos arranha-céus, que vieram para substituir as velhas construções baixas: eram 149 em 1980, 956 em 1990 e 3.185 em 1999. Mas, em 1986, Xangai foi designada Cidade Histórica Nacional, e redigiu-se um "Plano de preservação para a cidade histórica" que vincula algumas centenas de edifícios individuais, 234 quarteirões e 440 grupos de edifícios, antigos e modernos.

Uma regulamentação profissional para os arquitetos chineses aparece somente em 1997, mas não basta para corrigir a pouca consideração social e tradicional. Os arquitetos estrangeiros são até agora os preferidos para aos encargos importantes, e a eles é pedido que representem as próprias tradições como contribuição ao caráter mundial que a cidade está assumindo: é a seqüência deliberada da internacionalidade promovida anteriormente pelas Concessões externas. Por esse conjunto de razões, as contribuições que chegam de todo o mundo ostentam aqui as suas diferenças, corrigidas superficialmente por uma homenagem convencional à tradição local e, quando muito, nivelada por uma queda de qualidade geral.

A projetação em escala urbanística, distinta dos planos reguladores das cidades e dos projetos executivos de intervenções individuais da construção civil, começa somente em 1995, e diz respeito ao desenho do setor Huang Pu (o distrito central da cidade, que inclui o Bund na margem do rio), devido ao escritório Helmut, Obata & Kassabaum. Seguem-se, nos anos 2000, os de Nanking Road (2000), de Century Avenue e do distrito Wanli, projetado por Arte Charpentier & Ass.

A pluralidade dos projetos da construção civil sobrepujou qualquer desenho geral; e, agora, às margens do rio cresceu uma selva de séries de objetos edificados heterogêneos, que competem buscando visibilidade com todo tipo de expediente. A torre de SOM, dignamente desenhada com sutis reminiscências "chinesas" no coroamento (fig. 781), domina provisoriamente com os seus 420 metros, mas poderá ser eclipsada pelo World Financial Centre do Kohn Pedersen Fox, que terá no topo uma lâmina perfurada por um grande círculo (fig. 784). Também as torres mais baixas são marcadas por algum ornamento vistoso.

Fig. 780. A zona central de Xangai fotografada em 2000.

Aos pés da agulha da televisão Oriental Pearl, que um dia já dominou todo o panorama urbano, o escritório municipal de arquitetura realiza, de 1994 a 1999, o Centro Internacional de Conferências, um edifício em estilo soviético ladeado por duas grandes esferas de vidro; uma delas, quando iluminada, mostra à outra margem um mapa da Ásia dominada pela China vermelha (fig. 781).

No campo da construção residencial apresentam-se algumas agências chinesas que constroem conjuntos de certa extensão.

O Shanghai Zhongfang Architectural Design Institute realiza, em 1996, sobre um terreno de quatorze hectares, o Ping Yang Village, um condomínio de média densidade com uma dupla rede de áreas de circulação para pedestres e para automóveis; o plano repete um número limitado de blocos de quatro a seis andares, agregados entre si de modo variado; os espaços livres são amplamente arborizados (fig. 782). Os Taopho Design Architects constroem, a partir de 2001, as "residências coloridas (*wangzhao*)": primeiramente, num terreno de 62 hectares na periferia, restaurando e repintando um complexo encalhado de blocos populares de seis andares (fig. 783). Essas intervenções de mão chinesa repetem obtusamente o modelo ocidental do prédio de apartamentos de vários andares, com escadas e elevadores.

IX. Os países em desenvolvimento

Fig. 781. Vista do bairro Pudong a partir da outra margem do rio Huang Pu. Aos pés da torre de televisão, a esfera do Centro Internacional de Conferências. Na extremidade direita domina a torre SOM.

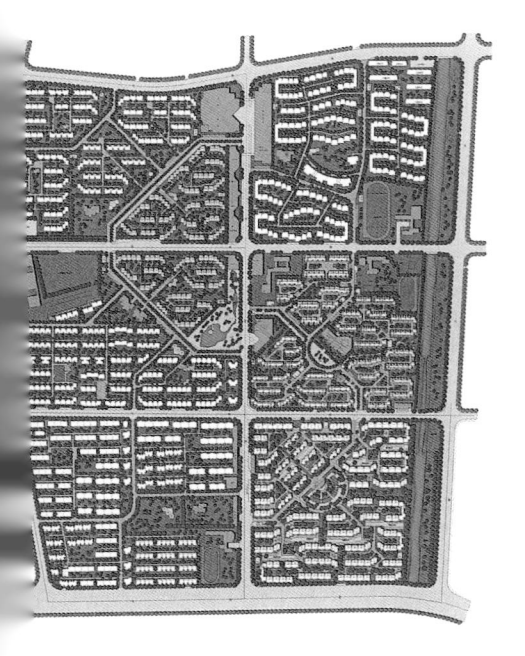

Fig. 782 e 783. O Ping Yang Village (1996) e o Wang-zhao Homestead (2001), dois dos primeiros complexos unitários de construção civil residencial.

Além dessas iniciativas executadas ou exeqüíveis, existem as propostas que o livro de Alan Balfour e Zheng Shiling, *Shangai*[7], classifica como "sonhos": o World Financial Centre do Kohn Pedersen Fox Associated (fig. 784); o Shangai Daewoo Business Centre de John Pormann & Ass., com um outro arranha-céu de 420 metros (fig. 785); duas versões para o Oriental Art Centre, de Paul Andreu e de Murphy-Jahn (fig. 786): alguns entre os vários desenhos em fila no caminho da fantasia à realidade.

Fig. 784-786. Três dos "sonhos", qüíveis ou não: o World Fina Centre, o Daewoo Business Cer o Oriental Art Centre.

---

7. A. Balfour e Z. Shiling, *World Cities, Shangai*, Nova Iorque, Wiley Academy, 2002.

IX. Os países em desenvolvimento

Em 2001, após uma renovação administrativa, muda a tendência das transformações de Xangai. É reavaliado o que sobrou da cidade tradicional, em particular das Concessões estrangeiras. Pede-se o aumento de áreas verdes e de árvores por todos os lugares. Tenta-se, sobretudo, conduzir uma parte do crescimento dessa cidade, que tem dezessete milhões de habitantes, com grandes intervenções projetadas unitariamente. Prepara-se um programa de concursos, denominado One City and Nine Towns, para a projetação de nove grandes assentamentos em torno de cem mil habitantes, cada um com um desenho inspirado em uma das nações européias. Pede-se virtualmente aos projetistas estrangeiros uma contribuição de ordem geral sobre a criação do ambiente urbano (a iniciativa é estendida ainda a outros lugares. Na China central, ao lado da antiga cidade de Zhengzhou está prevista a realização de uma nova cidade de 1,5 milhão de habitantes; o concurso internacional divulgado em 2001 é vencido pelo escritório Kisho Kurokawa Architects & Associated). A intenção ideológica e política é evidente. Não nasce da subordinação, mas antes da intenção hegemônica que já anima o desenvolvimento econômico e cultural da China. Invertendo a lógica das Concessões de um século atrás, quer reproduzir no interior da nova supercidade os melhores resultados alcançados nas cidades do mundo inteiro, como os antigos imperadores chineses que faziam copiar em seus parques os palácios de reinos conquistados.

Permanece enigmática a qualidade tipológica referida a cada uma das nações ocidentais. A condensação de uma herança histórica complexa em um paradigma extemporâneo era aplicada no passado pelos europeus na China e em muitas outras nações exóticas. Talvez os chineses estejam simplesmente invertendo, de seu ponto de vista, aquela operação. Por outro lado, para os estrangeiros presentes na China, coloca-se a tarefa de dar à resposta um conteúdo coerente com a cultura moderna. Pode-se passar das táticas instrumentais, úteis apenas para se conseguir as encomendas, a verdadeiras contribuições transmissíveis de uma cultura a outra?

Fig. 787. Uma vista noturna do bairro de Pujiang.

Até agora as táticas instrumentais prevaleceram. Não faltaram as imitações históricas desmedidas: foram reproduzidos castelos medievais, paisagens nórdicas, mediterrâneas, e assim por diante. Entre as respostas sérias, a mais promissora deve-se ao Gregotti Associati, que em 2001 venceram um concurso de idéias para a "cidade italiana" de Pujiang.

A área pré-selecionada, de quinze quilômetros quadrados, está na margem direita do Huang Pu, treze quilômetros ao sul do centro urbano. É uma área agrícola, com uma densa rede ortogonal de canais, habitada por cerca de cinco mil camponeses que a propriedade pública do solo e as instituições locais permitiram transferir prontamente a outros lugares. Colocou-se assim, em termos puramente físicos, o problema de transformar a tessitura rural em uma tessitura urbana. A regra romana e renascentista da grade ortogonal, na qual se reconheceu a afinidade com o clássico tabuleiro de xadrez chinês, foi assumida como modelo principal da composição urbana. Por conseqüência, a articulação planimétrica tornou-se predominante sobre a composição altimétrica (alguns edifícios de dez andares foram acrescentados em um momento posterior, para obter um aumento de densidade e um emergente sistema de orientação urbana).

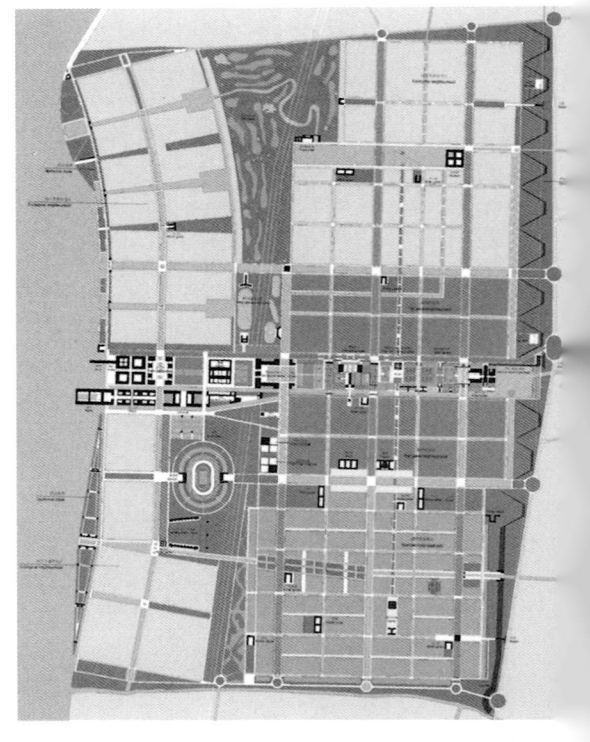

Fig. 788 e 789. Localização de Pujiang (embaixo, à direita) na área metropolitana de Xangai e planta geral da cidade, com a indicação das principais zonas de edificação.

As comunicações e os espaços públicos são assegurados por três redes complementares: ruas para a circulação de carros, vias para a circulação de bicicletas e pedestres, e canais navegáveis, que determinam uma hierarquia de recintos diferenciados para as diversas ofertas edilícias e especializações funcionais. Nas primeiras fases de projetação, estavam previstos ainda, para a edificação mais extensiva, alguns bairros de vilas isoladas com jardim, com os habituais traçados pitorescos; a seguir, foi estudado um tipo de "road-villa" de dois andares — um recinto fechado, circundado por um muro cego de 2,70 metros de altura para além do qual somente as janelas do andar superior têm vista — que se presta a ser integrado na tessitura ortogonal.

O confronto entre italianos e chineses desenvolveu-se rapidamente. O concurso com carta-convite para o projeto de idéias durou três meses: um mês e meio para a primeira redação, um encontro intermediário e outro mês e meio para a redação final. O plano diretor, como prevê o processo, é redigido pelo escritório público. Mas o comitente o considera diferente demais do projeto de idéias e pede uma colaboração mais estreita com os italianos. É nessa fase que nascem as formas mais importantes de confronto e colaboração entre as duas partes. Enquanto isso, aparecem os primeiros empresários privados, que se empenham em realizar um quarto da intervenção e abrem a fase da projetação da construção civil. Nos projetos (coerentes com os modelos planimétricos fixados) trabalham ainda cinco arquitetos italianos convidados. Os Gregotti Associati desenham e executam, em 2004, na principal rua de acesso a Pujiang, o Promotion Center: um amplo complexo revestido em granito, que propõe um estilo adequado para toda a intervenção (ver fig. 72).

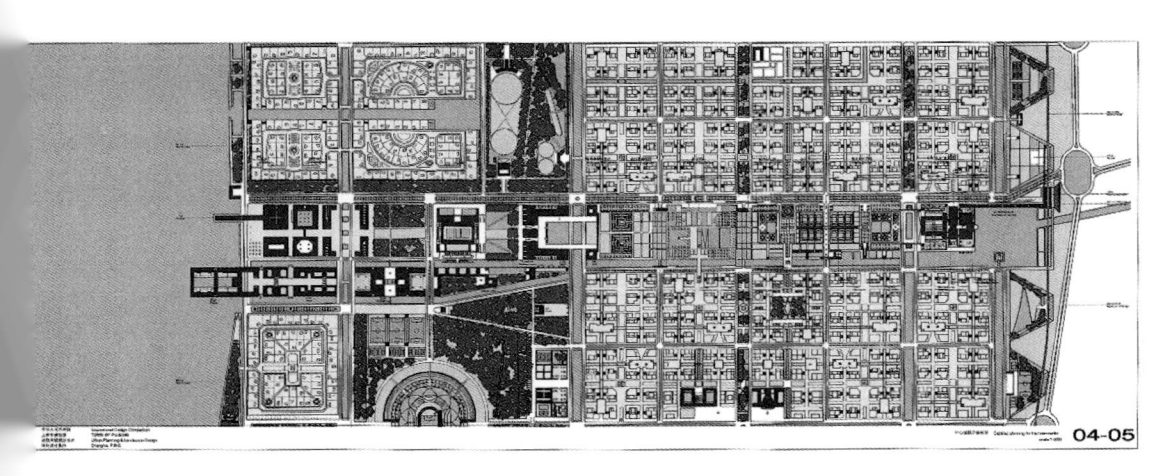

Fig. 790. Pujiang: a parte ocidental da faixa intermediária, com características de centro, que se volta para o rio Huang Pu. O Promotion Center, denominado "Palazzo Italia", é o último à direita da faixa.

O sucesso de Pujiang ajuda o escritório Gregotti Associati a vencer, logo depois, as competições para outras intervenções:

— em 2002, o plano diretor de Pujiang Village, um bairro residencial de cinco mil moradias de elevada qualidade, em uma área de quatro quilômetros quadrados ao longo do rio Huang Pu, um pouco acima de Pujiang. Aqui a orientação espacial dos limites e a magnitude do contorno em verde sugeriram uma constelação de "sub-villages" em tessitura ortogonal, cruzadas entre si e imersas em uma paisagem informal. Entre os tipos de construção, a *villa* urbana já experimentada, a casa geminada ocidental e também o recinto que compreende várias moradias individuais, de acordo com a tradição chinesa dos *hutong* (fig. 791-793);

Fig. 791-793. A área denominada Pujiang Village. Vista, planta geral e um detalhe da construção (maquete).

IX. Os países em desenvolvimento

— ainda em 2002, juntamente com o parceiro chinês Thape, a restauração e renovação da antiga Concessão inglesa na área Wai Tan Yuan, que inclui o restauro de alguns edifícios monumentais, a remodelação das margens e uma gama de novas arquiteturas, que formam o primeiro trecho do passeio histórico de Xangai, o Bund;

— em 2003, ainda com Thape, o plano diretor de toda a faixa do Bund, que pretende conservar para essa parte do centro de Xangai a sua composição tradicional, bem diferente da completa transformação realizada em Pudong na outra margem do Huang Pu. A renovação diz respeito à já prevista colocação subterrânea da rua costeira, ao redesenho do passeio sobre o dique de proteção e das quatro ligações com a área interna, e à formação de quatro novas praças protegidas por diques móveis. A frente de edificações compreende restauros, reestruturações e novos edifícios correspondentes às exigências atuais (fig. 794).

Fig. 794. Vista geral do Bund.

O concurso para a recuperação de Tien-tsin, a antiga Concessão italiana que continuou a funcionar, parcialmente, durante a guerra, foi vencido por um grupo francês, mas, durante a elaboração do plano diretor, a sociedade pública encarregada de gerir a operação pede ao Gregotti Associati uma colaboração projetual, posta em prática ainda em 2004. A intervenção exige restauros, reestruturações e novas edificações, e visa preservar também uma marca italiana, que hoje parece datada e por isso digna de tutela.

O aspecto bem-sucedido dessa trajetória é a continuidade projetual entre os concursos e as fases seguintes: a redação dos planos urbanísticos — planos diretores e detalhamentos dos planos executivos —, dos modelos para os projetos de construção e dos próprios projetos de construção. Funcionam os critérios metodológicos do escritório Gregotti, a opção por desenvolver os papéis predispostos e a inteligência de Augusto Cagnardi ao concluir no local essas experiências.

Cagnardi levara a termo, entre mil vicissitudes, o plano de Turim, em uma conjuntura administrativa talvez mais exótica e complicada do que a chinesa, e foi excluído cedo demais do hesitante processo executivo. Em Xangai — onde, entre projetação e execução há uma passagem imediata, inimaginável na Itália —, ele administra, até agora com sucesso, a relação com as instituições e os operadores locais, que é de ordem pedagógica, além de profissional, e, desse modo, entra no processo de modernização da cultura arquitetônica chinesa. Provavelmente o atraso tecnológico é o aspecto efêmero da China atual. A envergadura cultural é o recurso importante que está emergindo, e exige dos colaboradores estrangeiros um confronto empenhado.[8]

Beijing (Pequim), a capital histórica da dinastia Yuan em diante, já teve um crescimento e um planejamento urbanístico importantes após a queda do Império e nos primeiros anos da República Popular.

A parte monumental — o recinto da Cidade Proibida e o eixo norte-sul, que se prolonga através da cidade antiga até o cinturão murado — já está englobada em uma nova cidade muito mais ampla. Diante da junção dos eixos foi aberta a vasta praça Tien-An-Men, centro representativo do governo popular. Ao redor dos bairros de origem antiga — os *hutong*, formados por casas térreas reunidas em torno de pátios e acessados por ruazinhas para pedestres — formou-se um tecido heterogêneo de edificações dispostas no alinhamento da rua, com ruas largas anteriormente repletas de bicicletas. Esse arranjo funcionou até que seu desenvolvimento tornou-se lento. O progresso econômico o colocou em crise, provocando uma transformação posterior com edificações desvinculadas das frentes das ruas e sem limites de altura (somente no entorno imediato da Cidade Proibida permanece uma proibição legal).

Enquanto a cidade tradicional está sendo destruída, nasceram os primeiros programas para salvar a parte remanescente dos *hutong*, que se comparam favoravelmente aos edifícios recentes de cunho ocidental. Nos anos 80, o professor Wu Liangyong da Universidade de Tsinghua estuda os *hutong* do bairro Ju'er e os encontra superlotados, congestionados, privados de serviços e expostos às inundações, de modo que o plano diretor municipal prevê conservar na cidade apenas 3% do milhão de residências tradicionais. A equipe universitária que projetou a transformação do bairro (fig. 795-798) opta pelo insensato compromisso de conservar uma pequena parte dos pátios antigos térreos e de substituir os outros — degradados demais, sujeitos às inundações, e assim por diante — por novos pátios de três andares.

---

8. Em 2004, o escritório da Xangai Expo, prevista para 2010, anuncia que o grupo Ove Arup-Richard Rogers Partnership foi classificado em primeiro lugar no concurso para essa iniciativa. Ove Arup, que hoje é uma organização com mais de sete mil funcionários e setenta escritórios em trinta países, está presente na China há trinta anos, tem escritórios em Xangai, Pequim, Macau e Shenzen, e executou mais de trezentos projetos (95 somente em Xangai).

IX. Os países em desenvolvimento

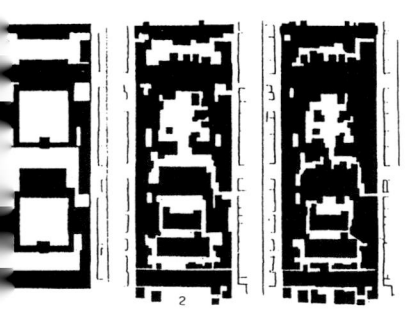

795-797. Pequim: a transformação de um [bairr]o de *hutong* estudada nos anos 80.

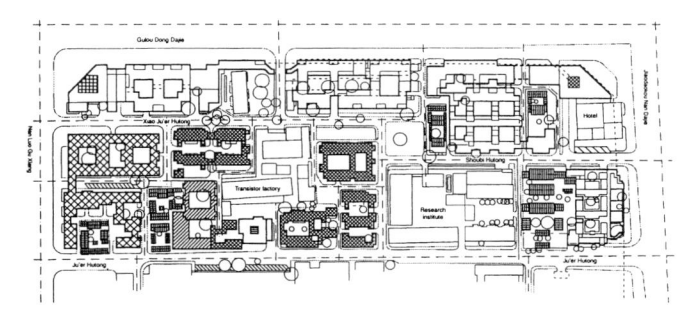

798. O plano urbanístico dos anos 80 [de] Pequim.

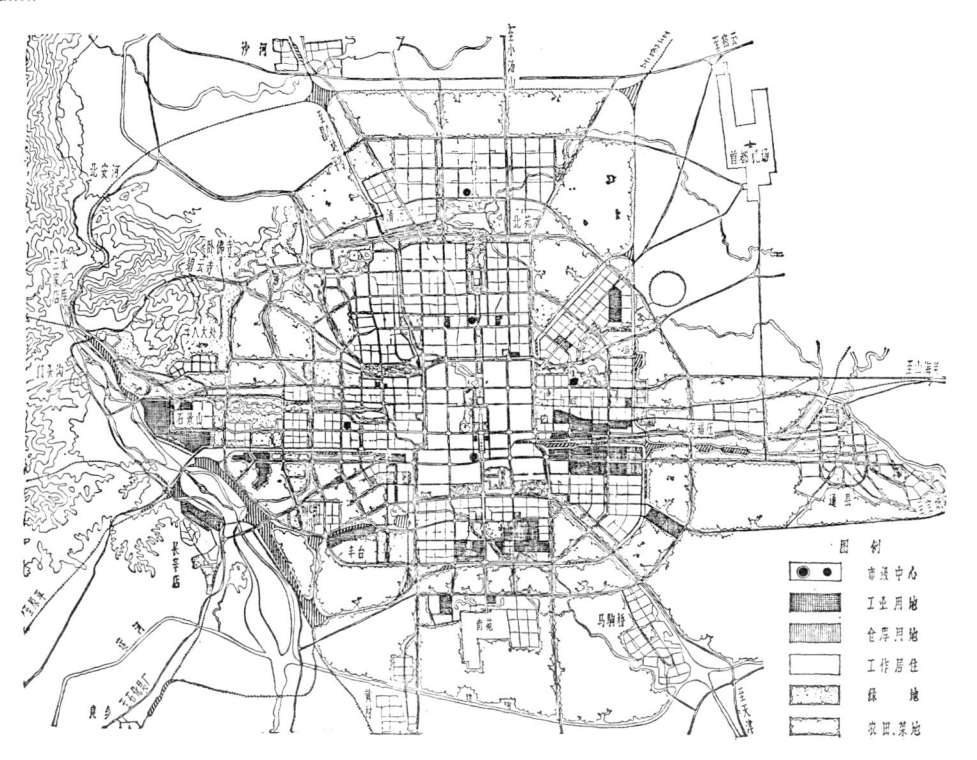

A capital de hoje é uma enorme cidade com um halo de ruas de escoamento rápido e cinco artérias concêntricas de dez pistas de rodagem, pontilhadas por interligações sobrelevadas. Para corrigir a paisagem construída, há um programa de parques e jardins: foram arborizados até agora 2.670 hectares; está prevista a realização, nos próximos cinco anos, de três cinturões verdes, mil quilômetros de alamedas ao longo das ruas, ferrovias e canais, e 24 mil hectares de bosques no interior do quarto anel viário.

A previsão das Olimpíadas de 2008 em Pequim coloca em ação uma nova renovação geral da cidade. O parque olímpico, onde estão sendo construídas as instalações esportivas, fica ao norte da cidade, a grande distância do centro, e exige ampla renovação das ligações estradais e ferroviárias. Em 2003, as autoridades chinesas encomendam um novo plano geral a Albert Speer Jr., que é arquiteto como o pai, possui um grande escritório em Frankfurt e já trabalhou para muitos governos estrangeiros, na Líbia, na Argélia, na Arábia Saudita, na Nigéria e no Iêmen. O projeto, divulgado no início de 2003, prevê prolongar o eixo histórico para o sul até dezesseis milhas [25,75 quilômetros], e organizar a ampliação urbana dos dois lados. O eixo atravessará o parque olímpico desenhado pelo Sasaki Associates americano e pelo parceiro chinês Tianjin Huahui, vencedores do concurso internacional de 2002, e terminará em um jardim de dois mil hectares com um lago de forma livre (fig. 799).

O projeto é discutido nos jornais europeus e comparado ao de Berlim, desenhado pelo pai de Speer para Hitler. Speer rejeita essa comparação e declara ao *Times*:

> As comparações com meu pai infelizmente são inevitáveis, mas meu projeto não pode ser confundido com o dele. O que estou procurando fazer em Pequim é transportar uma velha cidade de dois mil anos para o futuro e, ao mesmo tempo, preservar os cenários históricos no centro antigo. Proponho uma nova estação ferroviária central, uma nova via de acesso ao sul e uma ampliação ecologicamente correta.[9]

Os comitentes chineses estão satisfeitíssimos: "Os desenhos de Speer coincidem com os desejos do governo municipal. O Feng Shui do eixo central é muito bom. Para nós não interessa a origem de Speer, mas nos desagrada que os outros o compreendam mal."[10]

Em 2004, é iniciada uma nova competição internacional para o planejamento da praça Tien-An-Men e seus edifícios representativos, então fora de escala no novo cenário. Enquanto isso, muitos entre os mais famosos arquitetos ocidentais já estão trabalhando para projetar as novas obras públicas.

---

9. *The Times*, Londres, 14 de fevereiro de 2003.

10. Ibidem.

IX. Os países em desenvolvimento

Foster & Partners juntamente com o grupo holandês NACO, especializado em construções aeroportuárias, e com Ove Arup, recebem, em 2003, o encargo de projetar o novo aeroporto, anunciado como "o maior do mundo", mas também "excitante e colorido, com as tradicionais cores chinesas, o vermelho e o amarelo".[11]

Ainda em 2003, Herzog & De Meuron, em associação com o parceiro local China Architecture Design & Research Group, arrematam o concurso para o estádio olímpico. O OMA vence em 2004 o concurso para o centro de telecomunicações CCTV, uma construção colossal de 550 mil metros cúbicos.

Fig. 799. Uma imagem do parque olímpico em Pequim, com o estádio de Herzog & De Meuron.

Nos outros países asiáticos, que, em medida variada, compartilham com a China o rápido desenvolvimento econômico, falta — para o bem e para o mal — uma direção política comparável. As diferenças, positivas e negativas, manifestam-se também em nosso campo. Os "tigres" asiáticos recentes — a Coréia, a Malásia e Taiwan — modernizam-se em ritmos pouco menos acelerados, com consideráveis desequilíbrios. As duas cidades-Estado, Hong Kong e Cingapura, empreenderam há algum tempo um desenvolvimento autônomo, desproporcional à sua magnitude territorial e baseado na localização estratégica, que torna gradualmente secundária a antiga hibridação anglo-asiática. A Índia, onde falta uma aceleração artificial e planejada das mudanças, vive uma transformação não menos dramática; as tradições do passado se cruzam com os desenvolvimentos modernos e oferecem critérios parciais mas duráveis de comportamento também em nossa área. A Indonésia mal saiu de uma prolongada crise política e começa a cultivar seus imensos recursos.

---

11. No web site de Foster Associated: www.fosterandpartners.com. Ver também: http://wirednewyork.com/forum/showthread.php?t=3756; http://arkitectos.blogspot.com/2006/11/national-stadium-beijing-herzog.html

b) A Índia

O subcontinente meridional, diferente de qualquer outra região do mundo, exige um discurso à parte. O mosaico das tradições antigas foi unificado somente pela conquista inglesa. A União Indiana, depois da independência alcançada no pós-guerra e da secessão dos territórios islâmicos, conserva em boa medida a infra-estrutura técnica, administrativa e civil da colonização (por ironia da história, o maior empreendimento arquitetônico dos dominadores, Nova Déli, a capital imperial desenhada em 1913 com a contribuição dos melhores projetistas britânicos, mal é terminada e já se torna a sede do governo nacional indiano).

O primeiro-ministro Nehru, que governa o país de 1947 a 1964, aprecia a contribuição de Le Corbusier em Chandigarh como um estímulo inovador, independente da avaliação específica de sua obra. Em um seminário sobre arquitetura em 1959, Nehru declara:

> Acolhi com muita simpatia na Índia uma grande experiência que vocês conhecem bem: Chandigarh. Sei que é muito discutida. Agrada a alguns, a outros não. Mas que agrade ou não a vocês é completamente secundário; importante é que os faça pensar. Até os transtorna, mas os faz pensar, absorver idéias novas. É o que a Índia e os indianos mais precisam em tantas áreas: receber pancadas na cabeça que os obriguem a pensar.[12]

Essa expectativa foi confirmada mesmo depois das dificuldades e dos resultados parcialmente negativos da iniciativa. O velho mestre deu o melhor de si mesmo, interpretando de seu ponto de vista as características do lugar e as expectativas dos destinatários; assim abriu com os colaboradores e os colegas indianos um confronto fecundo.

As pessoas que trabalharam em Chandigarh com o mestre, europeus e indianos, têm uma parte considerável nos acontecimentos seguintes. Maxwell Fry e Jane Drew ficam por muito tempo no local para projetar os edifícios públicos e privados da nova cidade. Os jovens aprendizes indianos são marcados profissional e humanamente por essa experiência.

BALKRISHNA DOSHI (1927-), que estuda na Escola de Arte Estatal de Bombaim com o professor tradicionalista Claude Batley, faz o seu aprendizado com Le Corbusier no canteiro de obras e no escritório parisiense da rue de Sèvres; a partir de 1954, volta à Índia para continuar a execução dos edifícios de Ahmedabad, e inicia por conta própria um estudo original das tradições, das exigências e possíveis metas

---

12. *Spazio e Società*, n. 38, Milão, abril-junho de 1987, p. 46.

IX. Os países em desenvolvimento

da arquitetura indiana. A partir de 1962, colabora com Louis Kahn para a realização de seus projetos indianos em Dacca. Os modelos oferecidos pelos dois ilustres visitantes são repetidos passivamente por muitos imitadores, mas para um número muito maior de arquitetos, já notórios ou principiantes, agem justamente como "pancadas na cabeça", e mantêm o debate em nível elevado no imenso país.

Já nos anos 50, Doshi realiza uma síntese original entre a contribuição européia e as exigências locais sedimentadas no riquíssimo patrimônio tradicional. A escala métrica do Modulor, determinada pelas medidas do corpo humano, lhe permite dominar tanto os fantasiosos organismos distributivos das casas individuais (a casa para a sua família, 1959-1961, e as próximas, para os amigos e parentes), quanto os assentamentos coletivos, sujeitos ao duplo confronto com os imutáveis fatores climáticos e com as complicações geométricas dos monumentos Gupta e Moghul (o primeiro, de 1959, para os funcionários do ATIRA em Ahmedabad, e os muitos outros construídos a seguir; fig. 802 e 803).

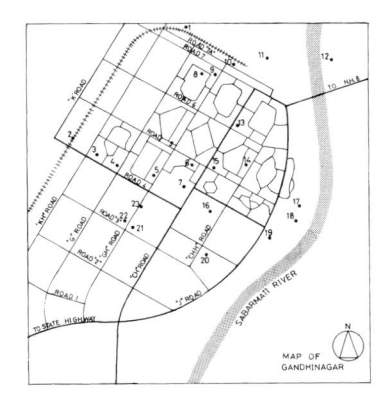

Fig. 800 e 801. O Hotel Akbar, em Déli, e o plano urbanístico da cidade de Gandhinagar: dois exemplos de imitação direta de Le Corbusier.

802 e 803. Dois projetos de Doshi quando iniciante: a casa a sua família e um conjunto residencial para a Gujarat State izers Co., de Baroda.

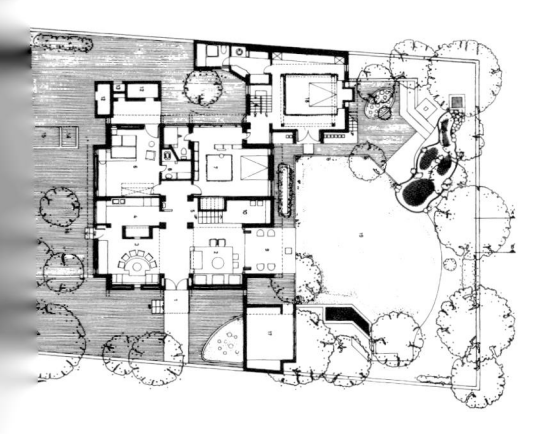

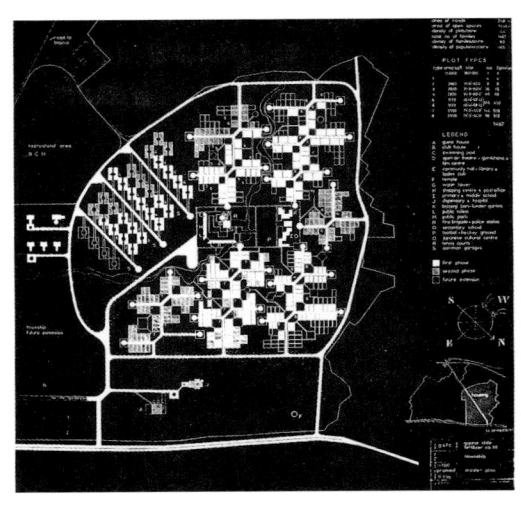

Antes ainda da chegada de Le Corbusier, Nehru envia alguns jovens arquitetos para estudar nos Estados Unidos, entre os quais Achyut P. Kanvinde, antigo colega de escola de Doshi, que se forma em Harvard com Gropius e realiza importantes trabalhos em sua pátria. O americano Joseph Allen Stein (1912-2001), que estuda com Eero Saarinen e trabalha com Richard Neutra na Califórnia, se estabelece na Índia em 1954; é o projetista do Centro Internacional, dos edifícios da Ford Foundation e da ONU no bairro Lohdi de Nova Déli, realizados com tecnologias muito avançadas. Outro protagonista da cultura arquitetônica indiana, Charles Correa (1930-), estuda na Europa, volta para a Índia nos anos 60 e inicia uma ampla atividade até se tornar, nos anos 70, responsável pelo planejamento urbano de Bombaim[13]; continua, por muitos anos, a projetar com mão leve uma série de edifícios exemplares: o Museu Jawahar Kala Kendra, em Jaipur, que repete o mandala adotado para a fundação da própria cidade no século XVIII (fig. 816 e 817), e, entre os últimos, o Museu Nacional do Artesanato de Nova Déli (1995; fig. 806 e 807).

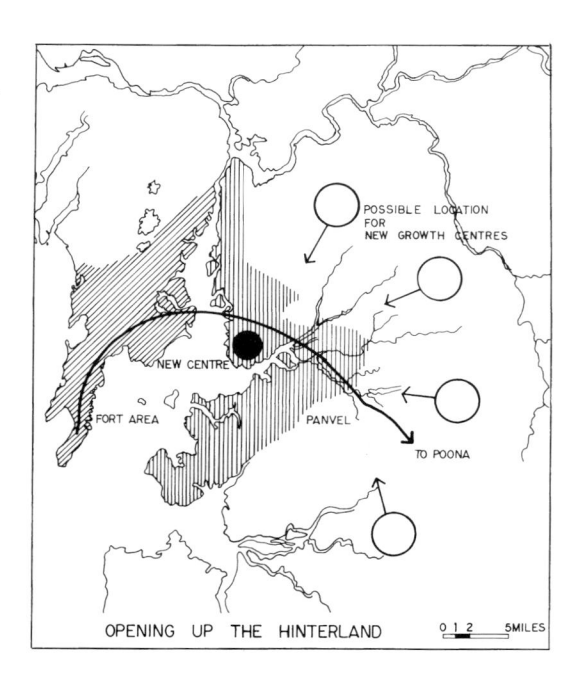

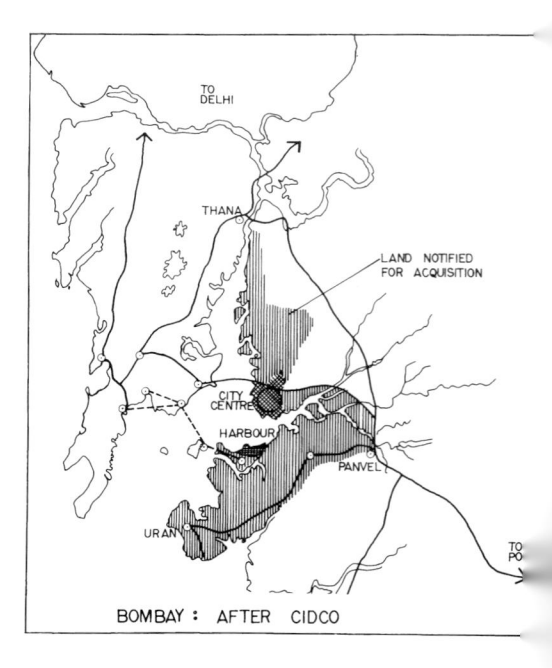

Fig. 804 e 805. As propostas de Correa para o planejamento de Bombaim. Até 1965, os limites municipais compreendiam a península que inclui a baía e uma vasta área interna ao norte. Correa propõe, em vez disso, um desenvolvimento para o leste, ao longo de todo o contorno da baía, e a realização de um novo centro na margem oposta. Todas as áreas destacadas no segundo desenho deviam ser adquiridas pela administração pública.

---

13. Ibidem, p. 14-15.

IX. Os países em desenvolvimento

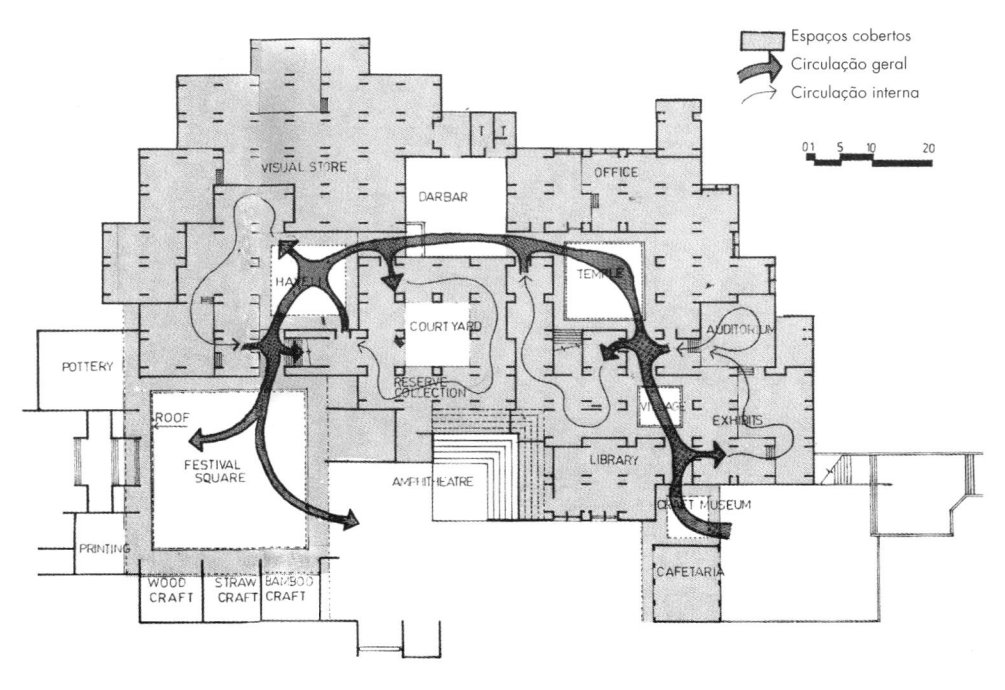

Fig. 806 e 807. O Museu do Artesanato em Nova Déli.

Após os anos 70, em sintonia com o debate internacional da época, multiplicam-se as experiências para incluir na construção civil residencial os materiais e modelos "pobres": edifícios baixos e contíguos, que definem pátios internos e caminhos de pedestres sombreados. O crescimento demográfico e a decolagem econômica, que, entre mil dificuldades, acontecem na continuidade do quadro democrático, encontram uma crise especial em nosso campo, mas também recursos culturais adequados e autônomos. Nos anos 90, Doshi constrói o elegantíssimo edifício para seu escritório de arquitetura (Stein-Doshi-Balla) em um ambiente idílico protegido da dramática crise urbana do país (fig. 808 e 809), e elabora sua última contribuição para esse fenômeno, o projeto da nova cidade para oitenta mil habitantes que está sendo construída no deserto do Rajastão, perto de Jaipur (fig. 818-820).

Fig. 808 e 809. O escritório de arquitetura de Stein, Doshi e Balla, em Sangath.

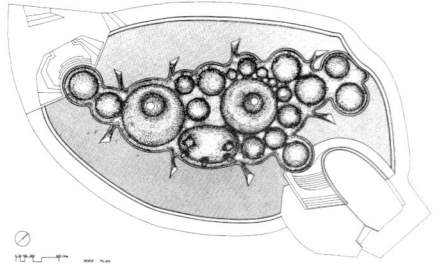

Fig. 810-812. O edifício subterrâneo ("Gufa") de M. F. Hussein, em Ahmedabad: planta, vistas externa e interna.

IX. Os países em desenvolvimento   449

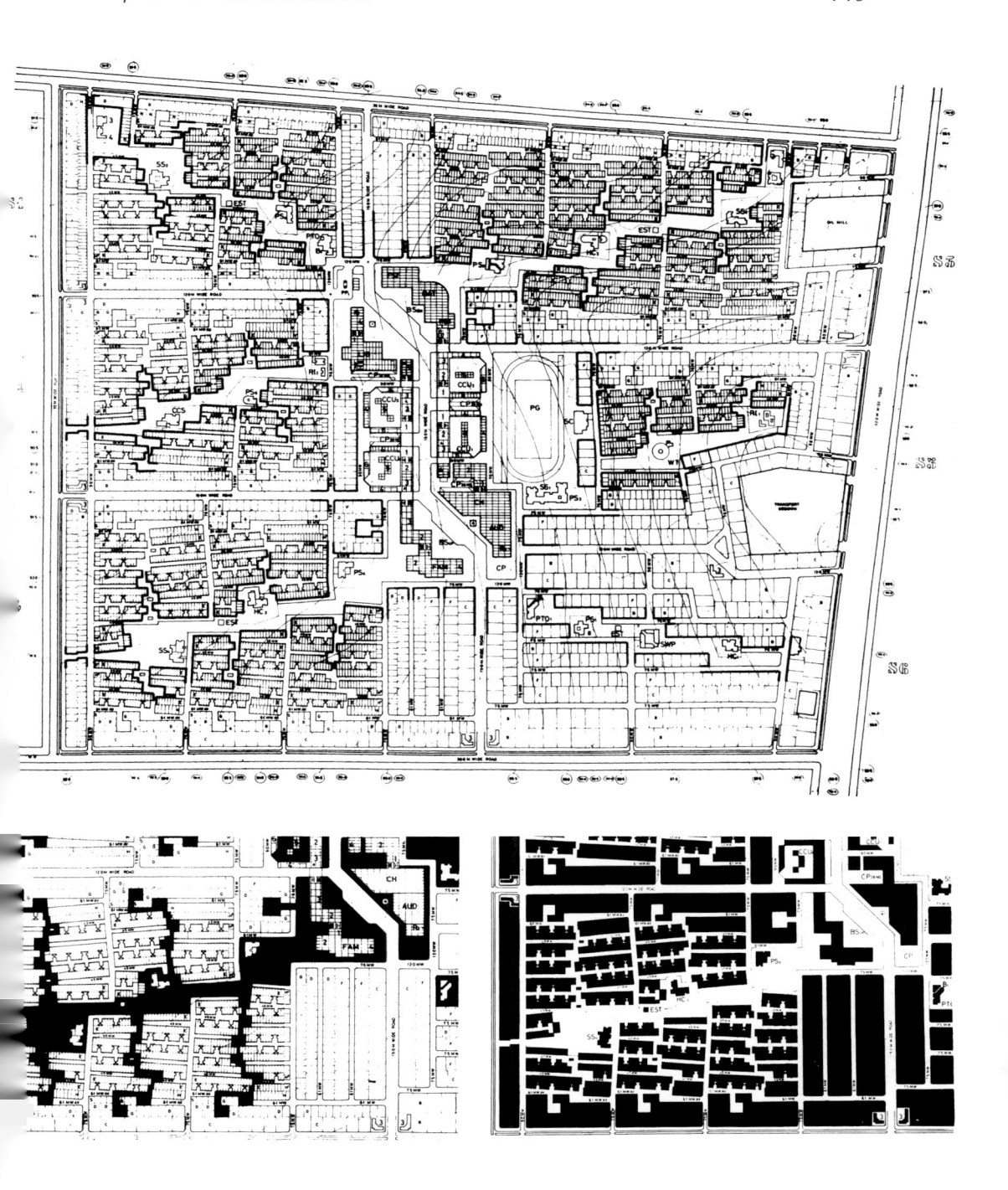

Fig. 813-815. O assentamento residencial misto projetado por Doshi para a Entidade de Desenvolvimento de Indore. Os dois desenhos inferiores comparam os espaços para circulação de pedestres e para as construções, ambas marcadas em preto.

450   *A arquitetura no novo milênio*

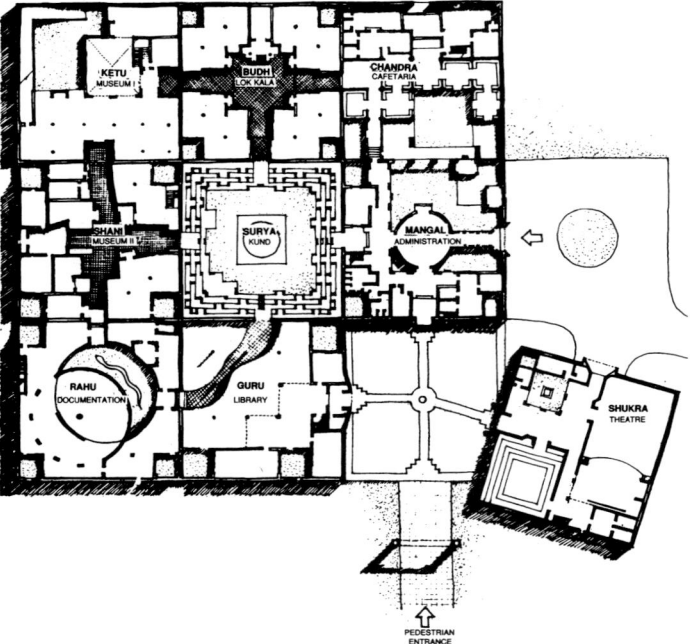

Fig. 816 e 817. O Jawaharlal Kala Ke[ndra,] museu projetado por Correa em Jaipu[r em] memória de Nehru. A planta do edif[ício é] baseada no mandala indiano e repro[duz o] plano urbanístico da própria cidade, [fun]dada no século XVIII.

IX. Os países em desenvolvimento

318-820. A cidade satélite para oitenta mil habitantes nhada por Doshi no deserto próximo a Jaipur.

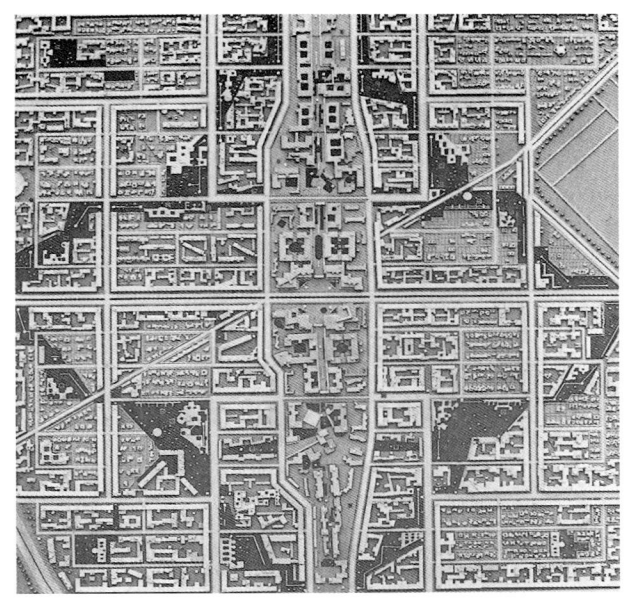

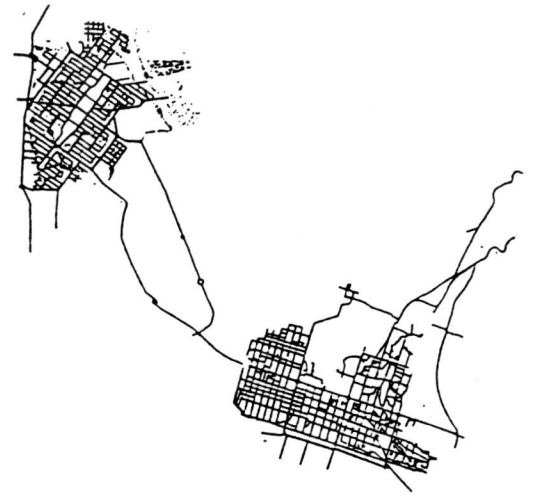

Essa trajetória, descrita em tópicos sumários, distingue, em nosso campo, a situação da Índia em relação aos outros países asiáticos. Existe uma séria e articulada tradição local, ligada ao contexto internacional e consciente da riquíssima história passada. Nem a política nem a cultura têm atalhos preparados para resolver as graves dificuldades da modernização de um país com mais de um bilhão de habitantes. Juntamente com os erros, aparecem os remédios, múltiplos, inteligentes e sem *copyright*.

No Sri Lanka, que em 1972 torna-se independente da administração inglesa, acontece um encontro mais restrito, mas do mesmo gênero, entre tradição e modernização.

Em 2003, morre GEOFFREY MANNING BAWA (nascido em 1919), o principal arquiteto daquela jovem nação. Depois de uma fase de atividade amadora, enquanto exercita a profissão legal, diploma-se na Architectural Association de Londres em 1957, e, partir de então, desenvolve uma vasta atividade de arquiteto e paisagista em Colombo. De 1959 a 1967, colabora com o dinamarquês Ulrich Plesner e, em seguida, com o engenheiro cingalês K. Poologasundram, que compartilham com ele o interesse pelas tradições artísticas e construtivas do país; depois de 1980, trabalha com um pequeno grupo de jovens arquitetos que seguem suas indicações. Nas residências, nos locais de trabalho e nas acomodações turísticas experimenta e aperfeiçoa as combinações especiais de ambientes de vida abertos e fechados permitidas pelo clima e pelos hábitos locais. Seu propósito de fusão entre arquitetura e paisagem, entre interior e exterior, o vincula a uma das linhas mais atuais da arquitetura mundial, e é melhor testemunhado em suas duas residências pessoais: o parque em Lunuganga, que Bawa passou cinqüenta anos modificando e ampliando, e a casa em Colombo, na Bagatelle Road: quatro pequenos bangalôs ligados por um conjunto de pátios e galerias, ao qual foi acrescentada uma torre que ultrapassa as coberturas circundantes e, de longe, tem vista para o oceano.

Em 1979, o presidente Jayawardene o encarrega de projetar o novo Parlamento do Sri Lanka a oito quilômetros de Colombo. Ali, de um terreno pantanoso, Bawa faz um lago artificial com uma ilha no centro, onde os edifícios governamentais são distribuídos com pitoresca liberdade (fig. 821-823). Os últimos trabalhos (entre os quais um outro grande assentamento público, a Universidade Ruhuna, em Matara; fig. 825 e 826, e uma série de hotéis) aparecem nas revistas do mundo inteiro. Recentemente, foi publicado um livro sobre toda a sua produção.[14] Recebe em 2001 o prêmio Aga Khan pela carreira, durante a qual educou e estimulou parte da geração seguinte de arquitetos.

---

14. D. Robson, *Geoffrey Bawa — The Complete Works*, Londres, Thames & Hudson, 2002.

IX. Os países em desenvolvimento

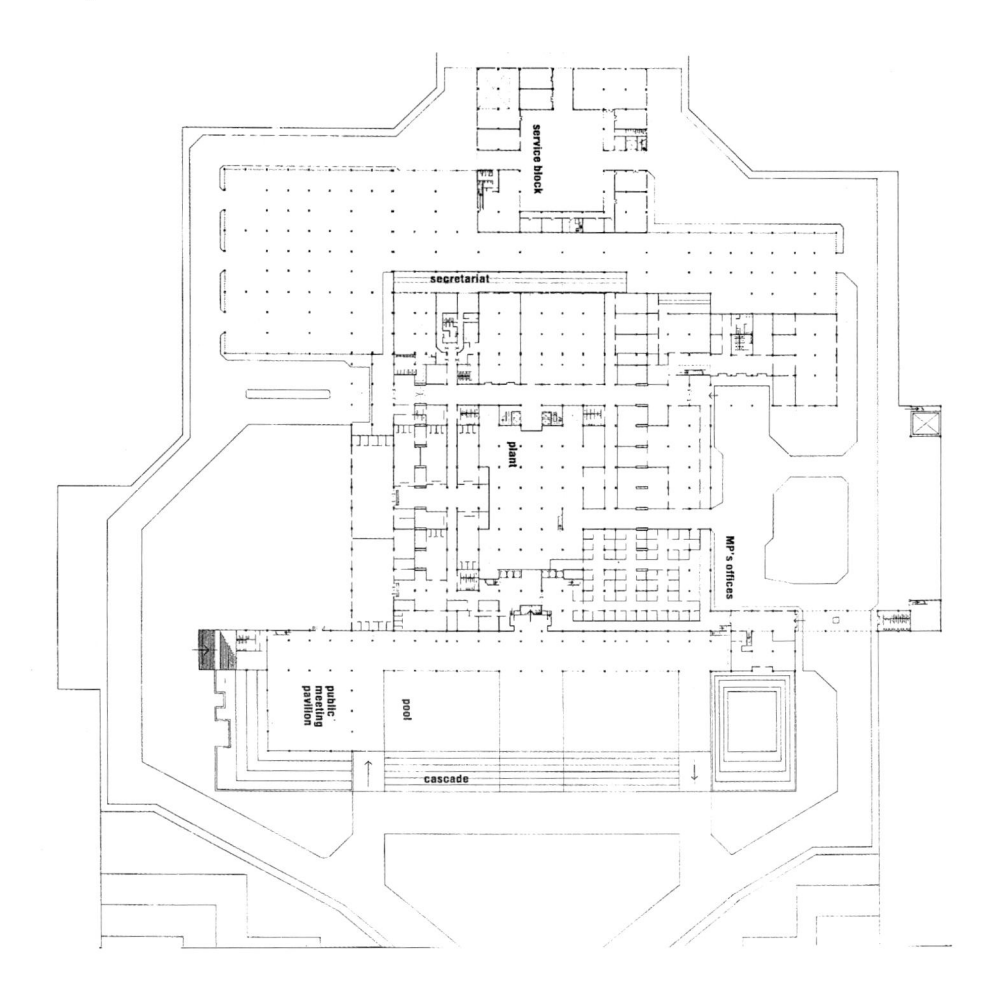

Fig. 821-823. O Parlamento do Sri Lanka. Duas imagens e planta da edificação central.

A arquitetura no novo milênio

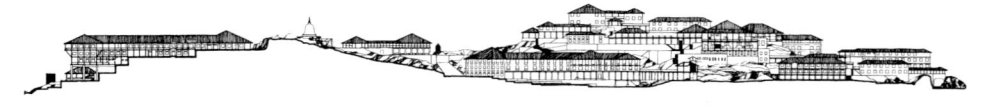

Fig. 824. (acima) O hotel Ahungalla.

Fig. 825 e 826. (à esquerda) Perfil e vista da Universidade Ruhuna, em Matara (Sri Lanka).

5. Nos últimos degraus do desenvolvimento

As situações descritas não esgotam o quadro mundial. Os países pertencentes aos grupos até aqui arrolados, mas em condições piores — aqueles em que o desenvolvimento dos assentamentos irregulares (o quarto modelo de assentamento descrito no capítulo I) permanece dominante; aqueles em que as administrações coloniais não foram substituídas por novas administrações que funcionam; aqueles longamente devastados por guerras e desordens —, formam um grupo especial, nos quais as qualificações retrospectivas perdem importância. O que acontece nesses países permite um discurso geral, porque as recentes adversidades fazem com que se tornem, tristemente, cada vez mais iguais. Os transplantes dos países desenvolvidos destacam-se, via de regra, como corpos estranhos; os assentamentos antigos e os irregulares crescidos à margem dos primeiros tendem a convergir entre si, e contêm um tênue motivo de esperança para um futuro melhor.

As pesquisas iniciadas nos anos 70 por Charles Abrams e John F. C. Turner[15] não estão mais no centro do debate mundial, mas continuam em vários países com resultados diversos, e a situação geral dos assentamentos é monitorada em alguma medida pelas publicações da ONU.

A internacionalidade, que no tempo de Gropius era uma tendência a ser promovida, hoje é uma realidade da cultura arquitetônica, como já se observou. Mas todo o resto — os processos de distribuição dos resultados, o jogo dos interesses econômicos, o papel das administrações públicas, o equilíbrio entre os numerosos fatores em jogo — cria obstáculos e quase impede que os recursos culturais cheguem a confrontar-se corretamente com os problemas. Por diversas razões, chegam ao "Terceiro Mundo" quase somente os subprodutos da pesquisa dos países desenvolvidos, seja para responder às necessidades elementares dos pobres (desde o tempo do concurso de Lima de 1968[16], as iniciativas desse tipo permanecem eventuais e imensamente inadequadas à dimensão das necessidades), seja para satisfazer às absurdas exigências das novas elites políticas e econômicas (os "palácios" dos déspotas do petróleo, o arranha-céu em planta "islâmica" oferecido por Pelli aos banqueiros do Mali).

A magnitude dos problemas em aberto é tal que se torna dominante em escala mundial. Boa parte do aumento demográfico, antes que a população mundial se estabilize novamente (dos 5-6 bilhões de hoje em 8-10 bilhões ou mais), acontecerá nessa parte do mundo. A projetação do cenário para essa nova população e a reelaboração radical de grande parte do cenário existente se tornarão a tarefa premente do futuro próximo e influenciarão de modo imprevisível todo o cenário mundial.

A possibilidade de incluir no projeto moderno as tecnologias tradicionais dos países pobres, sem transformá-las em paradigmas estilísticos, foi demonstrada pelo mais europeu dos mestres, Le Corbusier, e, depois, por muitos arquitetos desses mesmos países. Essas experiências, por um lado, e as realizações da alta tecnologia contemporânea, por outro, poderiam formar os extremos de uma gama muito ampla, a ser usada em sua totalidade para resolver a variedade dos problemas contemporâneos.

---

15. Ver o capítulo XXII da minha *Storia dell'architettura moderna*, Roma/Bari, Laterza, 2005. [Ed. bras.: *História da arquitetura moderna*, 1ª ed., trad. Ana M. Goldberg, São Paulo, Perspectiva, 1976.]

16. Ibidem, p. 920.

Capítulo X

Um olhar sobre as experiências emergentes no mundo

As arquiteturas selecionadas até agora e propostas como exemplares aos leitores de hoje estão, de modo geral, estabilizadas, porque a durabilidade no tempo é um dos requisitos necessários à boa arquitetura. Nós as apresentamos no quadro dos países de origem, por razões expostas no final do capítulo I. Mas para lançar um olhar sobre as experiências nascentes e sobre seus autores, em boa parte mais jovens do que aqueles nomeados até aqui, a ordem geográfica de exposição não é a mais adequada. As novidades são melhor apanhadas se saltamos de um lugar a outro, como acontece nas melhores resenhas que aparecem nas revistas (roubamos idéias sobretudo do ar+d award, promovido pela *The Architectural Review* e pelo escritório dinamarquês *d line*, e a isso acrescentamos outros exemplos que, por várias razões, não encontraram lugar nos capítulos precedentes). Escolhemos localidades as mais diferentes e distantes possível, mas concentradas em um curto intervalo de tempo, os primeiros quatro anos do novo milênio.

Essa exploração em remessa especial ajuda a entrever o futuro próximo, que será certamente mais globalizado do que o presente por uma série de razões: os novos meios de comunicação, a maior freqüência das viagens, a propensão crescente para compartilhar o que acontece em cada parte do mundo. A seleção pertence, como sempre, ao julgamento subjetivo do autor, e tenta oferecer uma orientação para o presente.

I. Um tema que se tornou fundamental na época contemporânea é a CASA DE MORADIA INDIVIDUAL, que envolve uma relação importante e, por vezes, a identificação do cliente com o projetista.

1) As *duas casas de veraneio na praia de Victoria*, perto de Melbourne (Austrália), projetadas por Sean Godsell (2000 e 2002), reproduzem com instrumentos modernos o modelo local da casa rural e suburbana com varanda, que faz a intermediação entre interior e exterior. A primeira (fig. 827-831) é um simples paralelepípedo envidraçado de três andares, apoiado na duna de areia e circundado por um invólucro de faixas de madeira distanciadas que deixa passar o ar, filtrando os raios do sol e a luz. Algumas seções do invólucro podem ser erguidas mecanicamente, até se colocarem como viseiras no prolongamento dos tetos. As divisões internas são

aproximativas e variáveis. A segunda (fig. 832-835), também formada por uma caixa de vidro e metal circundada por um invólucro em faixas de madeira com seções levadiças, é, no entanto, alojada em uma cavidade que permite realizar alguns espaços abertos parcialmente protegidos. O projetista combina entre si modelos europeus e asiáticos, e quer contribuir para a criação de uma cultura doméstica australiana.

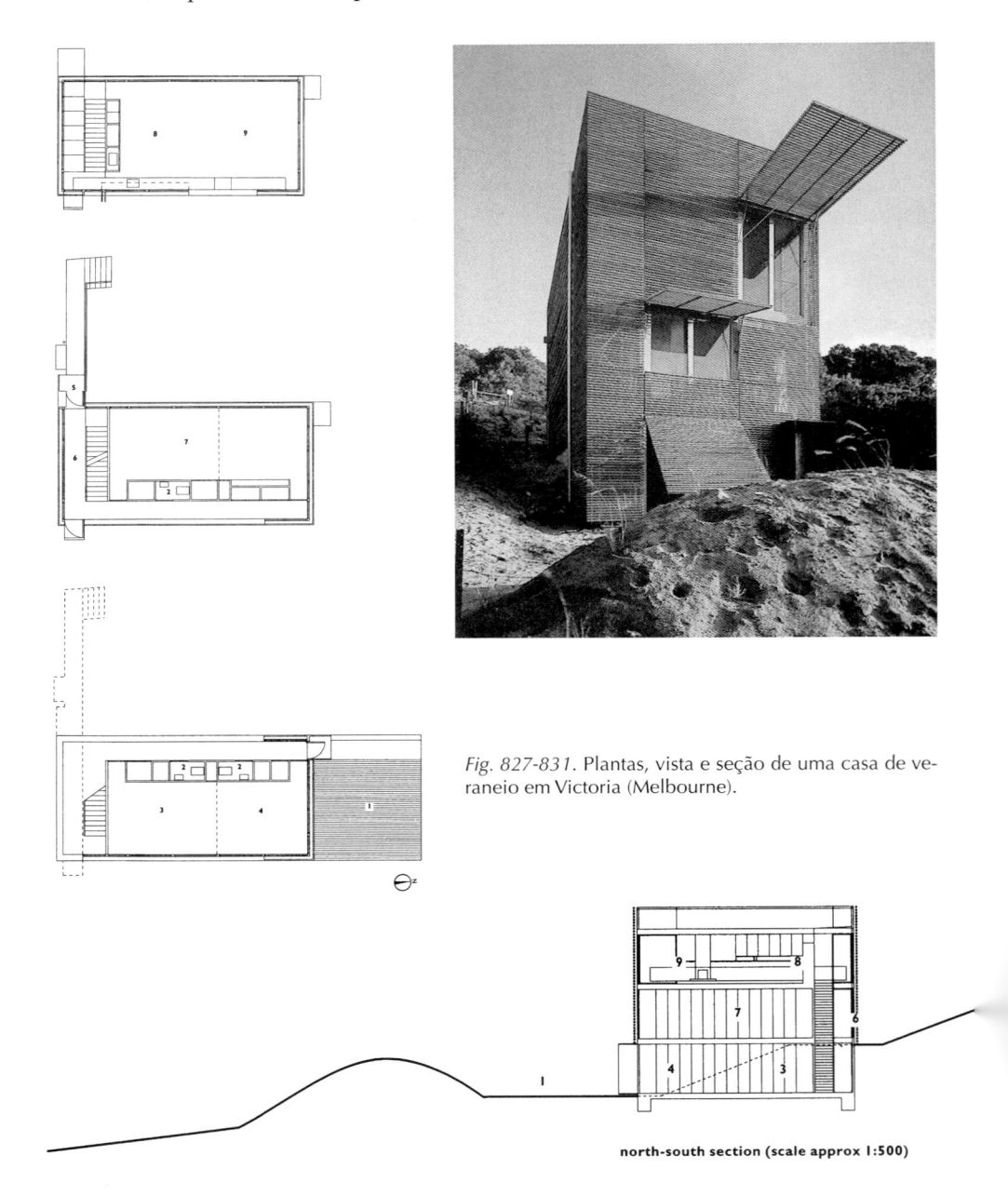

Fig. 827-831. Plantas, vista e seção de uma casa de veraneio em Victoria (Melbourne).

north-south section (scale approx 1:500)

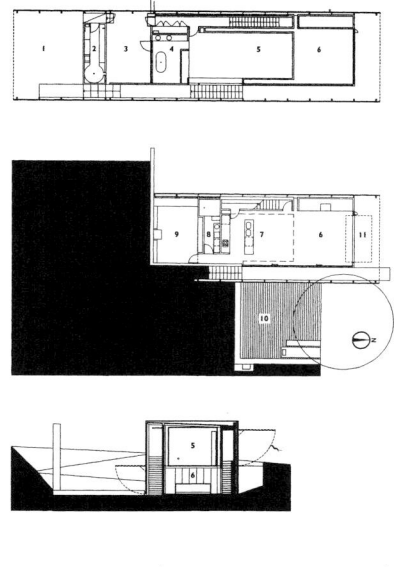

X. Um olhar sobre as experiências emergentes no mundo   459

Fig. 832-835. Plantas, seção e vistas de uma segunda casa de veraneio em Victoria (Melbourne).

2) A *casa de veraneio em Canete* (Peru), projetada pelo escritório Barclay & Crousse na costa arenosa perto de Lima (2001), enfrenta um clima bem diferente, frio e predominantemente nebuloso. É incorporada ao terreno inclinado e se defende com sólida alvenaria de diversas cores. As paredes externas mal superam o nível do terreno, e os ambientes voltam-se para uma cavidade central, onde é escavada a piscina.

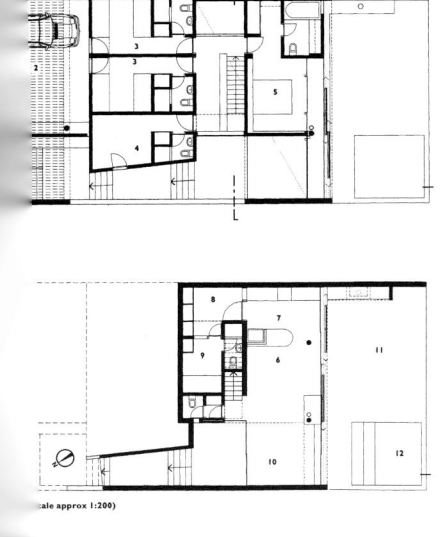

Fig. 836-839. Plantas, seção e duas imagens de casa de veraneio em Canete (Lima).

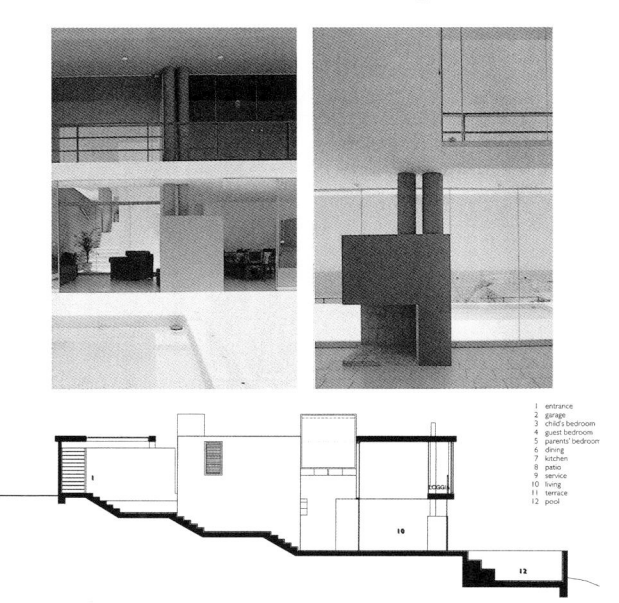

3) A *casa urbana em Musashino* (Tóquio), desenhada pelo escritório Myu (Yumi Kori e Toshiya Endo, 2002) desfruta com precisão milimétrica de um lote minúsculo (já encontramos moradias desse tipo, típicas das cidades japonesas, onde as áreas edificáveis custam muito caro e o automóvel é um acessório raro, porque as comunicações ficam por conta dos transportes públicos sobre ferrovias). No térreo, não se consideram a entrada e os diminutos canteiros de jardim ; em duas faixas somente um pouco maiores estão alojadas duas piscinas, a segunda provida de uma plataforma coberta e outra descoberta. No pavimento superior, aparece um terraço sobre a garagem, e diversos vãos de pé-direito duplo permitem a comunicação visual entre os dois pavimentos. A luz captada por janelas e clarabóias entra amplamente no interior (fig. 840-843).

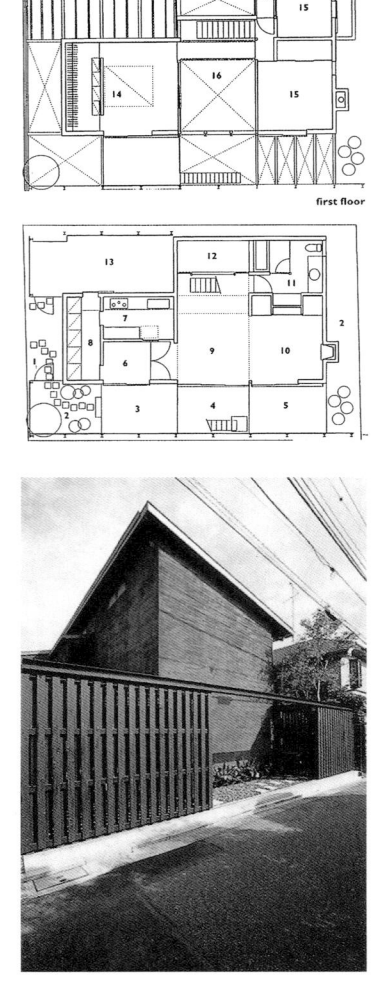

Fig. 840-843. Plantas, vista externa e uma montagem de vistas internas da casa urbana em Musashino (Tóquio).

X. Um olhar sobre as experiências emergentes no mundo 461

4) A *casa-loja em Malaca* (Malásia), desenhada por Soo Chan, do escritório SCDA Architects (2002), reproduz um tipo de construção civil freqüente no sudeste asiático, sobre uma faixa de terreno longa e estreita (fig. 844-848). A loja fica na extremidade em direção à rua, a moradia ocupa a outra ponta, e o considerável espaço intermediário permite a vida privada ao ar livre. Aqui a área entre os dois lados cegos das moradias adjacentes é ocupada com extrema liberdade por ambientes descobertos e cobertos distribuídos em dois níveis.

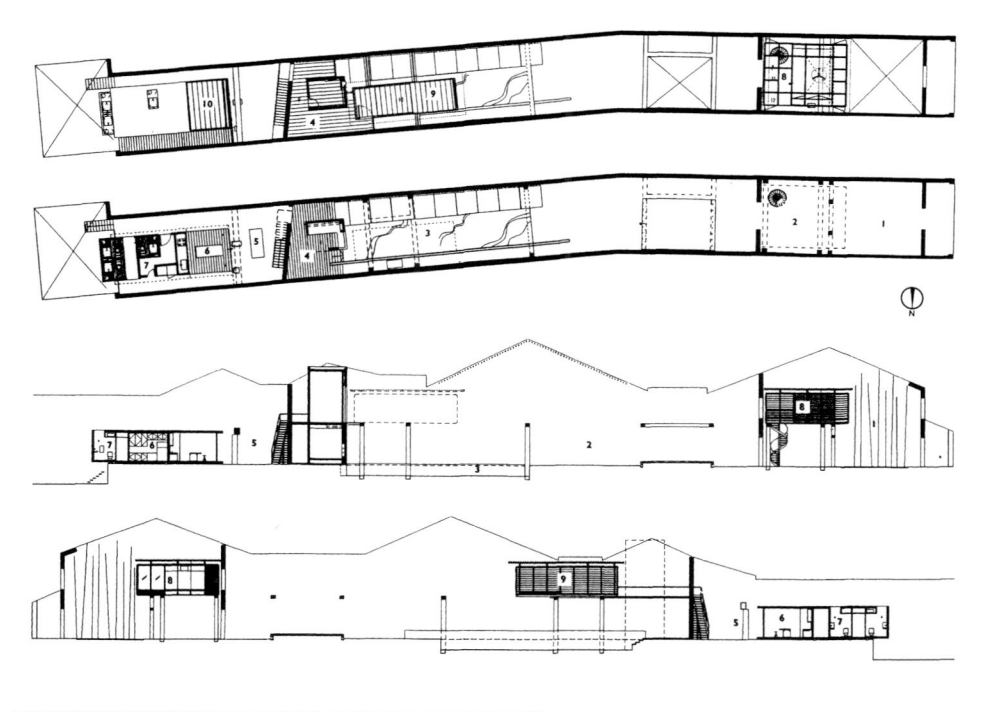

Fig. 844-848. Uma casa-loja em Malaca: plantas dos dois pavimentos, das duas paredes internas e uma vista do comprimento.

5) A *casa em Addis Abeba* (Etiópia), criada pelo arquiteto Ahadu Abaineh (2002), emprega como estruturas de sustentação quatro árvores propositadamente plantadas nos cantos, que fazem sombra tanto sobre a casa quanto sobre os espaços ao redor (fig. 849-851). As lajes entre os dois pavimentos são realizadas com grades de madeiramento não tratado. Somente a folha de metal ondulada do teto, que protege as frágeis paredes em argila e os canais para a irrigação das árvores, deve ser aprovisionada fora.

Fig. 849-851. A casa em Addis Abeba (Etiópia) cresce juntamente com seus suportes vegetais. Vista do conjunto e dois detalhes.

II. Eis agora uma série de artefatos, pertencentes à vasta gama dos EDIFÍCIOS ESPECIALIZADOS, que nos países pobres são freqüentemente aproveitados para vários usos. Em certos lugares, até as igrejas desenvolvem um grande número de funções coletivas.

6) Uma *igreja em Urubu* (Bolívia), projetada pelo arquiteto americano Jae Cha (2000) para uma comunidade rural, que montou, sozinha, os dois tipos de elementos construtivos, trabalhados no local (carpintaria em madeira) ou trazidos de fora (painéis intercambiáveis de policarbonato translúcido). Com eles foi realizado um duplo invólucro circular. No vão interno desenvolvem-se as funções e as reuniões sacras ou profanas. O corredor perimetral defende o espaço central do clima e abriga várias atividades acessórias. A colocação dos painéis transparentes leva em conta o ambiente circunstante e os movimentos do sol nas estações (fig. 852-855).

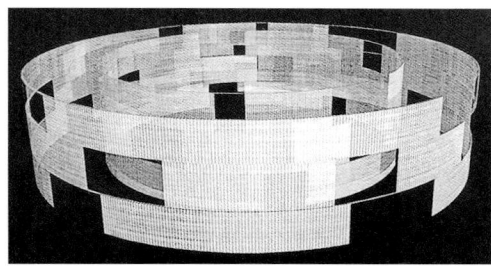

X. Um olhar sobre as experiências emergentes no mundo   463

Fig. 852-855. A igreja em Urubu, na Bolívia, com funções sacras e profanas, para uma pequena comunidade.

7) Outra *igreja, em Mortensrud* (Oslo), dos arquitetos Jensen & Skodvin (2002), pertence ao extremo oposto do desenvolvimento tecnológico (fig. 856 e 857). As paredes perimetrais são inteiramente envidraçadas até a altura de uma pessoa, para fazer entrar na sala a paisagem circunstante; e mais, do adro e do pavimento interno afloram as grandes rochas arredondadas da antiga geleira, encontradas no local. A parte superior do edifício é uma caixa retangular em aço, com o teto em duas águas, e vedada com a mesma pedra local.

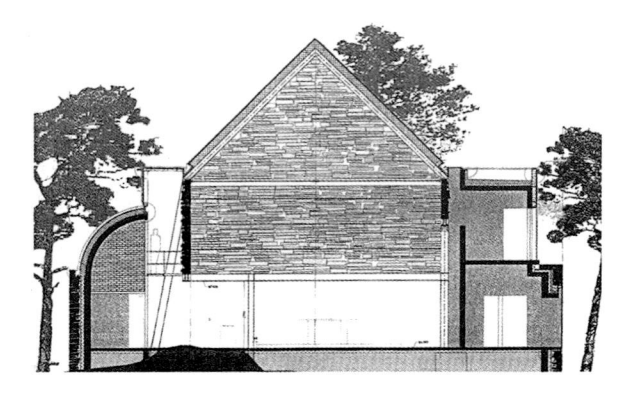

Fig. 856 e 857. A igreja em Mortensrud, Oslo.

8) O *velório municipal de León* (Espanha), projetado pelo escritório Baas (2001), está inserido em um bairro residencial, e essa difícil convivência tornou aconselhável colocá-lo inteiramente no subterrâneo. Um espelho d'água sobre a cobertura disfarça a sua vultosa solidez (fig. 858-861). O volume retangular compreende três faixas: uma grande sala envidraçada que se volta para um austero jardim interno, onde fica a capela funerária, marcada do exterior por quatro entradas de luz dispostas em ângulos diferentes; uma zona intermediária, com uma série de capelas individuais iluminadas por pequenos pátios embutidos sob a piscina suspensa; e, no outro lado, um corpo edificado para os serviços, os escritórios e o acesso viário. Cada ambiente é marcado por severa simplicidade, que se revela, todavia, somente no interior, enquanto de fora uns poucos elementos fazem entrever sua presença secreta.

Fig. 858-861. O velório municipal de León.

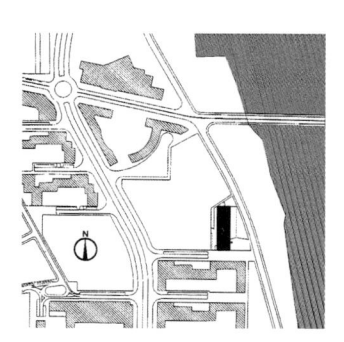

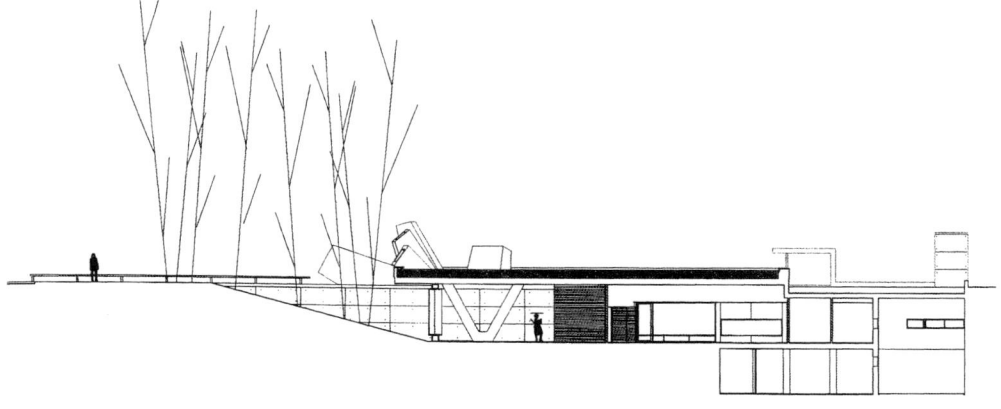

9) O pequeno *pavilhão envidraçado, em Greenwich*, projetado por Sam Hecht, IDEO Europe, faz parte do ciclo de intervenções que ordenaram essa parte de Londres para as comemorações do milênio em 2000. Nesse ciclo, estão compreendidos numerosos recursos ecológicos, que concernem sobretudo ao ciclo da água. A chuva sobre a cúpula do vizinho Millennium Dome é canalizada em um sistema de depuração, depois borrifada simbolicamente sobre a cobertura do pavilhão, onde está ilustrado o tratamento das águas do Tâmisa. A água depurada vai alimentar os serviços sanitários do Dome. Os resíduos da depuração, juntamente com os outros produzidos na área ao redor, são usados para produzir metano ou tornam-se combustíveis sólidos, ambos queimados para produzir a eletricidade necessária ao Dome. Tudo isso é explicado claramente no interior do pequeno edifício feito de placas de vidro de sustentação. A presença arquitetônica é reduzida ao mínimo, para deixar em evidência a mensagem informativa.

10) A reestruturação do *departamento universitário de arte, em Saint-Denis*, projetada pelos Moussafir Architectes Associés e terminada em 2001, introduz na

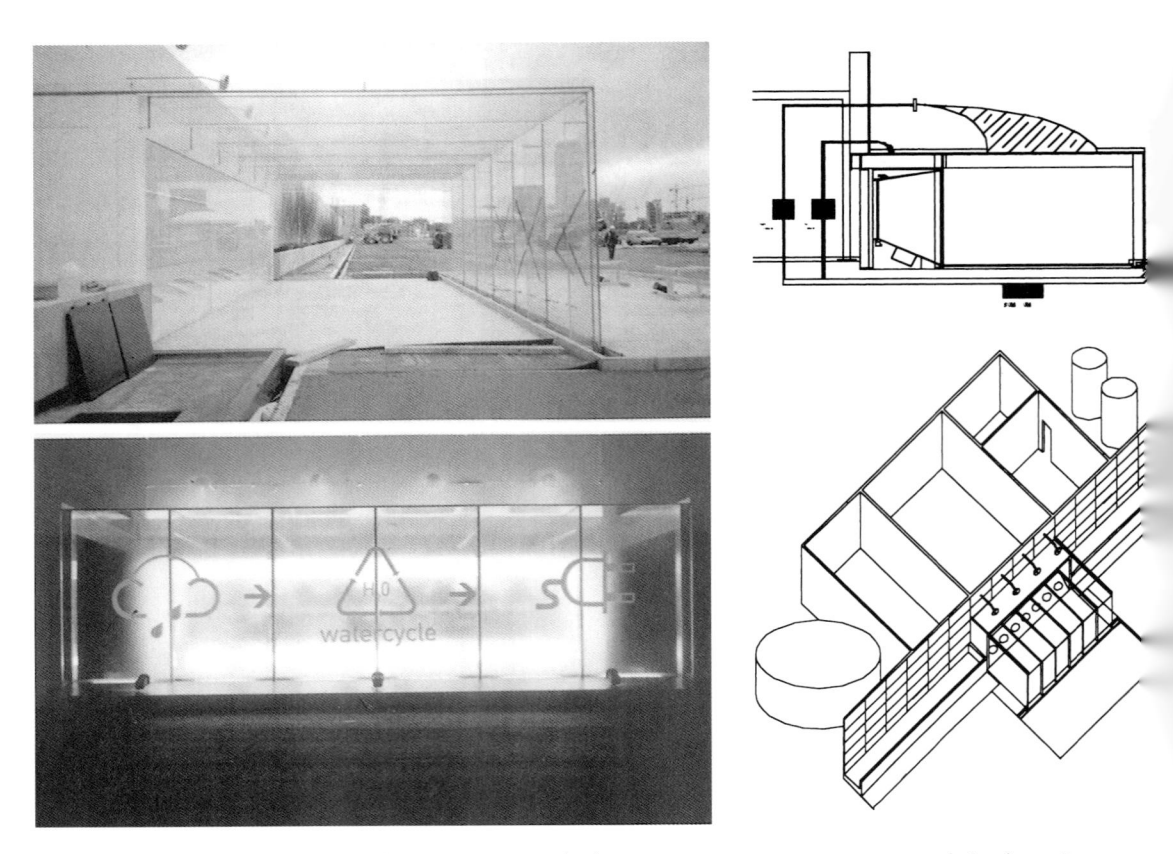

Fig. 862-865. Pavilhão didático em Greenwich: duas vistas, uma seção e um esquema de implantação.

desolada paisagem industrial às portas de Paris um caso anômalo (fig. 866 e 867). Os novos ambientes individuais são colocados livremente sobre aos desvãos existentes, às vezes angulados entre si ou extrapolando o volume primitivo. A luz artificial, necessária pela profundidade dos corpos de construção, revela, do exterior, as cores escolhidas para as paredes internas, criando um novo cenário colorido que se destaca no contexto monocromático do velho edifício.

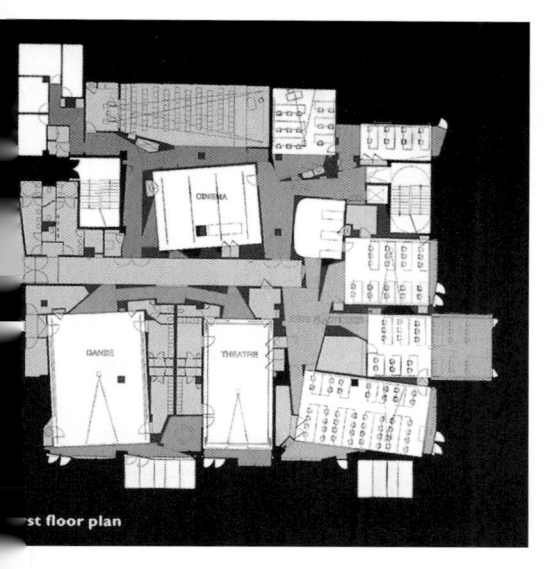

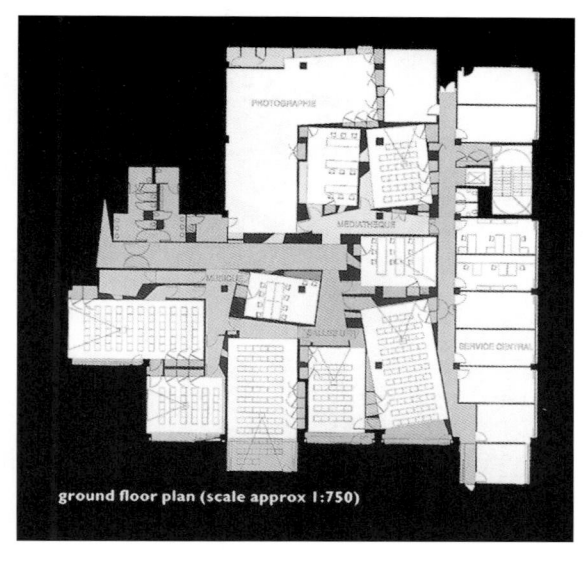

Fig. 866 e 867. A reestruturação do departamento universitário de arte em Saint-Denis. A originalidade dessa obra, baseada na cor dos elementos acrescentados, é difícil de documentar em branco e preto.

11) A *embaixada holandesa em Maputo*, capital de Moçambique, foi encomendada a um grupo de jovens projetistas, Kelix Claus e Kees Kaan, com o paisagista Michael R. van Gessel. O modesto edifício, concluído em 2004, possui o refinamento técnico e a elegância habitual da produção holandesa, mas nenhum dos prazeres figurativos ultimamente tão difundidos (fig. 868-871). "Essa arquitetura rigorosa e racional é um antídoto confortante aos excessos comuns junto aos compatriotas"[1], comenta Connie van Cleef. Talvez a indigência e a história desgraçada daquele país tenham subjugado os projetistas. Kaan observa: "Existem no mundo apenas onze países mais pobres do que Moçambique, e doze mais ricos que a Holanda. A conjunção desses dois extremos deve ser enfrentada com delicadeza".[2] Paradoxalmente, é ampla a disponibilidade do artesanato local que conseguiu o excepcional acabamento — desconhecido na Europa — das obras em madeira e das pavimentações em seixos.

1. *The Architectural Review*, n. 1293, Londres, novembro de 2004, p. 77-78.
2. Ibidem, p. 66.

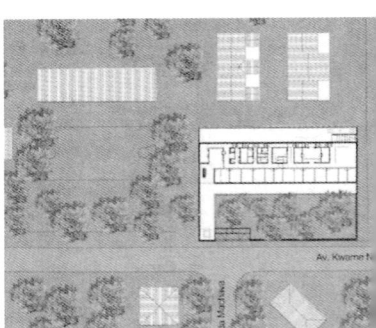

Fig. 868-871. A embaixada holandesa em Maputo, Moçambique.

X. Um olhar sobre as experiências emergentes no mundo

12) O *Parlamento dos Sami*, os lapões englobados no território norueguês, é projetado por Stein Halvorsen e Christian A. Sundby (2001). Essa assembléia de 39 membros, instituída em 1989, reside em Karasjok, uma pequena cidade do interior, a cem milhas [161 quilômetros] de Cabo Norte, onde a noite polar dura dois meses e a temperatura desce a 40 graus negativos. A rigorosa abstração volumétrica disciplina o emprego dos materiais e das formas locais. O semicírculo abriga os escritórios; no setor circular adjacente ficam os ambientes comunitários em dois pavimentos, a cafeteria e a biblioteca; uma ponte em vidro leva à sala de reuniões, completada por uma galeria para o público e uma sala para conferências, colocadas todas em um volume cônico que se eleva acima dos outros corpos de construção e que se vê de longe.

Do lado externo, todo o edifício, levemente embutido no terreno e revestido por lâminas de madeira bruta, tem um aspecto abandonado. No interior, torna-se acolhedor e bem acabado, com decorações individualmente diferenciadas para exprimir a dignidade de cada membro. Nos interiores, colaborou Beate Ellingsen; para as intervenções externas, Grindaker AS e Lars Flugsrud. Fez-se todo esforço para vir ao encontro de um grupo cultural em transformação e sugerir uma mediação entre os interesses públicos e privados.

Fig. 872. Vista geral do Parlamento dos Sami.

Fig. 873-875. Planta, seção e vista interna do Parlamento dos Sami.

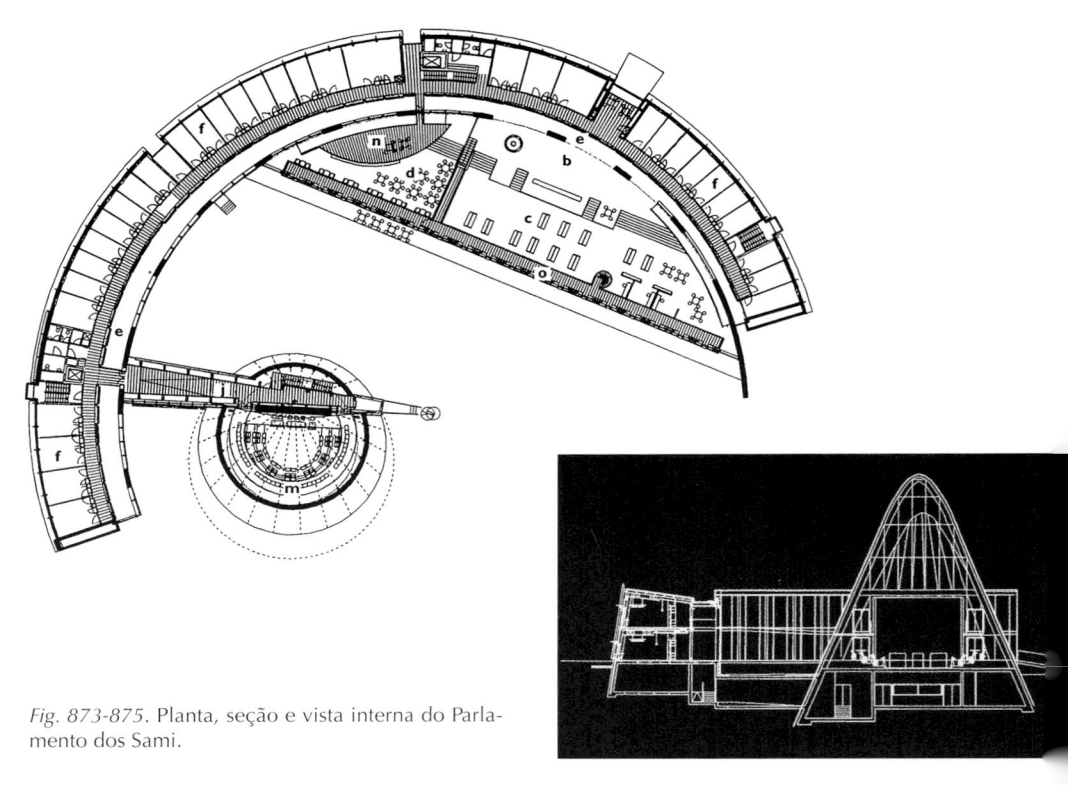

13) Na outra ponta do mundo, eis a *sede da Corte Constitucional da nova África do Sul* — criada em 1996 —, inaugurada em Johanesburgo pelo presidente Mbeki em 2004, por ocasião do Human Rights Day. O concurso, anunciado em 1997, foi vencido por um grupo de jovens projetistas locais, OMM Design Workshop (Andrew Makin, Janina Masojada, Eric Orts Hansen), e Urban Solutions (Paul Wygers). No veredicto do júri, do qual faziam parte Geoffrey Bawa, Charles Correa, um juiz e Peter Davey, editor da *The Architectural Review*, está escrito:

> Mais que qualquer outro projeto, este propõe uma imagem adequada às expectativas do júri. Será o edifício proeminente na vertente norte do lugar, não porque tenha uma escala monumental, mas porque consegue exprimir uma nova arquitetura radicada na paisagem sul-africana, seja fisicamente, seja culturalmente. A natureza fragmentada do projeto coloca a forma construída em conformidade com a escala dos edifícios ao redor, que estão entre os mais importantes da história da África do Sul [entre eles, a fortaleza onde foram aprisionados Gandhi, Luthuli e Mandela]. É uma resposta consciente ao contexto e à exigência dos métodos construtivos que utilizam procedimentos alternativos e informais. O tratamento dos espaços públicos, semipúblicos e privados, abertos e fechados, possui qualidade, variedade e caráter.[3]

Interpretando o programa funcional, para o qual colaboraram membros da Corte, os projetistas desenharam um edifício complexo, predominantemente em dois pavimentos, que incorpora também uma parte do Awaiting-Trial Block, anexo à antiga prisão. Na entrada, uma sala acolhedora e quase sempre aberta ao público cria a impressão de estar sob uma árvore, em analogia ao emblema da Corte. As cinco salas dos juízes são isoladas e circundadas por um espelho d'água. As estruturas e os acabamentos acrescentam variedade ao conjunto.

As intenções simbólicas superabundantes e ingênuas não estragam a espontaneidade dessa arquitetura projetada para o futuro.

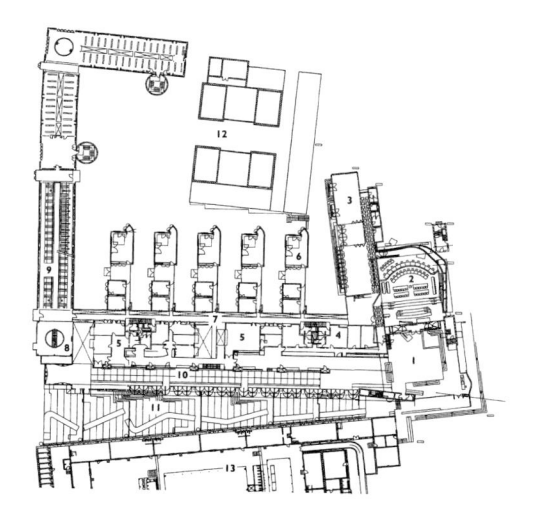

Fig. 876 e 877. A sede da Corte Constitucional da África do Sul: planta e seção.

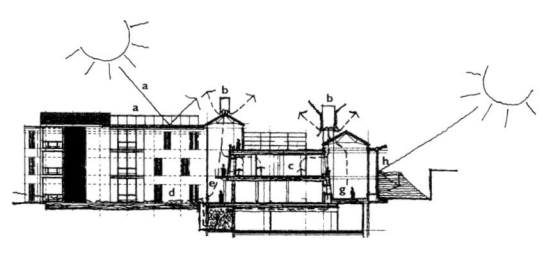

3. *The Architectural Review*, n. 1250, Londres, dezembro de 2001, p. 58.

Fig. 878 e 879. Dois ambientes internos da Corte Constitucional da África do Sul.

III. Um último grupo de exemplos é formado pelos COMPLEMENTOS DA PAISAGEM, que tiram seu valor da capacidade de respeitar ou modificar conscientemente um amplo cenário circunstante.

14) A *Millenium Bridge, na cidadezinha inglesa de Gateshead*, desenhada por Wilkinson Eyre, além de receber o ar+d award, venceu o Stirling Prize do RIBA como o melhor edifício britânico de 2002. É uma passarela para pedestres sustentada por um arco, ambos móveis, para permitir a passagem de navios pelo canal que atravessa a cidade. A forma do arco alude à antiga ponte ferroviária de Newcastle, perto dali, que foi o protótipo da famosa ponte no porto de Sydney. As referências históricas acrescentam um pouco de ênfase a esse artefato simples, que recebe qualidade e elegância do desenho e dos acabamentos.

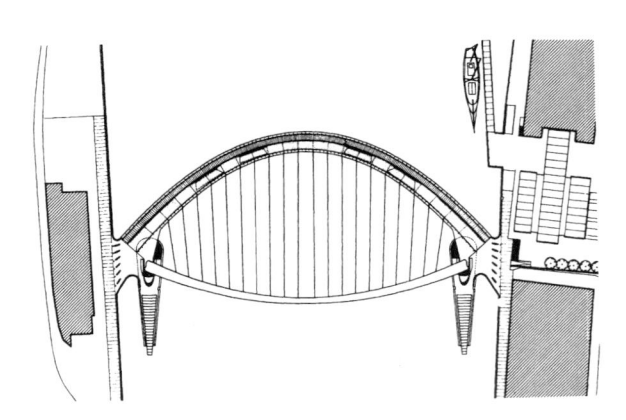

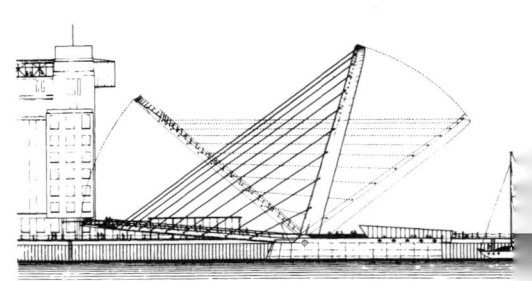

X. Um olhar sobre as experiências emergentes no mundo 473

Fig. 880-883. Planta, seção e duas vistas da Millenium Bridge, em Gateshead, abaixada e levantada.

15) A *ponte de Rijeka, na Croácia*, dedicada em 2002 às vítimas da guerra civil, recebeu em 2002 da ar + d uma avaliação melhor do que a precedente, pela engenhosa inserção no sistema das comunicações urbanas. Rijeka é uma cidade na costa da Dalmácia, com um canal navegável que separa o centro antigo do porto, usado hoje principalmente por embarcações de recreação. A ponte, formada por uma grade de traves de aço que sustentam uma pavimentação em alumínio, foi construída em um canteiro naval e colocada no lugar durante a maré alta, entre dois pilares em cimento, também eles pré-fabricados, por uma chata que depois foi removida, durante a maré baixa. A estrutura, com um vão de aproximadamente 38 metros, fazia um ligeiro arqueamento que depois foi quase anulado pelo próprio peso. As bordas, formadas por placas de vidro de sustentação, apóiam um corrimão de madeira que incorpora luzes LED. Na extremidade oriental, a plataforma da ponte é fechada por duas placas de cimento de largura desigual, das quais parte uma faixa em lajota vermelha que avança pelo espaço urbano. Também as bordas das placas são destacadas pela iluminação.

Esse cenário simples (fig. 884), que lembra alguns artefatos comemorativos de Gino Valle, é concomitantemente um acréscimo útil ao espaço urbano e uma contida lembrança das atribulações recentes.

Fig. 884. A ponte de Rijeka, na Croácia.

474 A arquitetura no novo milênio

Fig. 885 e 886. Duas imagens da ponte de Rijeka, na Croácia.

16) O *estacionamento para 474 automóveis em Offenburg*, realizado em 2002 por Ingenhoven Overdieck & Partners (Christoph Ingenhoven, Barbara Bruder e Jan Quadbeck) e Martin Reuter, é apenas um par de rampas helicoidais sobrepostas, contornado por um duplo estacionamento perpendicular a meio-fio em cinco pavimentos, que formam um volume cilíndrico de sessenta metros de diâmetro, revestido por um invólucro em ripas de madeira fixadas por cabos de aço. A cobertura também é construída do mesmo modo: os cabos descrevem aqui uma curva catenária tangente ao círculo interno e ao externo.

É muito raro que um estacionamento em vários pavimentos se torne um acréscimo estimável ou mesmo apenas suportável na atual paisagem urbana. Nesse caso, a simplicidade do organismo distributivo e a refinada tecnologia construtiva fazem com que se torne um apetrecho agradável e discreto.

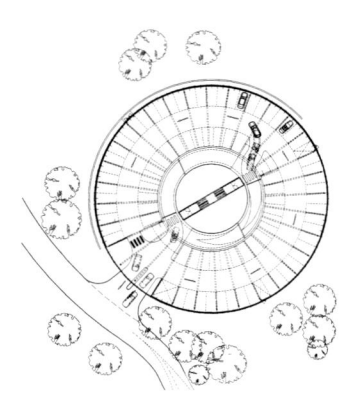

X. Um olhar sobre as experiências emergentes no mundo

Fig. 887-889. O estacionamento automobilístico em Offenburg, Alemanha.

Fig. 890-892. As intervenções no porto de Onahama.

17) A *urbanização chamada "mar oculto", no porto japonês de Onahama* (Prefeitura de Fukushima, 2001), é colocada sobre um molhe usado atualmente como passeio público. Compreende duas instalações chamadas "onda, onda, onda" e "caudas de leões-marinhos". A primeira é um grande banco de 76 metros de comprimento e seis a oito metros de largura, realizado com uma rede moldada de maneira variada, sobre a qual se pode sentar ou deitar; uma cavidade subjacente transmite os barulhos e os cheiros do mar. A segunda é uma série de funis de altura variável, adaptados aos adultos e às crianças que pescam na água do mar e permitem escutar o que acontece abaixo da superfície. Essas duas invenções do arquiteto Taiko Shono, sutis e um pouco extravagantes, pertencem a uma antiga tradição japonesa que não deixa escapar os menores detalhes do ambiente, e animam com grande economia de meios um espaço recreativo anônimo.

18) A *nova estação ferroviária em St. Anton am Arlberg*, projetada por Manzl-Ritsch-Sandner Architects para os jogos mundiais de inverno de 2001, é incorporada a uma vasta modelação do terreno, onde desaparece o habitual artefato construído que não agüentaria o confronto com o esmagador cenário alpino.

Era preciso conciliar a intensidade do tráfego nos momentos de pico com aquele muito menor no resto da estação, e conseguir que em ambos os casos a vida tranqüila do local não fosse perturbada. A linha ferroviária inteira é anteparada, nos limites do povoado, por uma construção no nível dos trilhos, para o pessoal e para os serviços, que apresenta no lado externo uma longa fachada uniforme. Os locais de encontro para os viajantes, amplamente envidraçados, estão no nível inferior, e são precedidos por uma vastíssima praça, que alcança o vilarejo por meio de uma ponte de pedestres. Chega-se aos trens por um túnel do mesmo comprimento das escadas, e os elevadores sobem ao nível dos trilhos. A proeza tecnológica é a rede em aço inoxidável que reveste a parte superior da fachada: de dia faz desaparecer as janelas, assumindo cores diferentes de acordo com a incidência da luz natural, e somente à noite revela sua solidez construída, quando as luzes artificiais vazam por sua tessitura.

Fig. 893-895. A estação ferroviária de St. Anton am Arlberg, Áustria. Na visão externa, a estação é incorporada ao embasamento da linha e é desmaterializada pelo revestimento em rede metálica que, de dia, dissimula as janelas subjacentes.

X. Um olhar sobre as experiências emergentes no mundo   477

19) Em 1996, a Prefeitura de Namur decidiu fechar para pedestres a *Place d'Armes*, principal praça da cidade, usada até então como estacionamento de automóveis, e anunciou um concurso para a nova pavimentação, vencido pelo Atelier 4D. Os projetistas (Dany Poncelet, Jean Liard, Fabienne Dutrieux, Hélène Kints, Serge Fraas e François Stekke) preferiram eliminar todo elemento acessório e executar um amplo retângulo central ligeiramente rebaixado, com uma pavimentação uniforme em ipê — uma madeira tropical altamente resistente — que também reveste os degraus inferiores, as rampas perimetrais, os banquinhos e as bordas das três fontes de pedra. Uma faixa de lajota corre ao longo das paredes dos edifícios e contém, ao longo do lado oeste, uma fileira de árvores. Também a vizinha Place du Théâtre foi liberada da circulação e repavimentada, transformando em passagens subterrâneas as ruas ao redor.

A intervenção, concluída em 2000, teve grande sucesso. O retângulo em madeira tornou-se, em dias de sol, um lugar de descanso informal, "uma espécie de praia urbana", dizem os projetistas. Pensando no inverno, evitou-se que o pavimento se tornasse escorregadio inserindo lâminas de aço inoxidável entre cada par de barras de madeira.

Fig. 896-898. A repavimentação da Place d'Armes de Namur, Bélgica.

Fig. 899. Oscar Niemeyer, o maior arquiteto brasileiro, tem cem anos. Esse novo museu em Curitiba é sua última obra, projetada em 2002, e pode bem aparecer para fechar nossa síntese das experiências emergentes no mundo. O grande olho embutido na cobertura está aberto na direção do futuro.

As intervenções arroladas testemunham, mais que experiências consolidadas e partilhadas, invenções individuais espalhadas por muitos lugares do vasto mundo, independentes dos hábitos vigentes. Elas mostram quantos resultados novos são obtidos ao interpretar de modo livre e sem preconceito as características dos locais e ao escutar, nos países desenvolvidos e não desenvolvidos, os pedidos insatisfeitos. Nesse sentido, elas acentuam uma das características fundamentais da inovação no período entre os dois séculos, a atenção aos lugares, enquanto evitam em parte outra característica, a veneração da *high-tech*.

Essas numerosas novidades, arroladas juntas, fazem empalidecer muitas novidades manufaturadas descritas nos capítulos precedentes, e são quase imunes às sofisticações publicadas em sede internacional.

Se abrem uma fresta para o futuro, trazem boas esperanças.

Índice onomástico

Aalto, Alvar, 263, 382.
Abaineh, Ahadu, 462.
Abdallah, Hamad, 425.
Abrams, Charles, 456.
Aga Khan Foundation, 417.
Agnelli, família, 170.
Aires Mateus, Francisco, 134; fig. 211-215.
Aires Mateus, Manuel, 134; fig. 211-215.
Albrecht, Benno, 19n.
AMO (Architecture Media Organization), 225, 238.
Ando, Tadao, 382, 386, 388, 393, 404.
Andreu, Paul, 434.
Archigram, 203.
Architetti Benevolo, fig. 509-515.
Arets, Wiel, 238.
Arte Charpentier & Ass., 431.
Arup, Ove, 55, 108, 149, 152, 154, 221, 233, 338, 398, 404, 416, 440n, 443.
Asplund, Gunnar, 112.
Asse, Evgenij, 413.
Associati-Associati, fig. 509-515.
Atelier ASP Schweger Assoziierte, 281.
Atelier 4D, 477.
Ateliers Jean Nouvel (AJN), 196-7.
Aulenti, Gae, 416.

Bakema, Jacob, 81, 223.
Baldweg, Juan Navarro, 98.
Balfour, Alan, 434 e n.
Baltard, Victor, 293.
Ban, Shigeru, 309, 382, 396-9, 401, 404.
Baquero, Iñaki, 112.
Barclay & Crousse, 459.
Baroche, Pierre-Jules, 20.
Barragan, Luis, 408.
Bartning, Otto, 265.
Bassewitz, Horst von, 278.
Batley, Claude, 444.
Baudelaire, Charles, 51, 52n.
Bawa, Geoffrey Manning, 452, 471.
Benevolo, Leonardo, 19n, 41n.
Benthem, Jam, 239.

Berlage, Hendrik Petrus, 239.
Bescós, Ramon, 99.
Best, Noel, 356.
Bilò, Federico, 245 e n.
Bing Thom Architects, 355.
Bloomberg, Michael, 314.
Bo, Carlo, 81-2, 96.
Bocuse, Paul, 55n.
Bofill, Ricardo, 98.
Bohigas, Joseph, 112.
Bohigas, Oriol, 81, 98, 358.
Bohigas-Martorell-Mackay, 98.
Boileau, Nicolas, 258n.
Bos, Caroline, 241.
Bosch, Theo, 244.
Boulding, Kenneth, 161.
Brandi, Cesare, 25n.
Braudel, Fernand, 29 e n, 30, 37 e n, 301.
Braunfels, Stephan, 272.
Breuer, Marcel, 263, 315, 331.
Brinkman, Johannes Andreas, 223.
Bruder, Barbara, 474.
Brunier, Yves, 230.
Buchanan, Peter, 137.
Bullivant, Lucy, 236.
Bunshaft, George, 315.
Burle Marx, Roberto, 408.
Burnham, Daniel, 342.
Busby Associated Architects, 362.
Byrne, Gonçalo, 134.

Cachin, Françoise, 416.
Cagnardi, Augusto, 65, 440.
Calatrava, Santiago, 107, 144, 204, 218-222, 314.
Caminos, Horacio, fig. 6.
Campos Venuti, Giuseppe, 283n.
Canaletto (Antonio Canal, *dito*), 298.
Candela, Felix, 408.
Candilis, George, 81.
Carandini, Andrea, fig. 9-10.
Carter, Brian, 353n.

Castanheira, Carlos, 126.
Castillo, Philip, 270.
Cattani, Emmanuel, 189.
Celant, Germano, 222.
Cervellati, Pier Luigi, 32n, 47 e n; fig. 22-23.
Cesar Pelli & Associated, 334.
Cha, Jae, 462.
Chaix, Philippe, 251, 258.
Chan, Soo, 461.
Chang, Bernhard, 429.
Charles Rose Architects, 338.
Childs, David, 314; fig. 552.
China Architecture Design & Research Group, 443.
Chipperfield, David, 289.
Christiaanse, Kees, 278.
Chung, Chuihua Judy, 426.
54f Architekten, 281.
Claus, Kelix, 467.
Cobb, Henry N., 332.
Commoner, Barry, 347.
Cook, Peter, 203-4, 416.
Coppa, Alessandra, 83n.
Cormier, Claude, 358.
Correa, Charles, 446, 471; fig. 804-805, 816-817.
Costa, Lucio, 70, 408.
Craciun, Mihail, 429.
Crouwel, Mels, 239.
Cruz, Antonio, 234.

D'Agostino, Roberto, 41n.
Dallaire, Michel, 358.
Damiani, Giovanni, 211n.
Daoust Lestage Inc., 358.
Davey, Peter, 471.
Davies, Michael, 155.
De Angelis, Carlo, 32n.
De Architekten Cie, 55, 240.
de Bruijn, P., 240.
De Carlo, Giancarlo, 57, 61, 81, 82 e n, 86-7, 91, 94-6, 98, 112, 129, 281; fig 80.
Delanoë, Bertrand, 293.
Delhay, François, 231.
De Meuron, Pierre, 204, 215.
De Pieri, Filippo, 83n.
de Portzamparc, Christian, 231.
De Solà Morales, Manuel, 99-100.
Despont, Thierry, 319.
De Villanueva, Juan, 112.
de Vries, Nathalie, 245.
de Weijer, Chris, 243.
Doll, Henk, 243.
Domingos, P., 134.
Donadoni, Sergio, 416.
Dondel, Jean-Claude, 112.

Doshi, Balkrishna, 444-6, 448; fig. 802-803, 813-815, 818-820.
Drew, Jane, 444.
Drexler, A., 315n.
Duarte, Hélio, 408.
Dubuc, Saia e Associados, 358.
Dudok, Willem Marinus, 53, 223.
Dutrieux, Fabienne, 477.

Eiffel, Alexandre G., 218, 258.
Eisenman, Peter, 204, 310, 314-5, 330; fig. 544-546, 579.
el-Dahan, Rami, 420.
Elizabeth II, 168.
Ellingsen, Beate, 469.
El-Masry, Leila, 420.
El-Zaafarani, Abbas, 425.
Endo, Shuhei, 382, 393-4, 404; fig. 711-717.
Endo, Toshiya, 460.
Erikson, Arthur, 356.
ES Associated, 392.
Esposito, Antonio, 126n.
Eyre, Wilkinson, 472.

Fahrenkampf, Emil, 112.
Fahti, Hassan, 414, 420.
Falcão de Campos, P., 134.
Favila Menezes, João, 134.
Federico di Montelfeltro, 87.
Feichtinger Architectes, 48.
Fest, J., 262, 263n.
Five Architects, 310, 314-5, 326, 330.
Flugsrud, Lars, 469.
Foreign Office, 393.
Foster, Norman, 138, 142, 144, 147, 150-2, 154-5, 172, 181, 221, 225, 258, 273,279, 289-290, 296, 298, 310, 314-5, 325, 330, 374, 380; fig. 508, 519, 535-536, 550.
Foster Associated (*depois* Foster & Partners), 55, 138, 151, 154, 197, 299-300, 309, 330, 443 e n; fig. 28, 539-541.
Fox & Fowle, 181.
Fraas, Serge, 477.
Frampton, Kenneth, 315.
Frank, Charlotte, 272.
Freear, Andrew, 340.
Freed, James, 332.
Frei, Otto, 218.
Frey, Johann Jakob, fig. 522.
Fry, Maxwell, 444.
Fuksas, Massimiliano, 222, 289.
Fuller, Buckminster, 138, 148, 161, 218, 315.

Gandhi, Mohandas Karamchard, 471.

Garnier, Tony, 53.
Gastines, Jean de, 404.
Gates, casal, 233.
Gauthier, Théophile, 358.
Gehry, Frank O., 104, 107, 181, 196, 204-6, 208, 210, 222, 290, 360; fig. 364, 629.
Genik, Daly, 338.
Getty, J. Paul, 317.
Geuze, Adriaan, 406.
Gili, Gustavo, 134.
Girardet, Herbert, 161.
Giurgola, Romualdo, 331, 333.
Giurgola-Mitchell, 333.
Giusti, Maria Adriana, 48n.
Godsell, Sean, 457.
Goes Ferreira, Teresa, 134.
Goethe, Johann Wolfgang von, 264n.
Goldschmied, Marco, 155.
Gonçalves, José Fernando, 134.
Grassi, Giorgio, 33, 64.
Graves, Michael, 315, 393.
Gregotti, Vittorio, 33n, 57, 63-5, 80 e n, 86-7, 129, 222n, 281.
Gregotti Associati, 55, 63, 79, 436-9.
Griffin, Walter Burley, 333.
Grindaker AS, 469.
Gropius, Walter, 9, 29, 263, 265, 331, 446, 456.
Gumuchdjian, Philip, 404.
Gwathmey, Charles, 309-310, 314-5, 326-7, 330; fig. 544-546, 579.

Hadid, Zaha, 55, 162, 204, 214, 222, 234, 290, 292.
Halvorsen, Stein, 469.
Happold, Buro, 416.
Haussmann, George-Eugène, 20, 23; fig. 3.
Hecht, Sam, 466.
Hejduck, John, 204, 315, 330, 396.
Helmut, Obata & Kassabaum, 431.
Henegan Peng, 416.
Hertzberger, Herman, 223-4, 244, 246; fig. 410-412.
Herzog, Jacques, 204, 214.
Herzog & De Meuron, 216, 443; fig 799.
Hilmer, Heinz, 270; fig. 503-504.
Himme(l)blau, Cooperativa, 162, 281, 416.
Hitler, Adolf, 262, 272, 442.
Hobsbawm, Eric John, 263 e n.
Hoffman, Steve, 340.
Hok e Lobb, 366.
Holden, Kimberley J., *ver* SHoP, escritório.
Holl, Steven, 233, 310, 314, 330; fig. 544-546, 579.
Holzmeister, Clemens, 112.
Hotson Bakker Architects, 355.

Houben, Francine, 243, 245.
Huet, Bernard, 36, 293.
Hussein, M. F., fig. 810-812.
HYL Paysagistes et Urbanistes, 48.

Ibelings, Hans, 238.
Inaba, Jeffrey, 426.
Ingenhoven, Christoph, 474.
Ingenhoven Overdieck & Partners, 474.
Isozaki, Arata, 221, 270, 290, 292, 325, 373-4, 377-8, 380, 382, 392, 396; fig. 665-667.
Ito, Toyo, 162, 234, 358, 382, 391-3; fig. 706-707.

Jahn, Helmut, 270.
Jayawardene, Junius Richard, 452.
Jean Nouvel Architecture, 55, 192.
Jensen & Skodvin, 464.
John Pormann & Ass., 434.
Johnson, E. W., 345n.
Johnson, Philip, 18n, 318, 322.

Kaan, Kees, 467.
Kahn, Louis, 331, 333, 387.
Kanvinde, Achyut P., 446.
Kawaguchi, Mamoru, 221, 378, 404.
Kikutake, Kiyonoti, 374, 391.
Kiley, Dan, 319.
Kints, Hélène, 477.
Kisho Kurokawa Architects & Associated, 435.
Klee, Paul, 184.
Kleihues, J. P., 265.
Klemencic, Magnusson, 233.
Khazanov, Mikhail, 413.
Khon Pedersen Fox Associated, 298, 404, 431, 434.
Knight and Associated, 336.
Kollhof, Hans, 270.
Koolhaas, Rem, 162, 190, 214, 222, 224, 225 e n, 227, 231-3, 237, 238 e n, 241, 293, 426, 430; fig. 455.
Kori, Yumi, 460.
Korobina, Irina, 413.
Krens, Thomas, 205.
Kubota, Katsufumi, 404.
Kuma, Kengo, 404.
Kurokawa, Kisho, 373-4.

Laboratorio internazionale doi architetura e di urbanistica (ILAUD), 96.
Labrouste, Henri, 258.
Lacy, Bill N., 317.
Laffitte, Jacques, 20.
Latona, Ken, fig. 661-664.

Le Corbusier (Charles-Edouard Jeanneret), 36, 56, 71n, 162, 203, 205, 246, 258, 315, 317, 326-7, 330 e n, 373-4, 382, 408, 444, 446, 456; fig. 7, 800-801.
Lecuyer, Annette, 353n.
Leong, Sze Tsung, 426.
Leoni, Giovanni, 126n.
Levi, Carlo, 264 e n.
Liangyong, Wu, 440.
Liard, Jean, 477.
Libera, Adalberto, 112.
Libeskind, Daniel, 162, 204, 211-2, 290, 292, 309, 314, 331, 360; fig. 551, 553, 630.
Lighting Planners Associated, 392.
Lin, Nancy, 429.
Lindsey, Bruce, 206.
Livingstone, Ken, 296.
Lobo, Inês, 134.
Lombardi, Giorgio, 36.
Lootsma, Bart, 245.
Lo Ricco, Gabriella, 222.
Lower Manhattan Development Corporation (LMDC), 308.
Lucan, J., 227n.
Luthuli, Alberto, 471.
Lynn, Greg, 241n.

Maas, Winy, 245, 247.
Mackay-Lyons, Brian, 363; fig. 638-639.
Maekawa, Kunio, 373, 382.
Maesa Engineering Co., 404.
Maffei Cardellini, Giovanni, 47 e n; fig. 22-23.
Maggiora, Pier Paolo, 290.
Maillart, Robert, 218.
Maki, Fumuhiko, 317, 373-4, 382.
Makin, Andrei, 471.
Mandela, Nelson, 471.
Mangin, David, 294.
Mansilla, Luis, 115-6; fig. 159-160, 161-3.
Manzl-Ritsch-Sandner Architects, 476.
MAP, 246; fig. 468.
Marquet, Javier, 99.
Martuscelli, M., 283n.
Marx, Karl, 265.
Masojada, Janina, 471.
Matsui, Gengo, 396.
Mau, B., 225n.
May, Ernest, 263, 278.
Mayne, Thom, 107, 222.
Mbeki, Thabo, 471.
Mckean, J., 98n.
Mcquaid, Matilda, 396 e n.
Mecanoo, 239, 243, 245.
Meganom, 414.

Meier, Richard, 310, 314, 315 e n, 316-7, 318 e n, 319, 322-6, 330; fig. 544-546, 554, 556, 557, 579.
Mendini, Alessandro, 222.
Merlo, R. fig. 9-10.
Metabolism, 374, 391.
Michelangelo Buonarroti, 129.
Micheli, Silvia, 222.
Mies van der Rohe, Ludwig, 36, 55, 107, 182, 237, 263, 265, 326, 331, 360, 382.
Miralles-Tagliabue, 205.
Mitchell, Ehrman B., 333.
Mitterrand, François, 156, 211, 293.
Mockbee, Samuel, 340.
Moeller, Hans, 278.
Moneo Vallés, Rafael, 57, 98-9, 107-8, 112, 115-6, 129, 234-5, 270, 289-290; fig. 143-145, 439.
Morandi, Riccardo, 218.
Morehen Thorp, Francis-Jones, 369.
Morel, Jean-Paul, 251, 258.
Moretti, Luigi, 112.
Morphosis, 222, 341.
Morpurgo, Vittorio, 323.
Morris, William, 15n, 407, 408n.
Mossop, Elizabeth, 369.
Moussafir Architectes Associés, 466.
Moussavi, Farshid, 247.
Mueller, Helmut, 176.
Murphy-Jahn, 281, 336, 434.
MVRDV, 245, 293.
Myu, 460.

NACO, 154, 443.
Negrini, L., 241n.
Nehru, Jawaharlal, 444, 446; fig. 816-817.
Nervi, Pier Luigi, 218.
Neutelings, Willem Jan, 239.
Neutelings-Riedjik, 246.
Neutra, Richard, 325, 331, 446.
Nick Milkovich Architects, 356.
Nield, Lawrence, 367, 369.
Niemeyer, Oscar, 70, 408; fig. 899.
Nono, Luigi, 170.
Nouvel, Jean, 112, 137, 188-9, 192, 194, 196-7, 199-200, 205, 222, 231, 258, 293, 374; fig. 363; *ver também* Jean Nouvel Architecture.

Oda, Hiroki, 384.
O'Gorman, Juan, 408.
Okabe, Noriaki, 404.
Okada, 404.
Olin, Laurie, 319.
Olmstead, Frederick Law, fig. 609-610.
OMA (Office for Metropolitan Architecture), 214,

Índice onomástico

224-8, 232, 234-5, 237-9, 241, 245, 293, 393, 443; fig. 414-419, 440.
OMM Design Workshop, 471.
Ortiz, Antonio, 234.
Orts Hansen, Eric, 471.
Ostozenka, fig. 751-752.
Othaki E & M, 392.
Oud, Jacobus Johannes Pieter, 223.
Ove Arup-Richard Rogers Partnership, 168, 440n.

Pagano, Giuseppe, 323n.
Pahlevi, dinastia, 414.
Pascal, Blaise, 64, 74.
Pasquarelli, Gregg, *ver* SHoP, escritório.
Pataki, George, 314.
Patkau Architects, 362.
Pawley, M., 138n.
Pei, Ieoh Ming, 55, 152, 188, 289, 293, 331-2, 380.
Pelli, Cesar, 181, 289, 331, 334, 456.
Perret, irmãos, 258.
Peterson/Littenberg, 309.
Piano, Renzo, 137, 155, 169-170, 175-6, 181, 186, 225, 270, 281, 290, 298, 369, 374, 404.
Piccinato, Luigi, 283.
Piermarini, Giuseppe, 71.
Pla, Francesc, 112.
Plan Créatif, 48.
Plesner, Ulrich, 452.
Polo, Marco, 82.
Poncelet, Dany, 477.
Poologasundram, K., 452.
Portoghesi, Paolo, 374.
Powell, K., 156n, 168n.
Prouvé, Jean, 251, 258.
Pueblo Nuevo Community Group, 338.
Pullara, Giuseppe, 200n.

Quadbeck, Jan, 474.
Quaroni, Ludovico, 112, 283.
Queens West Development Corporation, 341.

Rafael Sanzio, 55.
Rafael Vinoly Architects, 335.
Raley, Bennet, 352.
Reginaldi, Michele, 65.
Renzo Piano Building Workshop, 55, 172.
Reuter, Martin, 474.
Ribeiro, João Mendes, 134.
Richard Meier & Partners, 325.
Richard Rogers Partnership, *ver* RRP.
Riopelle, Jean-Paul, 358.
Rizzi, Renato, 416.
Robson, D., 452n.

Roche, Kevin, 374.
Rodotà, Stefano, 283n.
Rogers, Richard, 137-8, 154-5, 160, 162 e n, 167 e n, 168-9, 182, 221, 258, 270, 296, 315, 335, 374.
Rosário, L. F., 134.
Rossi, Aldo, 64, 215.
Rossi, L., 82n.
Roth, Alfred, 10.
Rowe, Colin, 315.
RRP (Richard Rogers Partnership), 55, 155-6, 164-5, 167-8.
Ruini, Camillo, 324.
Rural Studio, 340; fig. 599-601.
Russell, Bertrand, 53.

Saarinen, Eero, 334, 446.
Sadat, Anwar, 425.
Sakakura, Junzo, 373.
SANAA, 309.
Santelli, Serge, 420; fig. 769-770.
Sasaki Associates, 442.
Sasaki Structural Consultants, 392.
Sassen, Saskia, 295.
Sattler, Christoph, 270; fig. 515-516.
Saucier+Perrotte Architectes, 360.
Scannavini, R., 32n.
SCDA Architects, 461.
Scharoun, Hans, 265, 270.
Schlaich, Bergermann & Partners, 48.
Schultes, Axel, 272.
Schwartz, Martha, 309, 404.
Schweger, Peter, 278.
Seidler, Harry, 369.
Sert, José Luis, 408.
SEURA, 293-4; fig. 531-532.
Shangai Zhongfang Architectural Design Institute, 432.
Sharples, *ver* SHoP, escritório.
Shiling, Zheng, 434 e n.
Shinoara, K., 231.
Shono, Taiko, 475.
SHoP, escritório, 341.
Shuttleworth, Ken, 147.
Siegel, Robert, 309-310, 314, 326-7, 330; fig. 544-546, 579.
Sigler, J., 225n.
Silverstein, Larry, 314.
Siravo, Francesco, 36, 420.
Sites International, 420.
Siza, Álvaro, 57, 101, 117, 120-4, 126-7, 129, 131, 134, 136; fig. 165, 166-168, 180, 187-189, 218.
Skidmore, Owings & Merrill, 55, 181, 314-5, 373, 393; fig. 552.

Skokan, Aleksandr, 413.
Skuratov, Sergej, 413.
Smirke, Robert, 146.
Smith, Ken, 309, 404.
Smithson, família, 81.
Snohetta, 414.
Snow, C. P., 19 e n, 22.
Sogo Consultants, 392.
SOGREAH, 48.
SOM, 309.
Somaini, Chiara, 162n.
Souto de Moura, Eduardo, 129, 131-2; fig. 196.
Spacelab, 204.
Speer, Albert, 265, 272.
Speer, Albert Jr., 442.
Spencer, Herbert, 20.
Stalin (Iosif Vissarionovich Dzhugashvili, *dito*), 265.
Steffian, John A., fig. 6.
Stein, Joseph Allen, 446.
Stein-Doshi-Balla, 448; 808-9.
Stekke, François, 477.
Stimmann, Hans, 263, 264 e n, 270.
Stino, Maher, 420.
Stirling, James, 81, 99, 263, 317.
Stubbins, Hugh, 265.
Studio Libeskind, 309; fig. 548-549.
Sundby, Christian A., 469.
Suzuki, Hiroyuchi, 395 e n.

Tange, Kenzo, 187, 221, 373-4.
Tani, Maurizio, 42n.
Taniguchi, Yoshio, 404.
Taopho Design Architects, 432.
Taut, Bruno, 263, 382.
Távora, Fernando, 115n, 117, 123, 129-130.
Team X, 81, 87, 95.
Terragni, Giuseppe, 315.
Tétreault, 358.
Teixeira, Anísio, 408.
Thape, 439.
Thatcher, Margaret, 295.
Think, 309-310, 404; fig. 542-543.
Thomas Cook Reed Reinvald, 356.
Thorpe, Richard, 333.
Tianjin Huahui, 442.
Tibéri, Jean, 293.
Tocqueville, Alexis de, 338.
Tschumi, Bernhard, 204, 211, 227.
Tunnard & Pushkarev, fig. 2.
Tunon, Emílio, 115-6; fig. 159-160, 161-163.
Turner, John F. C., 456; fig. 6.

United Architects, 309; fig. 547.
UN Studio, 241 e n.

Unzurrunzaga, Javier, 99.
Urban Robot (*depois* Toyo Ito & Associated), 391.
Urban Solutions, 471.
Utzon, Jorn, 99.

Vaccaro, Giuseppe, 112.
Valle, Gion, 57-8, 61, 63, 71, 129, 281, 473.
Valle, Provino, 58.
van Berkel, Ben, 225, 239, 241 e n, 245.
van Cleef, Connier, 467.
van den Broek, Johannes Hendrik, 223.
van der Vlugt, Leendert Cornelis, 223.
van Doesburg, Theo, 243, 315.
van Dongen, Kees, 239.
van Eesteren, Cornelis, 53.
van Egeraat, Eric, 243, 245.
van Egeraat Associated, 55.
van Eyck, Aldo, 81, 95, 223-4, 244.
van Gessel, Michael R., 467.
van Loon, Ellen, 236.
van Rijs, Jacob, 245.
Vasari, Giorgio, 56n, 380.
Vasconi, Claude, 231.
Venturi, Robert, 99, 107.
Villagran Garcia, José, 408.
Villanueva, Carlos Raúl, 408.
Vinoly, Rafael, 309, 331, 335, 393, 404.
Vriesendrop, Madelon, 224.

Wemple, Emmet, 319.
Wenders, Wim, 188.
William Asselin Ackaoui et Associés, 360.
Wilson, Peter, 289.
Wise, Chris, 147.
Wright, Frank Lloyd, 315, 325, 327, 382.
Wygers, Paul, 471.

Xiaoping, Deng, 429.
Yamasaki, Minoru, 334.
Young, John, 155.
Yousri, Mahmud, 425.
Yuan, dinastia, 440.

Zaaijer, Art, 246.
Zaera-Polo, Alejandro, 247.
Zeckendorf, William, 332.
Zedong, Mao, 429.
Zeidler, Eberhard, 223.
Zenghelis, Elia, 224.
Zenghelis, Zoe, 224.
Zevi, Bruno, 288 e n.
Zucchi, Cino, 290.
Zukowsky, J., 337n.
Zulaica, Luis, 99.

Índice toponímico

Aarhus, 36.
Addis Abeba, 462; fig. 849-851.
Afragola:
   — estação de trens de alta velocidade, 214.
Ahmedabad, 444-5; fig. 810-2.
Aix-en-Provence, 98.
   — Sextius Mirabeau, 76; fig. 65-9.
Akron, 340.
Alabama:
   — Akron Boys and Girls Club, fig. 599-601;
   — Lucy's House, fig. 599-601
   — Yancey Chapel, 340.
Albaro, 185.
Alcoy:
   — Porta Riquer, 123.
   — sala municipal, 218.
Alenquer, 134; fig. 211-5.
Alessandria (Itália):
   — Ponte para a cidadela, 325; fig. 567.
Alexandria (Egito):
   — Biblioteca pública, 414; fig. 753-761.
Alicante, 127; fig. 194-195.
Alkmaar:
   — Centro cultural, 243.
Almelo:
   — biblioteca pública, 243.
Amiens, 256; fig. 489-493.
Amsterdã, 19, 24, 32, 239, 246, 286, 393; fig. 4-5, 468, 494, 706-707;
   — Ij Plein, 226; fig. 414-415.
   — Ijburg, 239, 246.
   — Museu Nacional da Ciência e Técnica (NEMO), 172; fig. 294-295, 299-300.
   — Piet Hein, 241.
   — Silodam, 246; fig. 467.
   — Zuidas, 239; fig. 456-459.
Ang Mo Kio:
   — Politécnico Nanyang, 326.
Annandale-on-Hudson:
   — Bard College, Performing Arts Center, 208; fig. 371-372.
Arezzo, 65; fig. 46-47.

Arles, 36.
Arnhem, 242, 246; fig. 460;
   — Museu, 243; fig. 466.
Arona, 205.
Assis, 36.
Atenas, 221, 318;
   — Monumento olímpico, 221;
   — parque olímpico, 221; fig. 408-409.
Atlanta, 316, 352.
   — High Museum of Art, fig. 554.
Avellino, 65.
Avignon, 36.
Ávila, 36.

Baden Baden:
   — Museu para a Coleção Burda, 325.
Bagdá, 36.
Bagnaia, 317.
Bahia, 408.
Bamberg, 36.
Barcelona, 36-7, 98, 147, 165, 221, 363, 365, 378; fig. 282-283;
   — Torre Agbar, 197; fig. 351-357;
   — Diagonal, 100, 216; fig. 122-125, 393-395;
   — Forum, 250; fig. 474;
   — Museu de Arte Contemporânea, 322; fig. 558-560.
   — Palácio do Esporte, 378; fig. 674-675;
   — Plaza de Toros (Montjuic), 165.
   — torre das comunicações (Montjuic), fig. 405.
Baroda:
   — Gujarat State Fertilizers Co., fig. 803.
Barruccana di Seveso:
   — complexo paroquial, 65; fig. 41-42.
Basiléia, 215.
   — estabelecimento Ricola, 216.
Bath, 36.
Beaune, 36.
Beirute, 197, 214.
Bellevue, 305.
Benevento, 36.
Bérgamo, 200.

Bergen, 36.
Berlim, 24, 32, 122, 190, 232, 237, 262-5, 270, 276-7, 281, 292, 442; fig. 180, 495-502;
— Banco central europeu, 281;
— Bundesrat, 272;
— Bundestag, 272;
— Chancelaria, 272; fig. 507;
— Deutsche Post, 281;
— Dorotheenstadt, 276;
— Galeries Lafayette, 189;
— Galeria Nacional, 237;
— Museu do Judaísmo, 212; fig. 384-387;
— Pariserplatz, 206; fig. 369-370;
— Philarmonie, 265;
— Potsdamerplatz, 165, 185, 276; fig. 503-505;
— Reichstag, 144, 219, 272-3; fig. 237-239, 402, 508;
— Staatsbibliothek, 265.
Berna:
— Museu Paul Klee, 184; fig. 323-325.
Bilbao:
— Museu Guggenheim, 205; fig. 364-366;
— Ponte Oudry, 220;
— Ponte Volantin, 220.
Birmingham:
— Biblioteca de Birmingham, 165;
— City Park Gate, 165;
— Biwa-cho, 394;
— Bogotá, 408;
— Bolonha, 32n, 36, 286.
Bombaim, 444, 446; fig. 804-805.
Bordéus:
— Corte de Justiça, 156; fig. 263-266.
Borneo Dock, 246.
Braga, 131-2; fig. 203, 207-210.
Brasília, 70-1, 408.
Brescia, 60, 286;
— Banco Lombardo, 74; fig. 60;
— morro Cidneo, fig. 51;
— Palácio da Justiça, 60; fig. 35-36;
— Palazzo Martinengo, 61;
— piazza della Loggia, 58; fig. 34.
Bruges, 19, 36-7.
Buena Vista:
— Walt Diney World Contemporary Resort Convention Center, 326.
Buenos Aires, 335, 408.
Burgos, 36.
Byumba, 397.

Cáceres, 36.
Cairo, 420; fig. 768;
— Darb-el-Ahmar, 420; fig. 772-773;
— Likeside Café, fig. 770;
— muralha Ayyubid, 420;
— parque Al-Azhar, fig. 771;
— porta Bab-el-Mahruk, 420.
Calgary, 353.
Caliente, 352.
Cambridge, 36;
— Faculdade de Direito, 142.
Cambridge (Massachusetts):
— Ray and Maria Stata Center, 210; fig. 376-378.
Canberra:
— Parlamento australiano, 333; fig. 583.
Caprarola, 317.
Cardiff:
— Assembléia do País de Gales, 165; fig. 281.
Cartagena, 36.
Casarsa:
— túmulo de Pasolini, 60; fig. 33.
Castellón:
— Museu de Arte, 115; fig. 159-160.
Catânia, 82, 91, 98.
— Convento da Purità, 92;
— Garagem Fiat no subúrbio de Roccaromana, 91;
— Mosteiro dos beneditinos, fig. 99-103;
— via del Teatro Greco, 91.
Catena di Villorba, 386; fig. 690-692.
Cesena, 68; fig. 50.
Chandigarh, 444.
Chelmsford:
— Anglia Ruskin University, 165.
Chicago, 302, 306, 342, 352; fig. 604-607, 611-612;
— Art Institute of Chicago, 384;
— Campus Center no IIT (Illinois Institute of Technology), 232; fig. 433.
State of Illinois Building, 336; fig. 591-592.
Chiyo:
— casa Wickerwork, 398.
Cincinnati:
— Rosenthal Center for Contemporary Art, 214; fig. 388.
Cingapura, 246, 443;
— Suprema Corte, 154.
Civitanova Marche, 68.
Cleveland, 306.
Coimbra, 36, 130, 134; fig. 199-202.
Colletta do Castelbianco, 94; fig. 106-112.
Colmar, 36.
Colombo, 452;
— Parlamento, 452; fig. 821-823.
Colônia, 223;
— Media Park, fig. 410-412.

Índice toponímico

Columbia:
— Alfred Hall Student Center, 211.
Como, 286.
Copenhague:
— Concert Hall, 197.
Córdoba, 36;
— centro de convenções, 234; fig. 439-440.
Corfú, 36.
Cornell, 315.
Cornigliano, 98.
Constantinopla, 37.
Cracóvia, 36.
Creta, 37.
Curitiba:
— Novo Museu, fig. 899.

Dacca, 445.
Dallas, 154;
— casa Rachofsky, 322; fig. 561;
— Museu de Escultura, 179; fig. 311-312;
— Déli, fig. 800;
— Mausoléu de Humayun, 418; fig. 763.
Delfos, 36;
Delft, 36, 225, 238, 243, 245;
— biblioteca da Politécnica, 243; fig. 463-465.
Dresden, 36.
Duicker:
— sanatório Zonnenstraal, 36.
Duisburg, 141.
Duxford:
— American Air Museum, 142; fig. 230.

East Anglia:
— Sainsbury Centre for Visual Arts, 138; fig. 219.
East Hampton:
— casas Cogan e De Menil, 325.
Eckenheim, 393.
Edimburgo, 36.
Elciego, 206; fig. 367.
Erice, 36.
Estocolmo:
— Museu de Arte Moderna, 104; fig. 127.
Estrasburgo:
— Corte Européia de Justiça, 156.
Évora, 36, 123; fig. 164, 166-168;
— Malagueira, 117;
— Rossio de São Brás, 123.

Filadélfia, 306, 333.
Florença 18, 167, 380;
— antiga área da Fiat, 196; fig. 350;
— Castello, 167; fig. 284;
— Cartuxa, 317;
— estação de trens de alta velocidade, 142; fig. 233;
— Uffizi, 380; fig. 680-682.
Fort Worth:
— Museu de Arte Kimbell, 387;
— Museu de Arte Moderna, 387; fig. 694.
Frankfurt sobre o Meno, 24, 264, 278, 280, 316, 393, 442; fig. 518-519;
— Commerzbank, 139, 147, 279; fig. 224, 519.
Fukui, 394; fig. 710.
Fukuoka:
— Museu Ark, 374; fig. 666;
— Museu de Arte de Kitakyushu, 374; fig. 665;
— Sea Hawk, 334; fig. 586.

Gand, 36.
Gandhinagar, fig. 801.
Gateshead:
— Millenium Bridge, 472; fig. 880-883.
Genebra, 197;
— Immeuble Clarté, 258.
Gênova, 94, 96, 98, 170, 185-6; fig. 289-290, 326;
— molhe Parodi, 242;
— Porta Sibéria, 185;
— Estádio Marassi, 64; fig. 37-38.
Gizé:
— Grande Museu Egípcio, 134, 416; fig. 216-217, 762.
Glasgow:
— edifício da BBC, 243;
— Scottish Exhibition and Conference Centre, 141; fig. 228-229.
Gleneagles, 362.
— Community Centre, 362; fig. 633-634.
Gorizia, 65.
Goslar, 36.
Granada, 36; fig. 11-12.
Greensboro, 340.
— Centro de distribuição da IBM, 326; fig. 572-573.
Greenwich, 160, 466; fig. 275, 862-865.
Haarlem, 36, 239.
Hadano:
— Nine Square Grid House, 399.
Haia, 126, 239; fig. 187-189;
— Hagen Island, 246;
— prefeitura, 227; fig. 420-421;
— Teatro Nacional de Dança, 225;
— Schilderswijk, 126.
Hale County, 340.
Hamburgo, 264, 276; fig. 516
— Hafencity, 216, 277; fig. 396, 517;
— Richmers, 325.
Hannover, 401.
— pavilhão japonês na Expo, 397; fig. 723-724.
Harima, 377.

Harvard, 99, 332, 446;
— Carpenter Center for Visual Arts, 327;
— Museu de Arte Fogg, 327; fig. 577;
— Werner Otto Hall, Museu Busch-Reisinger, 327.
Hebron, 425.
Heidelberg, 36.
Hokkaido, 382.
Hong Kong, 82, 147, 426, 443;
— Bank of China, 332; fig. 580;
— Hong Kong and Shangai Bank, 139; fig. 222;
— West Kowloon Reclamation, 154.
Hospitalet Llobregat, 165.
Houston, 107, 225, 306;
— museu para a coleção De Menil, 170;
— Museu de Belas Artes, 107; fig. 132.
Hyogo, 384, 394.

Indore, 425;
— Entidade de Desenvolvimento, fig. 813-815.
Iowa:
— Lewitt Center for University Advancement, 326.
— Islip:
— Tribunal de Justiça Federal, 322.
Itabashi:
— Curtain Wall House, 400; fig. 730-731.
Ithaca:
— campus da Cornell University, 326.
Izu:
— Picture Windows House, 400-401; fig. 736-738.

Jaipur, 448;
— Museu Jawahar Kala Kendra, 446; fig. 816-817.
Jerusalém, 425; fig. 774.
Johanesburgo, 471.
Biblioteca John F. Kennedy, 332.
Kagawa, 384.
Kakegawa, 397.
Kanagawa, 396, 399.
Kansai, 170, 404; fig. 288.
Kansas City, 352.
Karasjok:
— Parlamento dos Sami, 469; fig. 872, 873-875.
Kawagoe:
— Naked House, 400; fig. 732-733;
— Wall-less House, 400; fig. 734-735.
Kawakami:
— Museu Nariwa, 384; fig. 687-689.
Kobe, 382, 386, 397; fig. 693.
— Museu de Arte, fig. 693.
Kuala Lumpur:
— Petronas Towers, 334; fig. 584-585.
Kumamoto:
— Museu Funerário de Kamoto, 382; fig. 683.
Kyoto, 377;
— palácio do Shogun, 405.
La Coruña:
— Museu, 378; fig. 676-677.
Lago Yamanaka, 399.
La Rochelle, 36.
La Sarraz, 23.
La Spezia:
— Largo Kennedy, 68; fig. 48-49.
Las Vegas:
— Museu Guggenheim, 232.
Lausanne, 211.
Lecce, 36.
Le Havre, 197.
Leiden, 239.
León, 465; fig. 858-861;
— Museu de Arte Contemporânea, 115; fig. 161-163.
Lido de Veneza:
— café Blue Moon, fig. 114-116;
— viale Regina Elizabetta, 96.
Lille, 230;
— Congrexpo, 231-2; fig. 429-431, 432;
— Euralille, 190, 230; fig. 335, 428-431.
Lima, 456, 459; fig. 6, 836-839;
— Canete, 459: fig. 836-839.
Lyon:
— Opéra, 189; fig. 333.
Lyon-Satolas:
— Estação TGV, 219.
Liphook:
— Lloyd's Register of Shipping Headquarters, 157; fig. 268.
Lisboa, 101, 129-130, 134, 154;
— Boavista, 154;
— Centro Cultural de Belém, 64; fig. 39-40;
— Chiado, 123; fig. 181-186;
— praça de Espanha, 123;
— praça do Comércio, 123;
— Estação Oriente, 219; fig. 403.
Livorno, 46, 65; fig. 22-23.
Logroño, 251; fig. 475-477;
— prefeitura, 99.
Londres, 151, 155, 160, 162, 182, 187, 203, 211, 214, 241, 245, 249, 259, 292, 300, 452; fig. 28, 278-280, 533, 535-536;
— Bridge Tower, 182; fig. 315-322;
— British Museum, 146, 152; fig. 240-242, 243-246;
— Bucklesbury House, 197;
— Burlington House, 138, 152;
— Canary Wharf, 152; fig. 256-257;
— Centro de Pós-graduação da Universidade Metropolitana de Londres, 212; fig. 382-383;
— Channel Tunnel Rail Link, 299;

Índice toponímico

— Chiswick Park, 157; fig. 267;
— City Hall, 147;
— Convoys Wharf, 163;
— Docas, 160; fig. 274;
— edifício dos Lloyds, 155; fig. 261-262;
— Globe Theatre, 163;
— Grande Roda, 296;
— Great George Street, 151;
— Greater London Authority, 141, 149; fig. 250-252;
— Heathrow, 157;
— Heron Tower, 298;
— Kensington Gardens; fig. 196;
— Laban Centre, 216; fig. 392;
— London Bridge Tower, 298;
— Millennium Bridge, 152;
— Millennium Dome, 160, 296, 466;
— Music Centre da BBC, 250; fig. 472-473;
— Olympic Aquatic Center, 214;
— Paddington Basin, 162;
— Sackler Galleries, 138;
— Silvertown Docks, 163;
— South Bank, fig. 276-277;
— Stansted, 140, 152; fig. 225-227;
— St. Paul, 298; fig. 533-534;
— Swiss Re, 148, 298; fig. 247-249;
— Tate Bankside, 163;
— Tate Gallery, 163, 215; fig. 390-391, 534;
— Tesouro de Sua Majestade, 151;
— Tower Place, 151, 299;
— Trafalgar Square, 151, 296;
— Wembley, fig. 535-536;
— Westminster, 298.
Long Island:
— casa Sagaponac, 399.
Los Angeles, 305, 338;
— Camino Nuevo, 338; fig. 597-598;
— catedral, 107; fig. 135-142;
— Museu de Arte Contemporânea, 377; fig. 671-672;
— Walt Disney Concert Hall, 208; fig. 373-375.
Lovaina:
— biblioteca universitária, 110; fig. 143-145.
Lucca, 42, 44; fig. 19-21.
Lucerna:
— centro cultural, 192; fig. 339;
— pavilhão flutuante, 218.
Lunuganga, 452.

Macau, 426, 440n; fig. 218.
Madri, 99, 112, 115, 194;
— Academia de la Lengua, 112;
— aeroporto, 157; 269-273;
— Atocha, 104;
— Bankinter Building em Paseo de la Castellana, 99;
— igreja dos Jerônimos, 112;
— Fundación "La Caixa", 112;
— Museu do Prado, 112; fig. 151-158;
— Museu de Antropologia, 112;
— Museu Naval, 112;
— Museu Reina Sofia, 112, 115, 194; fig. 344-349;
— Museu Thyssen-Bornemisza, 112;
— Maihara-cho, 393; fig. 708;
— Malaca, 461; fig. 844-848.
Malibu:
— casa sobre o mar, 325.
Manchester, 138, 165, 212.
Mântua, 36, 167.
Maputo, 467; fig. 868-871.
Marne-la-Vallée:
— centro educacional, 251; fig. 484-488.
Marselha, 157;
— aeroporto, 37.
Mason's Bend, 340.
Matara:
— Universidade Ruhuna, 452; fig. 825-826.
Mazzorbo, 91; fig. 96-98.
Meguro:
— Glass Shutter House, 400.
Melbourne, 457; fig. 827-835;
— Victoria, 457; fig. 827-835.
Melun-Sénart, 228, 292;
— ville nouvelle, 228; fig. 422-425.
Melville:
— sede da Swissair, 322.
Mérida:
— Museu de Arte Romana, 100; fig. 119-121.
Merritt:
— Nicola Valley Institute of Technology, 362; fig. 635-637.
Metz:
— Centro Pompidou, 404;
Miami, 347; fig. 614;
— Palm Beach, 347.
Middelburg, 246.
Middleton:
— National Botanic Garden of Wales, 142; fig. 231-232.
Mikata:
— Museu da Madeira, 384; fig. 686.
Milão, 70-1, 82, 200, 289; fig. 526;
— Bicocca, 86-7, 289;
— Castello Sforzesco, 129;
— Citylife, fig. 529;
— Pirelli Real Estate, 70-1; fig. 52, 55-56;

— Santa Giulia, fig. 527-528.
Minamikawachi:
— Museu Histórico, 384.
Minato:
— Shutter House, 400.
Minneapolis, 304, 306;
— Guthrie Theater, 197.
Minou, 394.
Mishima:
— Paper Art Museum, 400.
Módena, 36, 286.
Montefeltro, 287.
Montemor-o-velho:
— castelo, 134.
Montevidéu, 408.
Montreal, 353, 358, 360;
— Botanical Gardens, 360;
— Caixa de Depósitos e Investimentos do Quebec, 358;
— First Nations Garden Pavillon, 360; fig. 631-632;
— Grande Bibliotèque du Québec, 362;
— Museu de Arte Contemporânea, 358;
— Palácio dos Congressos, 358;
— praça Riopelle, fig. 628;
— Bairro internacional, 358; fig. 623;
— Victoria Square, 358; fig. 627.
Mont-Saint-Michel, 48 e n; fig. 24, 26-27.
Monza, 70;
— Teatro dos Arcimboldi, 71; fig. 57-59.
Mortensrud, 464; fig. 856-857.
Moscou, 413;
— Duma, 74; fig. 61-62.
Mostar, 418; fig. 764-767.
Munique, 317;
— Alte Pinakothek, 378;
— Museu de Arte Moderna, 378; fig. 678-679.
Múrcia, 107; fig. 133-134.

Nagasaki, 394.
Nagata, 397; fig. 722.
Nagoya:
— World Design Expo, 396.
Namur:
— Place d'Armes, 477; fig. 896-898.
Nancy, 36;
— Instituto de pesquisa INIST, 188; fig. 332.
— Nantes:
— Palácio de Justiça, 190; fig. 337, 363.
Naoshima:
— Museu de Arte Contemporânea, 384; fig. 684.
Napa Valley, 216.
Naples:
— casa Neugebauer, 322, 325.

Nápoles, 214;
— edifício Donnaregina, 129.
Nara:
— palácio dos Congressos, 377; fig. 668-670.
New Harmony, 316.
New Haven, 334.
Newbern, 340.
Newcastle, 472.
Nieuwegein:
— prefeitura, 243.
Niigata:
— Nagaoka Lyric Hall, 391; fig. 701.
Nîmes, 152;
— Complexo esportivo, 64;
— Maison Carrée, 138, 380;
— Médiathèque, 138; fig. 220-221.
Novoli, 167.
Nova Caledônia:
— centro cultural Jean-Marie Tijbaou, 172; fig. 293.
Nova Déli, 444;
— Centro internacional, 446;
— Museu Nacional do Artesanato, fig. 806-807.
Nova Iorque, 82, 99, 182, 205, 211-2, 218-9, 249, 306-7, 330-1, 333-5, 340-1, 373, 396; fig. 537, 603;
— Avery Fisher Hall no Lincoln Center, 325;
— Battery Park, 341;
— Bronx, 341;
— Brooklyn, 314, 341;
— City Hall, 308;
— Freedom Tower, fig. 552-553;
— Ground Zero, 150, 212, 307, 330-1, 341, 404; fig. 538, 550-553, 579;
— Manhattan, 181, 341; fig. 579, 602;
— Morgan Stanley Dean Witter Co., 326; fig. 574;
— Museu de Arte Moderna, 397, 404;
— New York Times Building, 187; fig. 313-314;
— Queens, 341;
— Biblioteca de Ciência, Indústria e Negócios, 327;
— Soho Apartments, 197;
— Museu Solomon R. Guggenheim, 327; fig. 575-576;
— St. John the Divine, 219;
— Torres Gêmeas; fig. 537;
— Winter Garden, 309;
— World Trade Center, 308, 334, 341.

Odata:
— Atsushi Imai Memorial Gymnasium, 398;
— Hospital Imai, 398; fig. 725-727.
Odate:
— Odate Jukay Dome Park, 391; fig. 700.
Offenburg, 474; fig. 887-889.
Okayama, 384;

Índice toponímico

— Oliveira do Douro;
    — casa dos Escoteiros, 134.
Onahama, 475; fig. 890-892.
Orange Grove:
    — Crystal Cathedral, 322;
    — Orlando:
    — escritórios Disney, 377; fig. 673.
Orvieto, 36.
Osaka, 374, 382, 384, 393-4, 398; fig. 709;
    — Museu Suntory (Museu da Água), 384; fig. 685.
Osakasayama:
    — Museu Sayamaike, 384.
Oslo, 464; fig. 856-857.
Ostende:
    — casa rural em Middelem-Dupont, 127.
Ottawa, 353.
Oxford, 36.

Pacific Palisades:
    — casa San Onore, 325.
Paint Rock Camp, 338; fig. 593-596.
Palermo, 96.
Pamplona:
    — arquivo de Navarra, 110; fig. 146-150.
Paris, 20-1, 36, 152, 187-8, 192, 211, 218, 259, 292-3, 295, 373, 467; fig. 3, 358;
    — Austerlitz, 199;
    — Beaubourg, 82n, 293;
    — Bercy, 170, 199, 293; fig. 287;
    — bibliothèque de France, 199;
    — *boulevards extérieurs*, 199, 293; fig. 426;
    — Canal Plus, 322;
    — Centre Pompidou, 155, 169-170; fig. 260, 286;
    — Champs Elysées, 293;
    — igreja de Saint-Eustache, 293;
    — Défense, 199;
    — Fundação Cartier, 190; fig. 336;
    — Halles, 199, 293, 295; fig. 530;
    — Institut du Monde Arabe, 188; fig. 327-329;
    — Instituto musical IRCAM, 170;
    — La Villette, 211, 227; fig. 379, 416-419;
    — Louvre, 152, 188, 332, 380; fig. 581-582;
    — Marais, 172;
    — Musée du Quai Branly, 197;
    — Palais Royal, 293;
    — Rotonde de Stalingrad, 293;
    — Torre Eiffel, 197;
    — Tour sans fin, 188; fig. 331;
    — Villa Savoye, 36.
Parma, 98;
    — Auditório Niccolò Paganini, 172, 176, 179; fig. 303-304.

Pavia, 36, 65, 91.
Pequim, 154, 426, 440 e n, 442; figs. 795-797; 798; 799;
    — Fragrant Hill Hotel, 332;
    — praça Tien-An-Men, 440, 442.
Périguex:
    — Museu galo-romano de Vesunna, 190; fig. 338.
Pero, 289.
Perugia, 36.
Pescara, 98.
Phoenix, 304.
Piccadilly, 160.
Ping Yang Village, 432; fig. 782.
Pisa, 36, 46, 71n; fig. 22-23.
Pittsburgh:
    — Carnegie Science Center, 196.
Ponte de Lima, 131; fig. 204-206.
Portland, 306.
Porto:
    — avenida da Ponte, 123;
    — Casa da Música; 235; fig. 441, 442-454;
    — Casa dos Vinte e Quatro, 123;
    — Faculdade de Arquitetura, 121; fig. 171;
    — Museu da Cidade, 123.
Pouilly-en-Auxois:
    — Centre d'Interprétation du Canal de Bourgogne, 399.
Praga, 36, 245.
Provença:
    — viaduto sobre o Tarn, 152; fig. 258-259.
Pula:
    — Polaris, 74; fig. 63-64.
Punta Nave, 172.

Quarto, 98, 185.

Ragusa, 36.
Randstad, 239.
Ravello, 408.
República de San Marino:
    — arco de entrada, 96; fig. 113.
Richmond, 355;
    — prefeitura, 355.
Riga, 36.
Rijeka, 473; fig. 884-886.
Rimini, 96.
Rio de Janeiro:
    — Museu Guggenheim, 196.
Riverside, fig. 610.
Roma, 27, 55, 176, 283, 323-324; fig. 9-10, 522-523;
    — Camilluccia, fig. 522;
    — Centro per le Arti contemporanee, 214;
    — igreja do Giubileo di Tor Tre Teste, 323; fig. 564-566;

— Cidade da Música, 176; fig. 305-307;
— arranha-céu da Alitalia, 60;
— mausoléu de Augusto, 323;
— Museu do *Ara Pacis*, 323; fig. 562-563.
Roterdã, 225, 238-239, 246, 276;
— Erasmusbrug, 225, 241; fig. 461-462;
— arranha-céu da Autoridade portuária, 225;
— arranha-céu da KNP Telecom, 225;
— Kruisplein, 243;
— MAB Tower, 225, 232;
— Purmerende, 242;
— Roterdã Zuid, 225, 241; fig. 413;
— torre KPN, 172; fig. 296-298.
Rouen:
— sala de concertos, 211; fig. 380-381.
Sacramento, 305.
Sagunto:
— teatro romano, 33.
Saiko:
— templo budista Komyo-ji, 388; fig. 695-697;
— Saint Louis:
— Art Gallery da Universidade Rice, 399;
— Forest Park Forever, 399;
— Pulitzer Foundation, 384.
Saint Paul, 304.
Saint-Denis, 293, 466; fig. 866-867;
— Cornillon, 199; fig. 359-362.
Saint-Étienne:
— Le Zénith, 154;
Saint-Herblain:
— Centro Cultural Onyx, 188; fig. 330.
Saitama, 400; fig. 732-733.
Salamanca, 36.
Salerno, 36, 98.
Salford:
— Imperial War Museum, 212.
Salônica, 36.
Salt Lake City, 352.
Salzburgo:
— Landesmuseum, 94; fig. 104.
San Diego, 305, 317;
— Getty Center, 318, 322; fig. 555-557.
San Francisco, 184, 305;
— California Academy of Sciences, 184.
Sangath, fig. 808-809.
San Giovanni Rotondo, 176; fig. 308-310.
Sankt Moritz:
— Chesa Futura, 150; fig. 253-255.
San Sebastian, 99, 104; fig. 117-118, 128-131.
Santa Cruz de Tenerife, 249.
Santiago de Compostela:
— Faculdade de Jornalismo, 127; fig. 190-193;
— Museu Galego de Arte Moderna; 122; fig. 172-179.
Santiago do Chile, 408.
Santo Ovídio, 127; fig. 197-198.
São Paulo, 409;
— Centro Unificado de Educação (CEU), 408; fig. 742-748.
Sasebo, 394.
Seattle, 305, 333;
— Biblioteca Central, 233; fig. 434-438;
— Henry Art Gallery da Universidade de Washington, 327; fig. 578;
— Issaquah, 304-5.
Segóvia, 36.
Selinunte, fig. 8
Sendai:
— Mediateca, 392; fig. 703-705.
Sestri Ponente, 185.
Setúbal:
— Escola Superior, 120; fig. 169-170.
Sevilha, 36-7; fig. 126;
— aeroporto, 104;
— pavilhão do Kuwait, 218;
— pavilhão japonês na Expo, 384;
— ponte Alamillo, 220; fig. 404.
Sharon:
— casa Schwarz, 399.
Shelburne:
— casa Opel, fig. 568-571.
Shenzen, 440n.
Shiga, 393-4.
Shimbashi, 192.
Shimizu, 394.
Shingu-cho, 394.
Shizuoka, 397, 399-400.
Siena, 18, 36, 96; fig. 524;
— piazza Matteotti alla Lizza, 94.
Silvolde:
— Colégio Isala, 243.
Soborg, 196.
Somiyoshi, 382.
Southampton, 37.
Southwark:
— Elephant & Castle, 154.
St. Anton am Arlberg, 476; fig. 893-895.
Stezzano:
— Parque Científico e Tecnológico, 200.
Stuttgart, 48, 263.
Strawberry Vale, 362.
Sulmona, 36.
Sushi, 396.
Susono, 399.
Sydney, 363, 365, 369, 472; fig. 640, 647;
— Capita Centre, 369; fig. 652-660;
— Homebush, 365; fig. 641;
— Horizon Apartments, 369; fig. 649-651;

Índice toponímico 493

— Millenium Park, 368;
— Moving Image Centre, 369; fig. 648;
— Sydney Hinge, 369.
Tacoma:
— Museu do Vidro, 356; fig. 620-622.
Taisha:
— centro cívico, 391; fig. 702.
Takatsuki, 393; fig. 709.
Tana, 37.
— Tasmânia:
— Bay of Fires, fig. 661-664.
Tazawako, 399; fig. 729.
Teerã, 249.
Tessera, 205; fig. 368.
Tivoli, 317.
Tóquio, 175, 335, 374, 391, 393, 396, 400, 460; fig. 698-699, 730-731, 840-843;
— Century Tower, 139; fig. 223;
— Dentsu Tower, 192; fig. 340-343;
— arranha-céu da NTT, 334;
— Maison Hermès, 172, 175; fig. 301-302;
— Musashino, 460; fig. 840-843;
— Tokyo International Forum, 335; fig. 587-590.
Toledo, 36.
Toronto, 249, 360;
— Art Gallery of Ontario, 360; fig. 629;
— BCE Place Gallery, 218;
— Dominion Centre, 360;
— Royal Ontario Museum, 360; fig. 630.
Tours, 36;
— Palais des Congrès Da Vinci, 189; fig. 334.
Toyosaka:
— biblioteca cívica, 384.
Trebisonda, 37.
Trento:
— Castello, 94;
— piazza della Mostra, 94; fig. 105.
Tsinghua, 440.
Tsukuba, 374.
Túnis, 37.
Turcoing:
— Studio National des Arts Contemporains, 211.
Turim, 65, 440; fig. 43;
— Lingotto, 170; fig. 291-292;
— Palácio do Hóquei sobre Gelo, 380;
— Porta Susa, 65.

Udine:
— Monumento à Resistência, 58; fig. 32.
Ueno, 292;
— Biblioteca Nacional do Parlamento, 388; fig. 698-699.
Uppsala, 36.

Urbino, 81-2, 86, 91, 96, 98; fig. 73-75, 80, 90, 94-5;
— casa dos Montefeltro, 81;
— casa para Livio Sichirollo em Romanino, 81;
— casas para os funcionários da Universidade, fig. 76-77;
— Colle delle Vigne, 86;
— moradias universitárias de Tridente, de Aquilone e de Vela, 81;
— moradia universitária do Colle, 81;
— Data, 81;
— edifício ENI no subúrbio de Sogesta, 82;
— Faculdade de Economia, 81;
— Faculdade de Direito, 81; fig. 72, 78-79;
— Faculdade de Pedagogia, 81; fig. 81-84;
— Faculdade de Ciências Econômicas, fig. 85-87,
— Instituto de Arte, 81;
— La Pineta, 81, 91; fig. 91;
— Mercatale, 86;
— edifício Passionei, 82;
— teatro Sanzio, 86; fig. 88-89.
Urubu, 462; fig. 852-855.
Ushibuka, 170, 404.
Utrecht, 239;
— Faculdade de Economia, 243.

Val d'Orcia, 287; fig. 525.
Valência, 218;
— Centro de convenções, 142; fig. 234-236;
— planetário da Cidade da Ciência, fig. 399-401.
Val Nerina, 287;
Vancouver, 353-4, 356, 362; fig. 616-619;
— Georgia Tower, 355; fig. 618;
— Lui Centre for Studies of Global Issues, 356;
— Waterfall Building, 356.
Veneza, 18, 37, 41-2, 44, 96, 218, 238; fig. 13-18;
— Giudecca, fig. 29-31;
— quarta ponte sobre o Grande Canal, 220; fig. 407;
— San Marco, 96.
Verona, 36;
— Museu de Castelvecchio, 317.
Viareggio, 46, 167; fig. 22-23.
Viena, 24.
Vienne:
— Museu Arqueológico; 251; fig. 478-483.
Voltri, 185.

Wageningen:
— laboratórios botânicos, 243.
Wangzhao Homestead, fig. 783.
Washington, 333;
— National Gallery, 332;

— Smithsonian Institute, 154.
Waterloo, 160;
   — Museu da Cerâmica e do Vidro, 362.
Weimar, 263.
Wolfsburg, 263;
   — centro de serviços industriais, fig. 389.

Yale, 138;
   — Biblioteca de Arte, 325;
   — departamento de História da Arte, 325.
Yatsushiro, 391.
Yokohama, 247, 249-250; fig. 469-471;
   — Torre dos Ventos, 391.

Xangai, 168, 426, 431, 435, 439, 440 e n; fig. 780;
   — Bund, 79;
— Daewoo Business Centre, 434; fig. 785;
— Lu Jia Zui, 167;
— Oriental Art Centre, 434; fig. 786;
— Promotion Center, 437; fig. 790;
— Pudong, 168, 439; fig. 781;
— Pujiang, 78-9, 436-8; fig. 71-72, 787-790;
— Pujiang Village, 79, 438; fig. 791-793;
— torre de SOM, 431; fig. 780;
— Wai Tan Yuan, 78;
— World Financial Centre, 431, 434; fig. 784.

Zhengzhou, 435.
Zurique, 211, 215, 218;
   — Stadelhofen, fig. 397-398.

ESTE LIVRO FOI COMPOSTO EM GARAMOND CORPO 11 POR 13 E
IMPRESSO SOBRE PAPEL COUCHÊ 90 g/m² NAS OFICINAS DA
BARTIRA GRÁFICA, SÃO BERNARDO DO CAMPO - SP, EM SEGUNDA
EDIÇÃO, EM OUTUBRO DE 2011